Martina Althoff

Die soziale Konstruktion
von Fremdenfeindlichkeit

Studien zur Sozialwissenschaft
Band 203

Martina Althoff

Die soziale Konstruktion von Fremdenfeindlichkeit

Springer Fachmedien Wiesbaden GmbH

Die Deutsche Bibliothek – CIP-Einheitsaufnahme

Althoff, Martina:
Die soziale Konstruktion von Fremdenfeindlichkeit / Martina
Althoff.
  (Studien zur Sozialwissenschaft ; Bd. 203)

http://www.westdeutschervlg.de

Höchste inhaltliche und technische Qualität unserer Produkte ist unser Ziel. Bei der Produktion und Verbreitung unserer Bücher wollen wir die Umwelt schonen: Dieses Buch ist auf
säurefreiem und chlorfrei gebleichtem Papier gedruckt. Die Einschweißfolie besteht aus
Polyäthylen und damit aus organischen Grundstoffen, die weder bei der Herstellung noch bei
der Verbrennung Schadstoffe freisetzen.

Umschlaggestaltung: Christine Huth, Wiesbaden

ISBN 978-3-531-13236-5   ISBN 978-3-663-09761-7 (eBook)
DOI 10.1007/978-3-663-09761-7

Vorbemerkung

Die vorliegende Arbeit lag dem Promotionsausschuß Dr. phil. der Universität Bremen im Wintersemester 1997/98 unter dem Titel „Die soziale Konstruktion von Fremdenfeindlichkeit" als Dissertation vor. Das Buch stellt eine unwesentlich veränderte und überarbeitete Fassung dar.

Zum Gelingen dieser Arbeit haben zahlreiche Menschen durch ihre Unterstützung beigetragen. Mein Dank geht an Prof. Dr. Thomas Herz, der mich während meiner Mitarbeit in dem von ihm initiierten Forschungsprojekt „Konflikte über den Nationalsozialismus" an der Universität Siegen in zahlreichen Diskussionen zu dieser Arbeit ermutigt hat. Durch seine konstruktive Kritik half er mir, mein Anliegen zu präzisieren und meinen eigenen Standpunkt zu finden. Zu meinem großen Bedauern konnte Thomas Herz aufgrund seines frühen Todes die Arbeit nicht bis zu ihrem Abschluß begleiten.

Prof. Dr. Stephan Quensel und PD Dr. Gabi Löschper haben als Gutachter die weitere Betreuung der Arbeit übernommen. Mit viel Geduld und großem Engagement haben sie sich zu einem Zeitpunkt auf mein Vorhaben eingelassen, als die Struktur der Arbeit bereits festgelegt und ein Teil der empirischen Analyse abgeschlossen war. Für ihre fachliche und moralische Unterstützung möchte ich ihnen besonders danken.

Danken möchte ich auch Christiane Lege, die unermüdlich mit mir über alle Aspekte meiner Arbeit diskutiert hat, wodurch ich vielfältige Anregungen erhalten habe.

Ein weiterer Dank gilt Heinrich Althoff, der durch seine Unterstützung, seine Ermutigung und durch seinen Zuspruch entscheidend zum Gelingen dieser Arbeit beigetragen hat.

Münster im März 1998   Martina Althoff

5

Inhalt

Einleitung

„Es ist hier also der Fremde nicht in dem bisher vielfach berührten Sinn gemeint, als der Wandernde, der heute kommt und morgen geht, sondern als der, der heute kommt und morgen bleibt ... Er ist innerhalb eines bestimmten räumlichen Umkreises - oder eines, dessen Grenzbestimmtheit der räumlichen analog ist - fixiert, aber seine Position in diesem ist dadurch wesentlich bestimmt, daß er nicht von vornherein in ihn gehört, daß er Qualitäten, die aus ihm nicht stammen und stammen können, in ihn hineinträgt. Die Einheit von Nähe und Entferntheit, die jegliches Verhältnis zwischen Menschen enthält, ist hier zu einer, am kürzesten so zu formulierenden Konstellation gelangt: die Distanz innerhalb des Verhältnisses bedeutet, daß der Nahe fern ist, das Fremdsein aber, daß der Ferne nah ist. ... Der Fremde ist ein Element der Gruppe selbst, nicht anders als die Armen und die mannigfachen 'inneren Feinde' - ein Element, dessen immanente und Gliedstellung zugleich ein Außerhalb und Gegenüber einschließt." (Simmel 1992: 764f)

Das Wort *fremd* steht im Deutschen sowohl für das Unbekannte, Nichtvertraute als auch für - unbekannte - Menschen, die aus einem anderen Land als dem jeweils eigenen stammen. Das *Getrenntsein*, das schon dem Begriff innewohnt, bleibt häufig auch „den Wanderern, die bleiben", gegenüber erhalten, und es wird immer wieder durch Akte der Feindschaft, der Feindseligkeit gegen die „Fremden in der Gruppe selbst" ausgedrückt oder unterstrichen.

Die jüngste Geschichte der Bundesrepublik Deutschland verzeichnet in zeitlichem Zusammenhang mit der Entstehung eines „neuen Deutschland", dem die Öffnung der Berliner Mauer und die Auflösung der ehemaligen DDR vorausging, ein bis dahin unerreichbares Ausmaß fremdenfeindlicher Gewalt. Die zahlenmäßige Zuspitzung ist ohne Beispiel, das Phänomen als solches jedoch ein Kontinuum der deutschen Nachkriegsgeschichte. Wie hat sich Fremdenfeindlichkeit in der Bundesrepulik Deutschland konstituiert? Wie hat sie sich bis in die Gegenwart etabliert? Die vorliegende Arbeit will einen Beitrag zur Beantwortung dieser Fragen leisten und zugleich Hinweise für eine Erklärung der Eskalation in den frühen 90er Jahren liefern. Dabei geht es nicht darum, Ursachen für dieses Phänomen zu bestimmen, sondern sich dem politischen Zusammenhang von Fremdenfeindlichkeit zuzuwenden.

Zum Phänomen der Fremdenfeindlichkeit liegt bereits eine Fülle von Studien vor, die hier nicht im einzelnen vorgestellt werden sollen.[1] Wir skizzieren nachfolgend lediglich die dominierenden Ansätze und Erklärungsmuster, um in Abgrenzung davon Anliegen und Zielrichtung der vorliegenden Arbeit zu präzisieren und nachvollziehbar zu machen.

Die Mehrzahl der vorhandenen Erklärungsansätze, wie Theorien des Rechtsradikalismus im allgemeinen und der Fremdenfeindlichkeit im besonderen, stellen auf die Eigenschaften der Anhänger, Sympathisierenden und Akteure ab.[2] Dabei werden Annahmen über die Individuen formuliert, die auf gesellschafts- und sozialisationstheoretischen Überlegungen beruhen. Hier lassen sich grob drei Perspektiven unterscheiden, die sich in ihrer Erklärung von Fremdenfeindlichkeit auf Faktoren wie Modernisierung, ökonomische Prozesse oder Autoritarismus beziehen.

Modernisierungsansätze erklären Fremdenfeindlichkeit mit gesellschaftlichen Modernisierungsprozessen, als deren Opfer Rechtsextreme und Urheber fremdenfeindlicher Gewalt beschrieben werden. Modernisierungsansätze[3] beziehen sich auf die Individualisierungstheorie und die These, daß die Auflösung traditioneller soziokultureller Milieus auch zur Auflösung alter sinnstiftender Milieus führt. Die zugrundeliegende Hypothese behauptet einen Zusammenhang zwischen sozialer Orientierungslosigkeit und politisch motivierter rechter Gewaltbereitschaft: Individualisierungsprozesse führen zu „Handlungsunsicherheiten", „Ohnmachtserfahrungen" und „Vereinzelungserfahrungen" (Heitmeyer 1991: 856f), die vor allem Jugendliche anfällig für rechtsextreme Orientierungsangebote machen. Alltagserfahrungen im Rahmen von Familie und Arbeit erhalten dabei eine Schlüsselposition. Jugendliche, die unter sozial deprivierten Umständen (z.B. Arbeitslosigkeit) aufwachsen, werden von rechtsextremen Einstellungsmustern besonders angezogen.

Modernisierungsansätze führen zu Untersuchungen der Sozialisation Jugendlicher im Hinblick auf deren Identitätsentwicklung. Im Mittelpunkt stehen dabei die Entstehung und Verbreitung rechtsextremer Einstellungsmuster (vgl. Heitmeyer et al. 1992: 9). Politische Einstellungen Jugendlicher werden hinsichtlich ihrer „Affinitäten zu rechtsextremistischen Orientierungsmustern" (Heitmeyer 1987: 10) überprüft. Als rechtsextremistisch einstufbar gelten dabei Äußerungen, die sich auf „die Ideologie der Ungleichheit der Menschen" beziehen und damit verbunden eine „Gewaltperspektive und -akzeptanz" einschlie-

---

[1] Vgl. die Übersicht bei Wasmuht 1997; Scherr 1996; Wahl 1995; Stöss 1994 und den Sammelband von Otto/Merten 1993

[2] Aus Platzgründen und zugunsten der Lesbarkeit wird im folgenden darauf verzichtet, stets auch die weibliche Form von Personen- oder Funktionsbezeichnungen zu nennen. Die Leserinnen und Leser mögen sie freundlicherweise jeweils mitdenken.

[3] Vgl. Heitmeyer et al. 1996; Leggewie 1993; Heitmeyer et al. 1992; Klönne 1989; Leggewie 1989; Heitmeyer 1987.

ßen (ebd.: 16). Dabei wird davon ausgegangen, daß mit der Pluralisierung der Lebensstile eine Verschärfung der sozialen Ungleichheit einhergeht. Während sich für eine Mehrheit alte „Statuskristallisationen" auflösen, erfahren stigmatisierte gesellschaftliche Minderheiten häufig „Kumulationen von Benachteiligungen" (ebd.: 18).

Gewaltbereitschaft wird u.a. im Kontext von Desintegrationserfahrungen, im Kontext der Verarbeitung von Individualisierungsprozessen erklärt. Männliche Jugendliche, die nur eine geringe emotionale Unterstützung durch die eigene Gruppe erfahren, befinden sich in einer spezifischen Desintegrationssituation, die dazu führt, daß „der Gruppenzusammenhalt durch teilweise gewalthaltigen und gewaltfördernden Konformitätsdruck hergestellt" wird (Heitmeyer et al. 1996: 365). Anders formuliert: Je ausgeprägter die *gewaltaffinen Einstellungen*, die *gewaltbereite Fremdenfeindlichkeit* bzw. *rechtsextremistische Gewalttätigkeit* auftreten,[4] desto höher sind der soziale Desintegrationsgrad und die Verunsicherung (ebd.: 380).

Zusammenfassend läßt sich festhalten, daß Modernisierungsansätze Rechtsextremismus und rechtsextreme bzw. fremdenfeindliche Gewalt mit Arbeitslosigkeit, sozialer Orientierungslosigkeit und Zukunftsängsten erklären. Fremdenfeindlichkeit wird auch als „Aufstand der Modernisierungsopfer" (Klönne 1989: 545) beschrieben. Modernisierungs- bzw. Individualisierungsprozesse erscheinen als Ursache fremdenfeindlicher Gewalt; dabei bestimmt die basale Individualisierungsthese zugleich die Methode, so daß andere Einflußfaktoren kaum in den Blick geraten können (Herz 1993: 242). Es bleibt offen, warum ein Teil der Jugendlichen ihre „Vereinzelungserfahrungen" in Form fremdenfeindlicher Gewalt verarbeiten, andere dagegen beim Sport oder in der Kneipe (Creydt 1994: 409). Die Untersuchungen beschränken sich auf persönliche Einstellungen und politische Orientierungen von Jugendlichen, während der gesellschaftliche Kontext als „Modernisierungsprozesse" vorausgesetzt bzw. nur vermittelt durch die individuelle Perspektive der Jugendlichen in den Blick genommen, auf jeden Fall aber nicht selbst untersucht wird. Die Ergebnisse bleiben so im Kern auf Erkenntnisse über persönliche Befindlichkeiten bzw. Orientierungen beschränkt.

Andere Ansätze zur Erklärung von Fremdenfeindlichkeit geben in erster Linie ökonomische Unzufriedenheit als Ursache für die Zunahme rechtsextremer Gewalt an. Hier werden auch die Folgen der Wiedervereinigung als Einflußfaktoren vor allem für die Ausschreitungen in den neuen Bundesländern genannt.

Zentrale Bedeutung für die Entstehung fremdenfeindlicher Gewalt wird

---

[4] Hier wird keine Unterscheidung zwischen Rechtsextremismus und Fremdenfeindlichkeit vorgenommen.

13

dem allgemeinen wirtschaftlichen Problemdruck und der damit verbundenen massenhaften Arbeitslosigkeit „im Zusammenspiel mit der Immigration neuer Bevölkerungsgruppen in die Gesellschaft" (Willems 1993a: 251) beigemessen. Wirtschaftliche Krisensituationen schüren Ängste in bezug auf die persönlichen Zukunftsaussichten. In dieser Perspektive erscheinen auch das geltende Asylrecht sowie die Zunahme der Asylbewerberzahl in einem Kausalzusammenhang mit Fremdenfeindlichkeit und Rechtsextremismus:

> „Enttäuschte Erwartungen hinsichtlich des Wohlfahrtsstaates und der sozialen Marktwirtschaft und ihrer Chancen für die individuelle Lebensgestaltung sind insbesondere nach der Vereinigung in den neuen Bundesländern festzustellen. In einer solchen Situation wird der erhebliche Zustrom von Aussiedlern und Asylbewerbern und die wohlfahrtsstaatliche Alimentierung dieser Gruppen von vielen als unmittelbare Konkurrenz und Bedrohung um einen erhofften und angestrebten sozialen Status wahrgenommen, aber auch jenseits eigener und unmittelbarer Konkurrenzängste als ungerechtfertigt interpretiert." (Ebd.)

Hier besteht insofern ein deutlicher Unterschied gegenüber den Modernisierungsansätzen, als weder ein grundsätzlicher Zusammenhang zwischen Arbeitslosigkeit und Rechtsextremismus bzw. Fremdenfeindlichkeit angenommen wird noch persönlichen Desintegrationserfahrungen eine entscheidende Rolle zugewiesen wird. Entsprechenden Studien zufolge stammen rechtsextreme Jugendliche überwiegend aus dem mittelständischen Milieu, repräsentieren also weniger sozioökonomisch Benachteiligte (Rommelspacher 1991: 78).

So untersucht Willems (1993a) beispielsweise polizeiliche Ermittlungsakten und Urteilsschriften der Gerichte zu Fällen fremdenfeindlicher Gewalt, um persönliche Einstellungen und Rechtfertigungsgründe der Tatverdächtigen zu erheben. Dabei wird festgestellt, daß es sich in der Regel um Jugendliche handelt, die einen formalen Bildungsabschluß, eine Berufsqualifikation und feste Lehr- bzw. Arbeitsstellen besitzen. Die Mehrzahl verfügt über einen niedrigen Bildungsstatus, „Arbeiter- und kleinbürgerliche Milieus" sind stark überrepräsentiert. Arbeitslosigkeit bildet demnach nur einen geringen Risikofaktor hinsichtlich der Begehung fremdenfeindlicher Gewalttaten.

Des weiteren steht fremdenfeindliche Gewalt nicht ausschließlich in Zusammenhang mit rechtsextremer Orientierung. Vielmehr unterliegen die Gewaltakte unterschiedlichen Beweggründen. Neben rechtsextremistisch motivierten Gewalttätern findet sich auch Delinquenz unpolitischer Jugendbanden. Von daher bilden nicht politische Überzeugungen ein gemeinsames Merkmal der verschiedenen Tätergruppen, „sondern eher diffuse Gefühle und Vorstellungen einer generellen Bedrohung und Benachteiligung der Deutschen gegenüber den Ausländern, insbesondere gegenüber den Asylbewerbern" (Willems 1993b: 103).

In dieser Perspektive werden allgemeine Ängste im Zusammenhang mit ökonomischer Unsicherheit als Ursache fremdenfeindlicher Gewalt angegeben. Dabei liegt der Schwerpunkt insofern auf der individuellen Sicht der Täter, als ausschließlich deren Deutungen untersucht werden. Ökonomische Unsicherheit betrifft jedoch grundsätzlich alle Jugendlichen. Warum bestimmte Jugendliche in einer bestimmten historischen Situation eine fremdenfeindliche Einstellung entwickeln und/oder Akte fremdenfeindlicher Gewalt begehen, kann mit dem beschriebenen Ansatz nicht erklärt werden. Um dies zu verstehen, müßte der gesellschaftliche Kontext sowie die Verbindung zwischen fremdenfeindlicher Einstellung und fremdenfeindlicher Gewalt untersucht werden. Des weiteren ist kritisch anzumerken, daß mit diesem Ansatz die Entstehung von Fremdenfeindlichkeit bzw. fremdenfeindlichen Einstellungen letztlich überhaupt nicht thematisiert wird, da hier nur Begründungen der Täter für fremdenfeindliche Gewalt untersucht werden.

Eine dritte Perspektive, die sich unter den aktuellen Theorien zur Erklärung von Fremdenfeindlichkeit bzw. Rechtsextremismus ausmachen läßt, schließt an Ergebnisse der Vorurteils- und Autoritarismusforschung an. Ein gemeinsames Resultat dieser Erklärungsansätze ist, daß von einem Zusammenhang zwischen Autoritarismus und Rechtsextremismus ausgegangen werden kann. *Autoritäre Persönlichkeitsstrukturen* bilden demnach die Grundlage für eine *faschistische Orientierung*. Darüber hinaus gelangen auch die Ansätze dieser Perspektive zu unterschiedlichen, teilweise auch gegensätzlichen Schlußfolgerungen, wobei sich z.T. Parallelen zu den Modernisierungsansätzen ausmachen lassen.

Ein Erklärungsmodell schließt z.B. an die Individualisierungstheorie an und untersucht psychische Dispositionen hinsichtlich ihres Zusammenhangs mit rechtsextremer und ausländerfeindlicher Orientierung (vgl. Oesterreich 1993 a und b). Eine autoritäre Orientierung mit ihrer Prädisposition für rechtsextremistisches Denken entsteht danach, „wenn Menschen aus Angst und Verunsicherung heraus Sicherheit und Schutz suchen und sich aus diesen Gründen denen unterwerfen, die die Macht haben" (Oesterreich 1993b: 183). Dies wird als „autoritäre Reaktion" bezeichnet, deren Ausmaß von der Qualität der Sozialisationsprozesse abhängt (vgl. Oesterreich 1993a: 26f). Eine positive Sozialisation kann diese autoritären Reaktionsmuster abbauen. Werden Individuen jedoch kontinuierlich mit Überforderung konfrontiert, nimmt die autoritäre Reaktion zu.

Modernisierungs- und Individualisierungstendenzen der Gesellschaft bilden demnach den Kontext der Entstehung autoritärer Persönlichkeitsstruktur und können zu autoritären Reaktionen und diese wiederum zur Stabilisierung autoritärer psychischer Dispositionen führen und damit indirekt zur Entstehung von Rechtsextremismus beitragen (Oesterreich 1993a: 216f). Die Herausbildung autoritärer als Grundlage rechtsextremer Orientierung kann nach diesem Ansatz nicht aus dem Bereich innerfamilialer Beziehungserfahrungen, sondern nur über gesellschaftliche Verhältnisse erklärt werden.

Andere am Autoritarismus-Modell orientierte Ansätze weisen dagegen innerfamilialen Strukturen und Prozessen sowie frühen sozialen Beziehungen und Bindungen außerhalb der Familie eine entscheidende Bedeutung für die Herausbildung rechtsextremer Potentiale zu (vgl. Hopf 1993c: 158). Dabei wird zwar hervorgehoben, daß die sozialen und emotionalen Erfahrungen in der Familie und die darauf aufbauenden Handlungstendenzen, Aggressionspotentiale und Persönlichkeitsmerkmale nur einen Bedingungsfaktor neben dem politisch-kulturellen Kontext und der spezifisch historischen Konstellation bilden. Dennoch werden innerfamiliale Beziehungserfahrungen als zentral bei der Erklärung von Rechtsextremismus angesehen (vgl. Hopf et al. 1995: 13f).

Als entscheidend für rechtsextreme Orientierungen gelten mangelnde Verinnerlichung moralischer Normen und autoritäre Aggression (ebd.: 176). Eine autoritäre Aggression entsteht aufgrund moralischer Heteronomie, die bedingt ist durch ein spezifisches Erziehungsverhalten. Darüber hinaus findet sich autoritäre Aggression verstärkt bei Personen, die in der Kindheit in hohem Maße Sanktionierung ausgesetzt sind und die familialen Bindungen als unsicher erleben. Personen mit geringer Zuwendungserfahrung tendieren eher zu Aggressionen und Strafwut gegenüber Schwächeren. (Ebd.: 177f)

Ansätze, die sich auf Autoritarismus als Erklärung für Rechtsextremismus und Fremdenfeindlichkeit beziehen, legen ihren Schwerpunkt auf die Untersuchung individueller psychischer Dispositionen bzw. familialer Strukturen. Ihre Ergebnisse geben jedoch keine Auskunft über spezifisch gesellschaftliche Bedingungsfaktoren, die zur Entstehung „autoritärer Persönlichkeitsstrukturen" beitragen, - wenngleich hervorgehoben wird, daß diese ergänzend untersucht werden müßten. Außerdem bleibt die Frage offen, inwieweit bzw. unter welchen Umständen Autoritarismus zu fremdenfeindlicher Gewalt führt.

Es wird deutlich, daß die vorherrschenden Ansätze recht unterschiedliche Ergebnisse zur Erklärung von Fremdenfeindlichkeit liefern. Allen Perspektiven ist jedoch gemeinsam, daß sie ausschließlich auf das Individuum bezogene Bedingungsfaktoren der Entstehung von Fremdenfeindlichkeit herausarbeiten und diese als Ursachen von Fremdenfeindlichkeit bestimmen. Sie erheben persönliche Einstellungen sowie politische Orientierungen und fragen nach individuellen Dispositionen für gewalttätiges Verhalten und/oder liefern Hinweise auf Störungen in der Sozialisation. Eine Konzentration auf Sozialisation, Persönlichkeit und psychische Disposition bildet jedoch nur eine sehr spezifische Perspektive für die Erklärung von Fremdenfeindlichkeit. Auch die Hinweise auf

Einstellungen und politische Orientierungen der Jugendlichen sind zunächst nur Deutungen, die die Akteure selbst ihrem Handeln zuschreiben. Daß dabei vornehmlich männliche *Jugendliche* in den Blick genommen werden, führt darüber hinaus zu einer Pädagogisierung des Phänomens (Scherr 1992). Gleichzeitig verhindert diese Perspektive, daß der gesellschaftliche Kontext, in dem Fremdenfeindlichkeit sich konstituiert, untersucht wird. Nur selten steht im Zentrum des Versuchs einer Erklärung von Fremdenfeindlichkeit und Rechtsextremismus die Analyse der Reaktionen gesellschaftlicher Gruppen und Institutionen oder der gesellschaftlichen und politischen Bedingungen.

Vor diesem Hintergrund bezeichnet Herz (1996a: 91) die vorherrschenden Ansätze zur Erklärung von Fremdenfeindlichkeit als individualistisch, unpolitisch und ahistorisch. Fremdenfeindlichkeit als gesellschaftliches Phänomen zu analysieren würde bedeuten, nicht nach ihren Ursachen zu suchen, sondern die gesellschaftlichen Diskurse über Fremdenfeindlichkeit zum Ausgangspunkt der Untersuchung zu machen und den Konstruktcharakter des Phänomens Fremdenfeindlichkeit herauszuarbeiten.

Eine vergleichbare analytische Perspektive und damit verbunden eine Kritik an individualistischen und täterorientierten Erklärungsmodellen hat die kritische Kriminologie formuliert, wonach Fremdenfeindlichkeit respektive Kriminalität als soziale Konstruktion zu begreifen ist. Abweichendes Verhalten - *Verbrechen, Kriminalität* - hat aus dieser Perspektive keinen ontologischen Status; es stellt keine spezifische Klasse des Handelns dar und bildet kein beobachtbares Verhalten einzelner Täter, deren Ursachen erforscht werden können. Kritische Kriminologie versteht *Kriminalität* nicht als Eigenschaft, die einem Verhalten inhärent ist, sondern als Produkt vielfältiger Zuschreibungsprozesse. *Kriminalität* ist durch und durch eine gesellschaftliche Erscheinung (Sack, in: Löschper/Trotha 1996: 1), die nicht über die Bezugnahme auf einen Täter mit Hilfe des „Böses-verursacht-Böses"-Musters (Sack 1984a: 31) erklärt, sondern nur als gesellschaftlicher Konstitutionsprozeß rekonstruiert werden kann. Zentral für kritische Kriminologie ist demnach der Prozeß der Herstellung von „Kriminalität". Dabei wird davon ausgegangen,

> „daß die Realität, mit der wir es zu tun haben, gesellschaftlich definiert ist, was heißt: daß wir in der Unterscheidung von 'Kriminalität' und 'Kriminellen' die Auswirkungen eines bestimmten Komplexes solcher gesellschaftlicher Definitionen studieren, und daß wir von daher zuerst und hauptsächlich über die Bedingungen und über die Träger dieser Definitionen zu forschen haben" (Hess/Steinert 1986: 3).

„Gewalt-Spiele" (Quensel 1995: 95) werden mehr oder weniger ausdrücklich für das Publikum aufgeführt. Sie zielen auf Anerkennung und Aufmerksamkeit und dienen der Erlangung von Ressourcen zur Aufrechterhaltung der eigenen

Position. Dies bedeutet, daß die gesellschaftliche Reaktion auf *Kriminalität* und *Gewalt* in den Vordergrund der Analyse zu stellen ist:

> „Ihre eigentliche Färbung als 'Gewalt'-Spiel erhalten diese Phänomene dann, wenn sich Dritte in das Spiel einschalten, wenn Medien und Wissenschaft darüber berichten und ihre Interpretationen durchsetzen wollen, wenn Experten und Politiker ihr je eigenes Spiel mit dieser ... Gewalt zu spielen beginnen." (Ebd.: 99)

„Gewalt-Situationen" sind nach Quensel (ebd.: 90ff) immer Interaktionen zwischen mehreren Beteiligten, in denen die Akteure Strategien einsetzen, die oft automatisch und unbewußt aktiviert werden und weniger rational und kalkuliert sind. Es sind Strategien, die nicht im Moment der Auseinandersetzung erfunden werden, sondern kulturell vorgegeben sind und von allen Beteiligten verstanden werden. Auch die Rahmenbedingungen solcher Interaktionen sind nur bedingt variabel. Entscheidenden Anteil an der Herstellung dieser Strategien haben diejenigen, die innerhalb der Gesellschaft als Experten etabliert sind: die Medien, Wissenschaft und Politik. Sie alle tragen zur Konstituierung des Phänomens bei (ebd.: 93).

Ist die soziale Wirklichkeit etwas Konstruiertes, etwas Hergestelltes, so ist entscheidend der Prozeß der Auseinandersetzung, der diese Wirklichkeit konstruiert, der sie als eindeutig und nicht als beliebig erscheinen läßt. Die Eindeutigkeit bestehender Konstruktionen ergibt sich aus ihrem hohen Grad an „Objektivationen" (Berger/ Luckmann 1982: 22); sie ermöglichen, daß diese Konstruktionen von der Mehrheit der Mitglieder einer Gesellschaft angenommen werden.

Überträgt man diese Perspektive auf das Phänomen der Fremdenfeindlichkeit, so läßt sich schlußfolgern, daß es sich um eine soziale Wirklichkeit handelt, die nicht gleichzusetzen ist mit der Summe fremdenfeindlicher Handlungen.[5] Es handelt sich vielmehr um ein Produkt „aus der Organisation von Handlungen und der Art und Weise der Reaktion auf sie" (Sack 1984a: 27):

> „Wann jedoch eine Reihe von verschiedenen, gesetzlich als kriminelles Unrecht definierter Handlungen zum Begriff des Terrors zusammenzufassen ist, läßt sich keineswegs den Handlungen selbst entnehmen: nicht ihren objektiven Merkmalen, schon eher dem Sinn, den die Handelnden selbst mit ihnen verbinden; hinzutreten muß in jedem Fall jedoch die Definition dieser Handlung durch Dritte. Nichts belegt dies sinnfälliger als die bis ins Parlament hineinragende Kontroverse um die Frage, ob es sich bei den terroristischen Personenmehrheiten um 'Gruppen' oder 'Banden' oder 'kriminelle Vereinigungen' etc. handele." (Ebd.: 25)

Die Kritik an individualistischen Erklärungsmustern zur Beschreibung sozialer

---

5   Sack (1984a: 25) hat dies genauso bezogen auf den Terrorismus formuliert.

Phänomene verweist auf die Notwendigkeit der Analyse der sozialen Reaktionen und damit verbunden auf die politischen Dimensionen von Fremdenfeindlichkeit. Den Konstruktcharakter dieses Phänomens zu untersuchen, bedeutet von daher den politisch-kulturellen Kontext innerhalb dessen Fremdenfeindlichkeit sich konstituiert in das Zentrum der Analyse zu stellen.

Theorien, die sich auf persönliche Einstellungen konzentrieren, können nicht erklären, warum die Mehrheit der Bevölkerung nach Meinungsumfragen als „ausländerfreundlich" gilt, während gleichzeitig eine Steigerung fremdenfeindlicher Handlungen festzustellen ist. Warum sind z.b. die Einstellungen zu Gastarbeitern in Deutschland zwischen 1980 und 1990 „positiver" geworden, und sprechen sich vor der Asylrechtsänderung 90% der Bevölkerung für das Grundrecht auf Asyl aus, aber meinen ebenso fast 90%, daß das Asylrecht mißbraucht wird und sind fremdenfeindlich orientiert (Herz 1996a: 98f)? Diese Widersprüche werden von individualistischen Ansätzen nicht problematisiert.

Auch wird bei der Untersuchung von Einstellungen von einer hohen Übereinstimmung zwischen Verhalten und Einstellung ausgegangen. Einstellungen sind jedoch keine Handlungsdispositionen, sondern korrelieren im Gegenteil nur geringfügig mit Verhalten. Von daher können Handlungen nicht nur mit der Analyse von Einstellungen und politischen Orientierungen erklärt werden; sie müssen die spezifische historische Situation miteinbeziehen. Die für eine konkrete Gesellschaft geltenden Bedingungen für die Entstehung von Rechtsextremismus und Fremdenfeindlichkeit müssen herausgearbeitet werden (Herz 1996b: 487). Kritische Kriminologie hat auf die Bedeutung des kulturellen Kontextes bei der Entstehung von *Kriminalität* und *Gewalt* hingewiesen. Versteht man unter Kultur ein System von kollektiv ausgehandelten Bedeutungen, so stellen deren Konstituierung komplexe gesellschaftliche Prozesse dar, in die politische, rechtliche, ökonomische und alltagsweltliche Vorstellungen miteinfließen. Eine Analyse der spezifischen historischen Situation innerhalb des kulturellen Kontextes zielt von daher auf die *institutionalisierten Bedeutungen*, die bestimmten Ereignissen in einer Gesellschaft zugwiesen werden. Nur wenn diese Bedeutungen in die Analyse einbezogen werden, ist es möglich, eine Erklärung der Ereignisse zu formulieren (Herz 1996a: 92), da nur auf diesem Wege die Historizität der Ereignisse berücksichtigt wird.

Kollektive Deutungen sind in Diskursen verankert, da Diskurse das Medium der Produktion von Deutungen sind; Diskurse werden beherrscht von den politischen und sozialen Strukturen einer Gesellschaft (Sack 1984a: 35). Um die *soziale Konstruktion von Fremdenfeindlichkeit* zu erklären, muß eine Analyse auf die Diskurse über Fremde und Fremdenfeindlichkeit zielen. Ganz allgemein läßt sich jeder Diskurs über Fremdenfeindlichkeit immer auch als ein Diskurs über Fremde charakterisieren, da die soziale Konstruktion von Fremdenfeindlichkeit Konstruktionen des Fremden impliziert. Eine Untersuchung des Diskurses über Fremdenfeindlichkeit ist deshalb gleichzeitig eine Analyse der Herstellung des „Fremden" in einer Gesellschaft. Die hier vorliegende Arbeit beschränkt sich dabei auf die empirische Analyse der Medienberichterstattung und der politischen Debatte als zentrale Bestandteile des Diskurses über Fremde und Fremdenfeindlichkeit. Sie tragen zusammen mit weiteren, hier nicht berücksichtigten Debatten wie die der Wissenschaft oder der Justiz dazu bei, Fremdenfeindlichkeit als gesellschaftliches Phänomen zu konstituieren.

Die Mediendebatte über Fremdenfeindlichkeit wird exemplarisch anhand der Medienberichterstattung über die Ausschreitungen in Rostock-Lichtenhagen gegen ein Asylbewerberheim im Sommer 1992 untersucht. Die Analyse der politischen Diskussion erfolgt ebenfalls exemplarisch anhand der Auseinandersetzungen über das Asylrecht im deutschen Bundestag. Den zeitlichen Rahmen bildet hierbei die Verankerung des Asylrechts im Grundgesetz 1949 und die Änderung des Grundrechts auf Asyl im Jahr 1993. Die Debatten in der Politik über das Asylrecht implizieren die Auseinandersetzungen über Ausländer, Asylbewerber und Flüchtlinge im allgemeinen sowie z.T. über Ausländer- und Fremdenfeindlichkeit. Sie stellen einen historisch übergreifenden Teil des Diskurses über Fremde und Fremdenfeindlichkeit dar und geben insofern Auskunft über einen wesentlichen Teil des gesellschaftlich-kulturellen Kontextes, in dem die ausgewählte Mediendebatte zu verorten ist.

Der empirische Zugang geschieht vor dem Hintergrund der Erkenntnisse, die sich aus der Forschung über die diskursive Herstellung sozialer Phänomene gewinnen lassen. Ergebnisse liegen hier vor allem bezogen auf die Medienberichterstattung vor. Dabei befaßt sich der theoretische Teil der Arbeit besonders mit den Untersuchungen, die sich auf die Herstellung von Kriminalität und Fremdenfeindlichkeit durch die Medien beziehen. Parallel dazu wird diskutiert, welche Funktion und Wirkung öffentliche Kommunikation bzw. öffentliche Diskurse überhaupt haben. Auf der Basis eines kritischen Verständnisses von Medienwirkung und eines spezifizierten Diskursbegriffs erfolgt in dem zweiten Teil der Arbeit die Darlegung des methodologischen Ansatzes sowie des methodischen Vorgehens. Zentral sind dabei die Überlegungen zu einem Deutungsmusterkonzept, das die Grundlage für die eigene Untersuchung bildet. An diese Ausführungen schließt im dritten und vierten Teil die empirische Analyse der ausgewählten Debatten über Fremde und Fremdenfeindlichkeit an.

I. Theoretische Vorüberlegungen zu Kriminalität, Medien und Fremdenfeindlichkeit

Wir haben festgestellt, daß es zur Erklärung von Fremdenfeindlichkeit unter der oben genannten Perspektive notwendig ist, den Diskurs über Fremde und Fremdenfeindlichkeit mit einzubeziehen. Am Beispiel der Debatte in den Medien wird zunächst geklärt, welche Ergebnisse die Kriminologie ganz allgemein hinsichtlich des Zusammenhangs von Medien und Kriminalität liefert. Im Anschluß daran zeigt eine Veranschaulichung der Erkenntnisse der Medienforschung, welche Funktion und Wirkung Medien-Diskurse haben. Die Vorstellung der Bedeutung von Rassismus in den Medien als spezifische Form von Fremdenfeindlichkeit sowie die Darlegung von Forschungen darüber vervollständigen einen komplexen theoretischen Rahmen zur Analyse von Fremdenfeindlichkeit im Diskurs.

1. Ergebnisse der „Medien-Kriminalitäts-Forschung"

Im Zentrum der „Medien-Kriminalitäts-Forschung" steht die Frage nach dem Verhältnis von Kriminalität und Medien. Dabei geht es zum einen darum, wie die Medien das Phänomen Kriminalität darstellen und konstituieren. Zum anderen wird untersucht, welchen Effekt diese spezifische Produktion von Kriminalität auf die Rezipienten hat; hierbei differenzieren einzelne Untersuchungen zwischen den unterschiedlichen Medienformen (Printmedien, Hörfunk und Film bzw. Fernsehen). Diese zweite Dimension der Medien-Kriminalitäts-Forschung bezieht sich auf das Phänomen der Medienwirkung, die auch eine der grundlegenden Fragen der Kommunikationsforschung ist (Jung 1993: 346).

1.1 Die Darstellung von Kriminalität in den Massenmedien

Ein Strang der „Medien-Kriminalitäts-Forschung" in der Kriminologie befaßt sich mit der Darstellung von Kriminalität in den Medien und führt empirische Untersuchungen über deren Häufigkeit, Umfang und Inhalt durch. Zentrale Frage ist dabei, ob diese Kriminalitätsdarstellung, wenngleich notwendig selektiv, dennoch mit den objektiven Gegebenheiten übereinstimme. Dazu werden allgemeine Merkmale der Kriminalitätsdarstellung herausgearbeitet, z.b. in Studien bezogen auf das Fernsehen (vgl. z.B. Stein-Hilbers 1976) oder in Tageszeitungsanalysen (vgl. z.B. Baumann 1993; Lamnek 1990; Schwacke 1983). Diese Studien weisen nach, daß spezifische Formen von Kriminalität überrepräsentiert sind:

Kriminalität in den Medien ist Gewaltkriminalität - wobei Täter und Opfer sich fremd sind (Schneider 1987: 323) -, deren Ausmaß und zahlenmäßige Entwicklung als bedrohlich dargestellt wird. Nach dieser Darstellung macht Kriminalität repressive staatliche Maßnahmen notwendig; als verantwortlich für ihre Entstehung erscheinen fehlende Sanktionen in der Familie (Jubelius/ Stein-Hilbers 1977: 178). Die Begehung von Straftaten und deren Aufklärung stehen im Mittelpunkt der Kriminalitätsberichterstattung. Kriminalität wird dabei ausschließlich aus der Perspektive der Polizei behandelt, deren Funktion Repression und nicht Prävention bildet (Stein-Hilbers 1976). Andere Formen der formellen Sozialkontrolle werden nur peripher, Formen der informellen Sozialkontrolle gar nicht thematisiert. Die Persönlichkeit des Straftäters steht im Zentrum der Darstellung und Erklärung von Kriminalität und wird negativ beschrieben. Kriminalität erscheint nicht als soziales, sondern als individuelles Problem (Jubelius/Stein-Hilbers 1977: 182). Das Opfer findet in der Kriminalitätsberichterstattung der Medien kaum Berücksichtigung; das gleiche gilt für die Beziehung zwischen Täter und Opfer. Hat das Opfer Schaden genommen, so wird dies in der Regel nur dann thematisiert, wenn es sich um den Verlust des Lebens handelt, über andere Schäden wird selten berichtet. (Baumann 1993; Schneider 1987)

Insgesamt zeichnen die Medien ein sehr einheitliches Bild der Kriminalität und der Viktimisierung (vgl. Baumann 1993), und zwar unabhängig von Raum, Zeit und Ort sowie den verschiedenen Medienformen. Auch bei spezifischen Anbietern wie Tageszeitungen unterschiedlicher Couleur lassen sich kaum wesentliche Unterschiede feststellen. Eine Untersuchung der Kriminalitätsdarstellung in der „Frankfurter Allgemeinen Ztg." und der „Bild" (vgl. Schwacke 1983) hat ergeben, daß sie lediglich in der Form, nicht aber bezüglich der Inhalte kontrastiert. Die formalen Unterschiede liegen darin, daß die „Bild" in ihren Berichten mit dramatisierenden Effekten arbeitet, während die „Frankfurter Allgemeine Ztg." einen etwas zurückhaltenderen und nüchterneren Stil pflegt.

Eine Folge dieser Untersuchungen ist die Forderung nach einer „realitätsgerechteren" Information über Kriminalität (Förster/Schenk 1984: 101). Als Konsequenz wird auch die Nichterfüllung der offiziellen Funktionen der Medien - Information, Meinungsbildung sowie Kontrolle und Kritik - kritisiert. Medien werden aufgrund ihrer Macht und ihres Einflusses auch als „vierte Gewalt" bezeichnet, die in spezifischen Bereichen ein „Quasi-Informationsmonopol" (Pfeiffer/Scheerer 1979: 118) darstellt. Vor diesem Hintergrund werden der Medienberichterstattung Einseitigkeiten und Verzerrungen vorgeworfen: „wäre die Berichterstattung realitätsgetreu, dann - so die implizite Argumentation - hätten die Gesellschaftsmitglieder eine rationale Basis" zur Beurteilung (Lehne 1994: 19). So unterscheidet Lamnek (1990) zwei Arten von Kriminalität in den Medien: die „fiktive" und „tatsächliche" Kriminalität, die aus der Gesamtheit der Erscheinungen zur Präsentation ausgewählt werden.

Dieser Idee von einer „wahren" und „falschen" Kriminalitätsdarstellung unterliegt nicht nur ein essentialistisches Verständnis von Kriminalität, sondern auch die Vorstellung, daß Medien eine *abbildende* Funktion haben. Auf dieser Basis wird den Medien vorgeworfen, sie wählten aufgrund von Kriterien wie Vereinfachung, Identifikation und Sensationalisierung aus, wodurch falsche Bilder von Kriminalität suggeriert würden, die negative Konsequenzen für das Handeln der Rezipienten hätten:

> „Bei der vorliegenden Datenlage ist davon auszugehen, daß die *Tageszeitungen kein Abbild der realen Kriminalität liefern.* Ich sehe darin insoweit ein Problem, als die Öffentlichkeit und die Politiker daraus ein Gesellschaftsbild entwickeln, das mit der Realität nicht kompatibel ist und man deshalb in einer nur (und falsch) vorgestellten Realität lebt." (Ebd.: 168)

Unterzieht man diese Art der Medienforschung einer kritischen Beurteilung, so erscheint nicht nur die Unterstellung einer objektiv darstellbaren Kriminalität problematisch. Darüber hinaus liegt ihnen eine ontologische Vorstellung zugrunde, wonach Kriminalität als klar definierbares Phänomen existiert und ein einheitliches Verständnis von Kriminalität besteht. So wird z.B. selten gefragt, wo Kriminalität anfängt und was ihre besonderen Kennzeichen sind (Walter 1993: 189). Schließlich ist auch die implizite Annahme problematisch, daß die angebotenen (scheinbar eindeutigen) Vorstellungen von Kriminalität von allen Rezipienten in gleicher Weise verarbeitet werden.

1.2 Die kriminalitätsfördernde Wirkung der Massenmedien und die Entstehung von Kriminalitätsfurcht

Eine weitere kriminologische Perspektive beschäftigt sich vornehmlich mit der Frage nach dem Einfluß bzw. der kriminalitätsfördernden Wirkung der massenmedialen „Gewaltdarstellung". Dabei werden verschiedene, sehr gegensätzliche Thesen zur Wirkung von Gewalt in den Medien formuliert (vgl. Kaiser 1993: 412f; Mattern 1983: 121f; Klapper 1979: 159ff; Pfeiffer/Scheerer 1979: 109f).[6]

Die *Katharsisthese* geht davon aus, daß die Gewaltdarstellung in den Medien zu einer Abnahme von Aggressionen führt, da sie individuell und gesellschaftlich eine Art Ersatz- und Ventilfunktion für vorhandene Aggressionen bildet. Diese These wird heute kaum noch vertreten (Kunczik 1995: 128).

Die *Inhibitionsthese* nimmt an, daß das Beobachten von Gewalt und Aggressionen bzw. aggressiven Verhaltens eine sogenannte Aggressionsangst auslöst, die das Auslösen eigener Aggressionen hemmt.[7]

Die *Stimulationsthese* beruht auf lerntheoretischen Überlegungen und geht davon aus, daß Gewaltdarstellungen in den Medien Lerneffekte auslösen und zur Nachahmung anregen.[8] Diese These ist in der Kriminologie die populärste unter den Erklärungen der Wirkung von Gewalt in den Medien.[9] Hier wird ein

---

[6] Kunczik (1987a und b) unterscheidet sogar zehn Thesen zur Wirkung von Gewalt, die entweder negative, positive oder gar keine Effekte konstatieren.

[7] Problematisch bei dieser ebenso wie bei der Katharsisthese ist, daß keine Differenzierung zwischen Aggression und Gewalt vorgenommen und zudem behauptet wird, daß Aggressionen automatisch Gewalthandlungen zur Folge haben.

[8] Als eines der möglicherweise berühmtesten Beispiele für die Diskussion über die Wirkungen von Mediendarstellungen und deren Inhalte auf den Empfänger wird die Geschichte der Rezeption des im Jahre 1774 erschienenen Werkes „Die Leiden des jungen Werther" von Johann Wolfgang von Goethe genannt (vgl. Brosius/Esser 1995a: 56). In diesem Werk (vgl. Goethe 1976) begeht die Hauptfigur Werther am Ende einer unglücklich verlaufenden und hoffnungslosen Liebesgeschichte aus Verzweiflung Selbstmord. Selbstmord gilt in dieser Zeit noch als Frevel; das Skandalöse an dieser Publikation ist, daß sie für diese Tat Verständnis fordert. Dem Buch und seiner Darstellung einer Selbsttötung schreibt die Rezeptionsgeschichte eine enorme Wirkung zu; es soll viele junge Männer zur Nachahmung angeregt haben: „Die Nachahmungstäter kleideten sich wie ihr Vorbild im blauen 'Wertherfrack' mit gelben Hosen, imitierten die Art seines Selbstmordes (Pistolenschuß) und starben zum Teil mit dem Roman in der Jackentasche." (Brosius/Esser 1995a: 56)

[9] Ein Beispiel für die Aktualität dieses Ansatzes ist die - wenngleich nicht originär kriminologische - Untersuchung „Eskalation durch Berichterstattung" von Brosius/Esser (1995a), die der Frage nach den Entstehungsbedingungen ausländerfeindlicher Gewalt nachgeht. Ihre Erklärung zur Beantwortung der Frage, „ob die Medien durch ihre Beachtung, Darstellung und Aufmachung des Themas 'Ausländer und Asylanten' Nachah-

unmittelbarer, linearer und direkt proportionaler Einfluß angenommen: Je größer die Rezeption von Gewaltdarstellung ist, desto größer ist das Ausmaß an Gewalthandlungen bei den Rezipienten (Vowe/Friedrichsen 1995: 9).

Die *Habitualisierungsthese* behauptet eine Abnahme der Sensibilität - eine Art emotionale Abstumpfung - gegenüber Gewalt aufgrund eines Gewöhnungseffektes bei gleichzeitig anwachsender Bereitschaft zur Anwendung von Gewalt. Zu dieser These liegen kaum empirische Belege vor; ihre Befunde sind meist zusammenhanglos und widersprüchlich (Kunczik 1995: 128).

Die *These der Wirkungslosigkeit* geht davon aus, daß kein direkter Kausalzusammenhang zwischen massenmedial dargebotener Gewalt und der Gewalt im Alltag besteht. Empirische Belege für eine medieninduzierte Gewaltsteigerung bzw. -minderung werden in Frage gestellt (Mattern 1983: 121). Befürworter dieser These verneinen, daß von Gewaltdarstellungen in den Medien eine Gefahr ausgeht.

Der sogenannte *Nutzenansatz* oder (besser:) „uses and gratification approach" beruht auf interaktionistisch und ethnomethodologisch orientierten Erkenntnissen und stellt das traditionelle Erklärungskonzept der *Wirkung* von Gewalthandlungen in den Medien bzw. der *Wirkung* überhaupt in Frage. Hier werden die Aktivitäten und Kompetenzen der Rezipienten berücksichtigt, indem davon ausgegangen wird, daß Prozesse der Bedeutungszuweisung und Realitätskonzeptionen einzelner Rezipienten die Verarbeitung von Medienangeboten beeinflussen (ebd.: 120).

Die vorhandenen Erklärungen der *Wirkung* von Gewalt in den Medien sind sehr gegensätzlich, wobei den ersten vier das Modell eines einfachen Ursache-Wirkungsmechanismus gemeinsam ist und ein direkter Kausalzusammenhang zwischen Medienrezeption und Gewaltausübung hergestellt wird.

Problematisch bei allen Erklärungsmodellen ist, daß ihnen ein verallgemeinerbares und ein individualisierendes Verständnis von Gewalt und Aggression zugrunde liegt. Ähnlich wie bei „Kriminalität" wird auch bei „Gewalt" allen Medienrezipienten ein einheitliches Verständnis unterstellt. Gewalt gilt in dieser Perspektive nicht als soziale Interaktion, die einem spezifischen Kontext entspringt und in Abhängigkeit von diesem zu definieren ist. Daß die Einstufung von Verhaltensweisen als gewalttätig stark variiert und abhängt vom Mediengenre, vom Ausmaß der Involviertheit des Rezipienten sowie von dessen Lebenserfahrung und Persönlichkeit etc. wird vernachlässigt (Kunczik 1995: 134). Eine Untersuchung von massenmedialer Gewaltdarstellung erscheint jedoch erst dann sinnvoll und möglich, wenn Gewalt nicht mehr individualistisch,

---

mungstaten provozieren und damit zu einer Eskalation des Konflikts beitragen" (11) ist die soziale Lerntheorie, die auf Nachahmungsprozesse reduziert wird (vgl. dazu auch Kap. I.3.2.3).

sondern interaktiv betrachtet wird (Löschper 1992).

Die These vom direkten und negativen Einfluß der Kriminalitätsdarstellung in den Medien auf das Verhalten der Rezipienten konnte sich jedoch bis heute halten. Dies ist um so erstaunlicher, als diese Perspektive als Form des Alltagswissens kritisiert wurde, das deshalb so große Popularität genießt, weil es so nützlich scheint: Verantwortung für die Zunahme von Gewalt kann so z.B. einseitig an die Instanz der Medien gerichtet werden, was Politik und Pädagogik entlastet.

> „Wenn die These vom kriminogenen Einfluß der Massenmedien heute zum festen Bestandteil des Alltagswissens über Kriminalität gehört, so nicht zuletzt deshalb, weil sie daneben in der professionellen Besorgnis einiger Medienpädagogen ebenso wie im Bereich medien- und rechtspolitischer Verwertungsinteressen opportune Verwendung findet ...“ (Pfeiffer/Scheerer 1979: 109)

Eine spezifische Wirkung unterstellen einige Untersuchungen der massenmedialen Präsentation von sogenannten Gewalthandlungen und einer bedrohlich wirkenden Verbrechensdarstellung im Hinblick auf die Kriminalitätsfurcht (vgl. z.B. Schneider 1977). Die durch die Medien vermittelte Kriminalität empfinden die Empfänger danach als bedrohlicher als die eigenen Erfahrungen. Kriminalitätsfurcht resultiert nach dieser Logik aus der übertriebenen Darstellung von Kriminalität und der besonderen Hervorhebung von außergewöhnlichen Einzelfällen. Dem Umgang der Medien mit dem Thema Kriminalität wird somit ein wesentlicher Einfluß auf das Sicherheitsempfinden und die Kriminalitätsfurcht der Bevölkerung unterstellt (vgl. beispielhaft Kury 1995: 131; 155).[10]

Gezielte Untersuchungen des Zusammenhangs von Massenmedien und Kriminalitätsfurcht stellen dagegen diesen Effekt in Frage. So wurde z.B. festgestellt, daß die Kriminalitätsfurcht nach der Vereinigung der beiden deutschen Staaten im Osten Deutschlands sehr viel höher ist als im Westen, und zwar vor allem bezogen auf Delikte, die in den offiziellen Statistiken sehr niedrige Werte aufweisen (vgl. Reuband 1992). Dieses Phänomen wird zum einen damit erklärt, daß es in der ehemaligen DDR keine Medienberichterstattung über Kriminalität gegeben habe, zum anderen wird darauf hingewiesen, daß die nach der Wiedervereinigung vorherrschende subjektive Verunsicherung in Kriminalitätsfurcht umgeschlagen sei (vgl. ebd.: 218f). Diese Erklärung verweist, neben der Kriminalitätsberichterstattung, auf zusätzliche (gesellschaftliche) Einflußfaktoren und deutet auf ein komplexes Wechselspiel zwischen Massenmedien und Kriminalitätsfurcht hin, welche einem einfachen Ursache-Wirkungsmodell widersprechen.

---

[10] Vgl. auch Boers 1994 und 1993, der jedoch von einer „differenzierten Medienwirkung“ (ebd. 1994: 30) spricht.

Killias (1983: 421) spricht von einem Paradox der teilweise negativen Beziehung zwischen Kriminalitätsfurcht und dem Risiko, Opfer zu werden und kritisiert bestehende Untersuchungen vor allem hinsichtlich ihrer Schlußfolgerungen über einen Zusammenhang mit der massenmedialen Berichterstattung. Er geht davon aus, daß

> „der Einfluß der Massenmedien auf die Wahrnehmung des Kriminalitätsumfangs - bzw. der Häufigkeit von Tötungsdelikten - nur wenig ins Gewicht fällt, soweit er sich empirisch überhaupt nachweisen läßt." (Ebd.: 425)

Die überproportionale Berichterstattung über dramatische Verbrechen in den Medien schlägt sich nicht in der Kriminalitäts*wahrnehmung* nieder, diese spiegelt eher das durch die offiziellen Statistiken hergestellte Bild. In diesem Sinne kann man ganz entgegen den oben geschilderten Ansätzen von einer „Null-Korrelation" (ebd.: 425) zwischen Medien-Konsum und Perzeption von Kriminalität sprechen.

Als Erklärung für dieses Paradox geht Killias davon aus, daß Medien die Vorstellung *von* und *über* Kriminalität vor allem im Fernbereich beeinflussen; während die alltäglichen Erfahrungen im Nahbereich die aus den Medien stammenden Eindrücke korrigieren. Nur dort, wo keine Gelegenheit besteht, die vermittelten Vorstellungen mit eigenen Erfahrungen und Vorstellungen zu konfrontieren, hat die Medienberichterstattung einen *verzerrenden* Effekt, allerdings nur dann, wenn sie nicht mit den Vorstellungen der Rezipienten übereinstimmt. (Ebd.: 427)

So läßt sich z.B. kein Zusammenhang zwischen Zeitungslektüre oder Fernsehkonsum und Kriminalitätsfurcht feststellen; erst eigene Opfererfahrungen oder persönliche Kenntnis von einer „Bedrohung" im eigenen Nahraum wirkt sich auf die Kriminalitätsfurcht aus:

> „Weder die persönliche Kommunikation über Kriminalität noch der Empfang einschlägiger Nachrichten aus den Medien erzeugt somit die Angst vor Verbrechen, sondern die Kenntnis entsprechender Vorfälle im eigenen Quartier, die wegen ihrer räumlichen und/oder sozialen Nähe zum Beobachter von diesem nicht als nur anderswo und für andere aktuelle Bedrohung verdrängt werden können, sondern ihm vielmehr seine eigene Gefährdung drastisch in Erinnerung rufen." (Ebd.: 429)

Massenmedien stellen im Zusammenhang mit Kriminalität Interpretationshilfen zur Bewertung einzelner Ereignisse dar (ebd.: 433). Dabei werden nicht Vorstellungen über die Häufigkeit von bestimmten Geschehnissen vermittelt, sondern Vorstellungen über deren Bedeutung und Wichtigkeit, welche die Vorstellungen der Empfänger beeinflussen und eine spezifische Bewertung befördern. Diese Perspektive setzt auch voraus, daß es kein eindeutiges Verständnis von

Kriminalität gibt, Kriminalität nicht objektiv erkennbares Merkmal eines Verhaltens ist, sondern je nach Situation und Kontext des Rezipienten dem beobachteten Ereignis zugeschrieben wird bzw. werden kann.

Damit ist davon auszugehen, daß Medienrezipienten Medieninhalte entsprechend den eigenen Erfahrungen wahrnehmen und interpretieren (Jubelius/ Stein-Hilbers 1977: 179) und auch zwischen den verschiedenen Darstellungs- und Wirklichkeitsebenen unterscheiden können. Die Frage, ob die Darstellung von Aggressionen in den Medien entsprechendes Handeln hervorruft, kann schließlich unter Verweis auf die eigenständige Informationsselektion und -bewertung verneint werden. Dies würde nämlich voraussetzen, daß die Empfänger zwischen Phantasie und Wirklichkeit bzw. zwischen Alltag und Fiktion nicht differenzieren können (Steinert 1978: 215) bzw. diese vermittelten Bilder nicht anhand der eigenen Erfahrungen im Nahbereich korrigieren, indem sie den Bildern neue Deutungen zuweisen.

> „Die 'Phantasiekriminalität' der Medien und die erfahrene 'Alltagskriminalität' werden als unterschiedliche Ausprägungen auf einem Kontinuum von 'Kriminalität' verstanden. Das wird dadurch unterstützt, daß die Phantasiekriminalität ja tatsächlich überproportional in (geographisch und sozial) exotischen Gegenden stattfindet. Davon ist man zwar nicht betroffen, es beschreibt aber einen Kreis von 'wirklichen' 'Verbrechen', die es irgendwo wirklich gibt, während man selbst es nur mit allenfalls 'kleinen Gaunern' und unangenehmen Leuten zu tun hat." (Ebd.: 218)

Fassen wir zusammen, so ist zentrales Merkmal der Medienberichterstattung über Kriminalität, daß spezifische Ereignisse in den Hintergrund und andere, ausgewählte ins Zentrumg gestellt werden. Damit werden Interpretationshilfen geliefert, die der Bewertung einzelner Ereignisse im Zusammenhang mit Kriminalität dienen und Hinweise auf deren Bedeutung in qualitativer und quantitativer Hinsicht geben. Die Wechsel*wirkungen* zwischen Medien und ihren Rezipienten sind komplex; es bestehen keine linearen Kausalbeziehungen, und der Einfluß der Medien auf konkrete Handlungen der Empfänger ist von anderen Einflußfaktoren kaum isolierbar. Demnach bilden Massenmedien keine notwendigen und hinreichenden Bedingungen für *Wirkungen* auf das Publikum. Ihr Einfluß ist vielmehr Bestandteil eines Netzwerkes verschiedener Faktoren.

1.3 Die Herstellung von „Kriminalitätswellen" durch die Massenmedien

Die Herstellung von „Kriminalitätswellen" veranschaulichen vor allem verschiedene kritisch kriminologische Untersuchungen, die nachweisen, wie bestimmte Ereignisse durch die Medienberichterstattung ins Zentrum des öffentlichen Interesses rücken und einen hohen Grad an Bedeutung zugeschrieben bekommen. Fishman (1978, 1980) illustriert am Beispiel der Darstellung von Gewalt gegen ältere Menschen die massenmediale Konstruktion einer „Kriminalitätswelle": 1976 werden in New York sieben Wochen lang in den drei großen Tageszeitungen und den fünf lokalen Fensehstationen täglich Meldungen über „Verbrechen gegen Ältere" produziert, die zu anderen Zeiten für die Medien nie Thema oder gar von besonderem Interesse waren. Landesweit wird der Eindruck erweckt, als wäre die Kriminalität im Steigen begriffen. Dieser Effekt beruht darauf, daß eine neue Kategorie „crime against the elderly" (Fishman 1978: 532) geschaffen wird, unter der bekannte Delikte neu präsentiert werden; das ermöglicht es, ihnen erhöhte Aufmerksamkeit zukommen zu lassen. Mit der neuen Kategorie von Kriminalität entsteht gleichzeitig ein ganz spezifisches Bild der zugehörigen Täter: Sie werden als mehrfach vorbestrafte, farbige junge Männer, aus Gettogebieten im Wohnumfeld weißer, älterer Menschen, die aus Armutsgründen New York nicht verlassen haben, identifiziert. Die Berichterstattung über „Verbrechen gegen ältere Menschen" in den Monaten November und Dezember führt viele Vorfälle an; die Kriminalstatistik weist jedoch für diese Zeit keinen Anstieg der „Kriminalität gegen ältere Menschen" auf. Bei dem Delikt Mord, von dem in einem Drittel aller Kriminalitätsnachrichten die Rede ist, wird sogar ein Rückgang um fast 20% verzeichnet. Gleichzeitig werden im genannten Zeitraum kriminalpolitische Änderungen durchgesetzt, die z.B. gezielte Maßnahmen zur Kontrolle farbiger Jugendlicher umfassen.

> „When we speak of a crime wave, we are talking about a kind of social awareness of crime, crime brought to public consciousness. (...) Crime waves may be things of the mind', but they have real consequences." (Ebd.: 531)

Ein ähnliches Beispiel liefert Cohen (1980), der die plötzliche „Entdeckung" der „Mods" und „Rocker" in Großbritannien in den 60er Jahren untersucht und in diesem Zusammenhang von der Entstehung einer „moral panic" spricht, die von den Massenmedien in Gang gesetzt wird.

Moral panics beziehen sich auf Ereignisse, die entweder als Phänomen neu sind oder plötzlich ins Zentrum der öffentlichen Empörung und Besorgnis rükken. Sie stellen eine Bedrohung gesellschaftlicher Werte und Interessen her. Auch wenn das Thema bzw. seine bedrohliche Qualität nach einiger Zeit wieder aus der Berichterstattung verschwindet, hat das Phänomen folgenreiche Veränderungen in der Politik und Gesetzgebung hinterlassen. Der Begriff der „moral panic" im Zusammenhang mit der Herstellung einer *Kriminalitätswelle* verweist darauf, daß es bei dieser Art der Medienberichterstattung immer auch um eine Veränderung der symbolischen Ordnung der Gesellschaft geht, die mit Hilfe von moralischer Entrüstung und Empörung über neu bzw. wiederentdeckte Verhaltensformen durchgesetzt wird. „Moral panic" wird damit nach Cohen zu einer massenmedialen Entrüstungsstrategie.

Cohen (ebd.) spricht in diesem Kontext auch von „Kampagnenjournalismus", der sich auf bestimmte „Entrüstungsobjekte" bezieht, die als Bilder immer wiederkehren und im kollektiven Gedächtnis weiterleben, deren Bezeichnungen aber variabel sind und dem entsprechenden kulturellen Kontext entspringen. „Folk-Devils" nennt Cohen die so kreierten Täter, mit ihrer Inszenierung in den Medien wird ein Dramatisierungsdiskurs aktiviert, moralische Entrüstung möglich und werden Forderungen nach Erweiterungen des staatlichen Kontrollapparats sowie deren Umsetzung ausgelöst.

Ein weiteres Beispiel für die Herstellung einer Kriminalitätswelle in den Medien und deren Wirkung bilden die Ergebnisse der Untersuchung von Hall et al. (1978). Die Autoren gehen der Frage nach, warum sich in den 70er Jahren „mugging" (damit wird eine Art „Handtaschenraub" bezeichnet) in Großbritannien als soziales Phänomen konstituiert und insofern für die britische Gesellschaft Bedeutung erlangt, als darüber eine *moralische Panik* (im Cohenschen Sinne) ausbricht. Dabei stellen die Autoren fest, daß es zwar interne Unterschiede in der Art und der Schwerpunktsetzung der Berichterstattung gibt, aber alle Zeitungen gleichermaßen die *moral panic* herstellen (vgl. ebd.: 106).

Anläßlich eines Raubüberfalls mit Todesfolge taucht 1972 erstmals der Begriff des „muggings" auf als Verweis auf eine neue Qualität von Verbrechen im Kontext der Debatte über einen generellen Zuwachs der Kriminalität. Mit der Verwendung dieses Begriffs, der vorher nur im amerikanischen Raum bekannt war, wird der Beginn einer neuen Kriminalitätsära signalisiert. Dabei wird *mugging* zwar als neue Kriminalitätskategorie eingeführt, es existiert zunächst aber keine rechtliche Definition.

Dem ersten Ereignis im August 1972 folgt eine 13monatige Periode massiver Presseberichterstattung über *mugging*. Die Dramatisierung des *mugging* geschieht vor allem im Kontext der Berichterstattung über Gewalt - alle Fälle von Gewalt werden im Kontext von *mugging* diskutiert - und geht einher mit der Dramatisierung von „Gewalt auf der Straße". Die Gefährlichkeit und Bedrohung durch *mugging* liegt darin, daß es als Ereignis beschrieben wird, daß der „Gewalt auf der Straße" zugeordnet wird, die immense Ausmaße annimmt und so das ganze Land bedrohe.

Mit der Einführung des Begriffs „mugging" wird ein ganzer Komplex an sozialen Themen aktualisiert: das Eingebundensein von Schwarzen und Drogenabhängigen in Kriminalität, die Ausdehnung der schwarzen Gettos in den Städten, der Kollaps der Städte, die Kriminalitätsfurcht und deren Ursachen, die Resignation des Staates und seiner Kontrollinstanzen: „mugging" wird als komprimiertes „label" verwendet, das all diese Themen symbolisiert (ebd.: 20ff). Dieser assoziierte Kontext entstammt der amerikanischen Debatte über *mugging* und wird problemlos auf die britische Gesellschaft übertragen. Das Phänomen selbst wird in den Medien als absolut neues behandelt, obgleich neu nur der Einsatz des „labels" ist.

Die Einbeziehung des gesellschaftlichen Kontextes geht einher mit der Individualisierung der Fälle, wobei die Themen Gewalt, „Rasse", Drogen, Diebstahl und Jugend den Rahmen bilden. Die Täter werden als junge Immigranten bezeichnet, die arbeitsscheu - da ohne Arbeit -, disziplinlos und unmoralisch, gewalttätig und vorbestraft sind und aus zerfallenen Städten und zerrütteten Familien stammen. Im Vordergrund steht der Aspekt der ethnischen Zugehörigkeit, kombiniert mit Kriminalität und Armut: „mugger" sind asoziale schwarze Jugendliche. Die sichtbare Verbindung zwischen diesen beiden Merkmalen bildet das Bild der Gettos („new slums") (ebd.: 118), das zwar staatlicher Lösungen bedarf, aber gleichzeitig auf die individuellen Probleme (das fehlende Zuhause, falsche Erziehung und arbeitende Mütter) verweist. So werden schließlich mit dem „mugging" Fragen der Familie, Disziplin und Moral im Verhältnis zur Kriminalität diskutiert. *Mugging* wird so als Phänomen konstituiert, in dessen Bild spezifische Vorstellungen von Kriminalität, ethnischer Zugehörigkeit, Jugend und Familie mit eingehen und aktiviert werden können.

Im Gefolge der Berichterstattung setzt sich eine Sicherheits- und Ordnungskampagne der verschiedenen Institutionen in Gang; die Justiz gibt öffentlich bekannt, den „mugger" jetzt gezielt bekämpfen zu wollen. Obgleich die offiziellen Statistiken keinerlei Veränderungen aufweisen, wird von einer „crime wave" gesprochen: Hall et al. konstatieren hier ebenfalls die Herstellung einer *moral panic* (ebd.: 10).

Gemeinsamer Effekt der vorgestellten Kriminalitätswellen ist, daß damit die Politik unter Druck gerät, kriminalpolitische Entscheidungen in den betroffenen Bereichen zügig umzusetzen. Ein zentrales Ergebnis der drei Untersuchungen besteht darin, daß diese Kriminalitätswellen der Transformation sozialer Phänomene in Bedrohungen der Gesellschaft dienen, wobei sehr konkrete moralische Vorstellungen hergestellt werden können. Kriminalitätswellen sind Produkte der Massenmedien, die spezifisches Wissen über Kriminalität bereitstellen. Gleichzeitig dienen Kriminalitätswellen der Herrschaftssicherung; Herrschaft bedarf der Loyalität einer breiten Öffentlichkeit, um ihre Legitimität zu sichern. Das bedeutet,

> „daß über die Produktion von Phänomenen, die als gesellschaftliche Bedrohungen dargestellt werden, auf der symbolischen Ebene einerseits gesellschaftliche Statusgruppen (Gusfield) ihre Position zu verbessern suchen, und andererseits das etablierte politische System als Garant bestehender gesellschaftlicher Strukturen (Macht- und Herrschaftsrelationen) ihre Legitimität und die Loyalität der Bevölkerung reproduziert. Die Rahmung solcher Ereignisse als Kriminalität stellt dabei eine zentrale Strategie dar." (Lehne/Löschper 1990: 4)

Mit Kriminalitätswellen[11] wird eine zunehmende Bedrohung der Gesellschaft inszeniert, wobei grundsätzlich konkrete Gefahrenquellen benannt und spezifische Täter identifiziert werden (Stehr 1989: 33). So werden Vorstellungen über Kriminalität konstituiert, die spezifische Praktiken für Politik und Justiz, aber auch für die Bevölkerung implizieren.

Die Beispiele haben gezeigt, wie Massenmedien bestimmte Phänomene herstellen und ins Zentrum des öffentlichen Interesses rücken. Kriminalitätswellen stellen eine massenmedial hergestellte Problematisierung spezifischer Formen von Kriminalität dar, die inszenierte Aufmerksamkeit erhalten, ohne daß ein spektakulärer Anstieg dieser Kriminalitätsformen zu verzeichnen wäre. Es ist vielmehr die Zunahme massenmedialer Aufmerksamkeit, die dazu beiträgt, daß sich bestimmte Formen von Kriminalität als Bedrohung präsentieren. Gusfield (1981) hat dies auch als „Konstruktion von öffentlichen Problemen" durch die Medien bezeichnet.

Problematisch an den aus den Untersuchungen gezogenen Konsequenzen erscheint jedoch, daß auch hier ein Ursache-Wirkungs-Modell zur Anwendung

---

[11] In den 70er Jahren entsteht ein vergleichbares Phänomen in der BRD im Zusammenhang mit einem „symbolischen Kreuzzug" gegen Linksextremismus und Terrorismus, mit dem Gewalt als Symbol gesellschaftlicher Unordnung und Krise ausgewiesen wird. Dieser *Kreuzzug* weist jedoch noch andere Strukturen als die beschriebenen Kriminalitätswellen auf (vgl. Treiber 1984). Dabei wird das Terrorismusproblem als ein im politischen, justitiellen und massenmedialen Diskurs *gemachtes* Problem beschrieben, das durch diesen zu einer Art „Meta-Phänomen" geworden ist (vgl. Hess 1988: 55ff). Ein ähnliches Beispiel ist auch die in den 80er Jahren in der Bundesrepublik entstehende und medienübergreifend sich ausbreitende öffentliche Empörung über sexuellen Mißbrauch an Kindern (vgl. Lautmann 1995; Rutschky 1992). Diese Debatte hat sich bis heute fortgesetzt; dessen moralische Empörung hält an, auch wenn die offiziellen Zahlen zum sexuellen Mißbrauch in den letzten Jahren zurückgegangen sind. Dies verweist auch hier auf eine Eigendynamik des Diskurses und seine Unabhängigkeit von statistischen aber auch gesellschaftlichen Veränderungen.

kommt, indem unterstellt wird, daß die als Inszenierung von Bedrohung interpretierte Kriminalitätsberichterstattung bei dem individuellen Rezipienten auch
die Wahrnehmung einer entsprechenden Bedrohung zur Folge hat. Daß die Rezipienten die Entstehung von Kriminalitätswellen möglicherweise kritisch *beobachten*, wird mit dieser Perspektive ausgeschlossen. Auch der Begriff des
„Kampagnenjournalismus" oder der Medienkampagnen erscheint problematisch, legt er doch nahe, daß der massenmedialen Inszenierung von Kriminalität
die Absicht zugrunde liegt, die Bevölkerung zu verunsichern und die Einführung schärferer staatlicher Kontrolle zu befördern.

1.4 Massenmedien als „moralische Anstalten"

Eine Perspektive schreibt den Massenmedien nicht nur die Funktion zu, Interpretationshilfen für ein spezifisches Verständnis von Ereignissen zu liefern,
sondern bezeichnet sie als „moralische Anstalten", die Aspekte der herrschenden Moral proklamieren. Vor allem die Verwendung der Kategorie „Kriminalität" wird dafür als besonders geeignet beschrieben.

So sprechen Cremer-Schäfer/Stehr 1990a und Stehr 1989 den Medien als
wesentliche Funktion bzw. Strategie die „Verkündigung" der herrschenden Moral und das Angebot von Normen und Werten zur Be- und Verurteilung von
Personen und Handlungen zu.

> „Als allgemeine akzeptierte Bezugspunkte von Be- und Verurteilung müssen Normen
> & Werte sozial hervorgebracht und angeboten werden. Notwendig ist also der gesell-
> schaftliche Prozeß des 'Moralisierens'; ein Verfahren, in dem moralische Wertungen
> ausgedrückt, öffentlich dargestellt und für andere verbindlich gemacht werden
> (sollen)." (Stehr 1989: 31)

Massenmedien dienen der Aufrechterhaltung eines bestimmten Wertesystems,
indem sie Degradierungszeremonien durchführen, wobei sich dafür besonders
als abweichend dargestelltes Verhalten eignet. Diese Inszenierungsstrategien
sind abhängig von Raum, Zeit, Ort und dem politisch-kulturellen Kontext, da
Normen, Werte und Moral keine handlungssteuernden Instanzen sind, sondern
soziale Kontrollmechanismen bilden, die sozial hervorgebracht werden und
handlungsübergreifend funktionieren (Althoff/Leppelt 1995: 86).

Dies belegen auch die Ergebnisse der Untersuchung von Cremer-Schäfer und Stehr[12], die die Printmedien hinsichtlich ihrer unterschiedlichen Darstellung von Moral in der Geschichte der Bundesrepublik analysiert und die jeweiligen Rahmungen von *Moralgeschichten* als Kriminalitätsproblem herausgearbeitet haben. Die Autorin und der Autor stellen dabei fest, daß sich zu verschiedenen Zeiten verschiedene Inszenierungsstrategien ausmachen lassen, deren Kriminalitätsdarstellung jeweils den herrschenden Moralvorstellungen entspricht.

Die 50er Jahre sind gekennzeichnet durch die Darstellung des sogenannten traditionellen Kriminalitätskonzeptes. Es beruht auf der Trennung zwischen anständigen und unanständigen Bürgern, der Kriminelle bildet die von Natur aus böse und unmoralische *Bestie*, die „Verbrechernatur" wird an spektakulären Kriminalfällen verdeutlicht. Davon abgeleitet werden Forderungen nach einer repressiven Kriminalpolitik. (Stehr 1989: 31)

In den 60er Jahren bilden soziale Ansätze die Rahmung der Kriminalitätsdarstellung: Die Bestie wird in ein „soziales Problem" verwandelt. Täterbiographien werden etabliert, der Werdegang des Täters steht im Vordergrund der Medienberichterstattung: Ein abweichender Erziehungsstil und Lebenswandel der Erzieher sowie die familiären Strukturen werden als Ursache für Kriminalität benannt. So werden in den Medien zu Beginn der 60er Jahre moderne Erziehungsformen thematisiert. Strafe gilt als Erziehungsmittel und wird schließlich in dieser Form auch rechtlich verankert. (Cremer-Schäfer/Stehr 1990b: 92) Darstellungsmittel dieser Inszenierung ist die *moralische Erzählung* „Böses verursacht Böses" (Stehr 1989: 31f).

Ende der 60er Jahre bildet die qualitative und quantitative Dramatisierung von Kriminalität die Inszenierungsstrategie. Eine Modernisierung des Polizeiapparates wird legitimiert vor allem durch die bis Ende der 70er Jahre in den Medien hergestellten „Kriminalitätswellen" (im obigen Sinne) bezüglich Drogenkriminalität und Terrorismus.[13] Die „Kriminalitätswellen" erlauben nicht nur, eine zunehmende Verunsicherung der Gesellschaft zu symbolisieren; gleichzeitig können auch konkrete Gefahrenquellen benannt werden, was der Verkündung der herrschenden Moral dient (Stehr 1989: 32f) und die Notwendigkeit der Ausweitung staatlicher Kontrolle durch die Polizei plausibilisiert.

Sind es zunächst bis Ende der 50er Jahre die „Halbstarken", in den 60er und 70er Jahren die „Gammler", die „aufsässigen Studenten", die „Hippies", die „Rocker" und „Ausländer", so bilden vor allem Ende der 70er die Drogenkonsumenten und politischen Dissidenten die Feindgruppen (Stehr 1993: 21). In dieser Zeit wird das Erziehungsthema in der Kriminalitätsberichterstattung

---

[12] Vgl. Cremer-Schäfer 1995; Stehr 1993; Cremer-Schäfer 1992; Cremer-Schäfer/Stehr 1990a; Cremer-Schäfer/Stehr 1990b; Stehr 1989. Leider werden keine Angaben über die Untersuchungsmethode gemacht.

[13] Vgl. Fn. 11.

wieder aufgegriffen und über das Symbol der Gewalt verdichtet. Gewalt gilt als Erklärung und wird als solche auf alle Kriminalitätsbereiche angewendet. Staatliches Gewaltmonopol und Terrorismus bieten Anknüpfungspunkte zur Fortführung des Diskurses. (Cremer-Schäfer/Stehr 1990b: 93)

Kriminalität wird nun in den Medien als eine Entität konstruiert und daraus abgeleitet eine Instabilität der Gesellschaft diagnostiziert: Die „ständig zunehmende Kriminalität" gilt als Symptom des „Zerfalls der gesellschaftlichen Ordnung" (Stehr 1989: 32). Es ist eine Zeit der „law- and order-Kampagnen" (Stehr 1993: 22), die jede Abweichung als Angriff auf die Gesellschaft und den Staat interpretieren läßt. Die Darstellung von Verbrechen konzentriert sich auf die Hervorhebung ihrer Brutalität, wobei vor allem auf den Terrorismus Bezug genommen wird. Der Terrorist bildet den Prototyp des Kriminellen.

Die 80er Jahre stehen im Zeichen dieser großen Sicherheitskampagnen. Dabei werden vorhandene Symbole wie z.B. „Gewalt" übernommen, die den Eindruck einer Bedrohung der Gesellschaft verdichten, und die normativen Grenzen symbolisieren. „Gewalt" dient auch hier als Dramatisierungsmittel, das nicht mehr auf einen spezifischen Konflikt begrenzt, sondern auf alle gesellschaftlichen Bereiche angewandt wird. Probleme werden als Ausdruck einer umfassenden Ordnungskrise gerahmt. (Stehr 1993: 24; Cremer-Schäfer/Stehr 1990a: 32)

Die Darstellung der Kriminalität in den Medien reduziert sich auf die Jugend- und Frauenkriminalität und die der „schwarzen Schafe" (Cremer-Schäfer/Stehr 1990b: 94). Alle sozialen Bereiche werden nach Abweichlern untersucht: der Verkehrs- und Umweltsünder, der Wirtschaftskriminelle werden identifiziert. Diese Form der Inszenierung legt nahe, daß es in allen gesellschaftlichen Sphären Abweichler gibt, wobei das Strafrecht als ein übergreifendes Instrument der Problembearbeitung erscheint, das auf alle sozialen Bereiche angewandt werden kann. (Cremer-Schäfer/Stehr 1990b: 95)

Kriminalität wird so zum variabel einsetzbaren Etikett für die Bewertung und Beurteilung ganzer Bereiche und Situationen. Immer mehr gesellschaftliche Gruppen werden zu potentiellen Tätern und „Kriminalität" zum Begriff, der die Legitimität der Problembearbeitung durch den Staat symbolisiert. Moral reduziert sich auf das Strafrecht, das sich zum universellen Mittel der Konfliktlösung entwickelt (Stehr 1989: 33).

Die Ergebnisse dieser Untersuchung weisen zum einen die zu bestimmten Zeiten hergestellten Rahmungen im Zusammenhang mit Kriminalität nach und zum anderen ganz deutlich auf deren Wechselspiel mit der Politik hin.[14] Me-

---

14   Die offensichtlichen Zusammenhänge zwischen Medienberichterstattung und politischem System nennt Scheerer (1978: 225) den politisch-publizistischen „Verstärker-

dienberichterstattung steht demnach immer im kulturellen Kontext der jeweiligen Gesellschaft. Dies erklärt auch, warum öffentliche Rahmungen sozialer Phänomene zwar variabel sind, aber immer in Abhängigkeit von diesem Kontext entstehen. Welche Bedeutung diese Darstellung von Kriminalität für die Rezipienten hat, bleibt bei dieser Untersuchung offen. Jedoch wird auch hier insofern von einer *Wirkung* der Massenmedien ausgegangen, als unterstellt wird, daß das jeweils vermittelte Kriminalitätsverständnis sich auch in der Bevölkerung durchsetzt.

Deutlich geworden ist, daß Massenmedienberichterstattung über Kriminalität immer in Abhängigkeit von der jeweils herrschenden Moral geschieht. Kriminalitätsnachrichten („crime news") haben demnach eine besondere Bedeutung, da sie an die Moralität einer Gesellschaft und an die Instanzen der Verarbeitung von Kriminalität appellieren. Von daher bilden sie eine der wichtigsten Informationsquellen über die normativen Konturen der Gesellschaft.

> „Violence represents a basic violation of the person... Violence is also the ultimate crime against property, and against the state. It thus represents a fundamental rupture in the social order. The use of violence marks the distinction between those who are fundamentally *of* society and those who are *outside* it." (Hall et al. 1978: 68)

Gewalt besitzt einen Nachrichtenwert an sich. Jede Art abweichenden Verhaltens kann als Nachricht erscheinen, sobald Gewalt im Spiel ist. Cremer-Schäfer (1992) und Stehr (1993) haben darauf hingewiesen, daß die Verwendung des Gewaltbegriffes Symbolcharakter hat; er dient der Dramatisierung von Ereignissen und der Herstellung kollektiver Bedrohungsgefühle. Wer von Gewalt spricht, wird mit großer Wahrscheinlichkeit gehört. Der Gewaltdiskurs impliziert immer die Skandalisierung eines Phänomens, da Gewalt als Indikator für gesellschaftliche Unordnung gilt und insofern immer an die Moral einer Gesellschaft appelliert. So bildet Kriminalität gerade im Rahmen von Gewaltdiskursen einen „Spielball", der einen kulturell vorgeprägten Diskurs eröffnet und z.B. die Notwendigkeit staatlicher Kontrolle postuliert (Quensel 1993a: 42), was gleichzeitig bedeutet, einen Ordnungsdiskurs zu führen (Funk/Stehr 1992: 5).

---

kreislauf", da die Wirksamkeit politischer Debatten sich verstärkt, wenn zur Legitimierung eine Berufung auf die Berichterstattung der Presse erfolgt.

2. Zum Stand der Medien- und Medienwirkungsforschung

Die vorgestellten Ergebnisse der „Medien-Kriminalitäts-Forschung" haben verdeutlicht, daß ein Teil der Studien von einem traditionellen Kriminalitätsverständnis ausgeht, demzufolge auch die Berichterstattung in den Medien auf ihre Realitätstreue überprüft wird. Andere Untersuchungen verstehen zwar Kriminalität in einem kritischen Sinne als *Produkt* der Massenmedien, gleichzeitig wird aber implizit eine Medienwirkung unterstellt, indem darauf verwiesen wird, daß die in den Medien hergestellte Kriminalitätsvorstellung in vergleichbarer Weise auch bei den Rezipienten vorzufinden sei oder bestimmte Formen der Kriminalitätsdarstellung auch einen entsprechenden Einfluß auf die Rezipienten hätten. Festzuhalten bleibt, daß in der Medienberichterstattung über Kriminalität spezifische Formen von Kriminalität überrepräsentiert sind, spezifische Themen aufgegriffen und Schwerpunkte gesetzt und damit Interpretationshilfen zur Bewertung einzelner Ereignisse im Zusammenhang mit Kriminalität geliefert werden. Von einer direkten *Auswirkung* dieser spezifischen Art der Medienberichterstattung über Kriminalität kann jedoch nicht gesprochen werden. Im folgenden soll deshalb ein Blick auf die Ergebnisse der Kommunikationswissenschaften über die Wirkung von Massenkommunikation geworfen werden, um zu erfahren, welche Erklärungen zur Medien*wirkung* und zur Funktion der Medien diese liefern.

2.1 Zur Funktion von Medien

Ein zentrales Thema der Medienforschung bildet die Frage nach der Funktion von Medien, die einhergeht mit der Frage nach dem Verhältnis von Medien und Realität. Dabei lassen sich konträre Theorien der Funktion von Medien unterschieden, die sich im wesentlichen auf zwei Perspektiven beziehen.[15]

Eine Perspektive begreift Medien als *Spiegel der Wirklichkeit*, die ein hochgradig strukturiertes und oft verzerrtes Bild der Wirklichkeit präsentieren und starken Einfluß auf das Individuum und auf die Gesellschaft insgesamt ha-

---

15 Schulz (1989) unterscheidet zwei dichotome Vorstellungen der Funktion von Medien, die er als ptolemäische und kopernikanische Vorstellung kennzeichnet. Young (1974) unterscheidet drei verschiedene Ansätze zur Funktion von Medien - „mass manipulative", „commercial *laissez-faire*" und „consensual paradigm" - und verweist darauf, daß die Art und Weise der Darstellung von Ereignissen in den Medien immer im Zusammenhang mit den herrschenden Produktionsverhältnissen betrachtet werden muß (vgl. ebenso Smaus 1985).

ben (Schulz 1989: 149). Aufgabe der Medien ist es nach dieser Perspektive, die Realität widerzuspiegeln bzw. eine „adäquate" Abbildung zu liefern.

> „In der 'ptolemäischen' Medienauffassung werden die Massenmedien als passive Mittler der Realität begriffen, vergleichbar einem Relaissatelliten im Orbit, der als Signalreflektor für die Überbrückung langer Distanzen dient, die - ähnlich mechanistischen Modellen - erklären sollen, wie die Rezipienten die verzerrte Medienrealität in eine interne Realitätsvorstellung überführen. Sehr weit verbreitet ist eine Art vages Transfermodell. Danach infiltrieren die Medien 'irgendwie' das Bewußtsein des Publikums mit ihrer Sicht der Welt." (Ebd.: 141)

Der Einfluß der Medien wird hier als eine Art „Infusion" beschrieben; je nach Art der Darstellung infizieren sie Gesellschaft mit *guten* oder mit *bösen* Bildern und Vorstellungen der Wirklichkeit. Nach dieser Perspektive führen Medien im Sinne des Lernmodells zur Aneignung der dargebotenen („verzerrten" und „richtigen") Bilder der Wirklichkeit. Medienkritik zielt demnach auf eine Kontrolle der Massenmedien. (Ebd.: 141)

Die zweite Perspektive begreift Medien als *Weltbildapparate*, die integraler Bestandteil von Gesellschaft sind.

> Medien werden „als aktives Element in dem sozialen Prozeß begriffen, aus dem eine Vorstellung von Wirklichkeit erst hervorgeht. Ihre Aufgabe besteht darin, die Stimuli und Ereignisse in der sozialen Umwelt zu selektieren, zu verarbeiten, zu interpretieren. Auf diese Weise nehmen sie Teil am kollektiven Bemühen, eine Realität zu konstruieren und diese - durch Veröffentlichung - allgemein zugänglich zu machen, so daß eine gemeinsame Basis für soziales Handeln entsteht." (Ebd.: 142)

Selektivität und Bewertung der Medien erscheint in dieser Perspektive als erwünschte Funktion von Kommunikation; aus der Interaktion von externer und interner Information resultiert die von den Medien konstruierte Wirklichkeit (ebd.). Medien bilden hier keineswegs passive Vermittler von Realität, sondern produzieren in gleicher Weise Realitätskonstrukte wie andere Institutionen und Subjekte. Wahre und falsche bzw. verzerrte Darstellungen sind danach nicht mehr möglich. Ob die Wirklichkeitskonstruktionen angenommen werden oder nicht, und ob sie sich als Basis für die Praxis eignen, hängt ab von ihrer *Plausibilität*.

Nach dieser Auffassung ist davon auszugehen, daß Massenmedien die Meinung der Bevölkerung nicht widerspiegeln, sondern mit herstellen. Sie können einen Deutungsrahmen aufbauen (ebd.: 138), der nur die Erwartung bestimmter Ereignisse zuläßt und den kollektiven Vorstellungen des Publikums entspricht. Den Medien wird in dieser Perspektive auch eine besondere Bedeutung hinsichtlich der Aufrechterhaltung der Gesellschaft zugesprochen. Medienberichterstattung erlaubt es, die Gesellschaft als Konsensgesellschaft darzustellen, indem nur bestimmte Sichtweisen präsentiert werden, wodurch der Anschein erweckt wird, als würden alle Gesellschaftsmitglieder Ereignisse in gleicher Weise wahrnehmen und interpretieren.

> „The media define for the majority of the population *what* significant events are taking place, but, also they offer powerful interpretations of *how* to understand these events and the people or groups involved in them." (Hall et al. 1978: 57)

Kultureller Konsens ist die Basis für die gesamte Kommunikation. Gesellschaft als Konsensgesellschaft darzustellen, erlaubt es, diese als frei von kulturellen und ökonomischen Brüchen darzustellen. Diese Funktion der Medienberichterstattung bezeichnet Mathiesen (1985) als *lautlose Disziplinierung*, die die Öffentlichkeit vor Gedanken an langfristige Ziele bewahrt, die als Störung empfunden werden, und es erlaubt, gesellschaftlichen Konsens herzustellen. Dabei unterscheidet er (ebd.: 59ff) spezifische Varianten der Art Medienberichterstattung als Formen der Konstruktion von Wirklichkeit:

Ereignisse werden *individualisiert*, besonders wenn es sich um zufällige handelt. Die Individualisierung macht das Ereignis zu einem atypischen, das von den üblichen Mustern abweicht, so daß die Forderung nach einer Neuerung oder Veränderung kaum notwendig erscheint. Das Ereignis wird als Unfall, als etwas Ungewöhnliches dargestellt.

Um eine langfristige Störung durch ein Ereignis zu vermeiden, wird das Ereignis oft *normalisiert*. Normalisierung erlaubt eine Transformation des Ereignisses in etwas zu erwartendes, in eine zwangsläufige Folge anderer Ereignisse; in dieser Gestalt verlangt es häufig weniger nach einschneidenden Veränderungen. Individualisierung und Normalisierung ergänzen sich wechselseitig. Die Präsentation eines Ereignisses als einzigartig bzw. ungewöhnlich wird problematisch, wenn es häufiger auftritt und damit unerklärlich erscheint. In diesem Fall muß es normalisiert werden.

Oft werden Ereignisse eingekapselt. Bei der *Einkapselung* erscheint das Ereignis als Anregung für eine Verbesserung eines übergeordneten Verfahrens. Damit wird Kritik an diesem Verfahren potentiell neutralisiert.

Zustimmung bildet eine weitere Form der Darstellung; sie ermöglicht, daß Kritik an einem bestimmten Vorgang oder Zustand konterkariert wird. Zustimmung erfolgt dann, wenn die Kritik zu stark ist, um sie einfach durch Individualisierung, Normalisierung oder Einkapselung zu neutralisieren. Die Ausdrucksweise legt Bedachtsamkeit und Verantwortungsbewußtsein des Sprechers nahe und signalisiert das Wissen darum, daß etwas im Argen liege, dem abgeholfen werden müssse.

Ist die formulierte Kritik so stark und überzeugend, daß sie nicht durch die Individualisierung, Normalisierung, Einkapselung oder Zustimmung abgeschwächt werden kann, finden Verfahren der *Neubestimmung der Verantwortlichkeit* statt. Verantwortlichkeit für den Zustand bzw. Kompetenzen werden neu zugeschrieben. Die Berichterstattung der Medien unterliegt damit insgesamt betrachtet zwei komplementären Funktionsweisen. Medien stellen Wirklichkeit her, indem sie aus der Flut der tagtäglichen Ereignisse bestimmte Ereignisse auswählen und diese in einer sehr spezifischen Form - in Abhängigkeit von den gesellschaftlichen Normen und Werten - präsentieren. Sie machen ein konkretes Deutungsangebot - ein Ereignis erscheint als abweichend oder normal -, und wirken damit meinungsbildend. Damit lassen sich an der Berichterstattung in den Medien nicht nur gesellschaftlich dominierende Deutungen ablesen (die wiederum von den Medien mitbeeinflußt werden), sondern es werden auch die moralischen Vorstellungen der Gesellschaft sichtbar. Gleichzeitig ermöglichen Massenmedien die Aufrechterhaltung von Konsens in einer Gesellschaft, indem durch spezifische Formen der Berichterstattung Zustimmung erzeugt wird.

2.2 Ergebnisse der Medienwirkungsforschung

Ein zentrales Ergebnis einer kritischen Medienwirkungsforschung ist, daß Massenmedien nicht Kommunikationstechniken zur Verbreitung (neutraler) Informationen darstellen, sondern Instanzen der Selektion und Sinngebung, die an der gesellschaftlichen Konstruktion von Wirklichkeit aktiv beteiligt sind. Damit gehören Massenmedien zu Institutionen des sozialen Systems, die allgegenwärtig sind; sie sind Teil der Massenkommunikation. (Schenk 1987: 435)

> „Eine Reduktion des Massenkommunikationsprozesses auf Transferprozesse zwischen Sendern und Empfängern - wie sie in den verschiedensten Kommunikationsmodellen meist vorgenommen wird - führt bestenfalls zu einer guten 'innnenorientierten' Analyse ('from within'), verschließt aber den Bezug zum weiteren *sozialen* Kontext der Massenkommunikation." (Ebd.: 17)

Es wird in der Forschung vielfach unterschieden zwischen Massenkommunikation und interpersonaler Kommunikation. Der Begriff der Massenkommunikation scheint jedoch nicht unproblematisch, da er nicht Kommunikation für die „Masse" bezeichnet, sondern Kommunikation für ein nach soziodemographischen Merkmalen strukturiertes Publikum. Gleichzeitig kann Massenkommunikation nicht als Interaktion definiert werden, da weder eine Reziprozität der Kommunikation noch eine Anwesenheit der Kommunikationspartner gegeben ist. (Vgl. ebd.: 19)[16]

Zwei dichotome Aussagen fassen die Ergebnisse der Medienwirkungsforschung in ihrem Kern zusammen; sie entsprechen einem eher traditionellen versus einem kritischen Verständnis von Kommunikation und der Wirkung von Medien. Die eine Perspektive schreibt den Massenmedien einen omnipotenten Einfluß zu, die andere Perspektive spricht von deren Unwirksamkeit. (Ebd.: 423)

Auch wenn die These von der Wirkungslosigkeit der Medien schon in den 40er Jahren aufgestellt und belegt wurde, hat sich der Streit um den Einfluß der Medien in der Kommunikationswissenschaft bis heute fortgesetzt. Die Problematik und Widersprüchlichkeit der aktuellen Medienwirkungsforschung bringt die provozierende Bilanzierung: *„Massenmedien können schaden und nutzen; es könnte aber auch umgekehrt sein"*[17] zum Ausdruck, die zugleich auf die Notwendigkeit verweist, den Glauben an eine unmittelbare und linear ableitbare Medienwirkung aufzugeben (vgl. Merten 1994: 292).

Den traditionellen, kausal orientierten Erklärungen der Medien*wirkung* liegt ein einfaches Ursache-Wirkungs-Modell zugrunde - „stimulus-response-Modell" genannt, das eine lineare Verbindung zwischen Darstellung in den Massenmedien und dem Rezipienten annimmt. Es bedient sich dabei des klassischen Wirkungsbegriffs, der aus den Naturwissenschaften stammt. *Wirkungen* werden danach als Folgen des Empfangs von Stimuli verstanden: Trifft man den Rezipienten mit der „Stimuluskanone" - empfängt dieser die Aussagen der Medien -, entstehen entsprechende Wirkungen. Dieser Ansatz, auch „Kanonentheorie" (Merten 1990: 51) genannt, behauptet eine gleichförmige Reaktion der Individuen auf massenmediale Stimuli in dem Sinne, daß ein gleicher Stimulus gleiche Wirkung erzeuge. Der Einfluß anderer Variablen sowie eine Differenzierung nach Empfangsbedingungen, Rezipienten und Wirkungsformen werden dabei ausgeschlossen (Merten 1994: 294; ders. 1990: 51; Schenk 1987: 22f).

Das „stimulus-response-Modell" beruht im wesentlichen auf drei Annahmen: die Transitivität, Proportionalität und Kausalität (Merten 1994: 295f). Die Stimuli werden als Kräfte definiert, die vom Ursprung (dem Medium) zum Ziel (den Rezipienten) transferiert werden; die Kommunikation gilt danach als transitiver Prozeß. Weiter wird eine direkt proportionale Beziehung zwischen

---

[16] Schenk (1987: 11) zufolge ist Kommunikation ein *soziales* Phänomen, das das gesellschaftliche Zusammenleben der Menschen überhaupt erst ermöglicht; in diesem Sinne ist alles Kommunikation. Kommunikation heißt immer Vermittlung von *Bedeutung* zwischen Menschen, die in der Regel mit Hilfe des Zeichensystems *Sprache* (verbale Kommunikation) oder über andere Zeichensysteme wie Gestik und Mimik (nichtverbale Kommunikation) erfolgt.

[17] Diese Aussage formulierte ursprünglich Müller-Gerbes (zit. n. Merten 1991: 36) in bezug auf das Fernsehen.

der Stimulation und der Wirkung angenommen: je intensiver der Stimulus, desto größer die Wirkung. Schließlich definiert das Modell einen Kausalzusammenhang, indem es eine beobachtbare Reaktion auf seiten des Rezipienten auf eine vorhergegangene mediale Aktion zurückführt, wobei unterstellt wird, daß die Reaktion nur dann eintrete, wenn die entsprechende Aktion nachweisbar sei. Aufgrund seines simplifizierenden Ursache-Wirkungs-Konzeptes wird dieser Ansatz von der kritischen Medienwirkungsforschung grundsätzlich in Frage gestellt.

Auf der Seite des Rezipienten ist insofern eine Differenzierung erfolgt, als die Wirkung auf Verhalten, Einstellung und Wissen unterschieden wird. Dabei erscheint die Wirkung auf das Verhalten als gegen Null tendierend. Die Beeinflussung von Einstellungen wird als geringfügig beschrieben, wobei die zentrale These besagt, daß unabhängig davon, ob es sich um individuelle oder gesellschaftliche *Wirkungen* handele, Massenmedien eher mehrheitlich bestehende Einstellungen verstärken (Schenk 1989: 407) als Veränderungen oder eine Umkehrung bzw. Aufgabe von Einstellungen zur Folge haben. Medien*wirkung* wird danach auch als Bestätigung und Stabilisierung des Status quo interpretiert (Schenk 1987: 425f).

Ein Ansatz, der versucht, die Medienwirkung auf Einstellungen des Rezipienten nachzuweisen, verweist auf die zeitliche Dimension der Wirkung, deren Berücksichtigung eine Beeinflussung des Empfängers sichtbar machen könne. Dieses Konzept der „Schweigespirale" (Noelle-Neumann 1980) behauptet einen Zusammenhang zwischen individueller Perzeption öffentlicher (Mehrheits-) Meinung zu einem Thema und der Bereitschaft, sich zu diesem Thema öffentlich zu äußern. Diejenigen, die glauben, die Mehrheitsmeinung zu vertreten, zeigen eine größere Bereitschaft, sich *öffentlich* zu äußern. Die entsprechende Meinung erscheint dadurch dominierender, als sie ist, und gewinnt so weitere Anhänger. Die Gegenmeinung schweigt und verliert dadurch kontinuierlich an Bedeutung. Der Prozeß der Schweigespirale führt also dazu, daß nur eine Meinung die Öffentlichkeit bestimmt, während Gegenmeinungen ebenso gut wieder verschwinden. (Noelle-Neumann 1989: 419f)

Nach diesem Modell erfolgt auf seiten der Rezipienten eine Anpassung an die Mehrheitsmeinung bzw. die Meinung, die als solche erscheint, während gegensätzliche Haltungen zunehmend weniger präsent werden, so daß sich schließlich eine allgemeine Einstellungsveränderung vollzieht. Die als Mehrheitsmeinung *angesehene* Meinung wird dadurch tatsächlich zur Mehrheitsmeinung. Die Medien liefern diesem Modell zufolge ein verzerrtes Bild der öffentlichen Meinung und rufen entsprechende Veränderungen hervor.

Dieses Modell der Wirkungsforschung grenzt sich von den klassischen Ansätzen ab, insofern nicht mehr von einer linearen, sondern einer reflexiven

Struktur der Wirkung ausgegangen wird. Medienwirkung kommt dadurch zustande, daß eine Meinung sichtbar gemacht wird und eine andere nicht, sowie durch den Schluß, daß die sichtbare Meinung die Mehrheitsmeinung sein müsse.das Konzept konnte jedoch empirisch nicht nachgewiesen werden (vgl. Merten 1994: 322; Fuchs et al. 1992). Problematisch scheint dabei auch die implizite Unterstellung, daß alle Individuen sich umfassend informieren können, die Mehrheitsmeinung kennen und sich daran anpassen.

Die Untersuchungen der Medien*wirkung* auf das Wissen unterstellen einen direkten Effekt. Es wird davon ausgegangen, daß Massenmedien durch Themensetzung und -strukturierung Wissen beeinflussen. Diese Wirkung der Medien wird als „agenda-setting" bezeichnet. Der „agenda-setting-approach" - auch Thematisierungs-Ansatz genannt - versteht sich als Abkehr vom „stimulus-response"-Ansatz und bezieht sich auf den Bereich der kognitiven Wirkungen von Medien. Hier wird behauptet, daß Massenmedien mit ihrer Berichterstattung Themen vorgeben bzw. Themen besetzen, was eine vergleichbare Struktur im Wissen des Rezipienten zur Folge habe. Medien beeinflussen insofern das Weltbild des Empfängers, als dieser je nach Art und Dauer der Berichterstattung etwas über die Bedeutung des Themas erfährt. Von daher wird auch dem „agenda-setting" eine Langzeitwirkung zugeschrieben. (Vgl. Merten 1994: 318) Eine Variante dieses Modells versucht den beschriebenen Effekt dadurch nachzuweisen, daß sie Medienangebot, Publikumsvorstellungen und *tatsächliche Realitätsentwicklung* miteinander vergleichen (vgl. Friedrichsen/Jen-zowsky 1995: 296ff; Schenk 1987: 434). Dieser Vergleich erscheint jedoch problematisch, da das Konzept einer unabhängig vom jeweiligen Kontext bestehenden Realität in Frage zu stellen ist.

Das „agenda-setting" gehört insofern zu den kausal orientierten Ansätzen der aktuellen Medienwirkungsforschung, als auch hier eine wechselseitige Beeinflussung zwischen Medien und Rezipienten ausgeschlossen wird.

Die kritische Medienwirkungsforschung kritisiert das Festhalten am Kausalprinzip; der Begriff der *Medienwirkung* wird als solcher in Frage gestellt und als ungeeignet für die Erklärung von Kommunikationsprozessen verworfen (vgl. Merten 1991). Nach dieser Perspektive werden innerhalb eines Kommunikationsprozesses nicht Stimuli von einem Sender zu einem Empfänger übertragen, sondern Symbole und Zeichen gesendet, die vom Empfänger als Information erkannt, aufgenommen und gedeutet werden müssen. Es werden Medienangebote gemacht, die von den einzelnen Rezipienten jeweils unterschiedlich verarbeitet werden. Dabei entscheidet die interne Struktur der Rezipienten - wie z.B. Vorstellungen und Erwartungen - über die Auswahl einer Aussage, ihre Annahme als Information und ihre Deutung. In diesem Sinne ist der Rezipient *selektiv*. Gleichzeitig beeinflußt auch die externe Struktur der Situation, wie

Normen und Werte, die politische und kulturelle Ordnung, entscheidend die Auswahl und Verarbeitung des Kommunikationsangebotes. Der gesamte Kommunikationsprozeß ist danach von selektiven Prozessen durchsetzt und wird von diesen definiert. *Selektivität* ist das basale Konzept der Konstruktion von Wirklichkeit (Merten 1994: 297).[18] Die *Wirkung* der in den Medien angebotenen Aussagen hängt demnach ab von der Bedeutung, die ihnen vom Rezipienten zugeschrieben wird. Dieser Prozeß der *Selektion* vollzieht sich in verschiedenen, aufeinander aufbauenden Schritten (vgl. Merten 1994: 298f):

1. Die vom Sender formulierte Aussage erreicht den Rezipienten als Informationsangebot aufgrund organisatorischer Bedingungen (z.b. Verfügbarkeit von Medien), oder sie erreicht ihn nicht.

2. Die verbale Form des Informationsangebotes erlaubt Selektion nach Themen.

3. In den Aussagen enthaltene Bewertungen signalisieren Intentionen des Senders und können als taktische Instanzen zur Selektion eingesetzt werden.

4. Das Informationsangebot wird selektiert durch Aufmerksamkeit, welche von den Kriterien der Überraschung und der Relevanz abhängt. Die Funktion von Aufmerksamkeit ist Selektivität, die sie in einem ungeheueren Ausmaß ausübt.

5. Die Gegenwart anderer Personen bestimmt eine weitere kontextuelle Selektion.

6. Selektiert wird gemäß der Einstellung nach subjektiven Kriterien und Präferenzen.

7. Die in den bisher beschriebenen Schritten ausgewählten Informationen werden in Bezug gesetzt zu den Erfahrungen und Wissensbeständen des Rezipienten, die hierbei auch selektiv wirksam werden; dabei entscheiden Normen und Werte sowie Einstellungen darüber, welche internen Erfahrungen zu den externen Informationen passen, d.h. *Sinn stiften.*

Bei der Nachrichtenrezeption und -konstruktion durch den Empfänger lassen sich verschiedene Strategien unterscheiden (vgl. Ruhrmann 1994: 246f): das *Auslassen* und *Hinzufügen,* die *Rationalisierung,* die dazu dient, Ungereimtheiten aufzuheben, die *Hervorhebung dominanter Einzelheiten* und die *Transformation* von Einzelheiten in einen vertrauten Zusammenhang. Alle Strategien

---

[18] 1940 wies eine Untersuchung von Paul F. Lazarsfeld auf die Selektivität des Rezipienten hin und erklärte das traditionelle Modell des stimulus-response für ungültig. Wenngleich diese Untersuchung als „Markstein für eine neue Ära der Wirkungsforschung" (Merten 1994: 291) bezeichnet wird, hat es fast 50 Jahre gedauert, bis diese Erkenntnis sich durchsetzen konnte und die „neue Ära" tatsächlich begann.

gelangen zur Anwendung, je nach Kontext und Erfahrung der Rezipienten wird eine nur für ihn persönlich relevante soziale Wirklichkeit konstruiert (ebd.: 248). Zusammenfassend läßt sich somit folgendes festhalten:

> „Die Wirkungen der Massenkommunikation sind abhängig von einer dreiteiligen Wirkungsstruktur: von der Aussage selbst, von der internen Struktur des Rezipienten und von einer externen Struktur. Man muß sich das Zustandekommen einer Wirkung also vorstellen als Dreifachkombination dieser Einflußgrößen: Wirkungen werden konstruiert, indem im Kopf jedes Rezipienten Elemente aller drei Größen kombiniert werden." (Merten 1990: 53)

Merten (1994) und Schmidt (1990) sprechen in diesem Zusammenhang von einer konstruktivistischen Kommunikationstheorie, die ein trimodales Wirkungsmodell mit drei unterschiedlichen Wirkungsfaktoren bestimmt: dem Informationsangebot, dem internen Kontext, der durch Erfahrung, Wissen und Einstellung des Rezipienten bestimmt ist, und dem externen Kontext, der situative und soziale Aspekte umfaßt. *Wirkungen* sind nach diesem Modell hochgradig abhängig von der trimodalen Selektion und der sich daraus ergebenden Konstruktion (vgl. Merten 1994: 311f).

> „Eine konstruktivistische Kommunikationstheorie modelliert Kommunikation nicht als Austausch von Informationen, die von Medienangeboten gleichsam wie in Behältern transportiert werden; vielmehr sieht sie Kommunikation als einen Prozeß individueller Sinnkonstruktion aus Anlaß der Wahrnehmung eines Medienangebotes in einer von den Kommunikationspartnern gemeinsam geteilten Kommunikationssituation. Die Bedeutungen eines Medienangebotes liegen nach konstruktivistischer Auffassung daher nicht im Medienangebot selbst; sie müssen vielmehr durch kognitive Leistungen Medienangeboten erst zugeordnet werden. Dieser Zuordnungsprozeß - Verstehen genannt - ist äußerst komplex. Er wird bestimmt von den bisherigen Erfahrungen und Erlebnissen des Verstehenden; von seinen Wünschen, Zielen und Gefühlen; von seinem Wissen und seinem Gedächtnis; von der Einschätzung der Verstehenssituation und anderer Kommunikationspartner; und auch - aber, wie diese Aufzählung schon verdeutlicht: längst nicht allein - vom Medienangebot selbst." (Schmidt 1990: 37)

Die Selektion der Information hat die traditionell den Medien vorgeworfenen *Verzerrungen* zur Folge. *Verzerrungen* entstehen nach diesem Verständnis als Folge der Informationsselektion, sind also nicht wie bei den oben behandelten Ansätzen von den Medien verursacht. Vielmehr sind Verzerrungen integraler Bestandteil von Kommunikation bzw. setzen den Kommunikationsprozeß überhaupt erst in Gang (Merten 1991: 38f)

Damit können die Unterschiede zwischen medialer Darstellung und Wirklichkeit nicht mehr kritisiert werden; ein Vergleich dieser beiden Dimensionen ist im strengen Sinne überhaupt nicht möglich, denn

„eine echte Vergleichsmöglichkeit ist nur gegeben, wenn man die Nachrichtenbe-
richterstattung mit einer Medien-unabhängigen Beobachtung der Realität konfrontiert." (Schulz 1976: 22)

Noch pointierter formuliert, ist ein Vergleich nur möglich, wenn man die Mediendebatte mit anderen öffentlichen Debatten (z.B. der Politik) vergleicht.
Stimmen die Wirklichkeitskonstruktionen überein, kann von einer Wechsel*wirkung* ausgegangen werden; stimmen sie nicht überein, muß nach den Konstruk-
tionsbedingungen gefragt werden, d.h. deren Merkmale und Kriterien der Selektion, Interpretation und Sinngebung müssen analysiert werden (ebd.: 28).

Es wird deutlich, daß sich der Begriff der Medienwirkung als analytischer
Begriff kaum aufrechterhalten läßt, da nicht der Text, sondern der Kontext
über die Wirkung entscheidet (Merten 1994: 327). Es ist davon auszugehen ist,
daß *jede* Kommunikation Veränderungen *bewirkt*, und zwar auf der individuellen (Bewußtseins-) und auf der sozialen Ebene, und deren Veränderungen wiederum Veränderungen *bewirken*. Da sich somit auch die internen und externen
Strukturen verändern, die für die Erzeugung von *Wirkungen* „zuständig" sind,
verändern also Wirkungen Wirkungen (Merten 1990: 54).

Das ständige *Wirken* von Kommunikationsprozessen im beschriebenen
Sinne macht es unmöglich, Effekte einzelner Prozesse zu isolieren. „*Man kann
nicht nicht kommunizieren*", haben Watzlawick et al. (1993: 53) als meta-
kommunikatives Axiom aufgestellt. Als logische Schlußfolgerung ergibt sich
daraus nach Merten (1994: 301f), daß Kommunikation auch nicht nicht wirken
kann und die Analyse von *Wirkung* deswegen sinnlos erscheint.

„Nach der Wirkung von Kommunikation zu fragen, enthält etwas Tautologisches.
Kommunikation ist Wirkung." (Merten 1991: 37)

Demnach ist es plausibler, den Medien und den Rezipienten gleichermaßen eine
aktive Teilhabe am Prozeß der Konstruktion von Wirklichkeit zuzuschreiben
und folglich der Medienforschung die Fragestellung zuzuweisen, welche Themen, Erklärungs- und Deutungsmuster, Werte und Normen von seiten der Medien angeboten werden und welche nicht.[19]

In der konstruktivistischen Perspektive wird die Medienberichterstattung
nicht danach beurteilt, ob sie „wahr" oder „falsch" ist, sondern ob sie plausibel
oder nützlich erscheint. Die Herstellung von Plausibilität und Nützlichkeit ist
eine entscheidende Komponente des Kommunikationsprozesses. Medienangebo-

---

[19]   Dieser Ansatz stellt das traditionelle Konzept des „agenda-setting" in Frage, da es die
       Vorstellung einer selektiven und autonomen Informationsverarbeitung durch den Rezi-
       pienten ausschließt und davon ausgeht, daß die Themen der Medienberichterstattung
       sich quasi nolens volens im Bewußtsein der Rezipienten wiederfinden (Merten 1991:
       39).

te sind nicht Abbildungen von Wirklichkeit, sondern Angebote, die kognitiv und kommunikativ aufgegriffen werden und Wirklichkeitsproduktionen in Gang setzen *können* (Schmidt 1994a: 16). Die Selektion der Medienangebote, die zu Wirklichkeitskonstruktionen genutzt werden können, ist aufgrund eines steigenden Angebotes massenmedialer Kommunikation eine zentrale Funktion.

> „Wirklichkeit ist in einer von Massenmedien geprägten Gesellschaft also zunehmend das, was wir über Mediengebrauch als Wirklichkeit konstruieren..." (Ebd.: 19)

Fassen wir zusammen: Information, Bedeutung oder Sinn sind den Medienangeboten nicht inhärent, sondern werden kognitiv durch die Rezipienten hergestellt. Entscheidend dabei ist vor allem der Einfluß kollektiven Wissens wie z.b. Regeln, Konventionen, Normen, „Common sense", welche „qua Erwartungserwartung soziales Handeln zugleich ermöglichen und sich in ihm bestätigen (Wissen des Wissens)" (Schmidt 1994b: 615). Dieses kollektiv und kulturell hergestellte Wissen beeinflußt maßgeblich die Rezeption und Produktion von Medienangeboten und ermöglicht, durch die Bezugnahme aller Beteiligten darauf, insofern eine kontinuierliche Kommunikation, als sie immer vorangegangene Kommunikation einschließt (ebd.).

2.3 Der Prozeß der Nachrichtenproduktion

Selektivität aus konstruktivistischer Perspektive bildet aber nicht nur das basale Konzept von Kommunikation auf seiten der Rezipienten, sondern zugleich eine wichtige Komponente der Entstehung von Kommunikationsangeboten wie Nachrichten. Ereignisse werden erst dann zu Nachrichten und in dieser Form den Rezipienten angeboten, wenn sie aus der Totalität und Komplexität des Geschehens ausgewählt werden (Schulz 1976: 8). Diese Selektion im Nachrichtenproduktionsprozeß[20] erfolgt auf der Basis von Kriterien, die über den sogenannten Nachrichtenwert entscheiden. Dabei existiert der Nachrichtenwert nicht unabhängig vom Kontext, ist also nicht bestimmten Ereignissen inhärent.[21]

---

[20] Eine ausführliche Schilderung des Prozesses der Nachrichtenproduktion findet sich bei Lehne 1994: 158-182.

[21] Brosius/Esser (1995a: 32) führen in diesem Zusammenhang das Beispiel der Hamburger Redaktion der Tagesschau an, die Informationen von zwei nationalen und vier internationalen Nachrichtenagenturen erhält: Die Fernschreiber produzieren täglich 1000 Seiten potentielle Nachrichten, die geprüft, geschrieben, zum Aufmacher erhoben oder verworfen werden.

„At any given moment billions of simultaneous events occur through-out the world...
All of these occurences are potentially news. They do not become so until some sur-
veyor of news gives an account of them. The news, in other word, is the account of the
event, not something intrinsic in the event itself." (MacDougall, zit. n. Hall et al.
1978: 53)

Die Art der Präsentation von Ereignissen kann nicht unabhängig von dem gesellschaftlichen Kontext stehen und muß sich auf das kollektive Wissen einer
jeweiligen Gesellschaft beziehen.

„If the world is not to be represented as a jumble of random and chaotic events, then
they must be identified (i.e. named, defined, related to other events known to the audience), and assigned to a social context (i.e. placed within a frame of meanings fami-
liar to the audience). This process - identification and contextualisation - is one of the
most important through which events are 'made to mean' by the media. An event only
'makes sense' if it can be located within a range of known social and cultural identifi-
cations." (Hall et al. 1978: 54)

Je höher der Nachrichtenwert eines Ereignisses, desto größer ist die Wahrscheinlichkeit, daß darüber berichtet wird. Hall et al. (ebd.: 53) haben dabei
von verschiedenen primären Nachrichtenwerten gesprochen. Der von Gal-
tung/Ruge (1965) entwickelte „Nachrichtenfaktoren-Ansatz" nennt spezifische
Kriterien, sogenannte Nachrichtenfaktoren, die den Nachrichtenwert eines Ereignisses bestimmen (vgl. Lehne 1994: 164ff):[22]
1. Ereignisse müssen außergewöhnlich, dramatisch oder unerwartet und
   durch ein hohes emotionales Potential gekennzeichnet sein.
2. Ereignisse müssen erwartbar sein, d.h. sie dürfen nicht außerhalb jeglicher
   Vorstellungskraft liegen.
3. Das Ereignis muß einen negativen Charakter in dem Sinne haben, daß es
   sich um ein Ereignis mit eindeutig negativen Konsequenzen handelt (z.B.
   Konflikte, Kriminalität, Katastrophen).
4. Ereignisse müssen auf individuellem Handeln beruhen bzw. personifizier-
   bar sein.
5. Ereignisse müssen auf menschliche Eigenschaften zurückführbar sein.
6. Ereignisse müssen unter Beteiligung der Eliten zustande kommen. Personen des öffentlichen Lebens bzw. deren Status erhöhen die Aufmerksamkeit.
7. Das Ereignis muß hinsichtlich seiner Benennung und Interpretation eindeutig sein.
8. Ereignisse mit schon etabliertem Nachrichtenwert haben einen erhöhten
   Nachrichtenwert im Vergleich zu anderen Ereignissen.

---

[22]   Vgl. auch Ruhrmann 1994: 238ff; Schulz 1976: 16ff.

9. Wenn das Ereignis zeitlich mit der der Nachrichtenproduktion übereinstimmt, erhöht sich sein Nachrichtenwert.
10. Der Nachrichtenwert eines Ereignisses ist insofern relativ, als er dadurch bestimmt wird, wie viele Nachrichtenfaktoren die konkurrierenden Ereignisse jeweils im Vergleich aufweisen.
11. Zeitlich klar abgegrenzte Ereignisse werden eher zur Nachricht als langfristige Entwicklungen oder Trends.

„Je ausgeprägter diese Merkmale und je mehr der Faktoren auf ein Ereignis zutreffen, desto größer ist dessen Chance, als Nachricht beachtet zu werden. Und: Ist ein Ereignis auf Grund dieser Kriterien für nachrichtenwürdig befunden, werden die Merkmale, die seinen Nachrichtenwert bestimmen, von den Medien akzentuiert, überbetont. Diese Mechanismen verhindern eine gleichmäßige 'repräsentative' Auswahl von Ereignissen ... “ (Schulz 1989: 139)

Eine Dimension der primären Nachrichtenwerte bezieht sich auf die Erzeugung von Aufmerksamkeit, eine zweite Dimension stellen die Bedingungen der Nachrichtenproduktion dar. Beide zusammen bilden die Struktur des Nachrichtenwertes, die bedeutend ist für die Wahrscheinlichkeit, daß ein bestimmtes Ereignis in den Medien als Nachricht erscheint:

„Erst einmal steigt die Chance eines Ereignisses, Gegenstand einer Meldung in den Medien zu werden, dadurch, daß möglichst viele der genannten Kriterien erfüllt sind. Darüber hinaus wird in der Berichterstattung über ein Ereignis auf die Aspekte zentral Bezug genommen, die es zu einem berichtenswerten gemacht haben. So stehen z.B. bei der Berichterstattung über eine Demonstration, bei der der Nachrichtenwert darin bestand, daß es auf ihr zu Gewalttätigkeiten gekommen war, eben auch primär diese Gewalttätigkeiten im Zentrum und werden die politischen Anliegen und politischen Hintergründe nur am Rande erwähnt.“ (Lehne 1994: 167)

Sofern Nachrichten im engeren Sinne immer Berichte über problematische Situationen darstellen, ist Kriminalität schon per definitionem eine potentielle Nachricht. Daß ein großer Teil dessen, was wir Nachrichten nennen, Berichte über abweichendes Verhalten und seine Folgen sind (Erikson 1978: 22), liegt auch daran, daß Kriminalität gegenüber konkurrierenden und alternativen Definitionen weniger offen ist als die meisten anderen sozialen Phänomene; meist ist kaum eine andere Deutung möglich (Hall et al. 1978: 69).[23]

---

[23] Ein weiterer Grund für die Konzentration der Medien auf Kriminalität liegt in den spezifischen Funktionen der Kriminalitätsberichterstattung. Smaus (1978: 193) bestimmt drei Funktionen der Berichterstattung über Kriminalität in den Massenmedien:
- die Stabilisierung und Legitimierung des Status quo sowie die Darstellung einer Wirklichkeit, die unsere Vorstellungen von Normalität und Abweichung verbindlich erscheinen läßt;

Die Selektion der alltäglich präsentierten Nachrichten über Kriminalität wird nahezu ausschließlich durch die Polizeipressestelle (vgl. Hofer 1990; Reuband 1978) und durch staatliche Kontrollorgane vorgenommen. Drei Typen der Kriminalitätsberichterstattung lassen sich unterscheiden (Hall et al. 1978: 69):

- auf polizeilichen *statements* beruhende Berichte, die den Einsatz und die Beteiligung der Polizei sowie deren Rekonstruktion eines Falles zitieren;
- die Bekanntgabe der Kriminalitätsentwicklung durch die offiziell zuständigen Instanzen (in der Bundesrepublik vornehmlich durch das Bundeskriminalamt) und deren Interpretation der aktuellen Daten hinsichtlich ihrer Bedeutung für Staat, Gesellschaft und Polizei;
- die Gerichtsberichterstattung.

Die Herstellung einer Nachricht gemäß den Kriterien des Nachrichtenwertes verweist auf den Konstruktionscharakter der medialen Kommunikation; Nachrichtenfaktoren lassen sich danach als *Konstruktionsregeln* im Nachrichtenproduktionsprozeß begreifen (Lehne 1994: 167).[24] Bevor diese zur Anwendung gelangen, hat jedoch bereits eine Vorauswahl von Ereignissen stattgefunden, da der Prozeß der Nachrichtenproduktion sogenannter Nachrichtenlieferanten bedarf. Dabei lassen sich sogenannte primäre und sekundäre Nachrichtenlieferanten bzw. -definierer unterscheiden.

Primäre Nachrichtenlieferanten sind vor allem gesellschaftliche Institutionen, die eine Definitions- und Gestaltungsmacht über spezifische Ausschnitte gesellschaftlicher Wirklichkeit besitzen und gesellschaftlich als glaubwürdig eingestuft werden. Dazu zählen Einrichtungen des Gesundheitssystems (z.B. Gesundheitsamt), des Kriminaljustizsystems (z.B. Pressestelle der Polizei), des politisch-parlamentarischen Systems (z.B. Pressestelle des Bundestages), aber auch Institutionen der Wirtschaft. Diese Lieferanten werden von den Medien und der Öffentlichkeit als kompetente Informanten angesehen (ebd.: 172) und deren Informationsangebot meist ohne zusätzliche Recherche übernommen und

---

- das Bereitstellen von Identifikationsmodellen für die *normalen* Bürger;
- die Sensibilisierung für das Kriminalitätsproblem.
Nachrichten bauen auf dem Konzept von Gesellschaft als auf Konsens beruhend auf. Entsprechend erhöht sich der Nachrichtenwert solcher Ereignisse, bei denen dieser Konsens aufgebrochen bzw. in Frage gestellt erscheint. Dieser Art von Ereignissen ist Kriminalität (Smaus zufolge) grundsätzlich zuzuordnen.

[24]   Auf die zentrale Kritik am „Nachrichtenfaktoren-Ansatz" weist Ruhrmann (1994: 240f) hin, der vor allem die Übertragbarkeit der Nachrichtenfaktoren auf „nicht-westliche" Kulturen und Gesellschaften diskutiert. Eine Einschränkung, die m.E. jedoch selbstverständlich ist, da Nachrichtenproduktion kontextuell bestimmt ist und daher in *jeder* Gesellschaft spezifischen Bedingungen unterliegen muß.

als Nachrichten präsentiert. Danach sind die Medien abhängig von den Informationen der primären Nachrichtenlieferanten (Steinert 1978), wenngleich diese zunächst *lediglich* sogenannte „hard news" (Fishman 1980: 87) liefern, sind sie als primäre Definierer zu bezeichnen. In der Auswahl solcher „hard news" folgen auch die primären Nachrichtenlieferanten den Konstruktionsregeln des Nachrichtenprozesses.

Als sekundäre Definierer werden folgerichtig dann die Medien bezeichnet (vgl. Hall et al. 1978: 57), die häufig die Dinge herauszufinden versuchen, von denen sie glauben, daß die primären Lieferanten sie verschwiegen haben. Gleichzeitig bilden die Medien partiell selbst primäre Definierer, und zwar für Bereiche, zu denen sie keine „hard news" erhalten und/oder diese in Eigeninitiative herstellen.

Dabei muß auch die Vorstellung aufgegeben werden, die Medien berichteten grundsätzlich über ein Ereignis, weil es passiert sei. Genauso werden Ereignisse inszeniert, damit die Medien darüber berichten können und müssen. Solche Inszenierungen finden z.B. auf Pressekonferenzen und Wahlparteitagen statt, deren Hauptfunktion in der Initiierung einer Medienberichterstattung liegt. Ohne die Anwesenheit der Medien fänden diese Ereignisse (im Prinzip) nicht statt. (Brosius/Esser 1995a: 35)

Es ist deutlich geworden, daß Medien in hohem Ausmaß von den primären Lieferanten abhängig sind, gleichzeitig ist es ihnen im weiteren Prozeß der Nachrichtenproduktion möglich, Themen zu setzen. Damit verfügen die Medien über ein aktives Gestaltungspotential. Weder erfinden Medien einfach Nachrichten, noch übersetzen sie die Ideologie der herrschenden Klasse in konspirativer Weise. Medien sind eben nicht die primären Definierer von Nachrichten, aber ihre Beziehung zur Macht bestimmt sie als entscheidende Beteiligte an der Nachrichtenproduktion (Hall et al. 1978: 59) und verweist auf ihre ideologische Funktion.

3. Massenmedien und Fremdenfeindlichkeit

Aus den oben beschriebenen Erkenntnissen läßt sich die Schlußfolgerung ziehen, daß massenmediale Berichterstattung die Inszenierung eines Kommunikationsprozesses darstellt, der konstitutiv für das kulturelle Gefüge einer Gesellschaft ist; insofern stellt sich die Frage, ob es überhaupt noch individuelle Vorstellungen von wahr und falsch jenseits „jener medial universalisierten Vorbild-Bilder" (Müller-Doohm 1996: 375) gibt.

Eine Analyse der kulturellen Ordnung der Gesellschaft macht es notwendig, Kommunikationsprozesse bzw. öffentliche Diskurse zu untersuchen,[25] um die darin verankerten kulturellen Deutungsmuster zu ermitteln. Deutungsmuster repräsentieren kulturelles Wissen, das die Wahrnehmung der sozialen Welt und einen entsprechenden Umgang mit ihr bestimmt. Deutungsmuster haben eine wirklichkeits*herstellende* Funktion.[26]

Wenden wir uns unter dieser Voraussetzung und im Zusammenhang mit unserem Anliegen der Erklärung fremdenfeindlicher Ereignisse zunächst dem Phänomen des Rassismus zu.

3.1 Rassismus als Diskurs

Rassismus ist nach Hall (1989) als Ausgrenzungsdiskurs zu beschreiben, der Begründungen für den Ausschluß spezifischer Gruppen von bestimmten Formen der Teilhabe an Macht enthält. Hall weist darauf hin, daß der Begriff des Rassismus insofern wichtig ist, als er die spezifisch historischen Praktiken der Ausgrenzung umfaßt.

Eine wissenschaftliche Grundlage für die Aufteilung der Menschen in „Rassen" gibt es nicht,[27] „Rasse" kann aber in sozialen Praxen hergestellt werden, d.h. Rassismus ist die Konstruktion einer bestimmten Menschengruppe als „Rasse" (Kalpaka/Räthzel 1990: 13).

Rassismus muß als eine Form der Naturalisierung verstanden werden. Zur Klassifizierung bestimmter Bevölkerungsgruppen werden einerseits körperliche Merkmale herangezogen, andererseits kulturelle und soziale Gegebenheiten als natürliche Eigenschaften dargestellt (Hall 1989: 913f). Dadurch entsteht ein Klassifikationssystem zur Begründung eines Diskurses der Differenz und zum Ausschluß bestimmter Gruppen vom Zugang zu materiellen und symbolischen Ressourcen. Rassismus ist damit nicht als individuelle Einstellung, sondern als Eigenschaft von Diskursen zu verstehen.

Die Funktionsweise des Rassismus besteht ganz allgemein darin, daß bestimmten Gruppen negative Eigenschaften zugeordnet werden (Miles 1992: 9). Rassismus ist jedoch keine statische Ideologie, ihre Objekte, die als Bedeutungsträger bezeichneten natürlichen Merkmale sowie die ihnen zugeschriebenen negativ bewerteten Eigenschaften unterliegen historischen Veränderungen

---

25 Vgl. Kap. I.4.2.
26 Vgl. Kap. II.3.
27 Vgl. Fn. 32. Trotzdem ist der Begriff der „Rasse" im allgemeinen Sprachgebrauch fest verankert und zum Teil heute noch in Gesetzestexten vorfindbar. Art. 3 III GG verwendet den Begriff der „Rasse" als eine mögliche Ursache von Benachteiligung.

(ebd.: 109; 112). Die jeweiligen Unterschiede und Spezifika gilt es zu analysieren.

> „Aber wo immer wir Rassismus vorfinden, entdecken wir, daß er historisch spezifisch ist, je nach der bestimmten Epoche, nach der bestimmten Kultur, nach der bestimmten Gesellschaftsform, in der er vorkommt." (Hall 1989: 917)[28]

Rassistische Diskurse stellen „das Andere" her. Diese Konstruktion der Differenz teilt die Menschen in jene, die dazugehören, und die anderen, die nicht dazugehören. Die Spaltung der Welt in ihre binären Gegensätze ist als fundamentales Charakteristikum des Rassismus zu sehen:[29]

> „Das heißt, obwohl die Konstruktion des Anderen ein Versuch ist, das, was wir nicht sind, an seinen Platz zu fixieren, in sicherer Entfernung zu halten, können wir selbst uns doch nur verstehen in Beziehung zu diesen Anderen. (...) Rassismus ist m.E. zum Teil das Verleugnen, daß wir das, was wir sind, aufgrund innerer gegenseitiger Abhängigkeiten von Anderen sind. Es ist die Zurückweisung der angsterregenden Bedrohung, daß das Andere, so schwarz wie er oder sie ist, möglicherweise ein Teil von uns ist. Rassismus mit seinem System binärer Gegensätze ist ein Versuch, das Andere zu fixieren, an seinem Platz festzuhalten, er ist ein Verteidigungssystem gegen die Rückkehr des Anderen. Die Angst, daß dieses Andere, das wir ausweisen und ausschließen wollten, möglicherweise wiederkehrt, taucht ebenfalls im Diskurs des Rassismus auf. Dies erkennt man in den Phantasien, die mit dem Rassismus überall einhergehen." (Ebd.: 920f)

Miles (1992: 19) spricht in diesem Zusammenhang auch von einer Dialektik zwischen dem Selbst und dem Anderen. Merkmale und Eigenschaften spiegeln in negativer Form die Eigenschaften des Selbst wider. Gleichzeitig liegt im Prozeß der Darstellung des Anderen eine Dialektik der Ein- und Ausgrenzung mit umgekehrter Bedeutung zur Auf- und Abwertung (ebd.: 53).

Rassismus bildet eine spezifische Form des Diskurses, der durch einen Prozeß der „Bedeutungsproduktion" (Hall 1989: 913) bzw. der „Konstruktion von Bedeutungen" (Miles 1991: 9) gekennzeichnet ist. Konstruktion von Bedeutung meint einen Prozeß, durch den bestimmten Objekten und Merkmalen Bedeutungen dergestalt zugewiesen werden, daß diesen Objekten „eine besondere Signifikanz zukommt und sie mit einer Reihe zusätzlicher Merkmale zweiter Ordnung ausgestattet werden" (Miles 1992: 94):

> „Von daher schließt Bedeutungskonstruktion als Verfahren *Selektion* ein: aus einer verfügbaren Bandbreite von Objekten, Merkmalen und Prozessen werden nun einige ausgewählt, um zusätzliche Bedeutungen zu vermitteln. Ein auf diese Weise behandel-

---

28 Unter Zustimmung zu der Auffassung von der jeweils historisch spezifischen Gestalt von Rassismus kritisiert Miles (1991: 197), daß Hall keine explizite Definition von Rassismus vorlegt.

29 Dies gilt ebenso z.B. für Sexismus und Chauvinismus.

tes Objekt, Merkmal oder Prozeß wird so zum Zeichen der Existenz eines anderen hypothetischen oder realen Phänomens." (Ebd.: 94f; Hervorh. M.A.)

Die Selektion geschieht nicht nur auf der phänotypischen Ebene, sondern umfaßt auch kulturelle Charakteristika, die der jeweils betroffenen Gruppe als „natürliche" zugeschrieben werden.

Rassismus ist dabei immer auch mit Macht verknüpft; nur wenn die Gruppe, die eine andere als minderwertige „Rasse" konstruiert, über die Macht verfügt, diese Deutung durchzusetzen, kann von Rassismus gesprochen werden (Kalpaka/Räthzel 1990: 14). Oder anders formuliert: Immer wenn sich die Produktion von Bedeutungen mit Fragen der Macht verbindet, trifft man auf das Ideologieproblem (Hall 1989: 913). Der so entstehende Diskurs der Differenz bildet demnach eine *rassistische Ideologie*.

> „Rassistische Ideologien entstehen also immer dann, wenn die Produktion von Bedeutungen mit Machtstrategien verknüpft sind und diese dazu dienen, bestimmte Gruppen vom Zugang zu kulturellen und symbolischen Ressourcen auszuschließen. Ich möchte dies als Ausschließungspraxen bezeichnen." (Ebd.)

Hall schließt hier an den Foucaultschen Diskursbegriff an: Ausschließungspraxen sind im Foucaultschen Sinne Diskurse, denn alle Ideen sind in Praxen eingeschrieben.[30] Ausschließungspraxen dienen nicht nur dazu, bestimmten Gruppen den Zugang zu Ressourcen zu verwehren; sie haben auch die Funktion, diese Gruppen aus der Gesellschaft auszuweisen.

Wir haben darauf hingewiesen, daß Rassismus sich vor allem wirkungsvoll entfalten läßt, wenn er eine Form ideologischer Vergesellschaftung annimmt (Kalpaka/Räthzel 1990: 25) und in seiner alltäglichen Anwendung unsichtbar wird. In einem kritischen Sinne ist unter „ideologisch" dabei zu verstehen, daß Wissen und Macht sich unmittelbar einschließen und damit der Aufrechterhaltung von Herrschaftsverhältnissen dienen. Eine Diskursanalyse müßte folglich beschreiben, wie der rassistische Diskurs Sinn herstellt und durchsetzt. Ebenso müßte untersucht werden, wo Sprache und Macht sich überschneiden: Wo werden Machtverhältnisse konstituiert und gestützt durch eine Sprache, die an eine legitime Ordnung appelliert und Vorstellungen davon mobilisiert? (Thompson 1988: 25)

Der Rassismusbegriff darf sich nicht auf jede Argumentation angewendet werden, die eine Differenz zwischen menschlichen Gruppen unterstellt, um deren Ungleichheit zueinander zu legitimieren.[31] Nicht alle Äußerungen, die dar-

---

[30] Vgl. zum Diskursbegriff Kap. I.4.2.
[31] Sonst gäbe es z.B. keinen Unterschied zwischen rassistischen und sexistischen Diskursen, auch wenn diese sich hinsichtlich der Machtfrage nicht unterscheiden. Zur Abgren-

auf zielen, Ungleichheit zu rechtfertigen und deterministische Zuschreibungen von Eigenschaften zu einer als andersartig definierten Gruppe vornehmen, können als rassistisch bezeichnet werden (Miles 1992: 68). Der Rassismusbegriff sollte sich eher auf den Inhalt von Diskursen als auf deren Intention und/oder Folge beziehen, da der ideologische Gehalt diese Diskurse als rassistisch bestimmt. Löschper (1994: 182) weist darauf hin, daß sich die legitimatorische Kraft der Diskurse erst aus ihrem Kontext und ihrer Praxis ergibt.

Demnach muß Rassismus analytisch auch von Ausgrenzungspraktiken unterschieden werden, denn diese können zwar zum Teil oder ganz durch Rassismus motiviert oder begründet sein; dies darf aber nicht als gegeben vorausgesetzt, sondern muß in der Analyse erst nachgewiesen werden (Miles 1992: 112).

Auch wenn der Begriff der „Rasse" fast völlig verschwunden scheint und wissenschaftlich Konsens darüber besteht, daß es „Rasse" nicht gibt, haben sich im Alltagsverständnis Annahmen verankert, die dem Prozeß der Bedeutungskonstruktion entspringen und unabhängig vom wissenschaftlichen Diskurs funktionieren. Analytisch stellt sich von daher die Frage, inwieweit sich „so etwas wie ein Hegemonie-Verhältnis abzeichnet", insofern Sprache als Ausdruck einer „Artikulation zu begreifen ist, in der sich in einer auf Dauer angelegten Weise gesellschaftliche Praxis und kollektive Vorstellungen" etc. miteinander verbinden (Balibar 1990: 27).

Das Wort wird vielleicht gemieden, „aber Bezeichnungen wuchern" (Haug 1992: 31). Für die Kennzeichnung von Rassismus ist dabei - wie bereits erläutert - der soziale Kontext entscheidend, in dem die entsprechenden Aussagen auftauchen.

Gerade der institutionelle Rassismus ist dadurch gekennzeichnet, daß seine Inhalte oft nicht rassistischer Art sind. Miles spricht sich gegen eine weite Definition des institutionellen Rassismus aus, der sich auf zwei Arten von Verhältnissen bezieht:

> „erstens auf Verhältnisse, in denen Ausgrenzungspraktiken aus einem rassistischen Diskurs entstehen, den sie folglich verkörpern, ohne daß sie weiterhin durch ihn gerechtfertigt werden könnten. Zweitens auf Verhältnisse, in denen ein explizit rassistischer Diskurs dergestalt abgewandelt wird, daß der direkt rassistische Inhalt verschwindet, während die ursprüngliche Bedeutung sich auf andere Wörter überträgt. In beiden Fällen wird der rassistische Diskurs zwar zum Schweigen gebracht, zugleich jedoch in der Weiterführung von Ausgrenzungspraktiken oder in der Verwendung des neuen Diskurses aufgehoben (oder institutionalisiert), so daß diese Praktiken und Diskurse zur Ausdrucksform des früheren rassistischen Diskurses geraten." (Miles 1992: 113)

---

zung von Sexismus und Rassismus vgl. Tillner 1994; Haug 1992: 37ff; Miles 1992: 117ff.

Eine rassistische Ideologie kann sich also in Diskursen etablieren, deren rassistischer Gehalt nicht mehr offensichtlich ist. Der Nachweis des institutionellen Rassismus ist danach nur durch eine Analyse der Geschichte des Diskurses möglich, anhand derer deutlich werden kann, ob es vor dem Schweigen einen rassistischen Diskurs gegeben hat. So enthalten z.B. Gesetzestexte keine explizit rassistischen Formulierungen; wird jedoch der politische Kontext ihrer Entstehung untersucht, wird oftmals eine rassistische Ideologie sichtbar. (Ebd.: 113f) Institutioneller Rassismus meint daher die Integration des Rassismus in Ausgrenzungspraktiken oder in einem formal bzw. offensichtlich nicht rassistischen Diskurs (ebd.: 116).

Bei der Differenzierung verschiedener Formen von Rassismus unterscheidet Hall (1989: 917) zwischen genetischem und kulturellem Rassismus. Seinem Verständnis zufolge wird der genetische gegenwärtig von einem kulturellen abgelöst, vor allem weil der biologische Begriff der Rasse nicht mehr haltbar ist.[32] Der kulturelle Rassismus ersetzt den Begriff der „Rasse" durch den der Kultur, versteht diese aber in gleicher Weise als natürliche Eigenschaft. Balibar (1990: 23) spricht in diesem Zusammenhang auch von der Entstehung eines „Neo-Rassismus", dessen zentrales Merkmal die Behauptung der Unaufhebarkeit der kulturellen Differenzen ist. Er verweist hier darauf, daß das Kulturelle/Soziale zunehmend naturalisiert werde und nennt den gegenwärtigen Rassismus, der sich im Zusammenhang mit dem Komplex der Immigration und Flüchtlingsbewegung herausgebildet hat, einen „Rassismus ohne Rassen":

> „eine(n) Rassismus, dessen vorherrschendes Thema nicht mehr die biologische Vererbung, sondern die Unaufhebbarkeit der kulturellen Differenzen ist; eine(n) Rassismus, der ... nicht mehr die Überlegenheit bestimmter Gruppen oder Völker über andere postuliert, sondern sich darauf 'beschränkt', die Schädlichkeit jeder Grenzverwischung

---

32   Ursprünglich wurde die in dem Anderen verkörperte Differenz als Differenz von „Rassen" interpretiert, d.h. als biologische, naturgegebene und damit unveränderliche Differenz. Dieser „Rassendiskurs" war das Produkt der Wissenschaft und entstand im frühen 16. Jahrhundert. Er galt zunächst als Erklärung für die Entstehung von Nationen sowie die Entwicklung der europäischen Geschichte. Mit dieser „Rassentheorie" wurde eine unterschiedliche Zivilisationsfähigkeit begründet. (Miles 1991: 191) Erst im Verlauf des 18. Jahrhunderts wurde „Rasse" auf Menschengruppen bezogen, deren Unterschiedlichkeiten die Wissenschaft damit erklären zu können glaubte (Miles 1992: 42f). Vor allem die Genetik stellte dies im 20. Jh. in Frage. „Andererseits behaupten viele Genetiker, daß Bevölkerungen durch den Nachweis der unterschiedlichen Häufigkeitsverteilungen variabler Genkombinationen besser voneinander unterschieden werden können, wobei sie jedoch zugeben, daß der Punkt, an dem die Unterscheidung getroffen wird, willkürlich gewählt ist." (Ebd.: 52) Eine Differenzierung der Menschen selbst nach Merkmalen genetischer Variation ist als völlig unhaltbar zu bewerten (Leiprecht 1994: 15). Jäger (1991: 52) weist z.B. darauf hin, daß 75% aller Gene bei *allen* Menschen gleichermaßen vorhanden und genetische Unterschiede *innerhalb* der konstruierten „Rassen" größer seien als solche *zwischen* diesen.

und die Unvereinbarkeit der Lebewesen und Traditionen zu behaupten." (Balibar 1990: 28)

Dieser neue Rassismus - im Sinne Balibars und Halls - nimmt die Ausgrenzung des „Anderen" nicht über „Rasse" und „Blut", sondern über Unterschiede zwischen Ethnien und Kulturkreisen vor und argumentiert entsprechend soziobiologisch und kulturalistisch, wobei das Konzept der Ethnie als Naturgesetz und damit als unveränderlich definiert wird (Gerhard 1992: 172).

Zu den Strategien des neuen Rassismus gehört es, die Argumente des traditionellen Antirassismus aufzugreifen und gegen diesen zu wenden: Es gebe keine „Rassen" im Sinne von biologisch isolierbaren Einheiten, auch lasse sich Verhalten nicht aus Blut und Genen erklären, sondern nur aus der Zugehörigkeit zu spezifischen Kulturen.[33] Individuen könnten jeweils ausschließlich die Erben und Träger einer einzigen Kultur sein; deshalb müßten die Grenzen zwischen den Kulturen aufrechterhalten werden (vgl. Balibar 1989: 373). Dieser Auffassung zufolge ist Kultur kein sich entwickelnder und kontinuierlich in Bewegung befindlicher Prozeß, sondern wird als natürliche Eigenschaft und damit als grundsätzlich unveränderlich definiert (Kalpaka/Räthzel 1990: 15). Das folgende Zitat stammt von Alain de Benoist (1985), einem der wichtigsten Wortführer der *Neuen Rechten* und macht den Übergang von einer biologistischen zu einer kulturalistischen Argumentation deutlich:

Der Mensch besitzt „eine eigene spezifisch menschliche 'Dimension', die seine biologische 'Dimension' überlagert, wobei letztere nur ihre Basis ausmacht. Diese 'Dimension' ist vor allem durch das *Geschichtsbewußtsein* gekennzeichnet und durch die *Kultur*, die dessen Produkt ist. Die Natur legt den *Rahmen* fest, in dem sich die Kultur ausdrücken kann, aber sie legt nicht deren *Form* fest." (Zit. n. Reinfeldt/Schwarz 1992: 21)

Balibar (1990: 35) unterscheidet zwei Varianten des kulturellen Rassismus. Die eine Variante geht davon aus, daß es keine Rassen, sondern nur Bevölkerungen und Kulturen gibt, aber zweifellos biologische Ursachen und Wirkungen der Kultur bestehen. Die zweite Variante geht von einem reinen Kulturalismus aus, wobei sich ihre Diskurse zunehmend in biologische transformieren (Balibar 1989: 378). Kultur und die damit einhergehenden sozialen Regulierungsformen werden hinsichtlich ihrer Bedeutung für das Leben thematisiert, Diskurse über Reproduktion und Gesundheit werden geführt.

„Es kann durchaus sein, daß die gegenwärtigen Varianten des Neorassismus nur eine ideologische Übergangsformation bilden, der bestimmt ist, sich in Richtung auf sozia-

---

[33] Eine typische Argumentationsweise des kulturellen Rassismus bildet die Leugnung des Rassismus (vgl. Kap. III.2.2.3 und Kap. V.).

le Diskurse und Techniken weiterzuentwickeln, in denen die Dimension der historischen Erzählung genealogischer Mythen (und damit das Spiel der Substitutionsver-
hältnisse von Rasse, Volk, Kultur und Nation) relativ zurücktritt gegenüber der Dimension psychologischer Bewertungen intellektueller Fähigkeiten und der 'Disposition' zu einem 'normalen' gesellschaftlichen Leben (oder umgekehrt zu Kriminalität und
Abweichung), sowie zu einer (in gefühlsmäßiger ebenso wie in gesundheitlicher oder
eugenischer usw. Hinsicht) 'optimalen' Reproduktion." (Balibar 1990: 35)

Gerade die erste Variante des bei Balibar als kulturell definierten Rassismus
erinnert an den in der Wissenschaft und im Alltag gebräuchlichen Begriff der
Fremdenfeindlichkeit. Dabei muß dieser jedoch als übergeordneter Begriff
verstanden werden, der Formen des kulturellen Rassismus, aber auch andere
Formen des auf Fremde bezogenen Ausschließungsdiskurses mit einbezieht, die
keine rassistischen Inhalte haben und nicht mit der Idee der Ungleichheit und
der Forderung nach ungleichen Rechten verbunden werden (Willems 1993b:
97).

Fremdenfeindlichkeit oder Fremdenfurcht bezeichnet ganz allgemein die
Behauptung einer Bedrohung und Benachteiligung der eigenen Gruppe gegenüber einer anderen, in einer Gesellschaft als fremd bezeichneten Gruppe.[34] Begründungen für Fremdenfeindlichkeit können ganz unterschiedlicher Art sein.
Fremdenfeindlichkeit ist von daher als allgemeinere Kategorie z.B. dem
Rechtsextremismus übergeordnet, „auf einem Kontinuum angesiedelt ..., das
von 'Rassismus' an einem Endpunkt hin zu (legitimem) 'Konservatismus' am
anderen Ende reicht" (Küchler 1996: 248).

Die Gleichsetzung von Rassismus und Fremdenfeindlichkeit ist also problematisch, da Rassismus nur *eine* mögliche Ausprägung von Fremdenfeindlichkeit bildet. Eine Gleichsetzung von Fremdenfeindlichkeit, Rechtsextremismus und Rassismus hätte die Behauptung zur Folge, daß die Mehrheit der Bevölkerung rassistisch sei (Willems 1993b: 95).[35] Als übergeordneter Begriff im

---

[34]   Dahmer (1993), der historisch nach 1945 in Deutschland einen Antisemitismus ohne Juden nachzeichnet, definiert Xenophobie für den europäischen Raum als eine Form ver-
allgemeinerten Judenhasses: „Wir haben Grund zu der Annahme, daß *alle* Arten von
Fremdenfeindschaft sich an der der Mehrheit eingefleischten Antisemitismus anschlie-
ßen. An den Juden ist in Europa der Umgang mit Menschen, die für nicht-zugehörig, für
'fremd' erklärt wurden, eingeübt worden. Darum gilt hier insgeheim *jeder* Fremde als
'Jude'."(82)

[35]   Willems kritisiert den erweiterten Begriff von Rassismus als Fremdenfeindlichkeit mit
dem Hinweis darauf, man könne „fälschlicherweise zu dem Eindruck kommen, ein großer Teil oder gar die Mehrheit der Deutschen sei rassistisch und die gesellschaftlichen
Institutionen seien deshalb paralysiert" (1993b: 95). Problematisch an der Studie von
Willems ist, daß er trotz dieser Kritik „Fremdenfeindlichkeit" als analytischen Begriff
verwendet.
Die Position, Rassismus als aus der Mitte der Gesellschaft erwachsend zu erklären, hat
eine ideologische Funktion, ebenso wie der Ansatz, demzufolge sich Fremdenfeindlich-

o.g. Sinne scheint Fremdenfeindlichkeit jedoch verwendbar, da die spezifische Form und die entsprechenden Inhalte erst durch die Analyse ermittelt werden können. Solange diese undifferenziert bleiben, kann von Fremdenfeindlichkeit gesprochen werden. Für die Analyse ist der Begriff nicht geeignet, da er zu vielschichtig und nicht eindeutig operationalisierbar ist.

Bei der Analyse von genetischem und kulturellem Rassismus muß außerdem auf die Trennung vom Ethnozentrismus geachtet werden. Hier sind Klassifikationssysteme zu unterscheiden, die ethnische Merkmale (Sprache, Staatsangehörigkeit, Nationalität, Religion) oder körperliche Merkmale als Bedeutungsträger verwenden, auch wenn beide eine Ausschließungspraxis bedeuten. Dennoch erfolgt vielfach eine Gleichsetzung von kulturellem Rassismus und Ethnozentrismus, oft mit Hinweis darauf, daß beide den gleichen Effekt hätten.[36] Dabei wird jedoch nach Miles (1992) vernachlässigt, daß ein und dieselbe Gruppe von unterschiedlichen diskursiven Ausschließungsstrategien betroffen sein kann.

Ethnozentrismus liegt dann vor, wenn Verhaltensweisen und Lebensformen als ethnisch und damit als veränderbare und nicht als natürliche, genetisch festgelegte Folgen der Abstammung spezifiziert werden, die im Vergleich mit den entsprechenden Merkmalen der eigenen Gruppe als minderwertig gelten (Kalpaka/Räthzel 1990: 17).

Rassismus dagegen naturalisiert soziale Verhaltensweisen, in dem eine feste Verbindung zwischen körperlich-biologischen und sozialen Merkmalen hergestellt wird. Der biologischen Determiniertheit werden kulturelle Charakteristika zugewiesen, kulturelle Unterschiede gelten als unvereinbare Gegensätze.

„Ist diese Verbindung erst einmal fest geknüpft, reicht es, jeweils ein Element allein 'wahrzunehmen', um die ganze Konnotationskette zu artikulieren." (Räthzel 1992b: 33)

---

[36]   keit ausschließlich auf Rechtsextremismus gründet. Einmal wird nahegelegt, daß Fremdenfeindlichkeit nichts mit Rechtsextremismus zu tun habe, in dem anderen Falle wird Fremdenfeindlichkeit auf Rechtsextremismus reduziert.
Jäger (1991) hebt beispielsweise die Unterscheidung zwischen genetischem und kulturellem Rassismus ebenso wie die Differenzierung zwischen Rassismus und Ethnozentrismus völlig auf, mit dem Verweis darauf, daß im Alltagsdiskurs für die Mehrheit das Soziale immer auch naturalisiert sei. Ebenso wertet er jede Form von Ausländerfeindlichkeit als rassistisch, da die Ablehnung von Ausländern, ob genetisch oder kulturell begründet, in Ausschließungspraxen münde. (Vgl. Jäger 1991: 55) Als Ergebnis entsprechender Untersuchungen über Rassismus in der Bundesrepublik wird festgestellt, daß Rassismus weit in der Gesellschaft verbreitet und alle untersuchten Personen mehr oder minder stark in den rassistischen Diskurs verstrickt seien (vgl. Jäger 1993: 295). Leiprecht (1994: 18) nimmt zwar eine grobe Unterscheidung zwischen Ethnozentrismus und kulturellem Rassismus vor, benutzt beide Begriffe trotzdem synonym und differenziert insofern nicht, als er beiden das Merkmal der Annahme einer Unveränderbarkeit der ausgegrenzten Eigenschaft zuschreibt.

Die Unterschiede zwischen beiden Formen der Ausschließung - dem kulturellen Rassismus und Ethnozentrismus - sind fließend; sie können als Praktiken sich wechselseitig verstärken, müssen jedoch in der Analyse differenziert werden. Balibar (1990) hat darauf hingewiesen, daß der kulturelle Rassismus historisch betrachtet nicht neu ist. Neu ist dagegen, ihn in Form von Ethnozentrismus zum Ausdruck zu bringen, was über die unterschiedlichen Merkmale beider Phänomene nicht hinwegtäuschen sollte.[37]

Der Unterschied zwischen kulturellem Rassismus und Ethnozentrismus liegt folglich darin, daß der kulturelle Rassismus von einer *Unveränderbarkeit* kultureller Unterschiede ausgeht und diese damit naturalisiert. Der Ethnozentrismus hingegen akzentuiert soziokulturelle Eigenschaften und Verhaltensweisen über die Auswahl eines ethnischen, *veränderlichen* Bedeutungsträgers (Matouschek 1992: 65). Dabei darf nicht vernachlässigt werden, daß der Begriff der „Ethnie" in gleicher Weise wie die „Rasse" eine soziale Konstruktion ist: Ethnizität kann man als eine erfundene *Gemeinschaft* auffassen, wobei „durch die Abgrenzung nach außen die innere Gemeinschaft geschlossen wird" (Lenz 1994: 60).[38] Sowohl beim kulturellem Rassismus als auch beim Ethnozentrismus ist die Interpretation der jeweiligen Bedeutungsträger als minderwertig wichtig.

Fassen wir zusammen, so sind bei der Charakterisierung des kulturellen Rassismus folgende Merkmale bestimmend: Die konstruierten kulturellen Eigenschaften gelten als unveränderbar und werden damit naturalisiert. Sie dienen dazu, die so bezeichnete Gruppe als minderwertig einzustufen, sie zu marginalisieren und ihr bestimmte Rechte und Ressourcen vorzuenthalten und letztlich ihren Ausschluß aus der Gesellschaft zu legitimieren.

---

[37] Hopf (1993: 381) weist darauf hin, daß z.B. bestimmte gegen Asylbewerber gerichtete Aktionen und Argumentationen wie der Ruf „Deutschland den Deutschen, Ausländer raus" nicht vor dem Hintergrund eines biologisierenden, sondern eines ethnozentristischen Diskurses erfolgen.

[38] Gerade der Begriff der Ethnie wird vielfach benutzt, um auf die Pluralisierung der Bevölkerung hinzuweisen. Ethnizität wird dabei auf eine kulturell-identifikatorische Dimension reduziert und als ursprünglich kulturelle, soziale Einheit konstruiert. Das Konzept der multikulturellen Gesellschaft ist symptomatisch für diese Perspektive, da es alle Gesellschaftsmitglieder an eine ethnische Herkunft bindet und eine verallgemeinernde Vorstellung vom Kulturkonflikt impliziert, die zur Folge hat, daß Ereignisse, wenn sie auf ethnische Differenzen zurückführbar sind, als erklärt gelten. (Dittrich/Lentz 1994: 24ff) Dagegen müssen „Ethnien" als Resultat von Klassifikationsprozessen verstanden werden (ebd.: 28).

Stehr (1994: 293, Fn. 23) weist auf eine positive Bedeutung von Ethnozentrismus hin, welcher ein Grundelement aller Stammesgesellschaften bilde. Der Verweis auf die „Ethnie" gilt dabei als Möglichkeit, sich gegen Herrschaftsansprüche zur Wehr zu setzen. Damit wird deutlich, daß der Kontext der Anwendung entscheidend für die Funktion des Begriffes ist.

Rassismus als Ausschließungspraxis (vgl. Hall 1989: 914)[39] ist als eine Eigenschaft von Diskursen und nicht als Teil individueller Einstellungen zu betrachten. Es sind nicht die persönlichen Einstellungen des einzelnen, die das Phänomen des Rassismus ausmachen, sondern die Vorstellungen von Menschen, die als Fremde konstruiert und bezeichnet und damit auch als fremd empfunden werden, sowie der öffentliche Diskurs, der diese Vorstellungen als anerkannte Praxen etablieren kann.

Diskurse spielen demnach eine zentrale Rolle bei der Entstehung, Verbreitung, Rechtfertigung und Akzeptanz rassistischen Denkens, da sie eine Verbindung von Wissensinhalten und sozio-kulturellem Kontext beinhalten (Dijk 1991: 8ff). Rassismus zu untersuchen bedeutet danach immer die Notwendigkeit der Analyse von Diskursen, durch welche Rassismus hergestellt, sich verfestigt und immer wieder reproduziert wird.

Vor allem die Eliten sind nach van Dijk (1991) wesentlich an der Reproduktion des Rassismus beteiligt, was vor allem mit ihrem direkten Zugang zu den Medien zusammenhängt. Den Medien wird im Zusammenhang mit Rassismus insofern eine zentrale Funktion zugewiesen.

3.2 Rassismus in den Medien

Als Ort, an dem Vorstellungen über „Rasse" artikuliert und transformiert werden können, sind Medien eine mächtige Quelle dieser Vorstellungen (Hall 1982: 524). Die Durchsetzung moralischer und normativer Vorstellungen, die Begründungen für den Ausschluß spezifischer sozialer Gruppen liefern, ist immer auf ein Publikum, die Öffentlichkeit, angewiesen.

Hall (ebd.) unterscheidet zwei Formen sogenannter rassistischer Berichterstattung, die durch einen expliziten bzw. einen impliziten Rassismus geprägt sind. Explizit rassistisch ist eine offene und zustimmende Berichterstattung über Argumente, Positionen oder Wortführer, die eine rassistische Sichtweise vertreten. Die implizit rassistische Berichterstattung beruht auf einer naturalisierenden Repräsentation von Ereignissen, „in die rassistische Prämissen und Behauptungen als ein Satz *unhinterfragter Vorannahmen* eingehen" (ebd.: 525).

Im folgenden Kapitel werden Untersuchungen diskutiert, deren Gegenstand die Darstellung von Ausländern, Asylbewerbern und Flüchtlingen sowie die

---

[39]   Hall bezieht sich hier auf Foucault, der Diskurse als Ausschließungs- und Ausgrenzungspraktiken beschreibt. Vgl. zum Diskursbegriff Kap. I.4.2.

soziale Konstruktion von Fremdenfeindlichkeit in den Medien ist. Dabei handelt es sich ausschließlich um Analysen, die sich auf die Situation in der Bundesrepublik beziehen. Ihr gemeinsames Anliegen ist die Erklärung von Ausländer- bzw. Fremdenfeindlichkeit in der BRD seit den 80er Jahren. Dabei sind zu unterscheiden:

(1) Studien, die mit Hilfe inhaltsanalytischer Verfahren das Bild der Ausländer, Asylbewerber und Flüchtlinge in den Medien untersuchen und seinen Einfluß auf die Einstellung der Bevölkerung diskutieren;

(2) Studien, die die Medienberichterstattung auf ihren rassistischen Gehalt hin untersuchen;

(3) Arbeiten, die sich mit dem Zusammenhang von Fremdenfeindlichkeit und Medienberichterstattung auseinandersetzen und dabei von einer gewaltfördernden Wirkung der Medien ausgehen.

Als grundlegende Kritik an all diesen Studien läßt sich zum einen ganz allgemein formulieren, daß von einem traditionellen Medienverständnis ausgegangen wird. Der Medienberichterstattung wird eine Macht*wirkung* und damit unmittelbar Verantwortung für das Entstehen von Rassismus und Fremdenfeindlichkeit zugeschrieben. Zum anderen liegt den Untersuchungen mehrheitlich ein undifferenziertes Verständnis von Rassismus zugrunde, der keine definitorische Bestimmung erhält und/oder als Intention der Medienberichterstattung erscheint.

Diese Kritik wird an einzelnen Untersuchungen beispielhaft herausgearbeitet, um die theoretischen Grundlagen der eigenen Analyse abzugrenzen. Darüber hinaus liefern diese Studien Ergebnisse zu den Inhalten des Mediendiskurses, die für die vorliegende Arbeit von Interesse sind.

3.2.1 Die Darstellung von Ausländern, Asylbewerbern und Flüchtlingen in den deutschen Medien

Untersuchungen, die die Darstellung von Ausländern, Asylbewerbern und Flüchtlingen in den deutschen Medien analysieren, ermitteln Themen und Wertungen, die im Zusammenhang mit der Berichterstattung auftauchen. Dabei kommen sie zu dem Ergebnis, daß die Darstellung von Ausländern durch Vorurteile und ausländerfeindliche Alltagstheorien geprägt ist, die eine negative Einstellung der Bevölkerung gegenüber Ausländern herstellen bzw. bestätigen (vgl. Ruhrmann/Kollmer 1987: VII).

Problematisch an diesen Studien ist nicht nur, daß sie keine Definition von „Ausländern" vornehmen bzw. nicht erklären, wie diese eindeutig zuordenbar sind. Ebenso liefern sie keinen Hinweis darauf, was unter einem Vorurteil zu verstehen ist und wie durch eine abwertende Berichterstattung über Ausländer Vorurteile und Ängste in der Bevölkerung hergestellt werden. Die unterstellte Wirkung vom Bild der Ausländer in den Medien auf die Einstellungen der Bevölkerung wird empirisch nicht nachgewiesen.

Ein zentrales Ergebnis dieser Untersuchungen ist, daß über Ausländer, Asylbewerber und Flüchtlinge in den Medien vor allem im Zusammenhang mit Kriminalität und Gewalt berichtet wird, was als Hinweis auf einen rassistischen Diskurs gewertet wird. Diese Interpretationen gründen jedoch nicht auf einer zuvor entwickelten Rassismustheorie.

Den Kriterien des Nachrichtenproduktionsprozesses entsprechend werden Ausländer erst dann zur Nachricht, wenn sie sich mit einer Ausnahmesituation in Verbindung bringen lassen bzw. eine negative Besetzung erfahren. Bei der Konstatierung, daß Ausländer in den Medien mehrheitlich im Kontext von Kriminalität und Gewalt erscheinen, wird nicht berücksichtigt, daß Kriminalität im allgemeinen und im Zusammenhang mit Gewalt im besonderen einen Nachrichtenwert an sich bildet. Der alleinige Hinweis, daß über Asylbewerber nur im Zusammenhang mit fremdenfeindlichen Ausschreitungen berichtet wird, läßt die Kriterien des Nachrichtenproduktionsprozesses außer acht: Danach *darf* die Berichterstattung Asylbewerber nur im Kontext von Unordnung, Gewalt und Chaos thematisieren (Tsapanos 1993: 94).

Insgesamt lassen sich die Ergebnisse dieser Arbeiten damit lediglich im Sinne einer „agenda-setting"-Funktion der Medien interpretieren[40], insofern sie einige Hinweise auf Thematisierungsschwerpunkte liefern.

Eine umfassende Untersuchung der Ausländerberichterstattung in einer Kommune findet sich bei Ruhrmann/Kollmer (1987). In ihrer quantitativen und qualitativen Inhaltsanalyse von „ausländerbezogenen Artikeln" (ebd.: 47) vom Januar 1981 bis Juni 1983 aller Tageszeitungen der Region Bielefeld sowie aller Leserbriefe aus dieser Region in den bedeutendsten Illustrierten werden ca. 700 Beiträge mit Hilfe eines Kategoriensystems zur Ermittlung der Themenschwerpunkte ausgewertet. Die Untersuchung hat zum Ergebnis, daß mehr als ein Drittel der Zeitungsartikel im überregionalen Teil Ausländer im Kontext von Kriminalität und Gewalt präsentieren. Beiträge im Lokalteil beziehen sich dagegen vornehmlich auf Themen wie Status und Identität und fokussieren die Rechte und Pflichten der Ausländer sowie deren ethnische und kulturelle Identi-

---

[40]   Zur Kritik an diesem Ansatz vgl. Kap. I.2.1.

tät in der Bundesrepublik. Mehr als die Hälfte aller Artikel in den Tageszeitungen sowie zwei Drittel aller Leserbriefe der Illustrierten stellen die Anwesenheit von Ausländern in der Bundesrepublik als Bedrohung des Wohlstands der Deutschen dar.

Ähnliche Ergebnisse liefert die Untersuchung über die Darstellung der Ausländer in der deutschen Presse von Merten (1987), der Zeitungsartikel aus 20 verschiedenen Zeitungen im Zeitraum vom 20.1.86 bis zum 28.8.86 analysiert, in denen explizit oder implizit auf Ausländer Bezug genommen wird. Hier werden über 2.200 Zeitungsartikel hinsichtlich 85 verschiedener Variablen inhaltsanalytisch ausgewertet. Merten (ebd.: 73f) stellt dabei fest, daß eine negative Berichterstattung über Ausländer vornehmlich im Lokalteil stattfindet und Ausländer in der Regel im Kontext von Kriminalität thematisiert. Gugtschkow (1993), die alle Artikel der „Leipziger Volkszeitung" von Mai 1992 bis Juli 1992 untersucht, in denen von Ausländern die Rede ist, hebt dabei hervor, daß die Berichterstattung über Ausländer im Zusammenhang mit Kriminalität in der Regel Verweise auf die Nationalität der Tatverdächtigen enthält. Bei deutschen Tatverdächtigen ist lediglich von „unbekannten Personen" die Rede, oder es erfolgen Hinweise auf das Geschlecht.

Alle genannten Studien weisen darauf hin, daß die Berichterstattung über Ausländer mehrheitlich im Zusammenhang mit Kriminalität und Gewalt geschieht. Ausländer, die in den Presseberichten als Gastarbeiter oder Asylbewerber bezeichnet werden, erfahren den Untersuchungen zufolge mehrheitlich eine negative Charakterisierung. Eine positive Berichterstattung über Ausländer findet sich nur gegenüber denjenigen, die sich als Gäste (Künstler, Sportler etc.) in der Bundesrepublik aufhalten (vgl. Gugtschkow 1993: 111; Merten 1987: 82f). Die Studien kommen außerdem zu dem Ergebnis, daß im Zusammenhang mit negativen Persönlichkeitsmerkmalen und Charaktereigenschaften Türken am häufigsten genannt werden. Der Aufenthalt von Ausländern in der Bundesrepublik wird problematisiert, indem von einem „Ausländerproblem" und „Türkenproblem" gesprochen wird, wobei als Ursache das Verhalten der Ausländer angeführt wird (vgl. Merten 1987: 73f; Ruhrmann/Kollmer 1987: 2ff).

Ruhrmann/Kollmer (1987: 23) weisen darauf hin, daß die auf Selektivität beruhende „Wirklichkeitskonstruktions"-Funktion der Medien latent ist, „die ihrerseits selbst laufend wieder auf die eigentlich soziale Wirklichkeit zurückfällt und damit Veränderungen auslöst". Alle Studien gehen davon aus, daß die negative Berichterstattung über Ausländer Vorurteile und eine negative Einstellung der Bevölkerung gegenüber Ausländern bzw. Ausländerfeindlichkeit herstelle.

Problematisch dabei ist nicht nur, daß ein solcher Kausalzusammenhang zwischen Medienberichterstattung und Einstellungen der Bevölkerung behauptet wird, ohne ihn zu überprüfen. Auch wird bei inhaltsanalytischen Verfahren quantitativer und/oder qualitativer Art bzw. der Auswertung der Medienberichterstattung mit Hilfe von Kategoriensystemen der Kontext der Berichterstattung nicht berücksichtigt. Der Hinweis auf eine bevorzugte Berichterstattung über Ausländer im Zusammenhang mit Kriminalität erlaubt noch keine Schlußfolgerung hinsichtlich der Herstellung von Vorurteilen und Ausländerfeindlichkeit. Ohne Hinweise auf den Kontext, in dem über Kriminalität im Zusammenhang mit Ausländern berichtet wird, sind solche Interpretationen kaum zu rechtfertigen.

Andere Untersuchungen über die Darstellung von Ausländern bzw. Asylbewerbern versuchen einzelne Argumentationsmuster herauszuarbeiten. Bohn/Hamburger/Rock (1995; 1993a; 1993b) werten in ihrer Studie fast 1.000 Zeitungsartikel aus zwölf Tageszeitungen in vier Städten der Bundesrepublik über einen Zeitraum von 20 Jahren (1971-1991) aus. Ihre Fragestellung ist das Bild von Roma und Sinti in der Lokalpresse. Dabei stellen die Autoren fest, daß Roma und Sinti in der Medienberichterstattung auf der Grundlage „kulturell oder biologisch fundierter Zusammengehörigkeit definiert" (1993a: 180) werden, wobei dieses Kollektiv seine Charakterisierung durch die Zuweisung „ethnischer oder familialer Beziehungsmuster" erhält (ebd.).

Ein weiteres Ergebnis ist, daß die Presseberichterstattung über Roma und Sinti fast ausschließlich aus Kriminalitätsberichterstattung besteht: Roma und Sinti werden hauptsächlich in Verbindung mit Polizei und Justiz genannt, sie erscheinen in erster Linie als Problem für die öffentliche Ordnung (Bohn/Feuerhelm/Hamburger 1992: 260). In drei von vier Artikeln tauchen Roma und Sinti im Zusammenhang mit der Vermeldung krimineller Aktivitäten auf. Dabei wird ihre Kriminalität als professionelles Handeln gekennzeichnet, als *unberechenbar, dreist* und *trickreich* beschrieben. Bei den Tätern handelt es sich der Berichterstattung zufolge um Kinder und Jugendliche. Die dargestellte Kriminalität liegt vornehmlich im Bereich der Eigentumsdelikte. Als typische Verstöße erscheinen Wohnungseinbrüche, gefolgt von einfachen Diebstählen. Einen weiteren Schwerpunkt der Berichterstattung bildet die Darstellung aggressiven und gewalttätigen Verhaltens innerhalb der eigenen Gruppe. (Ebd.: 264ff)

Die Betonung der verwandtschaftlichen Beziehungen, die damit zusammenhängende Herausstellung eines Kollektivs und dessen Darstellung *als ethnisches und familiales Beziehungsmuster*, in Verbindung mit einer insgesamt negativ beschriebenen und als durch Kriminalität gekennzeichneten Gruppe wird von den Autoren als Hinweis für eine biologische Determinierung der Roma und Sinti in der Medienberichterstattung interpretiert.

Entsprechend werten die Autoren die Ergebnisse in Anlehnung an Balibar[41] als eine Form des neorassistischen Diskurses, in dem kulturelle Merkmale die Individuen determinieren und ihnen als unveränderliche Eigenschaften zugeschrieben werden (ebd.: 182). Liest man jedoch die ausgewählten Beispiele, die als Belege für diese Interpretation angeführt werden, so scheint sie m.E. nicht plausibel:

> „Die Musiker verstehen sich blind, und ihre sechs Gitarren klingen auch in vollem Lauf wie zwei. Kein Wunder, denn die sechs ... sind alle miteinander verwandt" (Rhein Zeitung vom 4.4.1990). (Zit. n. ebd.: 181)

Nach Ansicht der Autoren zeigt diese Aussage die grundlegende Bedeutung der verwandschaftlichen Beziehung bei der Wahrnehmung des Kollektivs und belegt damit, daß Roma und Sinti durch die Zuschreibung kulturell-natürlicher oder biologischer Merkmale definiert würden.

Der Verweis auf Familie und Verwandtschaft kann jedoch nicht automatisch als Unterstellung unveränderlicher kultureller Eigenschaften gewertet werden. Ebenso wenig lassen sich Hervorhebungen spezifischer Eigenschaften und Verhaltensweisen von Roma und Sinti sowie Hinweise auf deren kulturelle Identität in der Medienberichterstattung per se als Formen rassistischer Argumentation interpretieren:

> „Obwohl die Diskurse der Presse soziale Benachteiligung behandeln, werden die 'Eigenarten' von Roma und Sinti weniger als Ergebnis wechselseitiger Prozesse mit der Bevölkerung beschrieben, sondern besonders ihrem 'Wesen', ihrer 'Tradition' entspringend dargestellt. Dies ist z.B. dann der Fall, wenn behauptet wird, eine Eingliederung von Sinti in die Arbeitswelt sei schwierig, weil sie doch von Generation zu Generation den 'Traum vom Umherziehen und Handeln' weitergäben, oder auch wenn behauptet wird, daß sowohl Sprachschwierigkeiten als auch die 'Mentalität' von Roma-Kindern den Schulbesuch erschwerten." (Bohn/Hamburger/Rock 1993a: 182)

Eigenschaften von Roma und Sinti erscheinen dieser Untersuchung zufolge in der Medienberichterstattung nicht als Ergebnis wechselseitiger Kommunikationsprozesse mit der Bevölkerung, sondern als Teil ihres Wesens und ihrer Tradition: *Umherziehen* und *Kriminalität* bilden danach einen festen Bestandteil der Kultur von Roma und Sinti. Belege dafür, daß diese Merkmale als unveränderliche Eigenschaften dargestellt, also tatsächlich naturalisiert werden, bleibt die Studie jedoch schuldig.

Die Untersuchungsergebnisse sprechen m.E. eher für die Annahme, daß es sich um Formen eines ethnozentristischen Diskurses handelt, der soziokulturelle Eigenschaften und Verhaltensweisen als Merkmale anführt, um diese Gruppe

---

[41]   Vgl. Kap. I.3.1.

als minderwertig einzustufen. Auch diese Einschätzung bedarf jedoch einer genauen Überprüfung.

3.2.2 Massenmedien als Verursacher von Rassismus

Einige Untersuchungen über Massenmedien und Fremdenfeindlichkeit gehen von der Hypothese aus, daß Massenmedien Rassismus verursachen und versuchen dies vermittels einer Analyse der Medienberichterstattung über Asylbewerber und Flüchtlinge nachzuweisen.

Problematisch ist hier zum einen, daß diese Studien schon im Vorfeld eine rassistische Medienberichterstattung unterstellen, was mit Hilfe der Analyse nur noch bestätigt werden muß. Zur Anwendung kommt dabei ein sehr weit gefaßter Rassismusbegriff, der nicht theoretisch expliziert wird. Zum anderen schreiben diese Untersuchungen den Massenmedien eine Wirkung hinsichtlich der Verbreitung von Rassismus in der Bevölkerung zu. Massenmedien stellen danach durch ihre spezifische Berichterstattung über Asylbewerber und Flüchtlinge als negative, rassistische Darstellung bei den Rezipienten Rassismus her. Der Mediendebatte wird also ein wesentlicher Einfluß auf die Wahrnehmung und das Empfinden der Bevölkerung gegenüber diesen Gruppen unterstellt. Diese These erfährt jedoch in den einzelnen Studien keine empirische Überprüfung, sondern stellt lediglich eine interpretative Zuschreibung dar.

Vor dem Hintergrund der Erkenntnisse der kritischen Medienwirkungsforschung[42] sind die Ergebnisse dieser Studien vor allem hinsichtlich des zugrundeliegenden Ursache-Wirkungs-Modells sowie der damit einhergehenden Ignoranz gegenüber dem gesellschaftlichen Kontext zu kritisieren.

Eine Untersuchung der „Inszenierung rassistischer Feindbilder" von Huhnke (1993: 213) geht davon aus, daß die Massenmedien seit einigen Jahren einschlägige Ängste und Vorurteile schüren. Entsprechend wird die Medienberichterstattung daraufhin untersucht, welche „ausländerfeindlichen Wirklichkeitskonstruktionen" sie verbreiten und welche „intermedialen Abhängigkeiten sich anhand dieser Inszenierungen nachweisen lassen" (ebd.: 217).

Dazu vergleicht die Studie die Berichterstattung über Asylbewerber und Flüchtlinge, in den Zeitungen „Bild am Sonntag" und „Der Spiegel" über den Zeitraum von 1986 bis 1992. Angaben über Auswahl des Materials werden dabei nicht gemacht, was angesichts des großen Untersuchungszeitraums durchaus von Interesse wäre. Desgleichen fehlen Hinweise über die Untersu-

---

[42]   Vgl. Kap. I.2.2

chungsmethode, die es erlauben würden, die vorgestellten Ergebnisse nachzu-vollziehen. Geklärt wird lediglich, daß die Artikel in chronologischer Reihen-folge erfaßt und hinsichtlich der Berichterstattung über Asylbewerber und Flüchtlinge analysiert werden.

Diese Untersuchung liefert folgende Ergebnisse: Die Medienberichterstat-tung beider Zeitungen läßt Asylbewerber als minderwertig erscheinen und stellt sie in den Kontext von Kriminalität. Asylbewerber werden *Asylanten*, *Scheinasylanten*, *Schmarotzer* und *Kriminelle* genannt, und es werden die fi-nanziellen und sozialen Auswirkungen ihres Aufenthalts für die Bundesrepublik thematisiert. Der in Verbindung damit auftauchende Hinweis auf die Belastung der Bundesbürger durch die Asylbewerber wird von der Autorin als Konstruk-tion einer Bedrohung interpretiert, die sprachlich durch Verweise auf Naturge-walten gekennzeichnet sei.

Bei der Darstellung von Asylbewerbern im Kontext von Kriminalität übernimmt vor allem die „Bild am Sonntag" eine Vorreiterrolle. „Der Spiegel" greift diesen Tenor zeitlich versetzt auf, indem über kriminelle Aktivitäten und Asylrechtsmißbrauch von Afrikanern berichtet wird (ebd.: 231).

1989 ändert sich das Bild insofern, als die Flüchtlingsbewegung aus der DDR zum zentralen Thema wird, was mit einer positiven Darstellung einher-geht. Diese Unterbrechung im Duktus der Berichterstattung über Asylbewerber und Flüchtlinge begründet die Autorin mit der Wiedervereinigung und dem Zu-sammenbruch des Ostblocks (ebd.: 233), ohne jedoch zu überprüfen, ob mögli-cherweise andere Gründe dafür anzuführen wären, die z.B. mit parallelen Dis-kursen zusammenhängen könnten. Ebenso bleibt offen, ob in dieser Zeit gar nicht oder mit veränderter Argumentation über Asylbewerber berichtet wird.

Ab Frühjahr 1990 wird die negative Berichterstattung über Asylbewerber fortgesetzt. Ausländerfeindlichkeit und die zunehmenden fremdenfeindlichen Ausschreitungen werden im Jahr 1991 in beiden Zeitungen im Zusammenhang mit den ostdeutschen Problemen zum Thema gemacht. Dabei stehen in der zweiten Jahreshälfte Asylrechtsmißbrauch, Kriminalität von Ausländern und die Änderung des Asylrechts im Mittelpunkt. Im Kontext der Ausschreitungen in Hoyerswerda[43] wird von *Asylantenflut* gesprochen. Die Forderung nach einer Verurteilung der Gewalttaten geht einher mit der Kritik an der hohen Zahl ein-reisender Flüchtlinge. Ein Jahr später hält die „Bild am Sonntag" sich hinsicht-lich der Problematisierung von Asylbewerbern und Flüchtlingen zurück, wäh-

---

[43]   In Hoyerswerda wird im September 1991 über mehrere Tage (18.-24.9.) hinweg ein
       Ausländerwohnheim, in dem 150 Mosambikaner und Vietnamesen leben, von *Rechts-radikalen* angegriffen. Mehrere hundert Personen versammeln sich vor dem Haus und
       bewerfen es mit Steinen, Brandsätzen und Stahlkugeln. Die Angreifer versuchen, das
       Haus zu stürmen, und erhalten Unterstützung aus der Bevölkerung. Am 23./24.9. wer-den die Ausländer evakuiert. (Jelpke 1993: 5f)

rend „Der Spiegel" im Zusammenhang mit Rostock-Lichtenhagen über *Asyl-Notstand* berichtet. Als typisches Argumentationsmuster wird die Umkehrung des Täter-Opfer-Verhältnisses konstatiert, da Asylbewerber und Flüchtlinge für die fremdenfeindlichen Ausschreitungen verantwortlich gemacht werden. Zusammenfassend hält die Autorin dieser Untersuchung fest, daß beide Zeitungen mit hoher zeitlicher Konsonanz berichten und ähnliche thematische Schwerpunkte setzen. Die „Bild am Sonntag" übernimmt inhaltlich und in der Themensetzung eine Vorreiterrolle (ebd.: 261f). Beide Zeitungen arbeiten schon seit Mitte der 80er Jahre mit Feindbildern und liefern eine permanente Abwertung und Kriminalisierung der Flüchtlinge. Stellvertretend dafür steht nach Ansicht der Autorin die Verwendung des Begriffs *Asylanten*:

> Beide Zeitungen „verwenden den Begriff 'Asylant' bewußt als negativ konnotierten Kampfbegriff', den sie subtil mit Sinnzusammenhängen der Bedrohung versehen." (Ebd.: 223)

Hier schreibt die Autorin in ihrer Interpretation den Medien insofern eine Intention zu, als sie die Berichterstattung über Asylbewerber und Flüchtlinge als absichtlich negative und rassistische Darstellung erscheinen läßt. Dabei vernachlässigt sie, daß Medienberichterstattung im Kontext des Nachrichtenproduktionsprozesses zu betrachten und Selektivität als zentrale Funktionsweise der Medien zu thematisieren ist.

Unterschiede in der Berichterstattung über Asylbewerber und Flüchtlinge stellt Huhnke (ebd.: 224) insofern fest, als „Bild am Sonntag" offen rassistisch operiere, wogegen „Der Spiegel" zwar auf der Sachebene argumentiere, die Flüchtlinge aber latent massiv verunglimpfe. Da jedoch „Rassismus" in dieser Untersuchung nicht definiert wird, sind diese Zuordnungen nicht nachvollziehbar.

Problematisch erscheint hier außerdem der Vergleich zweier Zeitungen, die zum einen unterschiedlichen Gattungen zuzuordnen sind und darüber hinaus eine jeweils spezifische Gestaltung sowie eine spezifische politische Ausrichtung haben, was bei der Analyse keine Berücksichtigung fand. Das Wochenmagazin „Der Spiegel" hat z.B. den Anspruch eines politischen Nachrichtenmagazins, wogegen es sich bei der „Bild am Sonntag" um eine Sonntagszeitung handelt, die nicht das Anliegen formuliert, über Politik aufzuklären.

Schließlich ist auch kritisch anzumerken, daß ein Vergleich zweier Zeitungen nicht als Analyse des Mediendiskurses im eigentlichen Sinne betrachtet werden kann, da die Berichterstattung in unterschiedlichen Zeitungen verschiedene Diskursformen repräsentiert, die lediglich Teil der gesamten Mediendebatte sind.

Andere Studien, die ebenfalls verschiedene Zeitungen vergleichen, haben dabei Ähnlichkeiten in der Berichterstattung festgestellt. Bei einem Vergleich von Tageszeitungen unterschiedlicher politischer Ausrichtungen gelangt z.B. Räthzel (1992a) zu dem Ergebnis, daß die Berichterstattung der sogenannten liberalen Presse Anfang der 80er Jahre zwar durch eine sympathisierende Darstellung von Einwanderern und Flüchtlingen geprägt ist, die den bürokratischen Umgang mit Flüchtlingen und die Einschränkung des Asylrechts durch Unterbringung in Sammellagern und Arbeitsverbot kritisiert. Zugleich besteht eine Übereinstimmung mit der konservativen Presse darin, daß die Zahl der Fremden bzw. der Asylbewerber als zu hoch bezeichnet wird. Beiden Richtungen zufolge ist das Verhalten von Flüchtlingen und Asylbewerbern für Ausländerfeindlichkeit verantwortlich. Eine weitere Gemeinsamkeit besteht darin, daß hinsichtlich der Ausländerzahl von Asylbewerbern und Flüchtlingen die Existenz einer Toleranzschwelle angenommen wird, deren Überschreiten Angst und Unsicherheit auslöst und zu Abwehrreaktionen bis hin zu physischen Angriffen führt. Diese Darstellung läßt die Flüchtlinge als „sozialen Sprengstoff" erscheinen. Das Überschreiten der Toleranzschwelle wird symbolisiert durch Verweise auf Arbeitslosigkeit, Wohn- und Schulprobleme. (Ebd.: 204f) Insgesamt unterscheiden sich dieser Untersuchung zufolge konservative und liberale Berichterstattung nur insofern, als die liberale Presse die Einwanderer- und Flüchtlingsproblematik umfassender thematisiert und dabei auch positive Aspekte anspricht.

Hinweise auf die Untersuchungsmethode fehlen bei Räthzel ebenso wie bei Gerhard (1992)[44], ein weiteres Beispiel für eine Studie, die eine Herstellung von Rassismus durch die Medien behauptet. Sie spricht von einer „diskursiven Eskalation" und der damit zusammenhängenden „Bildung eines neorassistischen Feindbildbegriffes" (ebd.: 165).

Gerhard konzentriert ihre Untersuchung auf die Berichterstattung der „Bild" und der Wochenzeitung „Der Spiegel" im Sommer 1991 und nimmt dabei nicht nur Interpretationen von Argumenten, sondern auch von Bildern und Fotos vor. Zu ihren Ergebnissen gehört die Feststellung, daß im Zusammenhang mit der Berichterstattung über Asylbewerber häufig Zahlen verwendet werden, um das Ausmaß der Flüchtlingsbewegung zu beschreiben. Diese Zahlen nennt Gerhard „symbolische Zahlen", da sie verwendet werden, um eine Bedrohung durch die Asylbewerber zu symbolisieren.

Ihre Interpretation verdeutlicht Gerhard anhand eines Artikels in „Der Spiegel", der ein Kurvendiagramm zur Veranschaulichung der aktuellen und zu erwartenden Flüchtlingszahlen enthält, auf dessen Hintergrund ein Foto sicht-

---

[44] Einer Fußnote zufolge bezieht sich Gerhard auf die Diskurstheorie Foucaults. Dazu steht jedoch im Widerspruch, daß ihrer Studie ein Ursache-Wirkungs-Modell zugrunde liegt. Vgl. zum Diskursbegriff auch Kap. I.4.2.

bar ist. Das Bild zeigt „ein dichtes Gedränge von meist dunkelhaarigen Männern und Kindern, sowie kopftuchtragenden Frauen" (ebd.: 167), an dessen Rand eine als europäisch zu erkennende Frau erscheint. Das Foto fungiert nach Gerhard (ebd.) als Symbol: Flüchtlinge werden zur Masse, die die Einheimischen verdrängt; das Kopftuch wirkt als Negativsymbol, denn es stellt Rückständigkeit dar.

Andere Varianten der Darstellung lassen Gerhard (ebd.: 167ff) zufolge die Bundesrepublik als Opfer erscheinen: Die BRD wird durch Verweise auf den *breiten Strom vom Balkan* zu einer von Fluten bedrohten Insel. Argumentationen mit Rekordzahlen markieren nach Gerhard eine Grenzüberschreitung und wirken bedrohlich, vor allem wenn dies im Kontext der Berichterstattung über die Kriminalität von Asylbewerbern erfolgt. Flüchtlinge und Einwanderung werden von den Medien zur militärischen Bedrohung stilisiert (ebd.: 169), zur feindlichen Armee, die die Bundesrepublik belagern. Die im Zusammenhang mit Berichten über die Einreise hergestellten Verweise auf Schleuser und Schlepper lassen Asylbewerber als illegale Zuwanderer erscheinen und überdies das Einschleppen von Krankheiten assoziieren.

Wenngleich Gerhards Interpretationen im einzelnen plausibel erscheinen und die Studie einen umfassenden Eindruck von der Berichterstattung über Ausländer und Flüchtlinge im Sommer 1991 in den beiden Zeitungen gibt, kann auch bei dieser Arbeit nicht von einer Diskursanalyse im engeren Sinne gesprochen werden. Entsprechend bezeichnet Gerhard selbst - wenngleich sie sich zunächst auf Foucaults Diskursverständnis bezieht[45] - ihre Untersuchung an anderer Stelle als „Materialanalyse" (ebd.: 175). Problematisch erscheint aber auch dann der Vergleich von Schaubildern, Fotos und Argumentationen. Die einzelnen Darstellungselemente bedürften einer je eigenen Analyse.

Die Ergebnisse ihrer Untersuchung bewertet Gerhard als Beleg für die Verursachung von Rassismus:

> „Insofern scheint es kaum noch verwunderlich, daß angesichts der im August und September in den verschiedensten Medien und Politikerreden stereotyp wiederholten Formulierungen einer solchen symbolischen Situation gerade Gruppen mit einer entsprechenden Gewaltbereitschaft sich zumindest legitimiert, wenn nicht gar aufgefordert fühlen, zu handeln." (Ebd.: 171)

Gerhard versteht Massenmedien demnach insofern als Verursacher von Rassismus, als sie der Legitimation fremdenfeindlicher Gewalt dienen. Hier wird als Medienwirkung nicht nur die Herstellung einer rassistischen Einstellung angeführt, sondern sogar Auswirkungen auf das Handeln des Einzelnen behauptet.

---

45   Vgl. Fn. 44.

Zu einer ähnlichen Schlußfolgerung kommt Ohlemacher (1994), der die Berichterstattung über Asylbewerber und Ausländer in der „Bild" im Kontext der Ausschreitungen in Rostock-Lichtenhagen und Mölln[46] untersucht.[47] Ohlemacher führt eine Überschriftenanalyse von 200 Artikeln der „Bild" über Asylbewerber, Ausländer, Gewalt und Rechtsextremismus im Zeitraum vom 1.7. 1992 bis zum 31.12.1992 durch. Seine Ergebnisse unterscheiden sich kaum von denjenigen der anderen Studien, die daraus gezogenen Konsequenzen gehen jedoch darüber hinaus: Die Berichterstattung läßt sich nach Ohlemacher (ebd.: 9) als „motivierend für gewaltbereite Personen" deuten, da sie Flüchtlinge und Asylbewerber in einen eindeutig negativen Kontext stellt und sie mitverantwortlich für Ausländerhaß und Fremdenfeindlichkeit macht. Seine Auffassung hinsichtlich der Folgen dieser negativen Berichterstattung kann m.E. aufgrund fehlender empirischer Belege nur als Spekulation bezeichnet werden. Auch seinen Interpretationen liegt ein Ursache-Wirkungs-Modell zugrunde: Die „Bild" hat zur Zunahme der Gewalttaten beigetragen, weil diese in der Berichterstattung zwar vordergründig abgelehnt werden, gleichzeitig aber Verständnis für die Täter und Bedrohungsgefühle der Bevölkerung geäußert wird (ebd.: 14). Diese Schlußfolgerung bleibt als Behauptung stehen; die Analyse liefert keine Ansätze für einen Nachweis.

Überschriften lassen sich als „Absichtserklärungen" (Hartmann 1989: 220) verstehen, die Signale setzen und eine bestimmte Themenstellung des Artikels annoncieren. Insofern kann aus Überschriften nicht auf Diskurselemente und Argumentationsweisen oder gar auf eine spezifische Wirkung auf den Rezipienten geschlossen werden.

3.2.3 Die Förderung fremdenfeindlicher Gewalt als Wirkung der Medien

Eine dritte Perspektive im Rahmen der Studien über Rassismus in den Medien schreibt diesen eine gewaltfördernde Wirkung zu. Dabei lassen sich zwei Richtungen unterscheiden: Untersuchungen, die auf der Basis der Analyse der Berichterstattung über Asylbewerber und über Fremdenfeindlichkeit einen sol-

---

[46] In Mölln wird am 23.11.92 ein Brandanschlag auf ein von Ausländern bewohntes Wohnhaus verübt (Jelpke 1993).

[47] Diese Studie könnte aufgrund der daraus entwickelten Schlußfolgerung auch den Untersuchungen über die Förderung fremdenfeindlicher Gewalt als Wirkung der Medien zugeordnet werden. Da sie jedoch inhaltlich an die Ergebnisse über die Darstellung von Asylbewerbern und Flüchtlingen in den Medien anschließt, wird sie in diesem Kontext vorgestellt.

chen Effekt nachzuweisen versuchen, und Untersuchungen, die mit Hilfe eines Vergleichs der Medienberichterstattung über fremdenfeindliche Ereignisse und der Entwicklung fremdenfeindlicher Straftaten diesen Zusammenhang überprüfen.

Das gemeinsame Problem dieser sehr unterschiedlichen Arbeiten liegt m.E. in ihrer Fragestellung, die von vornherein eine gewaltfördernde Wirkung unterstellt und dabei wie viele der vorgenannten Untersuchungen auf einem linearen Ursache-Wirkungs-Modell beruht. Weiter ist kritisch anzumerken, daß keine Differenzierung zwischen den verschiedenen Formen von Fremdenfeindlichkeit, Rassismus und Ethnozentrismus vorgenommen wird.[48] Diese theoretische Unschärfe erlaubt es, als Beleg für die Förderung fremdenfeindlicher Gewalt als Wirkung der Medien die „rassistische" Berichterstattung anzuführen.

Diejenigen Untersuchungen, die auf der Grundlage einer Analyse der Medienberichterstattung diesen Zusammenhang behaupten, stammen zum größten Teil aus dem „Duisburger Institut für Sprach- und Sozialforschung" (DISS). Gemeinsamer Bezugspunkt ist eine Kritik der Medien, denen ein hoher Anteil an latentem Rassismus vorgeworfen wird. Gleichzeitig wird davon ausgegangen, daß Medienberichterstattung direkte Auswirkungen auf die Rezipienten hat und diese zu Handlungen anregen. Ein kritisches Medienverständnis im Sinne einer Problematisierung an der traditionell den Medien zugeschriebenen *Wirkung* läßt sich hier nicht finden; vielmehr wird den Medien ein großer Einfluß hinsichtlich der Entstehung von fremdenfeindlichen Handlungen zugeschrieben:

> „Sie (die Medien, M.A.) haben dazu beigetragen, daß die Flüchtlinge, die in unser Land einreisen, als eine solch gravierende Abweichung von unserer Normalität angesehen werden, daß der daraus resultierende Handlungsbedarf geradezu als zwingend erscheint ..." (Jäger 1994: 16)

Die vorhandenen Analysen beziehen sich vor allem auf die im Zusammenhang mit den zentralen fremdenfeindlichen Ausschreitungen in Hoyerswerda, Rostock und Solingen[49] stehende Medienberichterstattung und stellen die Frage, wie es zu der Ausbreitung und Eskalation fremdenfeindlicher Gewalttaten kommen konnte.[50]

Dabei beruhen die Untersuchungen auf einem weiten Verständnis von

---

[48] Vgl. dazu die Diskussion in Kap. I.3.1.
[49] In Solingen wird am 29.5.93 ein Brandanschlag auf ein Wohnhaus verübt, bei dem fünf türkische Mädchen und Frauen ums Leben kommen. Bei der Arbeit zu diesem Ereignis handelt es sich um eine Sammlung von Zeitungsberichten im Sinne einer Auswahldokumentation, die außer einleitenden Kommentaren keine weitere Auswertung erfahren (vgl. Ruth/Jäger/Dijk 1993).
[50] Vgl. dazu auch die Analyse des Alltagsdiskurses bei Volmert 1993.

Rassismus,[51] demzufolge dann Rassismus vorliegt, wenn Minderheiten wegen ihres Aussehens und/oder wegen ihrer Sitten und Gebräuche von der Mehrheitsbevölkerung ausgegrenzt und diskriminiert werden:

> „Legt man diese begriffliche Bestimmung an das Verhalten der deutschen Bevölkerung an, muß man zu dem Schluß kommen, daß etwa Zweidrittel rassistische Einstellungen hegen." (Quinkert/Jäger 1992: 51, Fn. 1)

Es wird davon ausgegangen, daß in der breiten Bevölkerung der Bundesrepublik ein latenter Rassismus vorhanden ist, der von der Medienberichterstattung aufgegriffen und verstärkt wird. Als Beleg für diese These gilt eine Untersuchung zum „Rassismus im Alltag", in der Tiefeninterviews mit der Bevölkerung durchgeführt werden (vgl. Jäger 1993). Ein Ergebnis dieser Interviews ist, daß Aussagen der Interviewten mit am Tag zuvor in Zeitungen getroffenen Aussagen übereinstimmen: „Der Einfluß der Medien ist teilweise bis in die Formulierung hinein nachweisbar." (Ebd.: 282f) Vor allem tauchen bestimmte Schlüsselwörter aus der Medienberichterstattung immer wieder auf, die nach Ansicht Jägers belegen, daß die Interviewten mehr oder minder stark in den rassistischen Diskurs verstrickt sind (Jäger 1994: 15).

Die inhaltliche und/oder sprachliche Übereinstimmung der Aussagen mit Teilen der Medienberichterstattung dient hier als Nachweis einer allgemeinen Medienwirkung. Dies ist m.E. problematisch, da die Übereinstimmungen sich lediglich auf kurze zurückliegende Medienbeiträge beziehen. Welche Bedeutung und welchen Einfluß die Medienberichterstattung langfristig auf die Einstellung der Interviewten hat, bleibt damit ungeklärt. Auch wird die Frage nach der Wechselwirkung zwischen Medien und Bevölkerung hier gar nicht problematisiert.

Quinkert/Jäger (1992) haben im Zusammenhang mit dem fremdenfeindlichen Anschlag in Hoyerswerda[52] die Berichterstattung der „Bild" über Asylbewerber und Flüchtlinge im Hinblick auf rassistische Argumentationsweisen durchgeführt. Im Zentrum der Untersuchung steht eine zehnteilige Serie „Asylanten im Revier. Wer soll das bezahlen?" der Ruhrgebietsausgabe der „Bild" im September 1991.[53] Dabei stellen die Autoren fest, daß Asylbewerber, vor allem durch Hinweise auf ihre Kriminalität, eine negative Darstellung erfahren. Die finanzielle Belastung der Bundesrepublik, Asylrechtsmißbrauch und eine Asylrechtsänderung werden in der Serie ebenso diskutiert wie illegale Einwanderung und Sozialhilfemißbrauch sowie der Zusammenhang mit fremdenfeindlicher Gewalt.

---

[51] Vgl. Fn. 36.
[52] Vgl. Fn. 43.
[53] Den gleichen Zeitrahmen legt Gerhard ihrer Untersuchung der „Bild" zugrunde. Vgl. Kap. I.3.2.2.

Ein Teil der Serie thematisiert ausschließlich die Kriminalität von Roma und Sinti, *den Zigeunern*, ein anderer die der *moslemischen Libanesen*, der *betrügerischen Albaner* und der *Schmarotzer aus Nigeria*. Sie alle werden als *unechte* Asylbewerber und *Verbrecher* bezeichnet. In diesem Zusammenhang wird innerhalb der Serie u.a. eine Asylrechtsänderung thematisiert und befürwortet, unter Bezugnahme auf eine Umfrage der „Bild", wonach 98% der Bevölkerung für eine Grundgesetzänderung sind. Nach den Ausschreitungen von Hoyerswerda macht die „Bild" *Rechtsradikale* verantwortlich, gleichzeitig wird jedoch auf die ablehnende Haltung der Bevölkerung gegenüber Asylbewerbern hingewiesen und von einer bevorstehenden Katastrophe als Folge der *Asylantenflut* gesprochen. Hier wird erneut die Kriminalität der Asylbewerber thematisiert und diesen somit implizit Verantwortung für den Brandanschlag zugeschrieben.

Zusammenfassend weist diese Untersuchung der Mediendebatte eine aktive Herstellung fremdenfeindlicher Gewalt zu. Wegen seiner ausschließlich negativen Darstellung von Flüchtlingen und Asylbewerbern sei er verantwortlich für die Eskalation von Fremdenfeindlichkeit und *Ausländerhaß*:

> „BILD war die Lunte, mit der das schwelende Feuer der Fremdenfeindlichkeit und des Rassismus lichterloh entfacht wurde. Das ist keine Übertreibung. Worte, Texte: Sie sind nicht Schall und Rauch, sondern sie können zu Knall und Feuer führen. Sie sind eine Waffe in der Hand derer, die sich ihrer zu bedienen wissen." (Ebd.: 4)

Als Beleg für die gewaltfördernde Wirkung der Berichterstattung wird etwa angeführt, daß diese z.B. das Bild einer Notwehr-Situation zeichne und so einen unmittelbaren Handlungsbedarf suggeriere:

> „Und genau hier ist das Moment auszumachen, wo die Medien mit dazu beitragen, bei den Menschen im Lande Handlungsbereitschaften zur Gewalt zu erzeugen bzw. diese Gewalt als akzeptierbar und notwendig erscheinen zu lassen." (Jäger/Jäger 1993: 57)

Die Herstellung eines (Kausal-)Zusammenhangs zwischen Fremdenfeindlichkeit, Gewalttaten und der Medienberichterstattung bildet einen zentralen Fokus der DISS-Studien. Die vorgestellten Beispiele zeigen, daß es sich dabei um Schlußfolgerungen handelt, für die kein empririscher Nachweis geliefert wird.

Die Untersuchung über die Berichterstattung der „Bild" (Quinkert/Jäger 1992)[54], eine vergleichbare Analyse einzelner Artikel aus dem „Der Spiegel" im selben Jahr (Link 1992) sowie eine Untersuchung über die Berichterstattung in ausgewählten Zeitungsartikeln im Zusammenhang mit den Ausschreitungen in Rostock (DISS 1993) arbeiten einzelne Bilder, Schlüsselbegriffe, Symbole und

---

54 Die Untersuchung befaßt sich lediglich mit der Darstellung von Flüchtlingen und Einwanderern im September 1991.

Metaphern heraus, deren Interpretation zunächst nur Gültigkeit für die jeweils analysierten Artikel, nicht aber für die gesamte Mediendebatte haben kann.

Die Autoren betrachten ihre Ergebnisse jedoch als Beleg für die gesamte Presseberichterstattung im jeweiligen Untersuchungszeitraum und übertragen ihre Schlußfolgerungen auf die gesamte Medienberichterstattung über Asylbewerber, Flüchtlinge und Fremdenfeindlichkeit. Demnach haben die Medien nahezu unisono die Forderung nach einer Verhinderung der Einreise aufgestellt und befürwortet, daß die Grenzen dichtgemacht und die abgelehnten Asylbewerber abgeschoben werden. Das den Ausschreitungen zugrundeliegende Problem bezeichneten die Presseartikel als *Asylproblem*. Die negative Besetzung der Asylbewerber durch den Begriff *Asylanten* sowie durch Flut- und Boot-Symbolik suggeriere ihrer Ansicht nach eine durch Einwanderer und Flüchtlinge bedrohte Bundesrepublik (DISS 1993). Nach Meinung der Autoren werden die Ereignisse verharmlost, da kein Zusammenhang mit Rechtsextremismus hergestellt wird. Mit der Ausblendung des organisierten Rechtsextremismus werde der Eindruck erweckt, der Zorn der Bevölkerung sei etwas Naturwüchsiges. Die Identifizierung von meist jugendlichen Tätern stelle die Angriffe außerhalb eines politischen Bedingungszusammenhangs (Butterwegge 1993: 308f).

Die vorgenannten Ergebnisse werden generalisiert: eine vergleichende Betrachtung der Berichterstattung über einzelne fremdenfeindliche Ereignisse und deren Bestimmung in ihrem spezifischen Kontext und zeitlichen Bezugsrahmen findet nicht statt. Außerdem wird den Medien eine politische Absicht zugeschrieben, Flüchtlinge und Asylbewerber zu diskreditieren. Diese Intention sehen die Autoren begründet in der Rolle der Medien, „als eine Art Vierte Gewalt" (Jäger/Link 1993: 12), dessen sie sich bewußt sei. Medien haben demnach einen starken Einfluß auf den herrschenden Diskurs und auf das Denken und Handeln der einzelnen.

Andere Untersuchungen, die der Frage nachgehen, inwieweit Massenmedien fremdenfeindliche Gewalt fördern, nehmen nicht nur eine Analyse der Berichterstattung vor, sondern stellen ihre Ergebnisse der Entwicklung fremdenfeindlicher Gewalttaten gegenüber. Die Ergebnisse dieser Studien sind jedoch ebenfalls kritisch zu betrachten, da auch diese von einem Ursache-Wirkungs-Modell, von einem direkten Zusammenhang zwischen der Medienberichterstattung und dem Handeln einzelner Rezipienten ausgehen. Demnach hat eine positive Darstellung von Gewalt in den Medien eine gewaltfördernde Wirkung. Trotz der Annahme, daß Medien Handlungsmodelle liefern, die vom Rezipienten individuell verarbeitet werden, wird davon ausgegangen, daß die Verbreitung singulärer gewalttätiger Ausschreitungen Nachahmung provozieren (Willems 1993b: 99).

So unterstellen beispielsweise Brosius/Esser (1995a: 37), „daß Medien unser *Bild von der Realität* ebenso beeinflussen wie die *Realität* selbst". Die Darstellung von Gewalt in den Medien führe allerdings nicht immer und überall zu Nachahmungstaten, da der Wirkungsgrad von der Art der Darstellung und den Eigenschaften und Lebensumständen des Rezipienten abhänge: „In einem Extremfall wird es zu einer starken Wirkung kommen, die fast suggestiven Charakter hat." (Ebd.: 47) Vor allem im Anschluß an Hoyerswerda und Rostock hat die Berichterstattung nach Meinung der Autoren Hemmschwellen abgebaut und so gewaltbereite Personen zur Begehung von fremdenfeindlichen Straftaten veranlaßt. Damit liegt dieser Untersuchung als theoretisches Modell die Stimulationsthese zugrunde, die Medien bzw. Medienberichterstattung „Ansteckungs-" und Nachahmungswirkungen zuschreibt.[55]

Die Studie von Brosius/Esser (1995a und b) ist eine der methodisch aufwendigsten über Massenmedien und fremdenfeindliche Gewalt. Die Autoren wollen überprüfen, inwieweit die Medienberichterstattung über fremdenfeindliche Gewalttaten zur Nachahmung motiviert und z.B. gewaltbereite Personen anregt, ebenfalls mit Gewalt gegen Aslybewerber und Ausländer vorzugehen (Brosius/Esser 1995a: 10), d.h. inwieweit sich im Zusammenhang mit der Medienberichterstattung kurzfristige Ansteckungs- und Nachahmungseffekte feststellen lassen. Die zentrale Fragestellung der Autoren lautet,

> „ob die Medien durch ihre Beachtung, Darstellung und Aufmachung des Themas 'Ausländer und Asylanten' Nachahmungstaten provozieren und damit zu einer Eskalation des Konflikts beitragen, ohne dies natürlich beabsichtigt zu haben." (Brosius/Esser 1995a: 11).

Im Bereich der Printmedien werden drei der bedeutendsten Tageszeitungen (Frankfurter Allgemeine Ztg., Süddeutsche Ztg., Bild) und das Wochenmagazin „Der Spiegel" über den Zeitraum August 1990 bis Juli 1993 quantitativ ausgewertet und die Ergebnisse der Entwicklung fremdenfeindlicher Straftaten auf Wochenbasis gegenübergestellt. Die Angaben der Polizeilichen Kriminalstatistik gelten dabei als objektive Informationsbasis. Alle Artikel, die über fremdenfeindliche Straftaten, über Asylbewerber und/oder Asylpolitik berichten, werden in die Analyse einbezogen und einem System von sechs Themenbereichen zugeordnet. (Vgl. ebd.: 88ff)

Die Untersuchung der Berichterstattung im Fernsehen umfaßt die Fernsehnachrichten (von ARD, ZDF, RTL, SAT 1) sowie alle Beiträge zu dem genannten Thema im festgelegten Zeitraum. Auch hier erfolgt ein Vergleich der Daten mit der Entwicklung der Anzahl fremdenfeindlicher Straftaten auf Wochenbasis. (Brosius/Esser 1995b: 243).

---

[55] Vgl. Kap. I.1.2.

Der Vergleich von Medienberichterstattung und Angaben der Statistik über die Entwicklung fremdenfeindlicher Straftaten wird in folgender Weise ausgewertet: Läßt sich ein zahlenmäßiger Anstieg der Berichterstattung zeitlich nach den Straftaten feststellen, so ist dies als Reaktion der Medien auf die Ereignisse zu verstehen. Ist jedoch ein Anstieg fremdenfeindlicher Anschläge nach einer intensiven Berichterstattung zu verzeichnen, deutet dies auf eine entsprechende Wirkung der Berichterstattung hin. In diesem Fall kann von einem Nachahmungseffekt gesprochen werden, „ohne dies letztlich kausal interpretieren zu können" (ebd.: 235).

Es bleibt offen, inwiefern von einem Nachahmungseffekt im Zusammenhang mit Medienberichterstattung und fremdenfeindlichen Gewalttaten gesprochen werden kann, ohne dies kausal zu interpretieren. Auch ist der durchgeführte Vergleich angesichts der Verwendung statistischer Daten über fremdenfeindliche Straftaten als sogenannte objektive Angaben über die Entwicklung von gewalttätiger Fremdenfeindlichkeit zu kritisieren. Die Angaben der Polizeilichen Kriminalstatistik sind lediglich als Tätigkeitsbericht der Polizei zu verstehen und hängen von unterschiedlichen Faktoren wie dem Anzeigeverhalten der Bevölkerung, der polizeilichen Kontrolltätigkeit oder Änderungen des Strafrechts ab (vgl. Kerner 1993, Sack 1993).

Insgesamt kann mit dieser Untersuchung die eingangs formulierte These nicht bestätigt werden. Vor dem Hintergrund ihres Erklärungsmodells, der sozialen Lerntheorie, beschreiben die Autoren ihre Ergebnisse im Printbereich selbst als nur bedingt erklärungsfähig: Ein direkter Effekt der Berichterstattung in den Printmedien im Sinne einer Förderung fremdenfeindlicher Gewalt kann nicht nachgewiesen werden. Es besteht jedoch eine hohe Korrelation zwischen der Berichterstattung der Zeitungen; sie könnten von daher als Indikator für die Berichterstattung anderer Medien verstanden werden.

Beim Fernsehen läßt sich dagegen nach Meinung der Autoren schon eher von einem Ansteckungseffekt sprechen, wenngleich auch hier betont wird, daß nicht von einer linearen Wirkung ausgegangen werden dürfe, da möglicherweise andere Elemente diesen Effekt mit herstellen. Ein Nachahmungseffekt der Fernsehberichterstattung wird vor allem für die erste Untersuchungsphase (August 1990 bis September 1992) konstatiert, in der immer dann, wenn intensiv über das Thema Ausländer im weitesten Sinne berichtet wird, ein Anwachsen der Straftaten zu verzeichnen ist (Brosius/Esser 1995b: 251).

Problematisch an dieser Studie ist neben ihrem Wirkungsmodell auch ihr Erklärungsmodell zur Entstehung von Fremdenfeindlichkeit.[56] Ob und inwie-

---

[56] Dieses Modell ist schon an anderer Stelle diskutiert und kritisiert worden, vgl. Kap. I.1.2 und Kap. I.2.2.

weit andere Diskurse dieses Phänomen mit herstellen, wird nicht untersucht und Fremdenfeindlichkeit wird damit als ausschließlich durch die Medien hergestellt betrachtet. Darüber hinaus führt dieser Ansatz insofern zu einer Entpolitisierung des Phänomens der Fremdenfeindlichkeit, als er lediglich den Einfluß der Medienberichterstattung untersucht und die Frage vernachlässigt, inwieweit sie z.b. durch die politische Kultur der Bundesrepublik Deutschland hervorgebracht wird. Eine Analyse des Wechselspiels zwischen der Mediendebatte und anderen öffentlichen Debatten würde den politischen Kontext der Entstehung von Fremdenfeindlichkeit berücksichtigen.[57] Fremdenfeindlichkeit wird hier jedoch als soziales Phänomen außerhalb des politischen Kontextes gestellt und als Effekt der Medienberichterstattung analysiert.

Eine vergleichbare Perspektive wie Brosius/Esser nimmt die Arbeit zu fremdenfeindlicher Gewalt von Willems (1993a und b) ein. Er untersucht Einstellungen in der Bevölkerung sowie Eigenschaften, Einstellungen und Lebensumstände von fremdenfeindlichen Gewalttätern, rekonstruiert fremdenfeindliche Vorkommnisse und analysiert die Medienberichterstattung. Zentrale Fragestellung der Studie ist, welche Diffussions- und Nachahmungseffekte für die Eskalation der Fremdenfeindlichkeit entscheidend sind (vgl. Willems 1993a: 213). Die Rekonstruktion verschiedener fremdenfeindlicher Ereignisse erfolgt u.a. auf der Basis der Medienberichterstattung, wobei die Darstellung der einzelnen fremdenfeindlichen Ereignisse jeweils summarisch zusammengefaßt werden. Sie dienen zum einen der Beschreibung fremdenfeindlicher Vorfälle; gleichzeitig wird anhand einzelner Beiträge exemplarisch verdeutlicht, welche Einschätzung der fremdenfeindlichen Ereignisse sich in der Medienberichterstattung widerspiegelt. Stimmt diese Beurteilung von Fremdenfeindlichkeit mit Einstellungen in der Bevölkerung überein, wertet Willems dies als Hinweis auf eine entsprechende Medienwirkung. Die Rekonstruktion anhand der Medienberichterstattung wird ergänzt durch Aussagen aus Interviews, die mit sogenannten beteiligten Experten (Polizei, Jugendliche, Ausländerbeauftragte, Politiker etc.) geführt werden. Die Erhebung zur Situation und zum Hintergrund fremdenfeindlicher Ausschreitungen aus der Sicht ausgewählter Experten wird quasi als Folie an die Medienberichterstattung angelegt, um mit ihrer Hilfe die Darstellung fremdenfeindlicher Ereignisse zu überprüfen.

Die gleichzeitige Verwendung von Medienberichten zur Rekonstruktion von Ereignissen sowie zur Untersuchung der Berichterstattung erscheint m.E. aus analytischer Hinsicht sehr problematisch. Hinzu kommt, daß keinerlei Angaben über Vorgehen und Auswertungsverfahren gemacht werden, so daß die Ergebnisse letztlich nicht nachvollziehbar sind.

Ein zentrales Ergebnis ist, daß die Medienberichterstattung Angst und

---

[57] Vgl. die Einleitung.

Vorurteile innerhalb der Bevölkerung herstellt, die dann im alltäglichen Umgang mit Asylbewerbern eine Bestätigung finden (ebd.: 218).

> „Eine Analyse der Vorfeldereignisse ausländischer Krawalle... in den letzten 2 Jahren zeigte, daß den kollektiven Krawallen und ausländerfeindlichen Taten jugendlicher Banden meist erhebliche Spannungen zwischen Asylbewerbern und der ansässigen Bevölkerung vorausgingen und daß sich der Protest und Widerstand z.b. gegen die Asylbewerberwohnheime meist schon ... manifestiert hatte." (Ebd.: 219)

Diese Interpretation der Ereignisse legt nahe, daß angesichts der negativen Erfahrungen und Konflikte der einheimischen Bevölkerung mit den Asylbewerbern die fremdenfeindlichen Ausschreitungen verständlich sind bzw. plausibel erscheinen und die Entstehung von Fremdenfeindlichkeit erklären. Auf diese Erfahrungen der Bevölkerung habe sich die Medienberichterstattung konzentriert und in großem Ausmaß darüber berichtet. Die Fokussierung der Perspektive der deutschen Bevölkerung, die Thematisierung negativer Aspekte des Zusammenlebens zwischen Asylbewerbern und sogenannten Einheimischen habe dann zu einer Eskalation von fremdenfeindlichen Ausschreitungen geführt. Vor allem der Berichterstattung im Zusammenhang mit den Ereignissen in Hoyerswerda und Rostock-Lichtenhagen schreibt Willems (ebd.) einen Mobilisierungseffekt und die Auslösung von Nachahmungstaten zu. So erklärt sich für ihn, warum z.b. nach den Ausschreitungen von Rostock-Lichtenhagen über mehrere Wochen hinweg eine Veralltäglichung von Gewalttaten gegen Ausländer zu verzeichnen gewesen sei.

Ganz allgemein formuliert Willems (ebd.: 232) Überlegungen hinsichtlich der Verantwortung der Medien. Gerade im Zusammenhang mit Rechtsextremismus und Fremdenfeindlichkeit übernehmen danach die Medien eine besondere Funktion, zentrale Koordinierungs- und Informationsfunktion, insofern sie eine flächendeckende Berichterstattung über fremdenfeindliche Ereignisse liefern, die im Zusammenhang mit dem geringen Organisationsgrad fremdenfeindlicher Subkulturen bedeutsam ist. Die Information sei entscheidend für die Mobilisierung von Gleichgesinnten, da Medien damit eine Art „Aufmerksamkeitsprämie" (ebd.) für Gewaltanwendung bereitstellten. Viele Ereignisse werden gezielt für die Medien inszeniert, und gerade für die Rechten stelle es ein Erfolgskriterium dar, in den Medien präsent zu sein (vgl. ebd.: 233). Auch für diese These liefert Willems keine empirischen Belege, sondern präsentiert sie als Schlußfolgerung aus der von ihm hergestellten Problematik von Medienberichterstattung über Fremdenfeindlichkeit.[58]

---

[58] Jaschke (1992) problematisiert diese Verantwortungszuschreibung gegenüber den Medien im Hinblick auf Rechtsextremismus am Beispiel des Aufstiegs der Republikaner, die bis Ende 1988 noch völlig unbekannt sind (vgl. ebd.: 58). Kurz vor ihrer Wahl entsteht

4. Zusammenfassende Bemerkungen und Konsequenzen

Im folgenden werden die wichtigsten Ergebnisse dieses Kapitels zusammenge-faßt und Konsequenzen für ein weiteres Vorgehen bei der Analyse des Diskurses über Fremde und Fremdenfeindlichkeit gezogen. Daran anschließend werden allgemeine Überlegungen zum Diskursverständnis der hier vorliegenden Untersuchung formuliert.

4.1 Zusammenfassung

Wir hatten gesagt, daß es für eine angemessene Erklärung der Konstituierung des Phänomens Fremdenfeindlichkeit notwendig ist, den Diskurs darüber in die Erklärung einzubeziehen. Dies wird vor allem nachvollziehbar, wenn man sich die Untersuchungen über den Zusammenhang von Medienberichterstattung und Kriminalität allgemein vergegenwärtigt. Hier zeigt sich, daß Kriminalität insofern ein Produkt der Massenmedien bildet, als diese selektiv über spezifische Formen von Kriminalität berichten. Spezifische Vorfälle werden in den Hintergrund, andere in den Vordergrund der Berichterstattung gestellt und damit Vorstellungen über deren Wichtigkeit vermittelt.

Ganz allgemein könnte man sagen, daß Medien einen Einfluß darauf haben, was in der Gesellschaft als relevant gilt. Dieser Einfluß läßt sich jedoch nicht einfach dergestalt beschreiben, daß sich durch Themensetzung seitens der Medien entsprechende Themen auch „in den Köpfen" der Rezipienten finden. Vielmehr handelt es sich um ein komplexes Wechselspiel, in dem das Medienangebot nur ein Element neben vielfältigen anderen bildet. Vor diesem Hintergrund erweist sich der Begriff der Medien*wirkung* als analytisch völlig ungeeignet, da jede Kommunikation im Kontext anderer Kommunikationsprozesse steht und jede Kommunikation etwas bewirkt, insofern sie nicht *nicht* wirken kann. Wenn überhaupt von einer *Wirkung* gesprochen werden kann, läßt sich diese nur durch den *Kontext* der Verarbeitung von Medienangeboten bestim-

---

ein enormes Medienspektakel im Zusammenhang mit einem umstrittenen Wahlspot, der sich auf sogenannte *Ausländerangst* bezieht. Einer verbreiteten, empirisch aber nicht belegten These zufolge verhalfen die Medien den politischen Akteuren von rechts auf diese Weise zu der entscheidenden Aufmerksamkeit. Jaschke (ebd.) stellt diese einseitige Verantwortungszuschreibung in Frage, problematisiert jedoch die Medienberichterstattung in diesem Kontext insofern, als sie sich durch die Pole der Ignoranz durch *Totschweigen* und des *Hochjubelns* durch zuviel Medien-Aufmerksamkeit kennzeichnen lasse.

men: Nicht der Text, sondern der Kontext entscheidet über die *Wirkung*.

Medien liefern Symbole und Zeichen in Form von Aussagen, die Verschiedenes bedeuten können: Information, Bedeutung oder Sinn werden dabei nicht durch die Medien, sondern durch die Rezipienten hergestellt. Entscheidend dabei sind die internen Strukturen der Rezipienten und kollektiv vorhandenes und kulturell hergestelltes Wissen. Insofern kann man sagen, daß Medien Deutungsangebote herstellen.

Auf allen Ebenen der Herstellung und Verarbeitung von Sinn und Bedeutung ist Selektivität wirksam. Entscheidend ist dieser Hinweis vor allem für die Funktion der Massenmedien, die demnach Instrumente der Wirklichkeitskonstruktionen bilden, Realität also nicht abbilden, sondern herstellen.

Aus dieser Perspektive wird klar, daß weder Kommunikationsangebote z.B durch die Medien, noch individuelle Einstellungen des einzelnen allein für die Herstellung von Wirklichkeit verantwortlich sind, sondern die Kommunikationsprozesse selbst daran entscheidend beteiligt sind. In diesem Prozeß werden kollektive Deutungen und Sinnangebote hergestellt und je nach Kontext und spezifischer Situation Ereignissen und Handlungen zugeschrieben. Will man unter dieser Perspektive die Konstituierung des Phänomens Fremdenfeindlichkeit erklären, so ist es notwendig, den Diskurs über Fremde und Fremdenfeindlichkeit als öffentliche Kommunikationsprozesse in die Analyse mit einzubeziehen.

Fremdenfeindlichkeit wird als ein Sammelbegriff für unterschiedliche Phänomene wie Rechtsextremismus, Rassismus und Ethnozentrismus verstanden, der von daher als analytischer Begriff nicht geeignet ist. Rassismus ist als Ausgrenzungsdiskurs zu verstehen, der Begründungen des Ausschlusses enthält und wie jeder Diskurs durch Bedeutungskonstruktionen gekennzeichnet ist. Rassismus ist folglich nicht als Teil individueller Einstellungen, sondern als Eigenschaft von Diskursen zu verstehen. Daraus ergibt sich, daß die Analyse von Rassismus auf der Diskursebene erfolgen muß und der Kontext eine zentrale Bedeutung erhält: Erst der Kontext, in dem Aussagen auftauchen, entscheidet über deren Kennzeichnung als „rassistisch". Dabei muß Rassismus (biologisch oder kulturell) in seinen diversen Ausprägungen von Ethnozentrismus und Rechtsextremismus etc. unterschieden werden.

Vorhandene Untersuchungen über „Rassismus in den Medien" arbeiten im Zusammenhang mit der Darstellung von Ausländern, Asylbewerbern und Flüchtlingen spezifische Deutungsmuster heraus: Sie zeigen z.B. eine negative Besetzung dieser Gruppen auf, da diese in der Regel im Kontext von Kriminalitätsberichterstattung thematisiert und durch Verweise auf Asylrechtsmißbrauch und illegale Einwanderung gekennzeichnet werden. Weiter verdeutlichen diese Untersuchungen, daß die soziale Situation von Asylbewerbern, Ursachen der

Flucht sowie der Umgang mit Flüchtlingen und die Einschränkungen durch das Asylrecht kaum zur Sprache kommen und statt dessen eine Bedrohung durch die Flüchtlinge, die finanzielle Belastung für die Bundesrepublik und die Entstehung sozialer Probleme thematisiert werden. Betrachtet man diese Ergebnisse vor dem Hintergrund des Nachrichtenproduktionsprozesses, so ergibt sich daraus zumindest eine mögliche Erklärung, warum Massenmedien über Ausländer, Asylbewerber und Flüchtlinge negativ berichten und gerade „Kriminalität" - als Nachrichtenfaktor an sich -, einen zentralen Bezugspunkt für die Medienberichterstattung bildet.

Gemäß der aufgezeigten Notwendigkeit einer Diskursanalyse, aber auch mit Blick auf das erforderliche differenzierte Rassismusverständnis sind die behandelten Untersuchungen kritisch zu beurteilen. Ihre Verwendung des Begriffs „Rassismus", der entweder keine definitorische Bestimmung erhält oder durch ein sehr weites Verständnis gekennzeichnet ist, das z.b. nicht zwischen kulturellem Rassismus und Ethnozentrismus differenziert, führt dazu, daß die einzeln ermittelten Muster, Bilder und Symbole pauschal als rassistisch charakterisiert werden. Oft wird schon im Vorfeld unterstellt, daß in der Bevölkerung und in den Medien verbreitet Rassismus vorliege. Allzuschnell ergibt sich daraus, daß alle Diskurse zu Phänomenen wie Fremdenfeindlichkeit pauschal und ohne weitere Prüfung als rassistisch dargestellt werden.

Eine Konsequenz dieser Untersuchungen besteht darin, daß sie den diagnostizierten Rassismus in den Medien insofern als Erklärung für die Entstehung und Eskalation fremdenfeindlicher Gewalt einsetzen, als er Handlungsbereitschaft herstelle. Ein solcher direkter Effekt der Medienberichterstattung kann zwar im wesentlichen nicht nachgewiesen werden, wird jedoch fast durchgängig behauptet. Vor allem vor dem Hintergrund der Kritik an einem linearen Ursache-Wirkungs-Modell und am Konzept der Wirkung überhaupt erscheinen die aus den Studien abgeleiteten Schlußfolgerungen als nicht plausibel und sehr problematisch.

Fremdenfeindlichkeit wird so nämlich oft zu einem Phänomen, für dessen Entstehen ausschließlich die Medien verantwortlich gemacht werden. Die Beteiligung anderer öffentlicher Debatten an der Herstellung dieses Phänomens wird dabei ebenso vernachlässigt wie der Kontext des Auftauchens von Aussagen nicht berücksichtigt wird.

Zwar wird in einzelnen Untersuchungen auf die Notwendigkeit einer Analyse öffentlicher Diskurse zur Erklärung von Rassismus bzw. Fremdenfeindlichkeit hingewiesen, zugleich aber ein intentionales Diskursverständnis zugrundegelegt: Medien erscheinen als Strategen, die bewußt Wirklichkeit verfälschen, um rassistische Sichtweisen zu verankern und damit zu entsprechenden Handlungen anregen. Hier taucht erneut ein traditionelles Wirkungsmodell auf, demzufolge Medienangebote einseitig Wirkung auf die Rezipienten ausüben.

4.2 Überlegungen zum Diskursbegriff

Die vorliegende Arbeit behauptet, daß der Diskurs über Fremde und Fremdenfeindlichkeit in die Analyse einbezogen werden muß. Eine Analyse dieses Diskurses soll Deutungsmuster ermitteln, die aufgrund ihrer wirklichkeitsherstel-
lenden Funktion Auskunft über die kulturelle Ordnung einer Gesellschaft geben.[59]

Vor diesem Hintergrund wurden Untersuchungen vorgestellt, die sich mit
der Herstellung von Rassismus und Fremdenfeindlichkeit in den Medien be-
schäftigen. Eine zentrale Kritik daran ist, daß diesen Studien ein intentionales
Diskursverständnis zugrunde liegt, und der Diskurs auf die Berichterstattung in
einzelnen Zeitungen reduziert wird. Entgegen einem solchen Verständnis wird
im folgenden ein spezifisches Diskursverständnis[60] entwickelt, das die Grundlage der vorgesehenen Analyse bildet.

Öffentliches Reden über Phänomene bildet immer auch einen Teil der
Konstitution von Phänomenen. In der Beschäftigung mit dem, was die Menschen tun, und mit dem, was sie sagen, wird die Methode daher dieselbe sein,
denn „das Wort *Diskurs* fließt nicht weniger selbstverständlich aus der Feder,
um zu beschreiben, was gesagt wird, wie das Wort Praktik, um zu bezeichnen,
was getan wird" (Veyne 1981: 24).

Diese Perspektive führt zu einem Diskursverständnis, das geeignet ist, die
Dynamik und das Konflikthafte von Diskursen zu verdeutlichen. Der Begriff
„Diskurs" wird hier in Anlehnung an Foucault definiert, wonach Diskurs zu-
nächst dreierlei bedeutet:

> „... einmal allgemeines Gebiet aller Aussagen, dann individualisierbare Gruppe von
> Aussagen, schließlich regulierte Praxis, die von einer bestimmten Zahl von Aussagen
> berichtet ..." (Foucault 1988: 116)

Aussagen sind keine Propositionen, denn der gleiche Satz mit derselben Bedeutung kann je nach Subjekt, dem der Satz zugeordnet ist, verschiedene Aussagen
mit verschiedenen Wahrheitsbedingungen bilden (Deleuze 1992: 17; Waldenfels 1988). Aussagen sind weder Äußerungen noch Sprechakte.

---

[59]   Vgl. Kap. II.3.
[60]   Vgl. Althoff/Leppelt 1995.

84

„Aus denselben Wörtern zusammengesetzt, genau mit demselben Sinn beladen, in seiner syntaktischen und semantischen Identität aufrechterhalten, konstituiert ein Satz nicht die gleiche Aussage, wenn er von jemand im Laufe einer Konversation artikuliert wird, oder wenn er in einem Roman gedruckt wird; wenn er eines Tages vor Jahrhunderten geschrieben worden ist, und wenn er jetzt in einer mündlichen Formulierung wiederauftaucht." (Foucault 1988: 146)

Foucault bezeichnet Aussagen als diskursive Ereignisse oder diskursive Praktiken, welche durch ihren sinngebenden Kontext als Aussagen existieren. Aussagen können erst dadurch, daß sie im Diskurs in Beziehung zueinander gesetzt werden, als Aussagen erscheinen. Dabei sind vor allem die Aussagen von Bedeutung, die in einem Prozeß der Institutionalisierung und Objektivierung zu seriösen Aussagen transformiert werden. Der Einsatz von Aussagen in einem Diskurs verleiht ihnen durch die Funktion des jeweiligen Anwendungsfeldes eine Seriosität. Es sind Aussagen, die über ihr Ausgesprochenwerden hinaus existieren. Dreyfus/Rabinow (1987: 20; 72) haben diese als „ernsthafte" bzw. „seriöse" Aussagen bezeichnet: Aussagen, die, vom Alltag losgelöst, einen institutionellen Anspruch erheben, die Wahrheit zu sprechen: „was Experten sagen, wenn sie als Experten sprechen" (ebd.).

Hierbei darf jedoch nicht vernachlässigt werden, daß diese sogenannten seriösen Aussagen, die unabhängig von einer spezifischen Situation existieren, durch ihr Auftauchen als ernsthafte anerkannte Aussagen auf diese Situation zurückwirken. Die seriösen Aussagen sind diejenigen, die unsere alltäglichen Diskurse beeinflussen und bestimmen. Es ist zwar möglich und erlaubt, „im Raum eines wilden Außen die Wahrheit" zu sagen, „aber im Wahren ist man nur, wenn man den Regeln einer diskursiven 'Polizei' gehorcht" (Foucault 1991b: 25), und gehört wird eine Aussage nur, wenn sie über das Ausgesprochenwerden hinaus bestehen bleibt. Diese Perspektive verdeutlicht, warum die Analyse von Diskursen Auskunft über eine bestimmte Praxis gibt. Anders ausgedrückt: diese Praxis berichtet von bestimmten Aussagen, die sich als anerkannte durchgesetzt haben.

Gegenstände liegen nicht außerhalb des Diskurses, sondern werden innerhalb des Diskurses hergestellt. Dafür verantwortlich ist ein komplexes Bündel von Beziehungen, die „zwischen Institutionen, ökonomischen und gesellschaftlichen Prozessen, Verhaltensformen, Normensystemen, Techniken, Klassifikationstypen und Charakterisierungsweisen hergestellt" werden (Foucault 1988: 68). Diese Beziehungen sind im Gegenstand nicht sichtbar, sondern bestimmen das, „was ihm gestattet, in Erscheinung zu treten, sich neben andere Gegenstände zu stellen, sich in Beziehung zu ihnen zu setzen" (ebd.). Die Gesamtheit an Aussagen, die den Gegenstand konstruieren, wird durch die Herstellung von Beziehungen im Diskurs gewährleistet. Foucault nennt diese Beziehungen *diskursive Beziehungen* und unterscheidet sie von den *nicht-diskursiven*.

Diskursive Beziehungen garantieren die Herstellung des Gegenstandes im Diskurs. Der Diskurs ist als Praxis charakterisiert durch die Konstruktion von Gegenständen aufgrund der Herstellung von Beziehungen. Nicht-diskursive Beziehungen sind entweder Beziehungen, die unabhängig von jedem Diskurs zwischen Institutionen und Gesellschaftsformen beschrieben werden können (primäre Beziehungen), oder beziehen sich auf das, was die praktizierenden Subjekte reflexiv als ihr eigenes Verhalten definieren (sekundäre Beziehungen). Die primären und sekundären Beziehungen konstruieren nicht die Gegenstände eines Diskurses, insofern sind sie nicht-diskursiv. (Foucault 1988: 69f) Eine Analyse ihrer Bedingungen müßte jedoch wieder als diskursiv bezeichnet werden (Althoff/Leppelt 1995: 29).

Die Unterscheidung zwischen diskursiven und nicht-diskursiven Praktiken ist notwendig, da nur ein Zusammenspiel dieser beiden Beziehungen eine „diskursive Praxis" hervorbringt. Der Gegenstand eines Diskurses läßt sich erst durch das in Beziehung setzen seiner verschiedenen Äußerungsmodalitäten im Diskurs als Gegenstand hervorbringen. Die diskursiven Praktiken bestimmen dabei nicht den Gegenstand, sondern die Beziehungen, die ihn hervortreten lassen. Diese Beziehungen, die Foucault diskursiv nennt, sind entscheidend bei der Etablierung eines Diskurses als Praxis.

> „Man muß den Diskurs als eine Gewalt begreifen, die wir den Dingen antun; jeden-
> falls als eine Praxis, die wir ihnen aufzwingen." (Foucault 1991b: 34f)

Welche Folgerungen lassen sich nun aus diesen Überlegungen für eine Analyse von Diskursen ziehen? Es sind die Entstehungsbedingungen von Aussagen, nicht deren Struktur, die im Vordergrund der Analyse stehen (vgl. Frank 1988: 34). Dabei werden Diskurse nach Foucault als Verknappungsinstanzen verstanden, da nie alles gesagt wird und nur das Gesagte im Diskurs erscheint.

Die Diskursanalyse untersucht die Beziehungen zwischen Aussagen bzw. Gruppen von Aussagen. Sie untersucht Diskurse als eigenständige Praxis und damit die Existenzbedingungen von Aussagen. Auf dieser Basis lassen sich diskursanalytisch verschiedene Ebenen der Untersuchung von Aussagen unterscheiden: die intra-, inter- und extradiskursive Ebene. Auf der intradiskursiven Analyseebene geschieht die Untersuchung der Abhängigkeit zwischen Aussagen innerhalb einer diskursiven Formation. Die Analyse der Abhängigkeit zwischen verschiedenen Diskursen untersucht die Beziehungen auf der interdiskursiven Ebene. Die Analyse der nicht-diskursiven Praktiken befaßt sich entsprechend mit der extradiskursiven Ebene.

> „... es handelt sich darum, die Aussage in der Enge und Besonderheit ihres Ereignis-
> ses zu erfassen; die Bedingungen ihrer Existenz zu bestimmen, auf das Genaueste ihre
> Grenzen zu fixieren, ihre Korrelationen mit den anderen Aussagen aufzustellen, die

mit ihm verbunden sein können, zu zeigen, welche anderen Formen der Äußerung sie ausschließt. Man untersucht unterhalb dessen, was manifest ist, nicht das halb verschwiegene Geschwätz eines anderen Diskurses; man muß zeigen, warum er nicht anders sein konnte als er war, worin er gegenüber jedem anderen exklusiv ist, wie er inmitten der anderen und in Beziehung zu ihnen einen Platz einnimmt, den kein anderer besetzen könnte. Die für eine solche Analyse typische Frage könnte man folgendermaßen formulieren: was ist das also für eine sonderbare Existenz, die in dem ans Licht kommt, was gesagt wird, - und nirgendwo sonst?" (Foucault 1988: 43)

Diskursanalyse bedeutet nach Foucault auch Beschreibung des sozialhistorischen Kontexts der Aussagen eines Diskurses und Analyse der in einer bestimmten Zeit gegebenen Bedingungen für die Formation von Aussagen und Diskursen, der historischen Bedingungen der Möglichkeit von Aussagen, um herauszufinden, auf welche Weise Aussagen existieren, die zu einer bestimmten Zeit als seriöse gelten. Es handelt sich um den Versuch, die Schichten des Diskurses, die Bedingungen seiner Geschichte freizulegen. (Foucault 1991a: 17)

Des weiteren heißt Diskursanalyse nach Foucault, die Wahrheitswirkung eines Diskurses anhand der nicht-diskursiven Ereignisse zu ermitteln.[61] Dabei geht es darum, den diskontinuierlichen Prozeß der Entstehung von Diskursen zu untersuchen. Dreyfus/Rabinow (1987) haben dies als eine Form „interpretativer Analytik" bezeichnet, in dem Sinne, daß die Geschichte der Interpretationen, die praktische, historische Konstruktion und Interpretation von Wissen aufgezeigt werden.

Eine Diskursanalyse stellt so nach Foucault ein umfassendes Programm dar. Sie beinhaltet zum einen die Verortung der Diskurse und Aussagen innerhalb des gesamtgesellschaftlichen Macht-Wissen-Komplexes und untersucht zum anderen die Beziehungen zwischen den Aussagen. Ganz allgemein zielt sie auf die Analyse von Aussagen und deren Entwicklung im Kontext historischer Kräfteverhältnisse. Diskursanalyse bedeutet demnach, die für eine Kultur bestimmenden Diskursformen herauszuarbeiten.

Dieses umfassende Programm einer Diskursanalyse hat Foucault in seinen verschiedenen Werken einzulösen versucht, indem er z.B. die Geschichte des Gefängnisses (1981), der Klinik (1973) oder der Geisteskrankheit (1969) anhand ihrer unterschiedlichen und vielfältigen Diskurse über mehrere Jahrhunderte analysiert hat. Es ist jedoch kaum möglich, dem von ihm formulierten Anspruch gerecht zu werden. Das gilt insbesondere dann, wenn wie in der vorliegenden Arbeit mit der Medienberichterstattung und der Asylrechtsdebatte nur ein kleiner Ausschnitt des Diskurses über Fremdenfeindlichkeit untersucht wird. Zudem reicht das vorliegende Material nicht aus, um eine so vielschichti-

---

61   Foucault hat die Analyse der historischen Bedingungen der Möglichkeit von Aussagen und die Analyse der Wahrheitswirkung des Diskurses die „archäologische" und „genealogische" Perspektive genannt (Foucault 1988: 197; 1987).

ge Analyse durchzuführen. Da den vorgestellten diskursanalytischen Überlegungen Foucaults außerdem anwendungsorientierte Hinweise fehlen, dienen sie der vorliegenden Arbeit lediglich als Anregungen.

Zentral erscheinen dabei vor allem folgende Hinweise. Der Gegenstand eines Diskurses wird durch eine Gesamtheit von Aussagen konstruiert und konstituiert. Damit läßt sich der Diskurs durch das Herstellen von Beziehungen als Praxis charakterisieren, und die Analyse von Diskursen gibt Auskunft über diese Praxis. Für die Analyse von Diskursen bedeutet dies, daß sie nicht auf die Interpretation einzelner Aussagen reduziert werden darf. Diskursanalyse muß die Aussagen in Beziehung zueinander setzen und den Kontext des Auftauchens von Aussagen berücksichtigen.

Aussagen unterliegen einem Produktionsprozeß und sind zu keinem Zeitpunkt der Berichterstattung frei wählbar. Sie sind fest verankerter Teil der Kultur einer Gesellschaft und damit gesellschaftlichen Macht- und Herrschaftsverhältnissen unterworfen. Die jeweiligen Diskursformen, Aussagen und diskursiven Praktiken repräsentieren kollektiv verankerte Vorstellungen einer Gesellschaft und entspringen nicht der Intention eines einzelnen Sprechers.

II. Der methodologische und methodische Bezugsrahmen

Das Anliegen der vorliegenden Untersuchung ist es, vermittels einer Analyse öffentlicher Diskurse über Fremde und Fremdenfeindlichkeit zur Beantwortung der Frage, wie Fremdenfeindlichkeit sich in der Bundesrepublik konstituiert hat, einen Beitrag zu leisten. Zunächst folgen erkenntnistheoretische Überlegungen zur Verortung der methodologischen Grundlagen und der ausgewählten Methode, die im Anschluß daran vorgestellt werden. Den Schluß dieses Kapitels bildet die Beschreibung des eigenen Vorgehens.

1. Erkenntnistheoretische Überlegungen

Öffentliche Diskurse bilden Formen gesellschaftlicher Kommunikation, die eine *Realität* herstellen. Eine Analyse öffentlicher Kommunikation muß berücksichtigen, daß sogenannte *Realitäten* oder *Tatsachen* erst über ihre Bedeutungen bzw. Interpretationen relevant bzw. wirklich werden. Mit Schütz (1971: 5) ist darauf hinzuweisen, daß genaugenommen „nirgends so etwas wie reine und einfache Tatsachen" existiert; bei den „Tatsachen" handelt es sich immer schon um interpretierte „Tatsachen". Dabei unterscheidet Schütz zwischen Konstruktionen ersten und zweiten Grades. Als Konstruktionen zweiten Grades müssen z.B. diejenigen bezeichnet werden, die die Soziologie als Wissenschaft bereitstellt, da sie „Konstruktionen von Konstruktionen jener Handelnden im Sozialfeld" (ebd.: 68) bilden.

Die im Forschungsprozeß hergestellten Konstruktionen unterliegen damit jedoch keinem Relativismus, insofern sie auf jeglichen moralischen Standpunkt verzichten. Ebensowenig sind die von den Forschungs-„Objekten" hergestellten Sichtweisen beliebig; sie stehen vielmehr in Abhängigkeit von den herrschenden kulturellen Sichtweisen.

Knorr-Cetina (1989: 86) unterscheidet drei „Spielarten" des Konstruktivismus: den „Sozialkonstruktivismus" nach Berger/Luckmann (1982), den „kognitions-theoretischen (erkenntnistheoretischen) Konstruktivismus" und „das empirische Programm des Konstruktivismus".

Der Sozialkonstruktivismus stellt eine ältere Variante des Konstruktivismus dar und hat nach Knorr-Cetina eine *ontologische Färbung*, da er Aussagen über den Seinszustand von Phänomenen macht und zwischen einer subjektiven und objektiven Wirklichkeit unterscheidet. Er versucht den Nachweis der gesellschaftlichen Herstellung sozialer Phänomene zu liefern und zu klären, wie die Unterstellung ihres *Gegebenseins* funktioniert.

> „Der Sozialkonstruktivismus beschäftigt sich nun damit, *wie* soziale Ordnung als kollektiv produzierte zustande kommt und den Menschen dabei als objektiv erfahrbare Ordnung gegenübertritt." (Knorr-Cetina 1989: 87)

Soziale Wirklichkeit wird danach zwar als Konstruktionsprozeß begriffen, aber es wird kein Verfahren zum Nachweis der Konstruiertheit sozialer *Tatsachen* oder ein empirischer Nachweis geliefert. Auch bleibt offen, ob die Erkenntnisse des Konstruktivismus Konstruktionen oder *Tatsachen* bilden. (Ebd.: 88)

Der kognitionstheoretische (erkenntnistheoretische) Konstruktivismus beruht auf Erkenntnissen der Neurophysiologie und -biologie, die mit philosophischen Vorstellungen und Aspekten kognitiver Psychologie verbunden werden: Der Ansatz orientiert sich an den Grundlagen systemtheoretischer Überlegungen bzw. dem Modell autopoietischer Systeme (nach Foerster).[62]

Danach wird das menschliche Gehirn, in dem sich die Wahrnehmung vollzieht, als begrenzte und geschlossene Einheit verstanden, was bedeutet, daß es Wirklichkeit konstruiert, aber nicht repräsentieren kann. Konstruktion ist nach diesem Modell immer eine kognitive Leistung des Subjekts. Von daher beschäftigt sich der kognitionstheoretische Konstruktivismus mit Erkenntnisvorgängen und nimmt keine Wirklichkeit außerhalb der durch Subjekte hergestellten an. Diese Richtung wird deshalb vielfach auch als „radikaler Konstruktivismus" bezeichnet (vgl. Watzlawick 1991; Schmidt 1987).

> „Während der Sozialkonstruktivismus Aussagen über die soziale Konstruiertheit von Wirklichkeitsphänomenen macht, also ontologisch argumentiert, wird die konstruktivistische Betrachtungsweise bei der kognitionstheoretischen Variante *auf den Aussagenden* selbst gewendet ... 'Konstruiert' ist Wirklichkeit nun vor allem insofern, als sie in jedem Einzelbewußtsein erzeugt wird ..." (Knorr-Cetina 1989: 89)

Das empirische Programm des Konstruktivismus oder auch der empirische Konstruktivismus konzentriert sich auf die Analyse des Konstruktionsprozesses. Dabei wird davon ausgegangen, daß die Konstruktionsmechanismen nicht nur die Qualität der resultierenden Wirklichkeit beeinflussen, sondern diese Wirklichkeit überhaupt ausmachen:

---

[62] Dabei findet eine explizite Abgrenzung zur Luhmannschen System- und Kommunikationstheorie statt (vgl. z.B. Schmidt 1994c: 48ff).

„(Soziale) Realität hat keinen 'Kern', keine 'Essenz', die man unabhängig von den sie konstituierenden Mechanismen identifizieren könnte. Dies heißt nicht, daß diese Realität sich ständig und notwendigerweise verändert, ständig als neue, vom Vorhergehenden in interessanter Weise abweichende konstruiert wird. Aber es heißt, daß auch stabil erscheinende Realität *reproduziert* werden muß und insofern Konstruktions*arbeit* enthält." (Ebd.: 92)

Demnach zielt der empirische Konstruktivismus auf die Frage, *wie* Wirklichkeit konstruiert wird, um sich in einem weiteren Schritt den Fragen des Was und Warum zuzuwenden. Der empirische Konstruktivismus will soziale Welt erklären, indem er die verschiedenen Konstruktionssysteme ermittelt, innerhalb derer soziale Realität hergestellt wird. (Ebd.: 95)

Da der empirische Konstruktivismus also den Nachweis bestehender Konstruktionen führt, bietet er ein höheres Maß an Plausibilität als der Ansatz des radikalen Konstruktivismus. Letzterer konstruiert „lediglich" gesellschaftliche Wirklichkeiten, ohne die gesellschaftliche Konstruktion von Wirklichkeit oder konkret-historische Konstruktionen in den Blick zu nehmen (Soeffner 1992: 476).

Sarbin/Kitsuse (1994) haben den Ansatz des empirischen Konstruktivismus auch als „strict constructionist position" bezeichnet. Deren Anliegen ist es, die Theorie der Mitglieder einer Gesellschaft zu beschreiben und zu zeigen, wie diese sie in der Praxis anwenden und in Interaktionen mit anderen ihre alltägliche Welt herstellen:

> „Moreover, the strict constructionist is interested in the narrative production of members' claims about their moral concerns without regard for their accuracy, veracy, adequacy or other analytic criteria." (Sarbin/Kitsuse 1994: 14)

Diese Form des Konstruktivismus enthält sich insofern jeglicher moralischer Beurteilung, als er keine Überprüfung der *Wahrheit* oder *Gültigkeit* einer Konstruktion vornimmt, weil davon ausgegangen wird, daß es keine Realität außerhalb der Konstruktionen und daher auch keine objektive Wahrheit gibt.[63] Das bedeutet jedoch nicht, daß Konstruktivisten jeglicher moralischer Verantwortung entbunden sind und auf moralische Stellungnahmen verzichten müssen. Die Ermittlung der Konstruktionsmechanismen und -systeme, die gesellschaftliche Wirklichkeit herstellen, können in jedem Fall hinsichtlich der Angemessenheit der sich daraus ergebenden Konstruktionen *bewertet* werden.

Wenn es in der vorliegenden Arbeit um die Analyse des Diskurses über Fremde und Fremdenfeindlichkeit geht, so soll damit in Anlehnung an den empirischen Konstruktivismus der Prozeß der „sozialen Konstruktion von Frem-

---

[63] Auch Bourdieu (1985: 60) hat diese Auffassung vertreten: „Wenn es eine Wahrheit gibt, dann die, daß Wahrheit Gegenstand von Auseinandersetzungen ist".

denfeindlichkeit" untersucht werden. Ziel ist also die Ermittlung der Konstruktionen sowie der damit verbundenen Deutungen, die der Diskurs herstellt. Dabei wird davon ausgegangen, daß kein Unterschied zwischen der Wirklichkeit und dem Bild von ihr besteht. Die im Diskurs hergestellte Wirklichkeit kann nicht anhand der Beschreibung einer objektiven Realität überprüft werden. Gegenbilder wie z.B. persönliche Erfahrungen stellen lediglich Konstruktionen anderer Ordnungen dar, lassen sich also nicht als Wahrheitsfolie an die im Diskurs hergestellten Konstruktionen anlegen.

Soziale Phänomene werden als gesellschaftlich konstruierte *Tatsachen* verstanden. Die sie definierenden Deutungen werden im Diskurs bzw. in sozialen Prozessen hergestellt. Der Diskurs bildet demnach das Medium der Produktion von Wirklichkeit; eine Analyse von Diskursen ist also gleichzusetzen mit einer Analyse sozialer Prozesse der Bedeutungsherstellung.

2. Zum methodologischen Selbstverständnis

Anknüpfend an die erkenntnistheoretischen Überlegungen, ergeben sich methodologische Hinweise. Die vorliegende Studie geht davon aus, daß die Analyse des Diskurses über Fremdenfeindlichkeit und der damit hergestellten Deutungsmuster die Konstituierung dieses Phänomens erklären kann. Insofern ist die durchgeführte Untersuchung einer interpretativen und qualitativ orientierten Sozialforschung zuzuordnen, wobei von einer Komplementarität zwischen interpretativem Paradigma und qualitativer Forschung ausgegangen werden kann (vgl. Lamnek 1988: 44).

Eine am interpretativen Paradigma orientierte Soziologie versteht gesellschaftliche Wirklichkeit nicht als objektiv, sondern als über Bedeutungszuschreibungen konstituiert. Bedeutungen sind demnach den Dingen nicht inhärent, sondern gehen aus einem Interaktionsprozeß hervor und sind soziale Produkte; entsprechend beinhaltet die Zuweisung von Bedeutungen immer einen Interpretationsprozeß. Gleichzeitig wird davon ausgegangen, daß kulturelle Sinnsysteme die Herstellung und Wahrnehmung sozialer Wirklichkeit rahmen. Soziale Welt existiert erst durch und in ihrem Sinn, der ihr durch die alltägliche oder auch wissenschaftliche Handhabung zugwiesen wird.[64]

---

[64] Soziologische Begriffe können von daher auch nur *sensitizing concepts* im Blumerschen Sinne bilden, d.h. sie sind erschließende Begriffe, die mit ihrem empirischen Gehalt in ein Interpretationsschema eingehen, welches spezifische Phänomene erklären soll (Wilson 1973: 69).

„Vorgefundene Regelmäßigkeiten werden als *gemacht* verstanden, sie werden auf die Prozesse hin geprüft, die sie immer wieder zustande kommen lassen, auf die Interessen untersucht, denen gerade diese Regelmäßigkeit dient. Die Wirklichkeiten, die wirksamen Elemente im Gegenstandsbereich des Sozialen, sind Abstraktionen und Definitionen, die unter vielen möglichen ausgewählt, ausgehandelt, durchgesetzt und aufrechterhalten werden." (Falk/Steinert 1973: 21)

Für die Analyse von Diskursen ist dabei zentral, daß Aussagen in bezug auf einen spezifischen Kontext produziert und daher nur in bezug auf diesen verstanden und bewertet werden können. Zur Einordnung bestimmter Aussagen sind also Informationen über ihren Kontext erforderlich. Anders ausgedrückt: Sinn und Bedeutung werden je nach Position und Perspektive unterschiedlich hergestellt. Garfinkel (1977) hat dieses Merkmal der Sinnproduktion mit dem Begriff der Indexikalität beschrieben. Die Bedeutung einer Äußerung ist indexikalisch, insofern die Bedeutung an den Kontext der Äußerung gebunden ist. Neben die Indexikalität von Ausdrücken tritt ihre Reflexivität. Reflexivität meint die Art, in der eine Äußerung den Kontext, in dem sie getroffen wird, reproduziert oder konstituiert. Für qualitative Sozialforschung gilt es danach, gerade diesen Kontext zu rekonstruieren.[65]

Als grundlegendes Merkmal qualitativer Sozialforschung lassen sich zwei Prinzipien bestimmen: das Prinzip der Offenheit und das Prinzip der Kommunikation:

„Das Prinzip der Offenheit besagt, daß die theoretische Strukturierung des Forschungsgegenstandes zurückgestellt wird, bis sich die Strukturierung des Forschungsgegenstandes durch die Forschungssubjekte herausgebildet hat." (Hoffmann-Riem 1980: 343)

Qualitative Sozialforschung muß sich an dem Prinzip der Offenheit orientieren und sich der Produktion von Bedeutungen aussetzen, um der Indexikalität gerecht zu werden. Sie zeichnet sich also insofern durch eine offene Herangehensweise aus, als die soziale Wirklichkeit nicht auf der Basis abgeschlossener theoretischer Überlegungen, Hypothesen und im voraus festgelegter Zugänge erhoben wird.

„Der für qualitative Forschung typische offene Zugang zur sozialen Realität und der Verzicht auf vorab entwickelte Erhebungsinstrumente, die die Reichweite dessen, was im Forschungsfeld wahrgenommen, aufgenommen und verarbeitet wird, in verhältnismäßig restriktiver Form steuern und begrenzen, ist nicht gleichzusetzen mit theoretischer Voraussetzungslosigkeit ... Entscheidendes Merkmal qualitativer Forschung

---

[65] Dies betrifft auch die Wissenschaft selbst, die immer auch ihren eigenen Gegenstand kritisch hinterfragen und den eigenen Diskurs im gesellschaftlichen Kontext betrachten muß. So betont Quensel (1993b) die Notwendigkeit eines reflexiven Umgangs der Kriminologie mit den eigenen Methoden, Theorien und Konstruktionen von Wirklichkeit.

ist allerdings, daß die vorhandenen Erwartungen und theoretischen Überzeugungen nach Möglichkeit offenen Charakter haben sollen. Sie sollen - idealiter - in einem steten Austauschprozeß zwischen qualitativ erhobenem Material und zunächst noch wenig bestimmtem theoretischen Vorverständnis präzisiert, modifiziert oder revidiert werden." (Hopf 1993b: 15)

Untersuchungen basieren also durchaus auf theoretischen Konzepten (ebd.: 17), dienen jedoch eher der Hypothesengenerierung als der Hypothesenprüfung. Der Forschende steht quasi in Wechselbeziehung mit seinem Gegenstand. Das Verständnis des Forschungsgegenstandes ist demnach bis zum Abschluß der Forschung als vorläufig anzusehen. Damit kann verhindert werden, daß die eingesetzten Methoden der Untersuchung den jeweiligen Gegenstand festlegen. (Flick 1995: 17f) Die Möglichkeit von Repräsentativität bleibt damit immer auf den jeweils untersuchten Fall beschränkt. Für die hier vorliegende Analyse bedeutet dies, daß Hypothesen und Kategorien erst in der Auseinandersetzung mit dem Material gebildet werden.

Das Prinzip der Offenheit qualitativer Sozialforschung impliziert notwendig das Prinzip der Kommunikation:

„Das Prinzip der Kommunikation besagt, daß der Forscher den Zugang zu bedeutungsstrukturierten Daten im allgemeinen nur gewinnt, wenn er eine Kommunikationsbeziehung mit dem Forschungssubjekt eingeht und dabei das kommunikative Regelsystem des Forschungssubjekts in Geltung läßt." (Hoffmann-Riem 1980: 346f)

Dieses Prinzip der Kommunikation nimmt eine Schlüsselposition ein, da die Datengewinnung immer durch die Kommunikation zwischen Forscher und Forschungssubjekt bestimmt wird.[66] Überträgt man dieses Prinzip auf die Analyse öffentlicher Diskurse, so bedeutet dies, das durch das Material vorgegebene kommunikative Regelsystem zu erkennen und diesem Ausdruck zu verleihen. Dies läßt sich z.B. umsetzen, indem in ein „dialogisches Verhältnis" mit den Texten getreten wird (Kleining 1991: 241ff).

Aufgrund von diesen allgemeinen Prämissen scheint qualitative Sozialforschung einer bestimmten Art soziologischen Denkens verbunden. Dies betrifft vor allem das Interesse an der Analyse von Deutungen, Wahrnehmungen und komplexen Deutungssystemen, an der Analyse komplexer Strukturzusammenhänge und Handlungskontexte. Der soziale Kontext gilt hier nicht als Klassifikationsmerkmal, sondern bildet einen komplexen Handlungszusammenhang, der einer eigenständigen Untersuchung bedarf (Hopf 1993b: 18f).

---

[66] Die Konzentration des interpretativen Paradigmas auf die Individuen innerhalb einer Interaktion, die Unterstellung individueller Freiheiten und die Vernachlässigung gesellschaftlicher Strukturen macht es zunächst schwierig, darauf aufbauend die Herstellung sozialer Phänomene auf der gesellschaftlichen Ebene zu analysieren. Vgl. zur Kritik auch Kleining 1994: 80f.

Ein konstitutives Merkmal der Soziologie ist, daß sie immer mit bereits „interpretierten Realitäten" konfrontiert wird und von daher subjektive und/oder gesellschaftliche Interpretationen berücksichtigen muß. Dies bedeutet, daß qualitative Sozialforschung auf die Erfassung von Deutungs- und Sinnzusammenhängen bzw. auf die Rekonstruktion verbindlicher allgemeiner Deutungen als soziale Regelmäßigkeiten zielt (vgl. ebd.: 22).

Qualitative Sozialforschung ist nicht durch eine einheitliche, verbindliche Methodologie gekennzeichnet; es gibt keine einheitlichen, theoretischen und methodischen Grundlagen (Flick 1995: 16; Lamnek 1988: 88). Ein gemeinsames Merkmal besteht aber darin, daß sie fast ausschließlich mit Texten arbeitet. Alle im Forschungsprozeß erhobenen Daten werden in Texte transformiert, welche die Grundlage der unterschiedlichen Interpretatationsverfahren bilden, die die Herausbildung neuer theoretischer Konzepte ermöglichen.[67]

> „Ganz knapp läßt sich der qualitative Forschungsprozeß als Weg von der Theorie zum Text und als Weg vom Text zur Theorie skizzieren ..." (Flick 1995: 22)

Bei der Analyse von Diskursen geht es vornehmlich um die Rekonstruktion von Regeln und Strukturen und um eine Sprachanalyse zur Herausarbeitung bestehender Strukturen und Rekonstruktion kultureller Sinnsysteme, wobei davon ausgegangen wird, daß kulturelle Sinnsysteme die Herstellung und die Wahrnehmung sozialer Wirklichkeit rahmen und daß soziale Wirklichkeit und die damit verbundenen sozialen Phänomene Teile der Kultur einer Gesellschaft bilden. Nach Giddens ist Kultur ein allumfassender Begriff, der nicht ohne den der Gesellschaft zu denken ist:

> „'Culture' can be conceptually distinguished from 'society', but there are very close connections between these notions. A society is a *system of interrelationships* which connects individuals together. No cultures could exist without societies. But, equally, no societies could exist without culture. Without culture, we would not be 'human' at all, in the sense in which we usually understand that term. We would have no language in which to express ourselves, no sense of self-consciousness..." (Giddens 1993: 32)

Giddens schreibt im Zusammenhang mit Kultur der Sprache eine besondere Bedeutung zu und verweist zugleich darauf, daß Kultur ein Symbolsystem bildet, das nicht nur Weltbilder und Mythen, sondern auch Wissen umfaßt und insofern Deutungsmuster bereitstellt. Von daher ist Sprache als Ausdruck von

---

[67] Dabei gilt auch das Ergebnis von Sozialforschung als Text, der ebenfalls als eine Konstruktion von Wirklichkeit verstanden werden muß. Texte sind weder die Welt an sich noch ein eindeutiges Abbild von Ausschnitten dieser Welt, sondern sie bilden das Produkt von Interessen derjenigen, die sie hergestellt haben, wie auch derjenigen, die sie lesen (Flick 1995: 37).

Kultur mehr als ein Mittel zur Verständigung.

Die Sprachanalyse kann sichtbar machen, daß die Ereignisse von Regeln bestimmt werden, die innerhalb einer Kultur tief verankert sind; sie kann Differenzen und Gemeinsamkeiten zwischen den einzelnen Regeln einer Kultur erkennen. Versteht man Diskursanalyse als eine Analyse sozialer Prozesse der Herstellung von Bedeutung, so bedeutet dies auch eine Analyse latenter Sinnstrukturen und damit zusammenhängender Regeln, die über die von ihnen angebotenen Deutungsmuster zur Konstruktion von Wirklichkeit beitragen.

Massenmedien repräsentieren insofern eine zentrale Institution einer Gesellschaft, als sie in großem Umfang Vertextungen sozialer Wirklichkeit liefern.

„Sowohl spezifische Identitätsformationen als auch spezifische Formen gesellschaftlicher Öffentlichkeit und Kultur werden erst verständlich, analysiert man sie aus der Perspektive der Bedeutung und Wirkung der sozialen Institutionen der Massenmedien heraus." (Müller-Doohm/Neumann 1989: 8)

Analysen massenmedialer Vermittlungsprozesse müssen auf der Basis interpretativer Sozialforschung durchgeführt werden, d.h. der Bedeutungsrahmen muß durchdrungen werden. Dies führt uns zu dem Konzept der Deutungsmusteranalyse als methodisches und technisches Verfahren einer Diskursanalyse.

3. Methodische Grundlagen: die Deutungsmusteranalyse

Das Konzept der sozialen Deutungsmuster impliziert keine klar umrissene Programmatik: Weder ist die Diskussion darüber konsistent, noch ist es einer bestimmten theoretischen Richtung zuordenbar; vielmehr fließen strukturalistische, phänomenologische und wissenssoziologische Anteile mit ein. Gemeinsames Anliegen der verschiedenen Formen und Konzepte der Deutungsmusteranalyse ist jedoch die Analyse kultureller Sinnstrukturen.

Im folgenden wird das Spektrum möglicher Deutungsmusteranalysen aufgezeigt, und die verschiedenen Ansätze werden herausgearbeitet, um vor diesem Hintergrund die eigene Analyse zu verorten.

Die Entwicklung des Deutungsmusterkonzepts geht auf Oevermanns Überlegungen zur Analyse der Struktur von sozialen Deutungsmustern zurück[68] (vgl. Meuser/Sackmann 1992: 15; Lüders 1991: 377; Matthiesen 1989: 224).

---

[68]   Sie stammen aus dem Jahr 1973 und sind festgehalten in einem unveröffentlichten Arbeitspapier. Die objektive Hermeneutik bildet nur eine der vielfältigen methodischen Möglichkeiten einer Deutungsmusteranalyse, die deshalb so populär ist, weil sie das erste und einzige grundlegende Konzept einer Deutungsmusteranalyse darstellt.

Nach Oevermann ist Deutungsmusteranalyse Ideologiekritik, die Deutungsmuster und gesellschaftliche Verhältnisse miteinander konfrontiert. Allgemein läßt sich Deutungsmusteranalyse in die Nähe „gegenwartsdiagnostisch interessierte(r) Mikroanalysen" (Lüders 1991: 378) stellen. Gleichzeitig bildet sie eine Brücke zwischen mikro- und makrosoziologischen Erklärungsansätzen, die die Trennung zwischen Handlung und Struktur bzw. Struktur und Ereignis aufhebt, insofern sie die „handlungspraktisch immer schon vollzogene Einheit von Handlung und Struktur" (Meuser/Sackmann 1992: 21) interpretativ rekonstruieren will.

Eine eindeutige Definition von Deutungsmustern liegt nicht vor, erscheint auch nicht ohne weiteres sinnvoll, da eine Definition insofern immer essentialistischen Charakter hat, als sie ihren Gegenstand präformiert. Was jeweils unter „Deutungsmuster" verstanden wird, ist von der Fragestellung, dem Gegenstand der Analyse und dem verfügbaren Material abhängig. Der jeweilige praktische Verwendungszusammenhang bestimmt also die Definitionen und Herangehensweisen der Deutungsmusteranalyse (vgl. Lüders 1991: 379). Deutungsmuster sind in keinem Fall manifeste Einstellungen, Meinungen, Glaubensüberzeugungen, subjektive Bewußtseinsinhalte, Handlungsvollzüge oder Äußerungen, sondern liegen all diesen Phänomenen als kulturelle Sinnstrukturen zugrunde. Äußerungen von Befragten oder Aussagen, Erzählungen oder Argumentationsweisen bilden demnach das Rohmaterial für die Herangehensweise und Analyse der basalen Strukturen der Wirklichkeitskonstruktion. (Ebd.: 381) Als Gegenstand der vorliegenden Deutungsmusteranalyse können von daher Aussagen und Argumentationsweisen, die im Diskurs auftauchen, bezeichnet werden.

Ganz allgemein lassen sich Deutungsmuster als kollektive Sinngehalte oder Denkformen mit normativer Geltungskraft bestimmen. Dabei wird Deutungsmustern bei der Konstitution sozialer Wirklichkeit eine Autonomie zugewiesen, die ihnen Stabilität verleiht:

> „Deutungsmuster stellen eine kulturelle, kollektiv bzw. überindividuell (re-) produzierte Antwort auf objektive, Handlungsprobleme aufgebende gesellschaftliche Bedingungen dar. Die Struktur von Deutungsmustern kann folglich nur dann erfaßt werden, wenn die sozialen Strukturprobleme, auf die jene eine Antwort darstellen, in der Analyse berücksichtigt werden." (Meuser/Sackmann 1992: 15)

Insofern bilden Deutungsmuster über einen längeren Zeitraum entstandene, sich verändernde Denkformen generativen Charakters (Schetsche 1992: 55). Deutungsmuster lassen sich (nach Lüders 1991) als forschungspragmatisch-heuristisches Konzept im Sinne des „sensitizing concept" beschreiben.[69]

---

[69] Vgl. Fn. 64.

Deutungsmuster sind in jedem Fall mehr als nur formale Mechanismen von Handlungen, sie können inhaltlich und je nach Raum, Zeit und Kultur in ihrer Geltung bestimmt werden. Ihre Reichweite ist größer als die einzelner sozialer Normen (Meuser/Sackmann 1992: 17). Dabei haftet Deutungsmustern zwar eine gewisse Ausschließlichkeit an, insofern sie ein einzigartiges zur Verfügung stehendes Muster einer Situation bilden; daneben können sich aber konkurrierende Deutungsmuster entwickeln, mit denen in einer Gesellschaft soziale Phänomene kollektiv verarbeitet werden (Schetsche 1992: 58).

Eine Prämisse der Deutungsmusteranalyse ist die Annahme, daß Deutungsmuster latent bzw. implizit sind; eine weitere Voraussetzung ist deren Konsistenz. Die erste Prämisse verweist auf die Frage nach dem Verhältnis von latenten (impliziten) Regeln und manifesten Äußerungen und bestimmt Deutungsmuster als nur sehr eingeschränkt reflexiv verfügbar. Bildet allerdings Latenz eine Eigenschaft von Deutungsmustern, werden damit manifeste Inhalte in Form von singulären Deutungen (z.B. als Einstellung) ausgeschlossen. Einerseits sind die latenten Muster „nicht bewußt", andererseits sind sie entscheidend für die Produktion manifester Inhalte.

Die zweite Prämisse unterstellt eine Konsistenz von Deutungsmustern, die Brüche grundsätzlich verneint. Dabei handelt es sich in gewisser Weise um die Konstruktion eines Idealtyps, auf deren Problematik Lüders wie folgt verweist:

> „In diesem Sinne wird hier das Postulat von der 'inneren konsistenten Logik' von Deutungsmustern als ein regulatives Prinzip bei der Interpretation verstanden: es ist das Ziel, soweit wie möglich die innere Struktur und Konsistenz des Deutungsmusters zu rekonstruieren. Es ist aber mit Brüchen und Rändern zu rechnen." (Lüders 1991: 383)

Deutungsmuster sind jedoch nicht als singuläre Erscheinungen zu verstehen, sondern sind Muster „sozial verfügbarer Formen der Verdichtung, der Abstrahierung, der Verallgemeinerung von Deutungen" (Meuser/Sackmann 1992: 16).

Allgemein lassen sich Deutungsmuster als implizites Regelwissen bezeichnen, wobei es sich um „ein praktisches, aber nicht diskursiv verfügbares Bewußtsein von den handlungsleitenden Regeln" (ebd.) handelt. Dieses implizite Wissen ermöglicht, nach diesen Regeln zu handeln und die Angemessenheit von Handlungen zu beurteilen, ohne daß eine Explikation der Regeln möglich ist. Deutungsmusteranalyse hat das Ziel, dieses nicht-bewußte Regelwissen zu rekonstruieren, das wir im folgenden „nicht-bewußt bewußtes Wissen" nennen.

Als „Material", aus dem Deutungsmuster sich zusammensetzen, werden sehr unterschiedliche Bausteine genannt: Deutungsregeln, Wissen oder Argumentation sind eine Variante; es wird auch von *strukturierten Argumentations-*

zusammenhängen, Sinninterpretationen sozialer Sachverhalte, stereotypen Sichtweisen und Interpretationen von Mitgliedern einer sozialen Gruppe, fallspezifischen, lebenspraktisch vertretenen Symbolisierungsleistungen oder *kulturellen Sinnstrukturen* gesprochen.[70] Die Bestandteile von Deutungsmustern lassen sich nicht allgemein im Vorfeld bestimmen; sie hängen von der jeweiligen Untersuchung ab und sind entsprechend unterschiedlich und z.t. sehr spezifisch.

> „Je nach Fragestellung und Material werden die empirisch auffindbaren Muster mit unterschiedlichen Wissensformen, Regelstrukturen und Darstellungsformen durchsetzt sein. Es ist eine Frage der Besonderheit des jeweiligen Falles und der Fragestellung, ob und inwiefern diese 'Elemente' rekonstruiert werden können. Es muß der empirischen Analyse und dem Fallvergleich überlassen bleiben, woraus Deutungsmuster im konkreten Fall bestehen." (Lüders 1991: 385)

Für unsere Analyse des Diskurses über Fremde und Fremdenfeindlichkeit bilden Argumentationsweisen, die inhaltlich und in ihrem jeweiligen Kontext bestimmt werden, Bausteine, aus denen die Deutungsmuster sich zusammensetzen. Wenn wir demnach Wissen als übergeordneten Baustein von Deutungsmustern bezeichnen, so stellt sich die Frage des Zusammenhangs von individuellem Wissen, (implizitem) sozialem Wissen und individuellem Handeln: Welche Bedeutung haben Deutungsmuster auf diesen unterschiedlichen Ebenen? Inwiefern beeinflussen sozial oder kulturell geteilte Wissenbestände die individuellen Wahrnehmungs-, Erfahrungs- und Handlungsweisen (Flick 1995: 38)?

Deutungsmuster sind insofern handlungsrelevant, als sie bestimmte Funktionen für das Alltagshandeln von Individuen haben (vgl. Schetsche 1992: 66ff): Sie dienen der Reduktion der Komplexität von Wirklichkeit; sie beschleunigen die Reaktion auf vielschichtige Situationen und eine vereinfachte Problemverarbeitung; sie verdecken gesellschaftliche Widersprüche; sie erleichtern und beschleunigen Verständigung, da bei Vorhandensein gleicher Deutungsmuster auch gleiche Interpretationen von Situationen hergestellt werden können, und führen damit zur Selbstbestätigung, insofern eine Gleichförmigkeit der Reaktion besteht.

> „Je weiter verbreitet ein Deutungsmuster ist, desto stabiler wird es deshalb auch in einer Gesellschaft sein. Umgekehrt bilden weit verbreitete Deutungsmuster auch eine Art 'Kitt' für die bestehende Gesellschaft ..." (Ebd.: 68)

In der Analyse ist vor allem herauszuarbeiten, in welchem Vermittlungszu-

---

[70]   Die unterschiedlichen Bezeichnungen und zugehörigen Quellenverweise finden sich bei Lüders 1991: 384f.

sammenhang das zu rekonstruierende Deutungsmuster mit anderen Bereichen sozialer Wirklichkeit steht. Welche Verbindung läßt sich zwischen den Deutungsmustern verschiedener Diskurse herstellen und inwieweit sind sie wechselseitig aufeinander bezogen?

Es gibt keine klare Systematik und keine anerkannten und bewährten methodischen Regeln, sondern ein *buntes Durcheinander an methodischen Vorgehensweisen* (Lüders 1991: 378). Wenngleich die Deutungsmusteranalyse methodisch nicht eindeutig zu verorten ist, weist Lüders darauf hin, daß sie sich einer sequentiellen Analyse verpflichten sollte:

> „Gemäß der Prämisse, daß die Bedeutung einer Handlung bzw. Äußerung nur in ihrem Kontext verstanden werden kann, es also primäre Aufgabe der Rekonstruktion ist, die Kontexte einer Handlung bzw. Äußerung zu entschlüsseln, kann eine Deutungsmusteranalyse gar nicht anders, als die jeweiligen Handlungen bzw. Äußerungen in iher sequentiellen Abfolge zu interpretieren." (Lüders 1991: 387)

Als *eine* Variante bzw. Konzeption der Deutungsmusteranalyse wird das 1973 von Goffman entwickelte Konzept einer Rahmenanalyse bezeichnet.[71] Da die vorliegende empirische Untersuchung im weitesten Sinne daran orientiert ist, wird dieses Konzept im folgenden vorgestellt.[72] Rahmen dienen ebenso wie Deutungsmuster der Organisation von Wahrnehmung und Handeln; die Rahmenanalyse zielt daher auf den Sinn der Erfahrungen von Wirklichkeit.

> „Ich gehe davon aus, daß Menschen, die sich gerade in einer Situation befinden, vor der Frage stehen: Was geht hier eigentlich vor? Ob sie nun ausdrücklich gestellt wird, wenn Verwirrung und Zweifel herrschen, oder stillschweigend, wenn normale Gewißheit besteht - die Frage wird gestellt, und die Antwort ergibt sich daraus, wie die Menschen weiter in der Sache vorgehen." (Goffman 1993: 16)

„Was geht hier eigentlich vor?" bildet die Ausgangsfrage für alle Situationen, Ereignisse und Handlungen, um diese mit Sinn zu versehen und zu verstehen. Ereignisse und Situationen werden dadurch mit Sinn versehen, daß sie in vorgefertigten Interpretationsschemata verankert werden und damit Definitionen her-

---

[71] Vgl. Meuser/Sackmann 1992: 24ff; Lüders 1991: 404, Fn. 3. Eine andere Variante der Deutungsmusteranalyse bildet die Verbindung mit Bourdieus Habitus-Modell (vgl. Matthiesen 1989). Dieser Ansatz wird im folgenden vernachlässigt, da die Anwendung von Bourdieus Konzept auf die Diskursanalyse insofern problematisch erscheint, als z.B. die Kapitalarten als Kategoriensystem zu einer starken Begrenzung des Materials führt. Ein Versuch der Verwendung Bourdieuscher Kategorien findet sich in meiner Analyse der Berichterstattung über die Israelreise von Helmut Kohl 1984; vgl. Althoff 1995.

[72] Eine enge Anwendung der Rahmenanalyse ist insofern nicht möglich, als es sich strenggenommen nicht um eine ausgearbeitete Methode mit einem entsprechenden differenzierten begrifflichen Instrumentarium handelt. Überdies zielt das Konzept auf interaktive Vorgänge und läßt sich daher nur sehr vermittelt auf öffentliche Diskurse beziehen.

100

gestellt werden, die als *ursprünglich* gelten.

> „Ich gehe davon aus, daß wir gemäß gewissen Organisationsprinzipien für Ereignisse -
> zumindest für soziale - und für unsere persönliche Anteilnahme an ihnen Definitionen
> einer Situation aufstellen ...“ (Ebd.: 19)

Diese Definitionen von Situationen nennt Goffman „Rahmen“; dabei verweist er darauf, daß sich vermutlich fast immer eine „Definition der Situation“ finden läßt, diese Definitionen jedoch nicht von denjenigen, die sich in der Situation befinden, geschaffen, sondern von der jeweiligen Gesellschaft maßgeblich bestimmt werden. Die an der Situation Beteiligten stellen dagegen gewöhnlich fest, was die Situation für sie sein sollte, und verhalten sich entsprechend. Sie beziehen sich auf vorgefertigte Situationsdefinitionen, von denen sie die jeweils passende anwenden (ebd.: 9). Der primäre Rahmen repräsentiert die als ursprünglich geltende Definition.

> „Wenn der einzelne in unserer westlichen Gesellschaft ein bestimmtes Ereignis erkennt, neigt er dazu - was immer er sonst tut-, seine Reaktion faktisch von einem oder mehreren Rahmen oder Interpretationsschemata bestimmen zu lassen, und zwar von solchen, die man primäre nennen könnte.“ (Ebd.: 31)

Die primäre Rahmung ermöglicht die Herstellung eines Deutungsschemas, das es erlaubt, komplexe, von dem einzelnen nicht durchschaubare Situationen als Normalität darzustellen und auf sogenannte natürliche Ursachen zurückzuführen. Der primäre Rahmen macht ein sinnloses Element zu etwas Sinnvollem und ermöglicht es, ein Ereignis zu lokalisieren, identifizieren und zu benennen. Von daher tendieren Handelnde dazu, Ereignisse im Sinne primärer Rahmen wahrzunehmen. (Ebd.: 35) Dabei lassen sich zwei Arten von primären Rahmen unterscheiden, der natürliche und der soziale Rahmen:

> „Natürliche Rahmen identifizieren Ereignisse, die als nicht gerichtet, nicht orientiert, nicht belebt, nicht geleitet, 'rein physikalisch' gesehen werden; man führt sie vollständig, von Anfang bis Ende, auf 'natürliche' Ursachen zurück.(...) Soziale Rahmen dagegen liefern einen Verständnishintergrund für Ereignisse, an denen Wille, Ziel und steuerndes Eingreifen einer Intelligenz, eines Lebewesens, in erster Linie des Menschen, beteiligt sind.“ (Ebd.: 31f)

Goffman (ebd.: 35) weist darauf hin, daß Ereignisse zwar bevorzugt im Sinne dieser beiden primären Rahmen wahrgenommen werden, der Begriff des primären Rahmen aber nur bedingt brauchbar ist, da in allen Situationen mehrere Rahmen zur Anwendung kommen.

> „Zusammengenommen bilden die primären Rahmen einer sozialen Gruppe einen Hauptbestandteil von deren Kultur, vor allem insofern, als sich ein Verstehen bezüg-

lich wichtiger Klassen von Schemata entwickelt, bezüglich deren Verhältnissen zueinander und bezüglich der Gesamtheit der Kräfte und Wesen ..." (Ebd.: 37)

Beobachter von Ereignissen tragen ihre Bezugssysteme aktiv in ihre unmittelbare Umwelt hinein, „und das verkennt man nur, weil die Ereignisse gewöhnlich diese Bezugssysteme bestätigen, so daß die Hypothesen im glatten Handlungsablauf untergehen" (ebd.: 50). Denn wie man etwas wahrzunehmen und was man in bestimmten Situationen zu tun oder zu lassen hat, wird nicht in dem Moment explizit vereinbart, sondern kann als schon bewußt und allgemein wirksam unterstellt werden. Das dabei zur Anwendung kommende vorhandene Wissen muß jedoch immer als vorläufig betrachtet werden, denn die vorhandenen Deutungsmuster bleiben kontextbezogen bzw. -abhängig. Es ist auch nicht auszuschließen, daß mehrfache Rahmungen vorgenommen werden und innerhalb einer primären Rahmung Transformationen stattfinden. Die primäre Rahmung bildet kein statisches Bedeutungssystem, sondern erlaubt Variationen, Neurahmungen oder Transformationen, die Goffman mit dem Begriff der Modulation beschreibt:

> „Darunter verstehe ich das System von Konventionen, wodurch eine bestimmte Tätigkeit, die bereits im Rahmen eines primären Rahmens sinnvoll ist, in etwas transformiert wird, das dieser Tätigkeit nachgebildet ist, von den Beteiligten aber als etwas ganz anderes gesehen wird. Den entsprechenden Vorgang nennen wir Modulation." (Ebd.: 55f)

Goffman verweist auf die Analogie zur Musik, in der Modulation die Transformation von einer Tonart (key) in eine andere bedeutet (ebd.: 56). Modulation verändert die Sichtweise (ebd.: 57); es ist die systematische Transformation eines Materials, das seinen Sinn bereits innerhalb eines Deutungsrahmens erhalten hat, der eine Voraussetzung für die Modulation ist. Alle Beteiligten wissen, daß eine Transformation erfolgt. Sogenannte „zeitliche Klammern" bestimmen den Beginn und das Ende des Wirkungsbereichs der Transformation, „räumliche Klammern" begrenzen das Gebiet, auf das sich die Modulation beziehen soll. Die Modulation ist nicht auf einzelne Situationen beschränkt. Erneute Modulationen beziehen sich auf Modulationen von Definitionen von primären Rahmungen: „... der primäre Rahmen muß zwar noch vorhanden sein, sonst hätte die erneute Modulation keinen Inhalt; transformiert wird aber die Modulation dieses Rahmens" (ebd.: 96).

Sicherlich lassen sich die Goffmanschen „Rahmen" nicht absolut mit „Deutungsmustern" gleichsetzen. Doch liefern die Überlegungen zur Rahmenanalyse ergänzende Hinweise für das Konzept der Deutungsmusteranalyse. Im weiteren Vorgehen kommen beide Begriffe parallel zueinander zum Einsatz. In der folgenden Analyse wird der Begriff des Rahmens einmal im Sinne eines diskursübergreifenden und einmal im Sinne eines diskursinternen Rahmens verwendet. Die Analyse von Diskursen hinsichtlich der darin hergestellten Rahmen gibt Auskunft über die Strukturierung und Identifizierung des Diskursgegenstandes. Deutungsmuster bilden dabei Argumentationsmuster, die innerhalb der verschiedenen Rahmungen hergestellt werden.

4. Eigenes Vorgehen: die Analyse des Diskurses über Fremde und Fremdenfeindlichkeit

Im folgenden wird das auf den methodologischen und methodischen Überlegungen aufbauende Vorgehen der eigenen Analyse vorgestellt. Es erfolgt eine Erläuterung der Auswahl der Stichprobe sowie eine Beschreibung der konkreten Schritte der Auswertung. Da es sich bei der Medienberichterstattung und der Asylrechtsdebatte um unterschiedliche Diskursformen handelt, die zum Teil spezifische Verfahren und Auswertungsschritte erfordern, wird das Vorgehen bei der Analyse entsprechend getrennt dargelegt.

4.1 Die Mediendebatte

Die Mediendebatte wird anhand der Medienberichterstattung über die fremdenfeindlichen Ausschreitungen in Rostock-Lichtenhagen in den Monaten August und September 1992 analysiert.

4.1.1 Die Auswahl der Stichprobe

Als Grundlage für die Analyse der Medienberichterstattung wird eine Stichprobe aus der Grundgesamtheit der Materialsammlung des Pressearchivs des Deutschen Bundestages (Bonn) gezogen. Die dort vorfindliche Sammlung von Dokumenten zu einzelnen Personen des öffentlichen Lebens sowie zeitgeschichtlichen Ereignissen umfaßt Beiträge aus fast allen deutschen (Bundesrepublik einschließlich ehemalige DDR) und einigen ausländischen Printmedien sowie Beiträge aus dem parlamentarisch-politischen Pressedienst und die Fernseh- und Hörfunkspiegel. Hier werden täglich ca. 120 Zeitungen ausgewertet und zusätzlich die Presse- und Informationsdienste der beiden großen Parteien erfaßt.

Die Berichterstattung über die Ausschreitungen in Rostock-Lichtenhagen ist im Pressearchiv dem Stichwort „Ausländerfeindlichkeit/Rassendiskriminierung" zugeordnet. Das Stichwort „Fremdenfeindlichkeit" läßt sich innerhalb der Materialsammlung des Pressearchivs nicht finden. Eine erste Selektion des Materials findet von daher schon durch die im Pressearchiv vorgenommene Zuordnung von Zeitungsartikeln zu bestimmten Rubriken statt.

Die Ereignisse in Rostock beginnen am Samstag, den 22.8.92. Am Montag, den 24.8.92 erscheinen die ersten Artikel darüber. Die Stichprobe bezieht sich insgesamt auf den Zeitraum vom 24.8. bis zum 14.9.92. Dabei werden alle Artikel, die im Zeitraum vom 24.8. bis zum 9.9.92 unter dem genannten Stichwort abgeheftet sind, gezogen und fotokopiert. Später veröffentlichte Beiträge nehmen nur noch vereinzelt Bezug auf Rostock. Deshalb werden sie schon bei der Stichprobenziehung inhaltlich auf ihren Zusammenhang mit den Ereignissen in Rostock geprüft und erst dann gegebenenfalls für die Analyse ausgewählt und fotokopiert. Diese Vorgehensweise betrifft den Zeitraum vom 10.9. bis zum 14.9.92; danach tauchen keine Artikel mehr auf, die Bezug auf Rostock nehmen. Nach dem beschriebenen Auswahlverfahren umfaßt die Stichprobe zunächst 637 Dokumente, die alle dem Stichwort „Ausländerfeindlichkeit/Rassendiskriminierung" zugeordnet sind.

Anschließend wird die Stichprobe einem ersten Lesegang unterzogen und jedes einzelne Dokument auf seinen Bezug zu den Ausschreitungen in Rostock überprüft.[73] Kann in einem weiten Sinne ein Zusammenhang festgestellt werden, bleibt das Dokument der Stichprobe zugeordnet. Alle übrigen Artikel, die sich auf andere Themen, wie z.B. auf das Ausländerwahlrecht in der Bundesrepublik beziehen, werden aus der Stichprobe ausgeschlossen. Insgesamt lassen sich 55 solcher Artikel ausmachen, die keinen inhaltlichen Bezug zu Rostock herstellen.

Die vorliegenden Dokumente der gezogenen Stichprobe werden des weiteren hinsichtlich ihrer Herkunft kontrolliert, da die Stichprobe nur Artikel aus deutschen Zeitungen umfassen soll. Entsprechend werden Dokumente ausgesondert, die von ausländischen Medien, den Presse- und Informationsdiensten der Parteien oder aus Fernseh- und Hörfunkspiegeln stammen, da sie unterschiedliche Gattungen öffentlicher Kommunikation repräsentieren, die mit Zeitungsartikeln nicht unmittelbar vergleichbar sind. Dadurch werden weitere

---

[73] Vgl. dazu auch die Schritte der Auswertung in Kap. II.4.1.2.

141 Dokumente aus der gezogenen Stichprobe ausgeschlosssen.[74]
Der erste Lesegang hat eine Reduzierung der Stichprobe um 196 Dokumente zur Folge. Insgesamt setzt sich die Stichprobe also aus N = 441 Dokumenten zusammen. Dabei handelt es sich um Artikel aus 42 Tageszeitungen und 12 Wochenzeitungen.[75]
Die gesamte Stichprobe geht zunächst in die Analyse ein. Die Analyse besteht aus zwei Lesegängen und drei Auswertungsschritten: die Grob-, die Fein- und die interpretative Analyse. In die Grobanalyse, die den eben beschriebenen ersten Lesegang umfaßt, gehen dabei noch alle 637 zuerst ausgewählten Dokumente ein. Beim dritten Auswertungsschritt, einer Interpretation der ermittelten Argumentationsweisen und Deutungsmuster, wird der Schwerpunkt auf Artikel aus Tageszeitungen gelegt, da Wochenzeitungen im Gegensatz zu den Tageszeitungen eine andere Zeitungsgattung repräsentieren und entsprechend anderen Produktionsbedingungen unterliegen. Sie werden in der Analyse jedoch nicht ausgeschlossen, damit der Gesamtkorpus der Berichterstattung über Rostock sich nicht weiter verkleinert und geprüft werden kann, ob sich grundlegende Unterschiede in der Argumentation feststellen lassen.

4.1.2 Die Schritte der Auswertung

Bei der *Grobanalyse* werden sämtliche Artikel der gezogenen Stichprobe des Pressearchivs dem bereits beschriebenen ersten Lesegang unterzogen. Nach dem ersten Lesegang wird entschieden, ob der Artikel in die endgültige Stichprobe aufgenommen wird. Das ausgewählte Dokument erhält eine Nummer. Für jeden Artikel wird eine Karteikarte angelegt, auf der die jeweilige Nummer, die Hauptüberschrift des Artikels, das Erscheinungsdatum und der Name der jeweiligen Zeitung erfaßt werden. Zusätzlich werden in Stichworten die behandelten Themen festgehalten und Besonderheiten (z.B. daß es sich um ein Interview handelt) notiert.
Damit entsteht mit dem ersten Lesegang eine Liste aller im Rahmen der Berichterstattung angesprochenen Themen (z.B. die Thematisierung der Asylrechtsdebatte oder der Situation in den neuen Bundesländern etc.) unter Berücksichtigung ihrer Häufigkeit und wechselseitigen Verknüpfung. Gleichzeitig

---

[74] Davon stammen 39 Beiträge aus ausländischen Medien, 11 Berichte von den Presse- und Informationsdiensten der Parteien, 15 Artikel vom parlamentarisch-politischen Pressedienst und 73 Dokumente aus Hörfunk und Fernsehen. 3 Dokumente werden zusätzlich ausgeschlossen, weil sie unvollständig sind.

[75] Vgl. Anhang 1.

erlaubt der erste Lesegang, eine Chronologie der Ereignisse in Rostock-Lichtenhagen zu erstellen, die die Grundlage für deren Beschreibung bildet.[76] Schließlich findet im Rahmen der Grobanalyse eine Bestimmung der Diskursphasen statt. Diskursphasen sind zeitlich voneinander abgrenzbare unterschiedliche Diskursgestalten. Die Medienberichterstattung über Rostock-Lichtenhagen läßt sich danach in zwei Diskursphasen einteilen.

Die *Feinanalyse* beginnt mit einem zweiten Lesegang aller in die endgültige Stichprobe aufgenommenen 441 Dokumente. Dabei findet zunächst eine Überprüfung der im ersten Lesegang erstellten Themenliste hinsichtlich ihrer Gültigkeit statt. Jedes ermittelte Thema erhält auf dieser Liste eine farbliche Markierung.

Im Vordergrund der Feinanalyse steht eine Untersuchung der zentralen Argumentationsmuster der einzelnen Dokumente. Jeder Zeitungsartikel wird hinsichtlich seiner Aussagen analysiert, wobei die mit den jeweiligen Themen verbundenen Argumentationen und Positionen ermittelt werden.

Argumente werden herausgefiltert, auf den zu den einzelnen Artikeln angelegten Karteikarten verzeichnet und anschließend den verschiedenen Themen zugeordnet. Je nach Themenzugehörigkeit werden die Argumente auf den Karteikarten und in den Zeitungsartikeln farblich hervorgehoben. Dies erlaubt erlaubt eine einfache, aber sehr übersichtliche Zuordnung der Argumente zu bestimmten Themen. Alle nicht eindeutig zuordenbaren Argumente erhalten eine gemeinsame Farbe.

Weiter wird eine Liste von Sub-Themen angelegt, die zunächst nicht eindeutig den ermittelten Themen zugewiesen werden können. In einem nächsten Schritt wird versucht, diese Sub-Themen wieder zuzuordnen. So wird z.B. als Sub-Thema die Aussage aufgenommen, Asylbewerber könne man nicht in einem Neubauviertel unterbringen. In der weiteren Untersuchung kristallisiert sich heraus, daß diese Aussage ein Argumentationsmuster bildet, das im Kontext der Auseinandersetzungen über das Verhalten der Asylbewerber in Rostock-Lichtenhagen und die Belästigung der Anwohner steht[77], und sich so dem Thema „Probleme vor Ort/ Belästigung der Anwohner" zuweisen läßt.

Die aus der Feinanalyse gewonnenen Argumentationsgruppen können in der *interpretativen Analyse* hinsichtlich ihrer spezifischen Ausprägung klassifiziert werden. Nach einem dreidimensionalen Modell (Zeit, Thema, Argumentationsmodus) lassen sich jeweils voneinander unterscheidbare Argumentationsmuster herauskristallisieren. Dabei zielt die Analyse vornehmlich auf die Ermittlung prototypischer Argumente, mit denen exemplarisch ein Muster ver-

---

[76] Zur Chronologie der Ereignisse vgl. Anhang 3; eine Beschreibung des „Falls" findet sich in Kap. III.1.

[77] Vgl. Kap. III.2.1.1.

anschaulicht werden kann. Von daher bilden prototypische Argumente keine Argumente, die besonders häufig im Diskurs auftauchen, sondern Muster, die vorherrschende Sichtweisen im Diskurs sichtbar machen.

Darüber hinaus geht es bei der interpretativen Analyse auch um die Ermittlung der im Diskurs hergestellten Rahmen. Hier werden zunächst zwei übergeordnete Rahmen ermittelt: „Die Asylbewerber und das Asylrecht" sowie „Rechts- und Linksextremismus sowie Ausländerfeindlichkeit". Es handelt sich dabei um politische Rahmungen des Phänomens Fremdenfeindlichkeit.

Des weiteren werden diskursinterne Rahmungen bestimmt, die den Diskurs strukturieren und ihm innerhalb des jeweiligen übergeordneten Rahmens seine spezifische Gestalt verleihen. Die diskursinternen Rahmen werden hier Diskursstränge genannt. Innerhalb jedes übergeordneten Rahmens lassen sich vier verschiedene Diskursstränge ermitteln.

Die Bestimmung der unterschiedlichen Diskursstränge erfolgt auf der Basis der Klassifizierung der Argumentationsgruppen. Von daher beziehen sich Diskursstränge auf ausgewählte Diskursthemen und stellen spezifische Argumentationsmuster her. Anhand der Analyse dieser Argumentationsweisen lassen sich bestimmte Deutungsmuster ermitteln.[78]

Dabei können mit der interpretativen Analyse neben den Argumentationsmustern auch sogenannte Diskursmuster herausgearbeitet werden. Diskursmuster bilden zentrale Elemente des Diskurses (auch Diskurselemente genannt), die den gesamten Diskurs durchlaufen und als übergeordnete Argumentationsmuster zu verstehen sind. Die Diskursmuster werden immer in bezug auf ihren äußeren und inneren Rahmen interpretiert. Dabei kristallisieren sich auch Argumentationsmuster heraus, die innerhalb verschiedener Rahmen auftauchen und von daher unterschiedliche Aussagen im Diskurs herstellen.

Fassen wir zusammen, so sind es vier Elemente, die bei der interpretativen Analyse herausgearbeitet werden:
- die Argumentationsmuster;
- die beiden äußeren bzw. primären Rahmen als diskursübergeordnete Rahmen;
- die den beiden primären Rahmen zugeordneten Diskursstränge als diskursinterne Rahmen;
- die Diskursmuster, die übergeordnete Argumentationsmuster darstellen.

Die Differenzierung nach den im Diskurs hergestellten Rahmen erlaubt eine angemessene Strukturierung des Diskurses auf seinen unterschiedlichen Ebenen. Die Herstellung von Deutungsmustern findet dabei auf allen Ebenen statt, da sie als kulturelle Sinnstrukturen den Aussagen des Diskurses zugrunde liegen.

---

[78]   Nicht jedes Argument kann als Deutungsmuster bestimmt werden.

4.2 Die Asylrechtsdebatte

Die Asylrechtsdebatte wird anhand eines Ausschnitts, der Diskussionen über Entstehung, Begründung und Änderung bzw. Abschaffung des Asylrechts im Bundestag, rekonstruiert und analysiert. Dabei zielt die Analyse weniger auf die Veränderung der asylpolitischen Maßnahmen, Novellen und Gesetze - wenngleich diese berücksichtigt werden - als vielmehr auf die Argumentation über das Asylrecht, die Asylbewerber und die jeweiligen Legitimationen für Veränderungen der Asylpolitik. Parlamentsdebatten dienen dazu, die Positionen der Parteien öffentlich zu markieren. Die jeweiligen Positionen sind jedoch abhängig vom zeitgeschichtlichen Kontext.

Der Beginn der Debatte über das Asylrecht im Bundestag wird mit der Entstehung des Asylrechts im Jahr 1948/49 bestimmt, sein Ende auf die Änderung des Asylrechts im Jahr 1993 festgelegt.

4.2.1 Die Auswahl des Materials

Für die Analyse der Asylrechtsdebatte steht zunächst kein überschaubares und begrenzbares Material zur Verfügung. Der empirische Zugang erfolgt von daher über Material, das andere Studien zusammengetragen haben. Es handelt sich dabei um Untersuchungen des historischen Verlaufs der Asyldebatte in der Bundesrepublik, in deren Rahmen die gesamten Bundestagsprotokolle und Bundestagsdrucksachen ausgewertet wurden. Diese Beschreibungen und Analysen der Asylrechtsdebatte werden als Material der eigenen Untersuchung zugrunde gelegt. Dabei werden vornehmlich die Arbeiten von Höfling-Semnar 1995, Knopp 1994, Münch 1992, Wolken 1988 und Klausmeier 1984 berücksichtigt. Als Quelle für ausgewählte Argumente einzelner Politiker wird entsprechend die jeweilige Studie angegeben.[79]

Nicht alle Untersuchungen haben die Auseinandersetzungen um eine Veränderung des Asylrechts in den Jahren 1992 und 1993 mit einbezogen. Deswe-

---

[79] In diesem Sinne muß die hier durchgeführte Untersuchung auch als Sekundäranalyse bezeichnet werden, da sie auf schon ausgewertetem Material beruht. Dies ist im Rahmen von interpretativer Sozialforschung nicht unproblematisch, da die Selektion der jeweiligen Autoren und Autorinnen übernommen wird, und ihre Interpretationen nicht immer von dem Material zu trennen sind. Andererseits hat ein Teil der verwendeten Untersuchungen (z.B. Höfling-Semnar 1995 und Wolken 1988) das Originalmaterial sichtbar gemacht; auf diese Untersuchungen wird in der eigenen Analyse bevorzugt zurückgegriffen. Damit werden eigene Interpretationen möglich gemacht.

gen werden ergänzend Plenarprotokolle aus diesem Zeitraum zu ausgewählten Bundestagsdebatten, deren Fokus die Änderung des Asylrechts ist, in die Materialgrundlage aufgenommen.[80]

4.2.2 Die Schritte der Auswertung

Die *Grobanalyse* zielt auf die Rekonstruktion der Auseinandersetzungen im Bundestag über das Asylrecht, sie dient also zunächst der Erstellung einer zeitlichen strukturierten Beschreibung. Dafür werden sämtliche als Material bestimmten Quellen einem Lesegang unterzogen. Mit diesem ersten Lesegang entsteht eine Liste aller zentralen Themen und Themenverknüpfungen. Zugleich wird eine erste zeitliche Bestimmung des Diskursverlaufs vorgenommen. Mit Abschluß der Grobanalyse liegt eine Zusammenfassung der Asyldebatte im Bundestag in ihrer historischen Entwicklung vor, und zwar zunächst in Form einer chronologischen Abfolge.

Die sich anschließende Feinanalyse und die interpretative Analyse folgen im Grundsatz den entsprechenden Auswertungsschritten bei der Analyse der Mediendebatte und werden hier deshalb nicht mehr ausführlich erläutert.[81]

Die *Feinanalyse* nimmt einen zweiten Lesegang zur Untersuchung der zentralen Argumentationsmuster vor. Dabei werden der erstellten Beschreibung der Asyldebatte Argumente zugeordnet, die zugleich hinsichtlich ihrer zeitlichen und thematischen Ausrichtung analysiert werden. Es lassen sich erste Argumentationsgruppen ermitteln. Parallel dazu erfolgt eine Überprüfung der im ersten Lesegang erstellten Themenliste. Es werden weitere Themen erfaßt und in ihrem zeitlichen Kontext bestimmt.

Die *interpretative* Analyse nimmt eine Klassifizierung der Argumentationsgruppen hinsichtlich der drei Dimensionen Zeit, Thema und Argumentationsmodus vor. Hier werden voneinander unterscheidbare Argumentationsmuster sichtbar. Aus der Analyse der im Diskurs hergestellten Rahmen ergibt sich keine Bestimmung eines übergeordneten Rahmens. Dies hängt damit zusammen, daß die untersuchte Debatte über das Asylrecht durch eine primäre Rahmung definiert ist, die sich als *Entwicklung des Asylrechts* festhalten läßt.

Diskursinterne Rahmungen, sogenannte Diskursstränge, werden in der interpretativen Analyse herausgearbeitet. Hier lassen sich sechs verschiedene

---

80 Vgl. BTPlPr 12/79 (vom 20.2.92), BTPlPr 12/134 (vom 21.1.93), BTPlPr 12/160 (vom 26.5.93) und die Bundestagsdrucksachen BTDrs 12/2062, BTDrs 12/4152. Vgl. Anhang 2.

81 Vgl. Kap. II.4.1.2.

Diskursstränge ermitteln, die sich in thematischer Hinsicht - bezogen auf die einzelnen Argumenationsmuster - unterscheiden und auf der zeitlichen Ebene voneinander abgrenzbar sind. Die Klassifizierung der Argumentationsgruppen erlaubt es, diesen Diskurssträngen einzelne Argumente zuzuordnen, wobei die Argumentationsweisen unterschiedlichen Phasen des Diskurses entspringen. Gleichzeitig werden mit der interpretativen Analyse auch sogenannte übergeordnete zentrale Argumentationsmuster oder Diskursmuster bestimmt.

4.3 Zusammenfassung

In der vorliegenden Arbeit werden zwei unterschiedliche Debatten analysiert: die Medienberichterstattung über die Ausschreitungen in Rostock und die Asylrechtsdebatte im deutschen Bundestag. Beide Debatten lassen sich als Teile des Diskurses über Fremde und Fremdenfeindlichkeit verstehen.

Die Diskursanalyse findet damit auf zwei unterschiedlichen Ebenen statt. Zum einen wird die Mediendebatte anhand der Berichterstattung über ein fremdenfeindliches Ereignis untersucht; damit erfolgt eine Analyse von Aussagen auf der intradiskursiven Ebene. Zum anderen wird ergänzend die Debatte im Bundestag über das Asylrecht in der Bundesrepublik Deutschland untersucht. Damit wird eine Analyse der Beziehungen auf der interdiskursiven Ebene möglich.

Die Analyse dieser beiden Debatten als Teile des Gesamtdiskurses über Fremdenfeindlichkeit erlaubt es, die Entstehungsbedingungen von Aussagen in zweierlei Hinsicht zu untersuchen: Anhand der Medienberichterstattung wird es möglich, zu einem bestimmten historischen Zeitpunkt Aussagen und die darin hergestellten Deutungsmuster in ihrer Spezifiziät zu erfassen. So werden der Kontext und die Bedingungen des Auftauchens von Aussagen innerhalb eines Diskurses aufgeschlüsselt. Anhand der Analyse der Auseinandersetzungen über das Asylrecht im deutschen Bundestag und die damit verbundene Debatte über Ausländer und Asylbewerber als historisch übergreifender Diskurs kann die Entstehung von Deutungsmustern rekonstruiert werden.

Die Analyse des Diskurses über Fremdenfeindlichkeit berücksichtigt so zwei Dimensionen: einmal die sich historisch entwickelnde und verändernde Debatte über Fremde (betrachtet anhand der Auseinandersetzungen über das Asylrecht in der Politik), zum anderen die öffentlichen Auseinandersetzungen über ein spezifisches Ereignis im Zusammenhang mit Fremdenfeindlichkeit. Diese beiden Diskursanalysen ergänzen einander. Damit werden Aussagen über den Gesamtdiskurs über Fremdenfeindlichkeit möglich.

Die Vorgehensweise läßt sich als eine Form der Deutungsmusteranalyse bestimmen. Deutungsmuster sind langfristig entstandene, bestehende und sich verändernde Denkformen, die auf der Basis dieser beiden Diskursanalysen rekonstruiert werden können. Sie bilden Formen des nicht-bewußt bewußten Wissens und stellen als solche kulturelle Sinnstrukturen dar. Insofern haben die Debatten in der Politik, vornehmlich die Debatte um das Asylrecht, und in den Medien Auswirkungen auf den gesellschaftlichen Umgang mit „Fremdenfeindlichkeit". Beide stellen Deutungsmuster her, die wechselseitig von ihnen aufgegriffen werden.

III. Rekonstruktion des Diskurses über Rostock

Die Analyse der Medienberichterstattung über Rostock bezieht sich auf den durch die Auswahl der Stichprobe markierten Zeitraum vom 24.8. bis 14.9.92.[82] Zum besseren Verständnis ist es notwendig, eine kurze Fallbeschreibung voranzustellen, da die Analyse Rostock Kenntnisse über den Verlauf der Ereignisse in Rostock voraussetzt. Die Fallbeschreibung ist auf der Grundlage aller in die Analyse eingegangenen Artikel entstanden.[83] Sie soll Aufschluß über den inneren Kontext des Geschehens geben.

Fallbeschreibung meint hier jedoch nicht die Deskription eines abgeschlossenen Geschehens. Die Bezeichnung als „Fall" ist eine analytische Konstruktion, die es erlaubt, den Ereignissen einen Rahmen zu geben, der durch das zugrundeliegende Sample bestimmt wird. Auch handelt es sich nicht um eine Beschreibung im Sinne einer neutralen und objektiven Darstellung der Ereignisse von Rostock, anhand derer eine Überprüfung der Presseberichterstattung vorgenommen werden könnte. Die „Fall"- „Beschreibung" schließt bestimmte Sichtweisen und spezifische Kategorien mit ein, die bereits schon vorläufige Interpretationen der Ereignisse enthalten, da jede Aussage im Diskurs immer schon Teil eines Deutungsmusters darstellen kann.[84]

---

[82] Vgl. zum Vorgehen, zur Ziehung der Stichprobe und Auswahl der Dokumente Kap. II.4.1.1 und II.4.1.2.

[83] In Ausnahmefällen ist auf Beschreibungen der Rostocker Ereignisse aus anderen Quellen zurückgegriffen, die jeweils angegeben werden. Fallbeschreibungen finden sich auch bei Mika 1994; Funke 1993; Huisken 1993; Jahnke 1993; Nadig 1993.

[84] Abgesehen von sprachlichen Mustern, die einzelnen Akteuren im Diskurs sehr unterschiedlich zugeschrieben werden, ergeben sich auch inhaltliche Differenzen. In der hier vorliegenden „Fall"- „Beschreibung" wird versucht, den gemeinsamen Nenner der gesamten Presseberichterstattung zu erfassen und wiederzugeben. Gegensätzliche Angaben in einzelnen Artikeln sind von daher nicht auszuschließen. Unterschiedliche Zahlenangaben werden z.T. durch die Angabe der jeweiligen Spannbreiten verdeutlicht.

1. Der „Fall" Rostock-Lichtenhagen

Lichtenhagen ist ein Vorort der Hansestadt Rostock, der in den 70er Jahren zur Unterbringung vornehmlich von Werftarbeiterfamilien geplant wird. Der Stadtteil, eine Ansammlung von mehrstöckigen Plattenbauten, entsteht, um den Menschen, die im Hafen, in den Fabriken und den Büros arbeiten, eine Unterkunft zu geben. Daß sie in dem Viertel auch leben, ist nicht vorgesehen. Die Wohnungen sind lediglich zum Zwecke der Übernachtung gedacht. 1974 werden sie erstmals bezogen.

1990 legt die Landesregierung den Sitz der *Zentralen Aufnahmestelle für Asylbewerber* (ZAST) des Landes Mecklenburg-Vorpommern nach Rostock-Lichtenhagen. Die ZAST befindet sich in einem mehrstöckigen Plattenbau mit Sonnenblumenmosaiken an der Giebelwand, deswegen auch „Sonnenblumenhaus" genannt. Der Gebäudekomplex besteht aus drei Häusern: in zwei Häusern sind Wohnungen von Lichtenhagenern, in dem dritten Haus ist die ZAST untergebracht und leben Vietnamesen, die als ehemalige DDR-Vertragsarbeiter nach Rostock gekommen sind.

Alle Asylbewerber, die über das Land Mecklenburg-Vorpommern in die Bundesrepublik eingereist sind, müssen in der ZAST in Lichtenhagen ihren Asylantrag stellen und dort untergebracht werden. Sie wohnen so lange in der ZAST, bis sie im weiteren Verfahren auf sogenannte Sammellager verteilt werden.

Im Sommer 1992 leben in Lichtenhagen 20.000 Menschen[85], die Hälfte von ihnen ist unter 25 Jahre alt, die Arbeitslosenrate beträgt 13%.[86] Die Aufnahmestelle hat 300 Aufnahmeplätze und gilt seit Mai 1992 als völlig überfüllt, da fast täglich 70-80 Asylbewerber hinzukommen.[87] Menschen, die aufgrund der Überfüllung im Heim keine Aufnahme finden, müssen vor dem Haus im Freien übernachten und dort darauf warten, daß ihr Antrag bearbeitet wird (Jahnke 1993: 9).

In der Nacht zum Samstag, dem 22. August 1992, kommen mehrere hundert Menschen vor der ZAST zusammen und bewerfen diese mit Steinen. Sie erhalten dabei von Hunderten von Schaulustigen aus der Nachbarschaft Bei-

---

[85] Nadig (1993) spricht von 22.000 Lichtenhagenern.
[86] „Die Welt" (28.8.92) spricht dagegen von 17% Arbeitslosen.
[87] Die Angaben über die Anzahl der in der ZAST wohnenden Asylbewerber variiert zwischen 200 und 300. Die vorgesehene Belegungszahl für die ZAST wird mit 320 angegeben (vgl. Die Welt, 25.8.92).
Die „Neue Zeit" (25.8.92) schreibt, daß 80 bis 100 Asylbewerber täglich hinzukämen. Die „tageszeitung" (5.9.92) weist darauf hin, daß die ZAST vor allem im Juni 1992 ständig überfüllt gewesen sei. Nadig (1993: 24) spricht davon, daß im Monat Juni 1992 ca. 1.300 Flüchtlinge nach Lichtenhagen gekommen seien.

fall.[88] Es kommt zu Zusammenstößen mit der Polizei (Huisken 1993: 12). Molotowcocktails werden eingesetzt, um das Haus zu stürmen, die Polizei antwortet mit Tränengas und Wasserwerfern. Die Auseinandersetzungen dauern bis zum frühen Morgen an.

Am darauffolgenden Sonntag (23.8.92) versammeln sich bis zum Nachmittag ca. 3.000 Menschen vor der ZAST. Auch diesmal werden die Angriffe auf die Aufnahmestelle für Asylbewerber bis in die Nacht hinein fortgesetzt. Rund 1.000 Zuschauer verhindern dabei ein Eingreifen der Polizei und feuern die *Randalierer* an.

Am selben Wochenende (22./23.8.92) trifft sich die SPD zu einer Klausurtagung. Als ein Ergebnis verkündet der SPD-Vorsitzende Björn Engholm, daß ein politisches Ziel der SPD die *Steuerung der Zuwanderung* nach Deutschland sei und daß auch die SPD jetzt für eine Ergänzung des Artikels 16 GG stimmen werde. Das individuelle Grundrecht auf Asyl solle nicht mehr für Asylbewerber gelten, die z.B. aus Staaten kämen, in denen sie nicht politisch verfolgt würden. Das gesamte Gesetz, einschließlich der Grundgesetzänderung, solle noch im Herbst beraten werden. (Vgl. Höfling-Semnar 1995: 198f)

Die ersten Berichte über die Ereignisse in Rostock-Lichtenhagen erscheinen am Montag (24.8.92) in den Zeitungen. Bundestagspräsidentin Rita Süßmuth (CDU) fordert, daß die parlamentarischen Beratungen über die Neugestaltung des Asylrechts und die Aufnahmepraxis gegenüber Flüchtlingen unverzüglich beginnen sollten. Der Innenminister von Mecklenburg-Vorpommern, Lothar Kupfer (CDU), äußert Betroffenheit über die Ereignisse in Lichtenhagen, aber auch Verständnis für das Verhalten der Anwohner. Er fordert, dem *unkontrollierten Zustrom von Asylbewerbern* einen Riegel vorzuschieben.

Am Montag morgen wird die ZAST in einen ehemaligen NVA-Stützpunkt für Raketenabwehr in Hinrichshagen verlegt, ein benachbartes Dorf mit 100 Einwohnern. Die Asylbewerber werden umquartiert und zum Teil in Notunterkünften in Hinrichshagen, in Bad Doberan und in Greifswald untergebracht. Die im selben Hochhaus lebenden Vietnamesen bleiben in ihren Wohnungen zurück.

Der Rostocker Innensenator Peter Magdanz (SPD) weist darauf hin, daß er sich seit Monaten beim Schweriner Innenministerium für eine Umsiedlung der Asylbewerber eingesetzt habe. Bundesinnenminister Rudolf Seiters (CDU) fliegt am Montag morgen nach Rostock. Dort berichtet er, daß große Teile der Bevölkerung über *den massenhaften Zustrom von Asylbewerbern* besorgt seien. Seiters begrüßt den Kurswechsel der SPD bezüglich einer möglichen Ände-

---

[88] Die „Frankfurter Allgemeine Ztg." (24.8.92) z.B. spricht dagegen von 150 Skinheads und 1.000 Anwohnern, die sich in der Nacht zum Samstag vor der ZAST versammelt hätten.

rung des Asylrechts. Rostocks Bürgermeister Wolfgang Zöllick (CDU) erklärt in einem Interview mit der „tageszeitung", zwei Rostocker Tageszeitungen hätten in der vorangegangenen Woche berichtet, daß ein anonymer Anrufer zu einer Kundgebung und zu Gewalttaten aufgerufen habe. Die „Berliner Ztg." berichtet später ähnliches; sie verweist auf die Freitagausgabe der „Ostsee Ztg.", in der zu lesen gewesen sei, daß ein anonymer Anrufer einer *Interessengemeinschaft Lichtenhagen* Aktionen angekündigt habe: „Das wird eine heiße Nacht. Wir werden Ordnung schaffen." (Zit. n. Berliner Ztg., 25.8.92)

Montag abend wird erneut das Haus angegriffen und mit Steinen beworfen. An diesem Abend beteiligen sich *organisierte Rechte* bzw. *rechtsradikale Organisationen* aus dem Westen an den Ausschreitungen. Es versammeln sich mehrere tausend Menschen vor der (ehemaligen) ZAST; dabei wird von 1.000 *Randalierern* und bis zu 3.000 *Schaulustigen* gesprochen.[89] Um 22.00 Uhr fliegt der erste Brandsatz auf das Heim, weitere folgen. Das Haus brennt bis zum vierten Stock. Die noch im selben Haus wohnenden über 100 Vietnamesen[90] flüchten zusammen mit einem ZDF-Kamerateam der Sendung „Kennzeichen D", das sich zu diesem Zeitpunkt bei ihnen aufhält, in die oberen Stockwerke. Sie retten sich über das Dach zum Nachbarhaus. Die Polizei zieht sich zurück und greift nicht ein, während die ZAST brennt. Gegen 22.30 Uhr rückt die Feuerwehr an (Mika 1994: 97ff), kann aber den Brand nicht löschen, da sie von den *Randalierern* angegriffen und in ihrer Arbeit behindert wird. Sie erhält keine polizeiliche Unterstützung. Die Polizei hält sich zurück, bis nach Mitternacht zwei zusätzliche Hundertschaften des Bundesgrenzschutzes mit Hubschraubern in Rostock eintreffen. In dieser Nacht werden 70 Polizisten verletzt und 150 Personen festgenommen.

Montag nacht demonstrieren 100 *Autonome* in der Bonner Altstadt spontan gegen *Rechtsradikalismus*. Sie besprühen Wände und beschädigen Streifenwagen.

Am Dienstag vormittag (25.8.92) erklärt Rostocks Oberbürgermeister Klaus Kilimann (SPD) in einem Interview zum Verhalten der Polizei, diese habe nicht gewußt, daß sich noch über 100 Vietnamesen in den Wohnungen aufhielten, da die Asylbewerber am selben Tag weggebracht worden seien. Die Polizei habe geglaubt, das Haus stünde leer.

Der Rostocker Polizeidirektor und Leiter des Landeskriminalamtes von Mecklenburg-Vorpommern Siegfried Kordus wird abgelöst; Heinrich Heinsen, der Chef des Landespolizeiamtes, übernimmt die Einsatzleitung in Lichtenhagen. Die Sicherheitskräfte werden um 1.300 Personen erhöht. 200 Rostocker

---

[89] Die „Ostsee Ztg." (25.8.92) berichtet z.B. von 800 Randalierern und 3.000 Schaulustigen.

[90] Es wird hier je nach Zeitung von 100 bis 150 Vietnamesen gesprochen.

Bürger beteiligen sich am Dienstag abend in Rostock an einer Kundgebung gegen Ausländerfeindlichkeit.

Die Auseinandersetzungen vor der ZAST gehen noch in der Nacht zum Mittwoch weiter. Um 22.30 Uhr beginnt eine *Straßenschlacht*, die um 1.30 Uhr ihr Ende findet. Die Polizei setzt Wasserwerfer und Tränengasgranaten ein, die Gegenseite Molotowcocktails und Wurfgeschosse aus zertrümmerten Gehwegplatten. 1.000 *Randalierer* kämpfen gegen 900 Polizisten. Diesmal werden 58 Personen festgenommen und 65 Beamte verletzt.

Auf Antrag der SPD soll am Freitag (28.8.92) eine Sondersitzung des Landtages von Mecklenburg-Vorpommern stattfinden. Die FDP will dort einen parlamentarischen Untersuchungsausschuß einrichten. Die CDU fordert, daß die SPD sich jetzt ohne Einschränkung öffentlich für eine Änderung des Asylrechts ausspricht.

DIE GRÜNEN erstatten Strafanzeige gegen Seiters und Kupfer wegen Beihilfe zur Volksverhetzung und unterlassener Hilfeleistung. Seiters' Forderung nach einer Änderung des Asylrechts und Kupfers Rede von einem *unkontrollierbaren Zustrom von Asylbewerbern* habe die *rechten Randalierer* von Rostock angefeuert und unterstützt.

Für die kommenden Tage werden verschiedene Kundgebungen gegen *Rassismus, Ausländerfeindlichkeit und Rechtsextremismus* angekündigt, die mit den Aktivitäten zum Antikriegstag der Gewerkschaften am 1.9.92 verbunden werden sollen.

Am Mittwoch (26.8.92) verkündet Kanzleramtsminister Friedrich Bohl (CDU), es sei eine vordringliche Aufgabe der Bundesrepublik, eine Änderung des Asylrechts herbeizuführen. Eine Einschränkung des bestehenden Grundrechts auf Asyl könne einen wesentlichen Beitrag dazu leisten, den *Nährboden* für Gewalttaten gegen Ausländer und Asylbewerber auszutrocknen.

Am Mittwoch abend finden in Berlin, München und Frankfurt Demonstrationen gegen *rassistische Pogrome* und gegen Ausländerfeindlichkeit statt. Linke Gruppen haben für Samstag zu einer Kundgebung in Lichtenhagen aufgerufen.

Am selben Tag nach 22.00 Uhr setzen sich die Ausschreitungen in Lichtenhagen fort. Wieder kämpfen mehrere hundert Personen[91] vor Ort gegen 1.500 Beamte. Wasserwerfer werden gegen *Randalierer* eingesetzt, die Steine und Brandsätze werfen. Ein Rostocker Trabi wird angezündet und brennt ab, die Zuschauer und Anwohner sind entsetzt darüber. 146 Personen werden festgenommmen, am nächsten Tag liegen 25 Haftbefehle vor. Diesmal gibt es keinen Beifall von den Zuschauern, und auch die Anwohner distanzieren sich jetzt vom Verhalten *Randalierer*.

---

[91] Die Angaben variieren hier zwischen 300 bis 500 *Randalierern*.

Am Donnerstag (27.8.92) gibt Bundeskanzler Kohl vor dem Kabinett eine Erklärung zu den fünf Nächten von Rostock-Lichtenhagen ab. Er betont, daß Deutschland nach wie vor ein ausländerfreundliches Land sei und eine lückenlose Aufklärung der Vorfälle folgen werde. Gleichzeitig verweist er auf die Dringlichkeit asylpolitischer Änderungen:

> „Der Mißbrauch des Asylrechts muß endlich gelöst werden. Dazu zählt auch die Ergänzung des Grundgesetzes. Sie allein löst dieses Problem nicht, ist aber ein wichtiger Schritt zur Eindämmung des Asylmißbrauchs." (Bundeskanzler Kohl (CDU), zit. n. Bulletin, 29.8.92)

Die von der SPD beantragte Sondersitzung des Landtages findet statt. SPD und Linke Liste/PDS fordern den Rücktritt Kupfers; der Antrag wird mit einer Mehrheit von fünf Stimmen von der CDU/FDP-Koalition abgewiesen. Innenminister Kupfer bleibt im Amt. Das Landesparlament beschließt einstimmig die Einrichtung eines Untersuchungsausschusses.

In der Nacht zum Freitag kommt es zu keinen größeren Ausschreitungen. Vor der ehemaligen ZAST versammeln sich ca. 60 Personen, es werden vereinzelt Steine geworfen. In der näheren Umgebung sind 800 Beamte postiert, die sich zurückhalten. Es folgen einige Festnahmen wegen Besitzes von Schlagstöcken und Gaspistolen.

Am Samstag (29.8.92) findet in Lichtenhagen eine Demonstration *gegen Rassismus und Ausländerfeindlichkeit* statt, zu der bundesweit aufgerufen wurde. Die Polizei führt umfangreiche Kontrollen auf den Autobahnen durch, so daß sich die Ankunft vieler Busse aus Hamburg und anderen Bundesländern stark verzögert und die Kundgebung erst Stunden nach dem geplanten Termin beginnen kann. Zwischen 14.000 und 15.000 Demonstranten versammeln sich in Lichtenhagen, 3.400 Polizisten kontrollieren das Geschehen. Es werden 80 bis 90 Personen festgenommen. Die Demonstration wird organisiert vom „Rostocker Bürgerbündnis gegen Faschismus und Nazi-Terror". Beteiligt ist auch die PDS, sie wird offiziell vertreten durch Gregor Gysi und Hans Modrow. Aus den Niederlanden, Frankreich, Schweden, Österreich und der Schweiz sind Pressevertreter angereist. Nur wenige Lichtenhagener Bürger beteiligen sich an der Demonstration.

Am gesamten Wochenende (29./30.8.92) finden bundesweit Ausschreitungen gegen Ausländer und Asylbewerber statt und werden weitere Anschläge auf Asylbewerberheime in Brandenburg, Sachsen-Anhalt und Mecklenburg-Vorpommern verübt.

Am Montag (31.8.92) berichtet Innenminister Kupfer (CDU) vor dem Innenausschuß des Bundestages. Er gibt Mängel und Fehler bei der Durchführung der Polizeieinsätze in Lichtenhagen zu. Die Passivität der Sicherheitskräfte in den ersten Tagen der Ausschreitungen begründet er mit den Aufbauproblemen der Polizei im Osten Deutschlands.

Auch am Dienstag (1.9.92) finden weitere Anschläge auf Asylbewerberheime statt, vornehmlich in den neuen Bundesländern. In Berlin wird an diesem Tag ein Bombenattentat auf das „Mahnmal für den Holocaust" verübt. Das jüdische Denkmal an der Putlitzbrücke, das an die Deportation von Juden in die Konzentrationslager erinnern soll, wird gesprengt.

Politiker aller Parteien streiten am selben Tag über die Gründung von Spezialeinheiten der Polizei, die künftig bei Ausschreitungen dieser Art eingesetzt werden sollen. Diskutiert wird über eine Spezialtruppe der Länderpolizeien, die sich aus den bestehenden Sondereinsatzkommandos (SEK) und Mobilen Einsatzkommandos (MEK) der Länder zusammensetzt.

Dem Rostocker Innensenator Magdanz (SPD) wird von der Politik vorgeworfen, er habe die Situation in Lichtenhagen provoziert, indem er die Überfüllung der ZAST zugelassen habe, um potentielle Asylbewerber abzuschrecken.

Donnerstag nacht (3.9.92) werden weitere Asylbewerberheime in den alten und in den neuen Bundesländern angegriffen. Am Freitag (4.9.92) folgen Anschläge in Brandenburg (Ketzin und Cottbus). Ministerpräsident Stolpe (SPD) diskutiert mit Cottbussern über Ausländerfeindlichkeit. Die Ausländerbeauftragten aller Bundesländer treffen sich vom 3. bis 4.9.92 in Hamburg.

Die bundesweiten Anschläge dauern die ganze Woche an und haben ihren Höhepunkt am darauffolgenden Wochenende (5./6.9.92). Es sind die schwersten Krawalle seit Rostock. Innerhalb einer Woche werden über 40 Angriffe auf Asylbewerberheime an mehr als zehn Orten in den neuen und in einigen alten Bundesländern bekannt. Die Heime werden mit Steinen und Brandsätzen beworfen, und es finden Straßenschlachten mit der Polizei statt.

Am 10.9.92 konstituiert sich im Schweriner Landtag ein parlamentarischer Untersuchungsausschuß, der aus elf Mitgliedern besteht, von denen fünf der CDU angehören. Der Untersuchungsausschuß soll die Verantwortung für die Rostocker Krawalle klären.

Am 11.9.92 rufen DIE GRÜNEN zu einer bundesweiten Demonstration am 3. Oktober für den Erhalt des Grundgesetz-Artikels 16 und gegen Rassismus auf.

2. Diskursrahmen und Diskursstränge

Die Medienberichterstattung über Rostock läßt sich in zwei Phasen einteilen, die sich zeitlich voneinander unterscheiden und durch eine unterschiedliche diskursive Ausprägung gekennzeichnet sind. In der ersten Phase stehen die täglichen Ausschreitungen vor der ZAST, die Situation in Rostock-Lichtenhagen, im Zentrum des Diskurses. Die zweite Phase nimmt Bezug auf die am 29.8.92 in Lichtenhagen stattfindende bundesweite Demonstration und auf die über alle Bundesländer sich ausbreitenden Anschläge auf Asylbewerberheime.

Beide Phasen lassen sich auch hinsichtlich der Berichtsdichte unterscheiden. In der ersten Phase, die sich auf die ersten sechs Tage der Medienberichterstattung über Rostock bezieht, werden mehr als die Hälfte aller vorliegenden Dokumente der Printmedien publiziert. Die restlichen Zeitungsartikel verteilen sich relativ gleichmäßig über die zweite Phase, die sich über die folgenden zwei Wochen der untersuchten Debatte erstreckt. Die Berichtsdichte nimmt zum Ende hin ab.

Ferner lassen sich für die Medienberichterstattung zwei politische Rahmungen erkennen:

1. Rahmung
Asylpolitik: die Asylbewerber und das Asylrecht

2. Rahmung
Politischer Extremismus: Rechts- und Linksextremismus sowie Ausländerfeindlichkeit

Je nach Rahmung werden unterschiedliche Problematisierungen vorgenommen, die auf die Benennung des Ereignisses, die Erklärung der Ursachen und den angemessenen Umgang mit dem politischen Problem zielen. Diese Rahmungen sind diskursübergreifende (dominierende) Deutungsmuster. Politische Rahmungen, die innerhalb eines öffentlichen Diskurses hergestellt werden, ordnen Phänomene den jeweiligen politischen Bereichen zu, stellen Zuständigkeiten und Verantwortlichkeiten her und spezifische Interventionsinstrumentarien zur Verfügung (Lehne 1994: 42).

Die beiden im Diskurs hergestellten politischen Rahmungen sind phasenübergreifend. Es läßt sich jedoch in der ersten Phase eine Dominanz der asylpolitischen Rahmung und in der zweiten Phase als dominante Rahmung der politische Extremismus erkennen.

Innerhalb der jeweiligen Rahmung kristallisieren sich unterschiedliche

Diskursstränge heraus, die sich als diskursinterne Rahmen interpretieren lassen. Diskursstränge fokussieren ausgewählte Diskursthemen und stellen spezifische Argumentationsmuster her. Sie können zeitlich gesehen den gesamten Diskurs durchlaufen, sie können aber auch prägend für eine bestimmte Phase, für einen bestimmten Moment innerhalb des Diskurses sein.[92]

2.1 Erste Rahmung: die Asylbewerber und das Asylrecht[93]

Der asylpolitische Kontext bildet die erste der beiden zentralen Rahmunger Innerhalb dieser Rahmung kristallisieren sich vier miteinander zusammenhär · gende Diskursstränge heraus, die sich auf zwei unterschiedliche Ebenen bezi(- hen.

Die erste Ebene bildet das Verhalten der Asylbewerber. Es rückt im Diskurs unter Bezugnahme auf die Ausschreitungen in Lichtenhagen in das Zentrum der Argumentation. Das Verhalten der Asylbewerber wird problematisiert und als Begründung für den Unmut der Anwohner und den Überfall auf die ZAST nahegelegt. Der erste Diskursstrang, der sich auf diese Ebene bezieht, fokussiert die Belästigung der Anwohner, der zweite den Mißbrauch des Asylrechts durch die Asylbewerber. Das Verhalten der Asylbewerber als Erklärung für die Ausschreitungen bildet demnach ein zentrales Deutungsmuster, das zwei unterschiedliche, einander sich ergänzende Varianten der Erklärung bereitstellt.

Die zweite Ebene bildet das *Asylproblem*. Asylrecht und Asylproblem bilden in diesen Diskurssträngen den zentralen Bezugspunkt der Argumentation. Änderung, Abschaffung und Aufrechterhaltung des Asylrechts sowie alternative asylpolitische Maßnahmen werden anläßlich der Ereignisse von Rostock-Lichtenhagen thematisiert. Der erste Diskursstrang fokussiert eine Änderung des Grundrechts auf Asyl, im zweiten Diskursstrang werden demgegenüber alternative Überlegungen zur Asylproblematik angestellt.

Die Diskursstränge, die sich auf die zweite Ebene beziehen, repräsentieren so zwei gegensätzliche Positionen im Diskurs, während die Diskursstränge, die

---

[92] Dadurch ist es nicht immer möglich, bei der Präsentation der Ergebnisse Redundanzen zu vermeiden. Dies hängt auch damit zusammen, daß das Schreiben immer auf eine lineare Darstellungsweise festgelegt ist, die dem Zusammenwirken und sich wechselseitigen Durchdringen der vorgestellten Argumente nur schwer gerecht wird.
Zur besseren Orientierung über den Verlauf der Ereignisse findet sich im Anhang 3 eine Chronologie der Ereignisse.

[93] Einige Ergebnisse und Passagen dieses Kapitels sind in einer ersten Voruntersuchung des Falles publiziert (vgl. Althoff 1994).

auf die erste Ebene bezogen sind, sich ergänzende Problematisierungen des Verhaltens der Asylbewerber vornehmen.

2.1.1 Das Verhalten der Asylbewerber vor Ort: die Belästigung der Anwohner

Innerhalb des Diskursstranges „Das Verhalten der Asylbewerber" finden eine Identifizierung der Ereignisse und verschiedene Täter-/Opfer-Konstruktionen statt. Alle damit verbundenen Argumentationsmuster lassen die Herstellung eines spezifischen Verhaltens der Asylbewerber plausibel erscheinen.

Die Feststellung und Benennung eines Ereignisses im Diskurs erlaubt eine Identifizierung des Geschehens. Mit ihr werden Subjekt und Objekt des Diskurses verortet. Zugleich ist diese Benennung die Feststellung einer *Normabweichung*: Das Ereignis wird als auffällig bestimmt und damit vom alltäglichen Geschehen unterscheidbar.

Dabei werden sehr unterschiedliche Bezeichnungen zur Charakterisierung der Ausschreitungen in Rostock-Lichtenhagen verwendet: Die Rede ist von *Straßenschlachten, schweren Ausschreitungen, ausländerfeindlichen Krawallen, Notstand, Krieg* und *Hatz.* Der gemeinsame Nenner dieser Bezeichnungen ist die Definition des Ereignisses als „Gewalthandlung". Die unterschiedlichen Kategorien, die im Zusammenhang damit auftauchen, machen die Spannbreite der Interpretationen deutlich. So legen *Notstand* und *Krieg* eine Bedrohung des gesamten Gesellschaftssystems nahe, während die Beschreibung als *Straßenschlacht* oder *ausländerfeindliche Krawalle* überschaubare und lokalisierbare Auseinandersetzungen zwischen verschiedenen gesellschaftlichen Gruppen assoziieren läßt. Den unterschiedlichen Bezeichnungen entsprechen jeweils verschiedene Täter-/Opfer-Konstruktionen.

Jeder Gewaltdiskurs muß Täter und Opfer identifizieren. Die vorgenommenen Täter-/Opfer-Konstruktionen sind Elemente des geführten Gewaltdiskurses, der sich nur sinnvoll etablieren läßt, wenn Gewalttäter identifizierbar gemacht werden und gleichzeitig die Opfer erkennbar sind.

Als Täter werden *Skinheads, Randalierer, gewalttätige* und *ganz normale Jugendliche* benannt, die Steine, Brandsätze und Molotowcocktails auf die ZAST geworfen und die Polizei massiv angegriffen haben sollen. Zwei Varianten der Grunddefinition der Täter stehen sich im Diskurs gegenüber: die *rechtsradikalen Skinheads* und die *ganz normalen Jugendlichen*. Die Nennung der Jugendlichen dominiert vor allem in den ersten Tagen der Medienberichterstattung.[94]

Parallel werden in der Medienberichterstattung auch Mittäter genannt: die Zuschauer und Schaulustigen, die die *Randalierer* angefeuert und unterstützt und damit zur Eskalation der Ereignisse beigetragen hätten:

> „Sie (*Hunderte von Gaffern*, M.A.) signalisierten aber nicht nur durch ihre Anwesenheit Zustimmung - ein Teil von ihnen bedachte die immer brutaleren Angriffe mit regelrechten Beifallsstürmen. In dieser aufgeputschten Atmosphäre hatten die Randalierer ein leichtes Spiel." (Kölner Stadt-Anzeiger, 25.8.92)

Auch bei der Definition der Opfer der Ereignisse von Rostock gibt es zwei Varianten. Die erste Variante bildet die Polizei, die im Diskursverlauf Veränderungen erfährt und schließlich an Bedeutung verliert. Eine zweite Konstruktion etabliert die Anwohner als Opfer. Den Bewohnern der ZAST wird kein Opferstatus zugewiesen.

Die Verneinung des Opferstatus gegenüber den Bewohnern der ZAST geschieht mit Hinweis darauf, daß die Asylbewerber unversehrt geblieben seien. Hier wird erklärt, daß die Asylbewerber kaum einen Schaden davongetragen und die Vietnamesen *eine Nacht in Schock und Todesangst überstanden hätten* (Badische Neueste Nachrichten, 31.8.92). Soweit es um die Asylbewerber geht, finden sie in der Medienberichterstattung nur insoweit Erwähnung, daß es unter ihnen keine Verletzten gegeben habe. Andere Aussagen über das Befinden der Asylbewerber noch während der Ausschreitungen tauchen nicht auf.

> „Von den mehr als 200 Ausländern, die sich derzeit in der Aufnahmestelle aufhalten, sei niemand verletzt worden." (Siegfried Kordus, zit. n. Neue Zeit, 24.8.92)

Die Definition der Polizei als Opfer wird durch die Feststellung physischer Verletzungen legitimiert. Es werden jeweils die Art der Verletzungen und/oder die Anzahl der Verletzten genannt.

> „Rund 100 Polizisten waren blessiert. 'Wir fühlen uns seit zwei Nächten wie im Krieg', sagt der Kraftfahrer Klaus Köhn aus Lichtenhagen. Den Insassen des Asylantenheims wurde kein Haar gekrümmt." (Die Welt, 25.8.92)

Die Konstruktion der Polizei als Opfer hängt mit der Benennung des Ereignisses zusammen: Es wird als *Straßenschlacht* und *Auseinandersetzung zwischen Polizei und Jugendlichen* identifiziert.[95] Diese Opferdefinition verkehrt sich im

---

[94] Eine ausführliche Darstellung der Facetten der Täterbeschreibung findet innerhalb des Rahmens „politischer Extremismus" statt; vgl. Kap. III.2.2.1.

[95] Ein Beispiel für diese Opfer-Konstruktion bildet ein Artikel in der Ostsee Ztg. am 25.8.92. Hier werden Jugendliche und Polizei als Täter/Opfer identifiziert und gleichzeitig beide zu Opfern der politischen Verhältnisse gemacht:

Verlauf des Diskurses in eine zunehmende Kritik am Verhalten der Polizei. Die Kritik zielt auf die Passivität und die Zurückhaltung der Sicherheitskräfte beim Überfall auf die ZAST, vor allem in der dritten Nacht (Montag, 24.8.92), als die ZAST in Brand gesetzt wird.

> „Es zeugt schon von einer gehörigen Pflichtvergessenheit, wenn die Beamten schon Stunden nach den schwersten Ausschreitungen seit Hoyerswerda zur Tagesordnung übergehen. Wie anders ist zu erklären, daß kein einziger Polizist am Brandherd patrouillierte? Wieso war der Polizeinotruf nicht besetzt? Wieso griffen die Beamten erst so spät und dann so unentschlossen ein?" (Freie Presse, 26.82.92)

Bei der Begründung für die Zurückhaltung der Polizei finden sich zwei unterschiedliche Darstellungen. Einer Perspektive zufolge ist die Polizei der Lage nicht gewachsen gewesen und hat deswegen nicht angemessen auf die *Randalierer* reagiert.[96] So spricht Innenminister Kupfer davon, daß die eingesetzten Polizeikräfte überfordert gewesen seien. Der Rostocker Polizeichef Kordus erklärt, die Beamten seien „18 Stunden ununterbrochen im Dienst" (Die Welt, 26.8.92) gewesen und hätten abgelöst werden müssen. Deshalb sei ein Teil der Polizeikräfte an diesem Abend abgezogen worden. Da die Asylbewerber am selben Nachmittag evakuiert worden seien, habe auch keine Gefahr mehr bestanden. Die Vietnamesen seien einfach vergessen worden.

Die zweite Erklärung für das Verhalten der Polizei stellt in Frage, daß die Polizei ihrer Aufgabe nicht nachgekommen sei, für Sicherheit und Ordnung zu sorgen und den Rechtsstaat zu schützen.[97] Es sei höchste Zeit, die Sicherheit im Land wiederherzustellen, sonst drohe „ein Abgleiten ins Chaos" (Frankfurter Neue Presse, 26.8.92). Dabei verweist ein Teil der Argumentation darauf, daß der Staat bei der Bekämpfung der *Linken* keine Mühe gescheut habe, den Rechtsstaat angemessen zu verteidigen. Bei Angriffen von Rechten halte er sich dagegen zurück; anscheinend werde hier nicht von einer Bedrohung des Rechtsstaats ausgegangen.[98]

Der Polizei wird vorgeworfen, sie habe *bewußt lax* gehandelt und damit von vornherein eine *begrenzte Eskalation* riskiert, um Druck auf den Rechtsstaat hinsichtlich einer Lösung des Asylproblems auszuüben (Neue Zeit,

---

„Im Zimmer 2227 liegen ein 24jähriger Polizist und ein 17jähriger Jugendlicher nebeneinander. Der eine mit einem komplizierten Armbruch, der andere mit einer Schädelfraktur. Am Abend zuvor noch auf verschiedenen Seiten, liegen sie nun Bett an Bett und sind sich in einem einig: 'Die Politik hat versagt!"

[96] Die Überforderung der Polizei wird auch mit den Folgen der Wiedervereinigung für den Osten und mit der ostdeutschen Sozialisation begründet; vgl. Kap. III.2.2.4.

[97] Staatliches Gewaltmonopol und Sicherheit des Rechtsstaates erhalten vor allem innerhalb der Rahmung „politischer Extremismus" besonderes Gewicht; vgl. Kap. III.2.2.2.

[98] Die Argumentation bezüglich der unterschiedlichen Behandlung von rechten und linken Tätern findet sich in Kap. III.2.2.1.

26.8.92). Vielleicht sei die Zurückhaltung der Polizei beim Schutz von Ausländern auch politisch gewollt? (Deutsches Allgemeines Sonntagsblatt, 28.8.92)

Mit dieser Argumentation wird interpretativ nahegelegt, daß der Angriff auf ein Asylbewerberheim und das durch „Rechte" initiierte Chaos für den Staat eine geringere Bedrohung darstellen als ausländische Flüchtlinge. Die Passivität der Polizei wird so als Hinweis darauf gedeutet, daß die ZAST als Verursacher von Unordnung und Chaos kein schützenswertes Objekt bildet.

Eine zweite Opferkonstruktion liegt mit der Darstellung der Anwohner als *Betroffene* vor. Typisch für die Argumentation in dieser ersten Diskursphase ist, daß die Aussagen der Lichtenhagener - als Anwohner der ZAST - zur Interpretation und *Erklärung* der Ereignisse herangezogen werden. Die Perspektive der Anwohner bildet einen zentralen Fokus der Argumentation in der ersten Diskursphase. Die Anwohner werden interviewt und um Stellungnahme zu den Ausschreitungen ersucht. In diesem Zusammenhang werfen sie den Asylbewerbern vor, sie durch ihr Verhalten bedrängt und bedroht zu haben. Durch ihre Aussagen und deren unkommentierte Präsentation erscheinen die Anwohner als Opfer.

Seit Monaten habe es immer wieder Beschwerden einzelner Bürger über das Verhalten der Asylbewerber gegeben, die jedoch keine Folgen nach sich gezogen hätten. Die Anwohner seien mit dem Problem alleingelassen worden, obwohl die Situation in Lichtenhagen unzumutbar sei: die ZAST sei schon lange überbelegt, und dennoch seien täglich bis zu 80 neue Asylbewerber hinzugekommen:

> „Die Empörung und Enttäuschung der Lichtenhäger ... hatte an diesem Abend ihren Höhepunkt erreicht. Sie forderten Antwort, kein gutes Zureden: Wann kommt die ZAST hier weg?!" (Ostsee Ztg., 24.8.92)

Als „Notstand, der sozialen Sprengstoff in sich birgt" beschreibt die „Neue Zeit" (25.8.92) die Situation vor Ort. Die Anwohner der ZAST und Bewohner des Wohngebietes fühlten sich durch die im Freien kampierenden Asylbewerber belästigt. Die Überbelegung der ZAST habe zu chaotischen Zuständen in Lichtenhagen geführt. Die Asylbewerber hätten durch ihr Verhalten die öffentliche Ordnung und das Moralempfinden der Anwohner empfindlich gestört.

> „Es ist unerträglich. Überall Dreck, Müll, Unrat. Die Grünanlagen stinken zum Himmel, weil sie als Toiletten benutzt werden. Wir werden angespuckt, aggressiv angebettelt, beschimpft. Es wird täglich schlimmer!' Dorlet Friedrich (43) wohnt genau neben der ZAST. Sie will diesen Zustand dort nicht mehr ertragen." (Ostsee Ztg., 24.8.92)

Die Rekonstruktion einer Vorgeschichte, die die Belästigung der Anwohner durch die Asylbewerber in den Vordergrund stellt, läßt die Anwohner als Opfer erscheinen und legt interpretativ gleichzeitig eine Erklärung für die Ausschreitungen in Lichtenhagen nahe.[99] Die Belästigung der Anwohner durch die Asylbewerber gilt als *Ursache* für die Ausschreitungen in Lichtenhagen. Die Definition der Ursachen des Ereignisses ist eine entscheidende Konstruktion im Diskurs, da sie Begründungen für das Verhalten aller Beteiligten innerhalb des Konfliktes liefert. Die Identifikation von Ursachen *erklärt* das Ereignis. Sie benennt Motive und plausibilisiert die Konstruktion von Täter und Opfer.

Mit der Konstruktion der Anwohner als Opfer findet eine Verschiebung von den Ausschreitungen zu den Verhältnissen in Lichtenhagen statt. Beide Opfertypen, die Polizei und die Anwohner, gelangen im Diskurs parallel zur Anwendung. Sie schließen sich gegenseitig nicht aus, weil sie sich auf unterschiedliche Zeiten beziehen: Die Polizei bildet das Opfer der Ausschreitungen in Lichtenhagen. Die Anwohner stellen die Opfer der Gesamtsituation dar, die als *Ursache* für die Ausschreitungen erscheint.

Es wird darauf hingewiesen, daß alle vor Ort Beteiligten Verständnis für die Ausschreitungen geäußert hätten, vor allem, weil eine Änderung der Zustände schon lange angemahnt worden sei. Innensenator Peter Magdanz (SPD) wird mit der Aussage zitiert, er habe sich seit mehr als zwei Monaten „beim Schweriner Innenministerium für eine Umsiedlung der rund 200 Ausländer aus dem dichtbesiedelten Stadtteil Lichtenhagen eingesetzt" (Neue Zeit, 25.8.92). Auch Innenminister Kupfer soll am Montag nach dem Wochenende der Ausschreitungen in einem Interview Verständnis für die Reaktion der Anwohner geäußert und dabei darauf hingewiesen haben, daß niemand zu Schaden gekommen sei (Süddeutsche Ztg., 1.9.92):

> „Zustände wie in Rostock, wo 200 Menschen auf engstem Raum zusammengepfercht seien, führten zu Frust und setzten bei den deutschen Nachbarn Aggressionen frei." (Kupfer, zit. n. Frankfurter Rundschau, 25.8.92)

Die Konstruktion der Anwohner als Opfer erlaubt es, eine Unterscheidung zwischen ihnen und den *Randalierern* vorzunehmen und zwei an den Ausschreitungen unterschiedlich beteiligte Gruppen zu bezeichnen, die beide sowohl Täter als auch Opfer umfassen. Da gleichzeitig darauf verwiesen wird, daß sich unter den *Randalierern* genauso Anwohner befinden, handelt es sich nicht um zwei klar voneinander abgrenzbare Personengruppen. Die diskursive Trennung durch zwei unterschiedliche Benennungen legt nahe, daß es aktiv und passiv an dem Konflikt beteiligte Personen gibt. Die Bezeichnung „Anwohner" im Kontrast zu „Randalierern" deutet darauf hin, daß erstere passiv teilnehmen und beobachten. Durch ihre Konstituierung als Opfer übernehmen sie dabei die

---

[99] Diese zweite Opferkonstruktion wirkt über die erste Phase hinaus.

Rolle der Betroffenen. Soweit sie die aktiv Beteiligten unterstützen, kommen sie zwar als Mittäter in Frage, diese Zuschreibung wird aber durch ihren Opferstatus neutralisiert.

Die Bewohner der ZAST, die Asylbewerber, werden nicht interviewt. Sie haben kein Wort und keine Stimme, sie stellen lediglich ein Mittel zur Charakterisierung der Situation in Lichtenhagen und zur Zuschreibung von Verantwortung kurz vor den Ausschreitungen dar.

Die Asylbewerber erscheinen dabei mit Verweis auf die in der ZAST wohnenden Sinti und Roma vor allem als „Zigeuner". Diese Bezeichnung wird immer verbunden mit Identifizierungen der Situation in Lichtenhagen als Unordnung, Schmutz und Chaos. Hier knüpft der Diskurs an bestehende gesellschaftliche Deutungsmuster an: Zigeuner symbolisieren *Unordnung* und *Unsicherheit*, es handelt sich dabei um ein relativ altes und bekanntes Ausgrenzungsmuster.[100]

Der Mythos über die Zigeuner schreibt ihnen zu, unberechenbar, diebisch und listig zu sein. Der Zigeuner gilt als bedrohliche Gestalt mit exotischem Reiz. Dieses Bild hat sich bis in die Gegenwart gehalten. Mit der Konstruktion der Fremdartigkeit von Herkunft und Lebensweise der Zigeuner ist die Zuschreibung von Betteln, Stehlen und Betrügen als typische Verhaltensweise verbunden. (Hohmann 1980: 87) Historisch betrachtet sind Zigeuner immer als *asoziale* Bevölkerungsschicht beschrieben worden, von denen Belästigungen, Störungen der Ordnung und Kriminalität ausgehen. Dabei wurden Zigeuner nicht als Individuen, sondern als „Typus einer spezifischen Art von Eigenschaftsträgern" (ebd.: 106) etabliert. Die Zuschreibung einer konstitutiven „Andersartigkeit" hat bis heute Gültigkeit (Rakelmann 1980: 150), weshalb die entsprechenden Deutungsmuster mit der Benennung der Asylbewerber als Zigeuner aktiviert werden können.

Roma und Sinti werden in der Medienberichterstattung als Zigeuner bezeichnet; ihre Nennung wird durch Verweise und Symbole ergänzt, die im Deutungsmuster schon enthalten sind. „Seit ein paar Monaten herrschen um das Heim chaotische Zustände" (Bonner Rundschau, 25.8.92), die *Zigeuner* hätten sich „in keiner Weise wie Gäste verhalten" und „'insgesamt das Umfeld verunsichert' durch Diebstähle, Lärm, Anpöbelung von Frauen" (Ostsee Ztg., 25.8.92). Dieses Chaos, für das die Asylbewerber als verantwortlich dargestellt werden, erlaubt es, als Grund für den Protest der Lichtenhagener, die Asylbewerber zu benennen. Die Asylbewerber werden zu Repräsentanten einer unzivilisierten, verwahrlosten Gemeinschaft, die den Regeln des Gastlandes gegenüber gleichgültig sind, die Frauen belästigen, stehlen und betrügen: Ihr Verhalten erscheint als Ursache für das Chaos vor Ort.

---

[100] Vgl. Hohmann/Schopf 1980 u. Kap. V.

Mit dem Verweis auf die *Zigeuner* bzw. auf das Verhalten der Roma und Sinti erhält die Beschreibung der Belästigung durch die Asylbewerber eine zusätzliche Plausibilität.

„Vor den Augen der Lichtenhagener entwickelte sich ein ungeordnetes Zigeunerlager. Die Notdurft wurde in Kellern und auf Fluren benachbarter Häuser oder auf dem Rasen verrichtet. Keller wurden aufgebrochen, Verkäuferinnen bedroht. Berge von Unrat und Schmutz hatten sich in Kürze angesammelt. Geschäfte und Läden schlossen oft blitzschnell ihre Türen, wenn eine Gruppe Zigeuner einzudringen versuchte." (Neue Zeit, 25.8.92)[101]

Diese Argumentation über die Asylbewerber ist eine für das Material sehr typische Konstruktion des Verhaltens der Asylbewerber aus der Perspektive der *betroffenen* Anwohner, auf die innerhalb des Diskurses immer wieder Bezug genommen wird.

Eine Variante dieser Darstellung läßt eine Distanzierung deutlich werden, obwohl an der Autorität der Anwohneraussagen nicht gezweifelt wird:

„Ein paar 100 Ausländer zwischen 20.000 Deutschen in der Neubausiedlung: wer soll das aushalten? 'Die klauen den ganzen Supermarkt leer', ereifert sich einer, ... 'die pissen sogar in die Regale.' 'Ich hab` gesehen, wie sie hier auf der Wiese Katzen gegrillt haben', geifert ein anderer und guckt beifallheischend seine Bekannten an. Und dann dauert es auch nicht mehr lange, bis in der Menge zu hören ist: 'Die vergewaltigen am hellichten Tage unsere Frauen und Kinder." (tageszeitung, 25.8.92)

Übertreibung und Ironisierung deuten auf eine Absurdität der Aussagen der *betroffenen* Anwohner über das Verhalten der Asylbewerber hin: Andere Argumentationsvarianten ziehen die Geltung der Anwohneraussagen in Zweifel:

„In der Wurstbude ... ärgert sich derweil der Wurstwender Apy. 'Schade nur, daß das Ding nicht ausgebrannt ist', sagt er ... Eine Schande sei das mit 'dem ganzen Gesocks' gewesen. Auf dem Rasen hätten die Asylbewerber kampiert und damit das ganze Viertel verschandelt. Ihren Müll hätten die nie in den Container geworfen, wie das der Mitteleuropäer macht. Überhaupt das Thema Ordnung: 'Das sind ja keine Menschen, die Zigeuner, das sind Schweine.' Apy ist sich sicher, daß solche Leute auch 'auf dem Rasen bumsen' und im nahen Supermarkt 'in die Regale pissen'. Gesehen hat Apy das nie. Braucht er auch nicht. 'Das weiß hier jeder." (Berliner Ztg., 25.8.92)

Diese Beispiele zeigen, daß auch Argumentationsvariationen, die Zweifel an der Perspektive der Anwohner nahelegen, deren Charakterisierung der Asylbewerber Ausdruck verleihen. Dadurch, daß sie damit verbunden auch keine anderen Täter-/Opfer-Konstruktionen vornehmen, lassen sie sich nicht als Form

---

[101] Diese Variante taucht im Diskurs häufig auf; es lassen sich aber auch Formen finden, die sich auf *wenige* negative Verhaltensweisen konzentrieren, in ihrer Typik sich jedoch nicht von dem vorgestellten Beispiel unterscheiden.

eines Gegendiskurses interpretieren, die dem dominierenden Diskursmuster kontrastierend gegenüberzustellen ist. Es sind Variationen innerhalb eines Diskurses, die gleiche bzw. ähnliche Interpretationen zulassen und den Diskurs in derselben Weise herstellen.

Das Verhalten der Asylbewerber, das als Belästigung der Anwohner interpretiert wird, erhält im Diskurs eine weitere Bestimmung durch die Konstruktion der *Asylantenkriminalität*. Kriminalisierung bildet ein zentrales Diskursmuster, das im gesamten Diskurs der Medien immer wieder auftaucht. Die Ausweisung der Asylbewerber als Symbol für Unordnung und Unsicherheit erfährt eine Steigerung, in dem die Kriminalität als konstitutiver Bestandteil ihres alltäglichen Verhaltens erscheint.

Die Argumentation bezüglich der Kriminalität der Asylbewerber deutet darauf hin, daß den Asylbewerbern nicht nur die kulturellen Regeln, sondern auch die Rechtsnormen des Gastlandes mißachtendes Verhalten zugeschrieben wird.

> „Es sind Kriminelle; meist sind es Vermögensdelikte, die sie begehen, auch Vergewaltigungen sind vorgekommen." (Frankfurter Allgemeine Ztg., 27.8.92)

Sachsens Innenminister Heinz Eggert (CDU) spricht in einem Interview auch von *Asylantenkriminalität*, die er folgendermaßen beschreibt:

> „Es geht darum, daß sich Asylanten, die aus politischen Gründen Asyl erbitten, nicht so benehmen, wie man sich in einem Land, in dem man Zuflucht sucht, zu benehmen hat. Ich habe selbst Verwandte in Lichtenhagen. Wenn drei Wochen lang Sinti und Roma vor ihrem Wohnblock kampieren, in jede Ecke scheißen, die Keller ausrauben - ich sage das, wie ich es gehört habe -, so daß Frauen und Kinder Angst haben, abends nach 18 Uhr dort vorbei zu gehen, dann ist nicht sensibel auf die Ängste reagiert worden." (Eggert (CDU), zit. n. Leipziger Volkszeitung, 27.8.92)

Die Asylantenkriminalität produziere in der Bevölkerung das Gefühl von *innerer Unsicherheit*, welches die Sicherheit des Landes in Frage stelle und zu Ausschreitungen wie in Rostock führe. Die Konstruktion der Asylantenkriminalität läßt die Asylbewerber in der Argumentation so als eine Gefahr für die demokratischen Verhältnisse erscheinen.

Betrachtet man den gesamten Diskursstrang, der sich auf die Belästigung der Anwohner durch die Asylbewerber bezieht, so läßt dieser die Interpretation zu, daß die Asylbewerber die Situation in Lichtenhagen mitverursacht haben, daß sie aufgrund ihres Verhaltens mitverantwortlich für die Ausschreitungen und nicht als Opfer zu betrachten sind.

Dieses Diskursmuster der „Verantwortungszuschreibung" kann als Form der Neutralisierung des Verhaltens der Täter interpretiert werden: Den *Randa-*

lierern ist argumentativ nur ein Teil der Verantwortung für die Eskalation der Ereignisse zuzuschreiben, während als ursächlich Verantwortliche die Asylbewerber erscheinen.

Eine eingeschränkte Verantwortung der Randalierer für die Ausschreitungen legt auch der Verweis auf die Menge der Zuschauer und den Beifall der Straße nahé, deren Verhalten mit den Problemen vor Ort begründet wird:

> „Wohin es führen kann, wenn Menschen sich mit ihren Alltagsproblemen alleingelassen fühlen, machten die dreitausend 'Zaungäste' der Krawalle auf üble Weise deutlich." (Ostsee Ztg., 25.8.92)

Es wird interpretativ nahgelegt, daß die Bevölkerung angesichts des Verhaltens der Asylbewerber und der damit verbundenen Probleme überfordert sei. Die Anwohner seien gezwungen gewesen, mit den Asylbewerbern auf engstem Raum zusammenzuleben, ohne daß man ihnen irgendeine Unterstützung hätte zuteil werden lassen. Wenn man willkürlich Asylbewerberheime in Wohn- oder *Neubauvierteln* (Die Welt, 25.8.92) einrichte, so sei dies ein Skandal, für den die Politiker verantwortlich seien. Rostock-Lichtenhagen wird als ein „Neubauviertel" bezeichnet, obwohl es ein seit den 70er Jahren bestehendes Wohnviertel ist. Diese Art der Argumentation legt gegenüber dem Verhalten der Asylbewerber - für Unruhe und Unordnung stiftend -, kontrastierende Assoziationen der idyllischen und heilen Welt eines Neubauviertels mit jungen Familien und kleinen Kindern nahe. Diese damit konstruierte Unvereinbarkeit von Asylbewerberheim und Neubauviertel läßt die Proteste der Anwohner glaubwürdig erscheinen.

> „'Lichtenhagen war immer eine solide, saubere Wohngegend. Mit erstaunlich viel Grün, ruhigen Straßen. Seitdem die Aufnahmestelle da ist, ist das vorbei', sagt Hans Widera (ein Anwohner, M.A.). Die Umstehenden nicken." (Der Tagesspiegel, 25.8.92)

Eine Variante der Bezugnahme auf den Standort des Asylbewerberheimes bzw. der ZAST, stellt Lichtenhagen als ein von Arbeitslosigkeit und grauen Betonwänden geprägtes Wohnviertel dar, in dem *arbeitslose Ostdeutsche mit entwurzelten Fremden zusammenprallen* (Frankfurter Neue Presse, 27.8.92). Hier wird die Unvereinbarkeit von Asylbewerberheim und Wohnviertel mit der zugespitzten sozialen Lage der ostdeutschen Bevölkerung in Plattenbauvierteln und damit die Reaktion der Anwohner begründet.

Die hier hergestellten gegensätzlichen Charakterisierungen des Vororts Lichtenhagen stellen beide die Unterbringung von Asylbewerbern in einem Wohnviertel als Herausforderung von Konflikten dar. Beide Beschreibungen konstruieren die Ausschreitungen als absehbares Ereignis.

Im ersten Diskursstrang innerhalb des Rahmens „Asylbewerber und Asylrecht" bezieht sich ein Teil der Argumentationen auf das konkrete, situationsspezifische Verhalten der Asylbewerber in und vor der ZAST in Rostock-Lichtenhagen vor den Ausschreitungen. Die Perspektive der Anwohner bildet hier einen zentralen Fokus, die Sichtweise der Asylbewerber vor, während und nach den Ausschreitungen wird dagegen nicht thematisiert. Die Vorgeschichte des Verhaltens der Asylbewerber aus der Sicht der Anwohner wird diskursiv als Erklärung für die Vorkommnisse eingesetzt.

Die Asylbewerber werden von den Anwohnern beschimpft; die Interpretation ihres Verhalten als Belästigung der Anwohner wird nahe gelegt. Seine Legitimität erhält der Vorwurf durch das Deutungsmuster *Zigeuner*, welches sich so als Ausgrenzungsmuster manifestiert. Diese Problematisierung und die daran anknüpfende Kriminalisierung der Asylbewerber erlauben eine „Verantwortungszuschreibung", die das Verhalten der Asylbewerber als Ursache der Ausschreitungen erscheinen läßt.

2.1.2 Das Verhalten der Asylbewerber: der Mißbrauch des Asylrechts

Der zweite Diskursstrang, der sich auf die Ebene des Verhaltens der Asylbewerber bezieht, zentriert sich um den Mißbrauch des Asylrechts. Dieser wird als weitere Ursache für die Ausschreitungen in Rostock-Lichtenhagen hergestellt und erweitert das Diskursmuster der Kriminalisierung.

Den Asylbewerbern wird ein Mißbrauch des Asylrechts vorgeworfen, mit der Begründung, daß die meisten der in der Bundesrepublik lebenden Asylbewerber keine politisch Verfolgten, sondern *Wirtschaftsflüchtlinge* seien. Es handele sich um Menschen, die ihr Land verlassen hätten, weil sie sich in der Bundesrepublik ein *leichteres und besseres Leben als in ihrer Heimat* (Hannoversche Allgemeine, 26.8.92) versprächen.

Die Bezeichnung der Asylbewerber als *Wirtschaftsflüchtlinge* impliziert eine Flucht aus wirtschaftlichen Motiven und unterstellt damit einen Mißbrauch des Asylrechts, das Schutz vor politischer Verfolgung garantiert. Der Begriff des *Wirtschaftsflüchtlings* bildet ein Deutungsmuster, das das Nichtvorhandensein politischer Motive und eine Disqualifizierung als Asylbewerber symbolisiert. Das Deutungsmuster bildet sich im politischen Diskurs der Bundesrepublik zur Bezeichnung von Asylbewerbern heraus, denen vorgeworfen wird, daß sie nicht politisch verfolgt und daher nicht asylberechtigt seien.[102] Mit diesem Deutungsmuster kann der Anspruch auf Beantragung von Asyl in der Bundesrepublik symbolisch abgesprochen werden.

Das Argument, die Asylbewerber seien keine politisch Verfolgten, wird im Diskurs mit der Kriminalisierung verknüpft:

> „Sie (die Anwohner, M.A.) haben Verständnis für politische Flüchtlinge, für verfolgte Jugoslawen, für Menschen in Not. Aber was sich hier abspielt, finden sie, spottet jeder Beschreibung. Das seien schließlich keine politisch Verfolgten, sondern überwiegend Wirtschaftsflüchtlinge. 'Sie arbeiten nicht, selbst, wenn sie's dürften; viele von ihnen betteln, stehlen...'." (Der Tagesspiegel, 25.8.92)

Hierbei wird nicht nur die im Alltag stattfindende Kriminalität, sondern auch der Mißbrauch des Asylrechts angeführt. Asylbewerber, die das Asylrecht unberechtigt in Anspruch nähmen, müßten - so die Berichterstattung - als kriminell bezeichnet werden: „zig-tausendfache(r) Mißbrauch des Asylrechts - das ist zig-tausendfacher Rechtsbruch" (Neue Ruhr Ztg., 26.8.92).

Die Kriminalität, hier über den Asylrechtsmißbrauch bzw. die Bezeichnung der Asylbewerber als Wirtschaftsflüchtlinge hergestellt, wird noch ergänzt um die Komponente der *Illegalität der Einreise.* Die Asylbewerber würden „häufig von Schlepperbanden aus Polen über die Oder gebracht" (Neue Zeit, 25.8.92), „durch das Sonnenblumenhaus ins Land geschleust" (Die Welt, 25.8.92).[103]

> „Doch die meisten kommen illegal über die polnische Grenze, liefern sich mit ihrem letzten Geld dubiosen und kriminellen Schlepperorganisationen aus, die sie nach der strapaziösen Irrfahrt vor den Aufnahmeheimen abliefern." (Der Tagesspiegel, 25.8.92)[104]

Der Vorwurf der illegalen Einreise, welche vor allem durch kriminelle Organisationen möglich gemacht werde, läßt folgende Interpretation zu: Wenn die Asylbewerber versucht hätten, legal einzureisen, hätte man sie zurückgewiesen, da sie nicht asylberechtigt sind. Erst durch die illegale Einreise sei es ihnen möglich, Asyl zu beantragen und so das Asylrecht zu mißbrauchen. Sie kämen ohne Papiere bzw. behaupteten, diese seien ihnen abhanden gekommen, und

---

[102] Vgl. Kap. IV.2.3.
[103] Die Bezeichnung *Sonnenblumenhaus* rührt ursprünglich von den Sonnenblumenmosaiken an der Giebelwand (vgl. Kap. III.1). Im vorliegenden Kontext legt sie eine Interpretation nahe, die das Sonnenblumenhaus als Symbol einer Täuschung herstellt: das Haus erscheint (von außen) so harmlos, ist aber ein Ort für Schleuser und illegale Flüchtlinge.
[104] Der Verweis auf die „Schlepper", die die Asylbewerber in die Bundesrepublik einschleusen, erinnert an das Einschleppen von Krankheiten (Gerhard 1992), auch läßt es die Asylbewerber als eine anonyme fremdbestimmte Masse erscheinen, die gegen den Willen der Bundesrepublik einreisen.

verzögerten so das Asylverfahren (Mitteldeutsche Zeitung, 26.8.92).

Die Argumentation über die illegale Einreise und den Rechtsbruch in Gestalt von Asylrechtsmißbrauch erlaubt die Kriminalisierung der Asylbewerber und schließt an den Diskurs über die *Asylantenkriminalität* an. Beide zusammen kennzeichnen die Zuschreibung des *kriminellen Potentials* der Asylbewerber und machen diese zum Symbol der Gefährdung innerer Sicherheit.[105] Das Verhalten der Asylbewerber erscheint insofern als doppelt abweichend.

Asylbewerber, die als *Wirtschaftsflüchtlinge* gelten, können als Schmarotzer dargestellt werden: Sie produzieren Konkurrenz, ohne dazu berechtigt zu sein, da ihnen der Status legitimer Asylbewerber nicht zukommt. Gleichzeitig werden sie als Belastung für das Sozialsystem der Bundesrepublik beschrieben.

> Die Bevölkerung wird „mit einer Ausländer-Lawine konfrontiert, die zu 90 Prozent aus Wirtschaftsflüchtlingen besteht. Diese werden, ob man will oder nicht, als Konkurrenten um Arbeitsplätze und Absahner des Sozialsystems empfunden." (Münchner Merkur, 25.8.92)

An diesem Beispiel wird ein weiteres Argument des Diskurses sichtbar. Der Hinweis auf die *Ausländer-Lawine* symbolisiert eine zu große Masse an Asylbewerbern und erlaubt es, das Thema in einer zusätzlichen Dimension zu problematisieren: Die Belastungsgrenze sei erreicht, es seien einfach zu viele Asylbewerber, die in die Bundesrepublik einreisten, ihre Kapazität sei erschöpft.

> „Der Zündstoff: Ein ungebremster Zustrom von Asylbewerbern, der die überforderten Kommunen vor schier unlösbare Probleme stellt." (Mannheimer Morgen, 25.8.92)

> „Die hohen Zahlen von Asylbewerbern überforderten die Menschen in den Dörfern und Städten, die Polizei und die Wohnungsressourcen in Deutschland." (Frankfurter Allgemeine Ztg., 27.8.92)

In diesem Kontext entsteht das Deutungsmuster *Asylanten* als Bezeichnung für Asylbewerber. Es bildet ein soziales Unwerturteil, stellt ihren Status als politisch Verfolgte in Frage und symbolisiert ihre Ausgrenzung.[106]

Die Herkunft des Wortes zu bestimmen ist schwer. Strate (1982) weist darauf hin, daß mit „Asylanten" ursprünglich diejenigen bezeichnet wurden, die Obdachlosenasyle in Anspruch nahmen. „Asyl" bedeutet also nicht nur Aufnahme und Schutz von politisch Verfolgten, sondern auch das Heim und die

---

[105] Es tauchen im Diskurs auch Vorschläge über die direkte Abschiebung von *kriminellen Asylbewerbern* auf (vgl. Frankfurter Allgemeine Ztg., 27.8.92).

[106] Zur Entstehung des Deutungsmusters vgl. Link 1988 sowie 1983 und Kap. IV.2.3. Vgl. auch Kap. V.

Unterkunft für Nichtseßhafte. Das legt nahe, daß mit Asylanten immer auch Wirtschaftsflüchtlinge gemeint sind:

> „Indem nunmehr die Asylanten mit den Asylsuchenden identifiziert werden, erreicht man sprachlich das, was politisch und rechtlich zur Zeit noch nicht möglich ist: politische Flüchtlinge ohne Unterschied zu 'Wirtschaftsflüchtlingen' zu stempeln, die zu Hause ihre Obdachlosenasyle verlassen haben, um hier 'Asyl' zu suchen." (Strate 1982: 135)

Wie sehr sich dieses Deutungsmuster durchgesetzt hat, wird auch daran deutlich, daß es im Diskurs parallel zu dem des Asylbewerbers verwendet wird.

Daß die Bezeichnung als „Asylanten" eine Bedrohung symbolisiert, zeigt sich auch daran, daß der Begriff immer nur im Plural erscheint und häufig durch Symbole für Naturgewalten ergänzt wird. Dem unkontrollierten *Zustrom* von Ausländern möge man bald einen Riegel vorschieben, wird etwa Lothar Kupfer (CDU) zitiert (Die Welt, 25.8.92). Nur so könne in den meisten Fällen der Mißbrauch des Asylrechts *eingedämmt* werden (Stuttgarter Nachrichten, 26.8.92). Im Diskurs ist auch von der *Asylantenflut*, die unser Land *überschwemmt*, und der *Ausländer-Lawine* (Münchner Merkur, 25.8.92) die Rede.

Die Verwendung von Symbolen der Naturgewalt deutet darauf hin, daß die Asylbewerber als Fremde die Bundesrepublik überschwemmen, eine Lawine sind, die alles unter sich begräbt und nicht aufzuhalten ist. Der Einsatz von Metaphern der Naturgewalt mit ihren Implikationen fehlender Kontrolle symbolisiert so Ohnmacht gegenüber den so bezeichneten Ereignissen und stellt ein Bedrohungsszenario her. Werden diese Argumentationsmuster verknüpft mit denen der Kriminalisierung, deutet dies darauf hin, daß Sicherheit und Ordnung im Land nicht mehr gewährleistet sind.

Verantwortung für die skizzierte Situation wird in der Medienberichterstattung auch der Politik zugeschrieben:

> Schuld ist „die Politik einer modernen Wohlstandsgesellschaft, die sich bei höchsten Löhnen und niedrigsten Arbeitszeiten 'soziale Mitesser' in beachtlicher Größenordnung glaubt leisten zu können." (Saarbrücker Ztg., 1.9.92)

Dieser Argumentation zufolge haben es die Politiker versäumt, sich rechtzeitig um das Asylbewerberproblem zu kümmern. Der Politik wird vorgeworfen, die Ängste der Bevölkerung - verursacht durch Asylrechtsmißbrauch und Ausländerkriminalität - nicht wahrgenommen zu haben.

> Die Politiker „haben jahrelang den wachsenden Unmut der Bürger über den massenhaften Mißbrauch des Asylrechts ignoriert. In ihrem eigensüchtigen Streit um den Asyl-Artikel scheint den Regierenden die Wahrnehmungsfähigkeit abhanden gekommen zu sein, wie sehr sich die Menschen durch die Kriminalität eines Teiles der

Ausländer in ihrem Sicherheitsgefühl beeinträchtigt sehen." (Welt am Sonntag, 30.8.92)

In der Argumentation über die Verantwortung der Politik bildet das Verhalten der Asylbewerber - die Belästigung der Anwohner und der Mißbrauch des Asylrechts - ein Zustand, auf den die Politik hätte reagieren müssen. Die Politiker werden so mitverantwortlich für die Situation in Rostock vor den Ausschreitungen gemacht.

Verantwortungszuschreibung findet so im Diskurs auf zwei Ebenen statt. Beide beziehen sich auf die Situation *vor* den Ausschreitungen, die als Ursache für die Eskalation erscheint: Die Asylbewerber seien verantwortlich für das Chaos vor Ort und die Politiker dafür, diese Situation nicht rechtzeitig erkannt und bekämpft zu haben.

Gleichzeitig wird der Politik hinsichtlich der Asylpolitik in Rostock Inkompetenz vorgeworfen. Die Kritik am Asylrecht ohne die Konsequenz einer Änderung und damit einer asylpolitischen Lösung habe *die Geister gerufen*, die in Rostock aktiv geworden seien.[107] „Die fatale Kettenreaktion - Asylmißbrauch - Ausländerfeindlichkeit - Rechtsradikalismus-Zunahme - bürgerkriegsähnliche Unruhen" (Hamburger Abendblatt, 26.8.92) habe das Land der politischen Klasse zu verdanken.

Hier bildet sich in der Medienberichterstattung die Forderung nach einer „Asylrechtsänderung" heraus. Die Notwendigkeit die asylpolitische Situation in Deutschland zu verändern, wird mit dem Verweis auf die Großzügigkeit des deutschen Asylrechts im Vergleich zu anderen Staaten begründet. Die deutschen Aufnahme- und Aufenthaltsbedingungen seien juristisch wie materiell innerhalb Europas die günstigsten (Hannoversche Allgemeine, 26.8.92). Dies habe den Effekt, daß europaweit zwei Drittel aller Asylbewerber in Deutschland Asyl beantragten.

> „Noch immer ist das deutsche Asylrecht unverändert zu großzügig, lädt weltweit zu seinem Mißbrauch ein. Während andere Länder, vor allem auch in Europa, ihre Grenzen immer dichter machen, stehen Deutschlands Tore unverändert offen." (Bayern-Kurier, 29.8.92)

Hätte die Bundesrepublik ein restriktiveres Asylrecht und würde z.B. Asylbe-

---

[107] Vgl. z.B. „Neues Deutschland" vom 27.8.92: „Die Randalierer von Rostock sind nur die Geister, die sie (die Politiker, M.A.) riefen." Dieses Bild taucht mit verändertem Bezug auch in einem etwas späteren Zusammenhang auf. Als die Ausschreitungen in Lichtenhagen über mehrere Tage weitergehen und die ZAST längst geräumt ist, distanzieren sich Teile der Anwohner von den *Randalierern*, was in gleicher Weise beschrieben wird: „Es scheint, daß Lichtenhagen die Geister, die es rief, nicht mehr loswerde." (Stuttgarter Nachrichten, 29.8.92) Vgl. Kap. III.2.1.4.

werber, die schon in einem anderen europäischen Land einen Asylantrag gestellt hätten und dort abgewiesen worden seien, nicht aufnehmen, dann hätte sie auch kein Asylproblem. Zwei Drittel aller Asylanträge würden nicht bewilligt, da es sich bei den Bewerbern nicht um politisch Verfolgte, sondern um „Scheinasylanten" handele. Diese würden aber nicht abgeschoben und daher zum Problem für den Staat und die Bevölkerung.

Hier tauchen zwei Argumente auf, die auf den Kontext der Entstehung von Asylrechtsmißbrauch hindeuten. Eines erklärt das deutsche Asylrecht für zu offen, für ein Recht, das es zu vielen und vor allem nicht anspruchsberechtigten Personen ermögliche, Asyl zu beantragen. Als eine Folge dieser politischen Praxis wird die *Asylantenflut* angeführt. Das zweite Argument bezeichnet das Verhalten der Asylbewerber insofern als kriminell, als sie ein Recht mißbrauchten: Sie beantragten Asyl, ohne politisch Verfolgte zu sein. Beide Argumente legen nahe, daß das bestehende Asylrecht geändert werden muß. Je nach Ausrichtung wird entweder Kritik an der Politik geübt, oder die Asylbewerber werden diskreditiert.

Eine Lösung des Asylproblems durch gesetzliche Schritte zur Reduzierung der Asylbewerberzahlen sei notwendig, denn Rostock sei die „blutige Quittung für das jahrelange Verschleppen des Asylanten- und Zuwandererproblems" (Allgemeine Zeitung, 25.8.92). Es müßten Änderungen diskutiert bzw. vorgenommen werden, um den inneren Frieden wiederherzustellen.

Einig sind sich alle Positionen darüber, daß angesichts der Ausschreitungen von Rostock der *Asylbewerberzustrom* gestoppt und die Anzahl der Asylbewerber reduziert werden müsse.

2.1.3 Die Abschaffung des Asylrechts: die Änderung des Grundgesetzes als Lösung des Asylproblems

Der dritte Diskursstrang innerhalb des ersten Rahmens über Asylbewerber und Asylrecht bezieht sich auf die Ebene „Asylproblem" und stellt die Forderung nach einer Änderung des Grundgesetzes.

Die Forderung nach einer Änderung des Asylrechts schließt an die Argumentation über die Benennung und Erklärung des Ereignisses an, deren Muster in den vorangehenden Kapiteln beschrieben wurde. Die Asylbewerber erscheinen als die eigentlich Verantwortlichen, deren Verhalten die Ausschreitungen hervorgerufen hat. Die Politik müsse jetzt endlich handeln und die gesetzliche Grundlage, die den Aufenthalt der Asylbewerber legitimiere, in ihrer bestehen-

den Form abschaffen. Die Formulierung dieser Forderung im Kontext der Ausschreitungen von Rostock-Lichtenhagen deutet darauf hin, daß das bestehende
Asylrecht in ursächlichen Zusammenhang mit den Ausschreitungen zu stellen
ist.

Die Forderung nach einer Asylrechtsänderung legt interpretativ nahe, daß
der massenhafte Asylrechtsmißbrauch zu den Ausschreitungen beigetragen habe.

> „Nach vier Nächten ausländerfeindlicher Krawalle und Gewalttaten in Rostock sieht
> die Bundesregierung ihre vordringlichste Aufgabe darin, eine einschränkende Ände-
> rung des Rechts auf Asyl im Grundgesetz herbeizuführen. Dies sei ein 'ganz wesentli-
> cher Beitrag' dazu, den 'Nährboden' für Gewalttaten gegen Ausländer und Asylbewer-
> ber auszutrocknen, sagte Kanzleramtsminister Friedrich Bohl (CDU) am Mittwoch in
> Bonn." (Frankfurter Rundschau, 27.8.92)

Das Asylrecht produziere Haß und Mißgunst der Deutschen gegenüber den
Asylbewerbern und begründe fremdenfeindliche Ausschreitungen; diese Ursache müsse beseitigt werden.[108]

Die Problematisierung des *unkontrollierten Zustroms von Wirtschaftsflüchtlingen* im Zusammenhang mit den Ausschreitungen dient als Begründung
für die Dringlichkeit einer Änderung des Asylrechts.

> „Die Bürger müssen das Gefühl haben, daß sich beim Asylproblem etwas bewegt. Re-
> den hilft nicht mehr. Die Zeit drängt!" (Saarbrücker Ztg., 26.8.92)

> „Wer jetzt nicht handelt und das Asylrecht schnellstens ändert, wird mitschuldig."
> (Express, 25.8.92)

Die Art und Weise, wie hier die Ausschreitungen in Lichtenhagen und das bestehende Asylrecht in Zusammenhang gebracht werden, legt nahe, daß eine
Änderung des Asylrechts solche Gewalthandlungen zukünftig verhindern
könnte.

> „Außerdem sei eine rasche Änderung des Asylartikels nötig. Die Geduld der Bürger
> dürfe nicht überfordert werden. Es gelte den Zustrom von Asylbewerbern zu 'kontrol-
> lieren, zu kanalisieren und zum Teil auch zu stoppen'." (Süddeutsche Ztg., 28.8.92)

---

[108] Als weitere Möglichkeit solchen Ausschreitungen adäquat zu begegnen, wird auch die
Notwendigkeit der Bestrafung der (rechten) Täter und die Bekämpfung des Rechtsradikalismus genannt. Hier müsse das Strafrecht wirken, ebenso wie zur Bekämpfung des
Asylrechtsmißbrauchs das Asylrecht geändert werden müsse. Die Asylbewerber werden
durch diese Argumentation mit den rechten Tätern auf eine Stufe gestellt. In beiden
Fällen erscheinen rechtliche Zugriffe als Lösung der bestehenden Probleme. Diese Argumentation wird in Kap. III.2.2.2 vorgestellt.

Dabei wird darauf hingewiesen, daß die Änderung des Asylrechts nicht als Instrumentalisierung oder „Relativierung der Vorkommnisse" (Süddeutsche Ztg.,
28.8.92) von Rostock aufgefaßt bzw. interpretiert werden dürfe.

> „Schon sehen viele nicht mehr in den brandschatzenden Finsterlingen auf Rostocks
> Straßen die Hauptgefahr, sondern in finsteren Mächten des politischen Establish-
> ments, das die Ausschreitungen instrumentalisiere, um eine Verschärfung des Asyl-
> rechts durchzusetzen. So wird jede realistische Politik, die sich nicht mit dem Herun-
> terbeten von Idealen begnügt, als opportunistisch denunziert." (Frankfurter Allgemei-
> ne Ztg., 27.8.92)

Die Argumentation zugunsten einer Asylrechtsänderung negiert die Chancen
einer Veränderung der Asylpolitik durch andere, z.t. schon vorhandene gesetzliche Regelungen bzw. Lösungsansätze. Das gilt u.a. für den Vorschlag, die
neuen Bundesländer von der Verteilung der Asylbewerber auszuschließen: Die
Quotenregelung[109] für Asylbewerber in den neuen Bundesländer müsse aufrechterhalten werden, um den Eindruck zu vermeiden, „daß die neuen Länder
mit Asylbewerbern nicht umgehen können" (Schäuble (CDU), zit. n. Süddeutsche Ztg., 26.8.92). Die einzige Möglichkeit, die Belastung der einzelnen Gemeinden, vor allem der neuen Bundesländer, zu verringern, bestehe daher in einer Änderung des Asylrechts.

Die Quotenregelung müsse schon allein deshalb bestehen bleiben, damit
nicht der Eindruck entstehe, man beuge sich dem Druck der Straße. Mit dem
sofortigen Abzug aller Asylbewerber aus den neuen Bundesländern und der
Aufgabe der Quotenregelung würde nur der Forderung der Täter nachgegeben
werden, die Asylbewerber *wegzuschaffen*:

> „Außerdem käme ein Aufnahmestop eben jenem Erfolg der Straße gleich, der unbe-
> dingt ausgeschlossen werden müsse." (Mitteldeutsche Zeitung, 26.8.92)

Als Konsequenz der Ausschreitungen Asylbewerber und Asylbewerberheime
nicht mehr in den neuen Bundesländern unterzubringen, wird hier als *Erfolg
der Straße* problematisiert. Hinsichtlich einer Asylrechtsänderung gelten diese
Bedenken jedoch nicht; die rechtliche Änderung wird in diesem Diskursstrang
als einzige Lösungsstrategie anerkannt.

„Asylrechtsänderung" erscheint als eine Art regulativer Faktor, der zumindest Veränderungen in der gesamten Asylproblematik möglich mache. Die
Forderung nach einer Asylrechtsänderung legt die Interpretation nahe, daß es

---

[109] Die Quotenregelung ist im Einigungsvertrag verankert und verpflichtet die neuen Bundesländer, eine bestimmte Quote an Asylbewerbern aufzunehmen.

möglich ist, politische Probleme mit Hilfe von Gesetzen bzw. deren Änderung zu lösen. Die Transformation politischer Konflikte in Angelegenheiten der Rechtsordnung läßt sich als Neutralisierung und Entpolitisierung interpretieren (Sack 1984b: 48). Gleichzeitig werden staatlich verankerte Umgangsformen als Lösungsmittel propagiert.[110]

In der Argumentation über die Notwendigkeit einer Asylrechtsänderung wird betont, daß dies nicht alle im Zusammenhang mit den Asylbewerbern entstehenden Schwierigkeiten lösen könne. Das deutet darauf hin, daß eine Asylrechtsänderung in jedem Fall erforderlich ist, auch wenn sie den größten, wenn auch zentralen Beitrag zur *Lösung des Asylproblems* liefere.

In diesem Kontext wird häufig Bundeskanzler Kohl zitiert, der am Dienstag, den 27.8.92, zu Beginn der Kabinettsitzung die Ausschreitungen in Rostock mit folgenden Worten kommentiert:

> „Der Mißbrauch des Asylrechts muß endlich gelöst werden. Dazu zählt auch die Ergänzung des Grundgesetzes. Sie allein löst dieses Problem nicht, ist aber ein wichtiger Schritt zur Eindämmung des Asylmißbrauchs. Die SPD muß ihren Worten jetzt Taten folgen lassen." (Zit. n. Bulletin, 29.8.92)

Diese Aussage formuliert als wichtigen Beitrag zur Lösung des *Asylproblems* eine *Ergänzung* des Grundgesetzes. Von einer Änderung oder Abschaffung des Asylrechts ist hier nicht die Rede. Die Aussage von Kohl deutet darauf hin, daß ergänzende Bestimmungen ins Grundgesetz einfließen sollen, um einen Mißbrauch des Asylrechts zu verhindern.

Gemeint ist eine Aufnahme von zusätzlichen Bestimmungen, die in dieser Zeit in der Bundesrepublik diskutiert werden. Dabei handelt es sich um Einschränkungen der Einreisemöglichkeiten für Asylbewerber. Insofern als diese als Verhinderung der Inanspruchnahme des Asylrechts interpretierbar sind, kann von einer Änderung bzw. Abschaffung des Asylrechts gesprochen werden.[111] Die Formulierung über eine *Ergänzung* des Grundgesetzes legt nahe, daß es sich weder um eine Beschneidung noch um eine Abschaffung handelt. Dies ist deshalb von Bedeutung, weil das Grundgesetz als Grundlage der demokratischen Ordnung der Bundesrepublik gilt und die Änderung eines Grundrechtes[112] als Eingriff in die essentiellen Bestandteile des Grundgesetzes interpretiert wird. Die Deklarierung als *Ergänzung* des Grundgesetzes läßt sich daher als Verschleierung der anvisierten Veränderung interpretieren.

Wie bereits erwähnt, bezieht sich der Vorschlag einer Änderung des Asylrechts im Diskurs vor allem auf die Einschränkung der Einreisemöglichkeiten.

---

[110] Vgl. Kap. V.
[111] Vgl. Kap. IV.2.6.
[112] Die Grundrechte sind in Art. 1 bis 17 GG verankert.

Als Grundproblem des Asylrechts wird auch angeführt, daß Ausländer, die offensichtlich keinen Anspruch auf Asyl haben, vorläufig in der Bundesrepublik bleiben dürften.

Die Zugangsverhinderung bildet somit einen erhofften Effekt einer Asylrechtsänderung. Die damit verbundene Argumentation plädiert für die Reduzierung der Zahl von Asylbewerbern durch Verhinderung der Inanspruchnahme des Asylrechts: der Zugang zum Asylrecht soll durch die Erschwerung der Einreise verhindert werden. Das könne wirksam nur durch eine Einschränkung der Einreisemöglichkeit geschehen, die im Asylrecht verankert sei. Zugangsverhinderung deutet so argumentativ immer auf die Notwendigkeit einer Grundgesetzänderung hin.

Das individuelle Grundrecht auf Asyl verleihe jedem das Recht auf Einreise und Zulassung zum Asylverfahren. Dies müsse geändert werden, sagt Horst Eylmann, Vorsitzender des Rechtsausschusses des Deutschen Bundestages in einem Interview:

> „90 Prozent der Asylanträge werden später abgelehnt, die Menschen bleiben aber trotzdem. Wir müssen also schon die Einreise erschweren bzw. für die sofortige Abschiebung sorgen. Wird dies durch die Grundgesetzänderung nicht erreicht, würde die Stimmung in der Bevölkerung noch explosiver ...“ (Eylmann (CDU), zit. n. Express, 2.9.92)

Als Erklärung dafür, daß trotz der durch Asylbewerber und Asylrechtsmißbrauch verursachten Probleme, das Asylrecht nicht schon längst geändert sei, wird von den Regierungsparteien die Haltung der SPD in der Asylpolitik genannt.

> „Durch ihre jahrelange Blockade in der Asylfrage habe die SPD dazu beigetragen, 'daß in diesem Jahr fast 500 000 Asylbewerber nach Deutschland strömen und das Asylrecht des Grundgesetzes massenhaft mißbrauchen können'.“ (Rüttgers, Parlamentarischer Geschäftsführer der CDU/CSU-Fraktion, zit. n. Frankfurter Allgemeine Ztg., 5.9.92)

Mit Recht sei die CDU/CSU nicht länger bereit zu warten und dränge die SPD zu Verhandlungen über eine Asylrechtsänderung. Die CDU/CSU habe zuletzt im Februar 1992 einen Änderungsantrag eingebracht, den sie jetzt auf jeden Fall noch in diesem Jahr zur Abstimmung bringen wolle, unabhängig davon, ob die SPD sich zu Verhandlungen mit der Koalition bereit erkläre. Der SPD wird so Verantwortung für die *Verschleppung des Asylproblems* zugeschrieben. Diese Darstellung deutet darauf hin, daß die CDU das Grundrecht auf Asyl schon längst geändert hätte, wäre sie nicht durch die SPD und FDP daran gehindert worden. Die Argumentation legt aber auch eine weitere Verantwortungszuschreibung nahe: Eine *rechtzeitige* Zustimmung der SPD und FDP zur

Asylrechtsänderung hätte die ausländerfeindlichen Ausschreitungen vermeiden helfen können:

> „Die Ängste und der Zorn der Anlieger ... sind in Aggressivität gegen die Asylbewerber umgeschlagen. Viele fühlen sich überfordert und hilflos, sind den offensichtlichen Mißbrauch des Asylrechts leid. Es wäre also zu einfach, nur mit dem anklagenden Finger auf die Rostocker zu zeigen. Anklagen müßten sich auch jene, die, wie SPD und FDP, die seit Jahren überfällige Änderung des Grundgesetzes zur Verhinderung eines hunderttausendfachen Asylmißbrauchs blockiert haben." (Bayern-Kurier, 29.8.92)

Daß die SPD nach einer Klausurtagung am Wochenende der Ausschreitungen in Rostock-Lichtenhagen öffentlich ankündigt, einer Änderung des Asylrechts unter bestimmten Bedingungen zuzustimmen[113], wird positiv bewertet: Unter dieser Perspektive erwiesen sich sogar die Ausschreitungen von Rostock für die Lösung des Asylproblems im nachhinein als förderlich. Erst sie hätten den Stimmungsumschwung in der SPD möglich gemacht, aufgrund dessen der Rechtsstaat endlich handeln könne. Die Meinungsänderung der SPD erscheint so als Folge der Rostocker Ausschreitungen. Die „Bemühungen, einen 'Allparteienkonsens' zur Änderung des Grundrechts auf Asyl zu schaffen" (Berliner Ztg., 26.8.92), würden durch die Ausschreitungen vorangetrieben.

> Rostock bilde einen „Anstoß für die Politiker, nicht nur über eingestandene Versäumnisse zu reden - siehe den Meinungswandel in der SPD zum Asylmißbrauch -, sondern rechtsstaatlich zu handeln." (Rheinische Post, 25.8.92)

Die Forderung nach einer Änderung des Asylrechts wird auch damit begründet, daß sich nur auf diesem Wege die ursprüngliche Idee der Asylgewährung bewahren ließe. Die Masse der Asylbewerber sei nicht zu bewältigen, während die Aufnahme der wirklich politisch Verfolgten durchaus zu bewerkstelligen sei, insofern die anderen draußen blieben. Der Mißbrauch des Asylrechts müsse von daher verhindert werden, um die wirklich Verfolgten zu schützen. Dieser Hinweis deutet darauf hin, daß es zwei Typen von Asylbewerbern gibt: diejenigen, die das Asylrecht mißbrauchen, und diejenigen, die tatsächlich politisch verfolgt werden und deren Recht zu schützen ist:

> „Seit fast einem Jahr wird geredet und geredet, ohne daß dem dauernden Mißbrauch dieses Ausländer-Grundrechts in unserem Lande eine klarstellende Deutung im Sinne der Väter des Grundgesetzes gegeben wird: Nur wirklich politisch Verfolgte genießen Asylrecht." (Rheinische Post, 29.8.92)

---

[113] Nach einer Klausurtagung am 22. und 23. August 1992 erteilt die SPD ausdrücklich ihre grundsätzliche Zustimmung zu einer Ergänzung des Art. 16 GG unter bestimmten Voraussetzungen (vgl. Kap. IV.2.6).

Hier wird auf den Kontext der Entstehung des Asylrechts in der Bundesrepublik Deutschland verwiesen und nahegelegt, daß nur eine Änderung deren ursprüngliche Idee, politisch Verfolgte zu schützen, zur Durchsetzung verhelfen kann. Zugleich wird in der Argumentation die Entstehung eines Grundrechts auf Asyl als eine spezifisch historische Entscheidung interpretiert.

> „Ein Grundrecht ist in Verruf geraten: 'Politisch Verfolgte genießen Asylrecht.' Kein anderes Land der Welt gewährt Ausländern einen so weitgehenden Schutz. Die Verfassungsväter haben diesen Satz unter dem Eindruck geschrieben, daß während der Naziherrschaft viele Deutsche nur überlebten, weil sie in anderen Ländern Aufnahme fanden." (Mitteldeutsche Zeitung, 5.9.92)

Die Notwendigkeit eines Asylrechts wird so auf den historischen Kontext seiner Entstehung reduziert, für die Gegenwart mithin in Frage gestellt. Die Argumentation legt nahe, daß das Asylrecht schon deshalb gändert werden muß, weil bei der Entstehung die Problematik von *Wirtschaftsflüchtlingen* völlig außerhalb der Möglichkeiten gelegen hätte. Damit wird begründet, daß eine Änderung nicht einen Eingriff, sondern eine Art Richtigstellung im Sinne einer Anpassung an veränderte Verhältnisse darstellt.

> „Die Kernfrage aber lautet: Wie lange kann der Staat es sich leisten, an einem Grundgesetz festzuhalten, das entstand, als kein Mensch auf die Idee gekommen wäre, als Wirtschaftsflüchtling in einem Land um Aufnahme zu bitten, das - zerschossen und zerbombt - nicht einmal in der Lage war, seine eigenen Bewohner zu ernähren." (Bonner Rundschau, 25.8.92)

Der Verweis auf den historischen Kontext dient zur Hervorhebung der - anerkennenswerten - ursprünglichen Idee im Gegensatz zum Schutz von Wirtschaftsflüchtlingen, stellt aber gleichzeitig die aktuelle Berechtigung der ursprünglichen Idee in Frage.

Ein Asylrecht in einer Zeit zu schaffen, in der kein Mensch in dem entsprechenden Land um Asyl bitten würde, sei zwar unproblematisch, aber unnötig und höchstens Ausdruck einer Haltung von ideellem Wert. Dagegen sei ein uneingeschränktes Asylrecht zu Zeiten großer Flüchtlingsbewegungen in einem Land, das aufgrund seines Wohlstands hoch angesehen und begehrt sei, politisch absurd und habe verheerende Folgen. Das uneingeschränkte Asylrecht müsse demgemäß den gegenwärtigen Verhältnissen angepaßt werden, damit sein Gehalt auch in Zukunft nicht an Gültigkeit verliere.

> „Da wir unmöglich alle aufnehmen können, müssen wir das Grundgesetz, aber auch andere Gesetze und Bestimmungen so ändern, daß sie nicht nur für dieses Jahr Bestand haben, sondern auch den Notwendigkeiten der nächsten Jahrzehnte genügen...
> Und der jetzt noch gültige Hinweis auf die besondere moralische Verpflichtung der Deutschen angesichts der Schuld, die wir im Dritten Reich auf uns geladen haben,

wird unsere Kinder und Kindeskinder nicht mehr sonderlich beeindrucken, wenn sie sich erst Abermillionen Flüchtlingen gegenübersehen." (Bonner Rundschau, 2.9.92)

Hier wird auch die spezifisch historische Situation der Entstehung des deutschen Asylrechts - die Erinnerung an die Verfolgten des Nationalsozialismus - in der Argumentation als für nachkommende Generationen bedeutungslos zurückgewiesen. Der Gedanke an die Verfolgten des Nationalsozialismus reiche angesichts *massenhaften Mißbrauchs des Grundrechts auf Asyl* als Begründung zur Aufrechterhaltung des Asylrechts in seiner bestehenden Form nicht mehr aus.

Die hier im Diskurs hergestellte Historisierung durch den Verweis auf den Entstehungskontext des Asylrechts dient dazu, die *Bedeutung* des Asylrechts als historisch zurückzuweisen. Die Gültigkeit des Gesetzes kann so insgesamt durch die Verneinung seiner Bedeutung für die Gegenwart in Frage gestellt werden.

2.1.4 Die Lösung des Asylproblems ohne Änderung des Grundgesetzes?

Der vierte und letzte Diskursstrang innerhalb der asylpolitischen Rahmung bezieht sich auf die Frage, ob die Lösung des Asylproblems auch ohne eine Grundgesetzänderung möglich sei.

Typisch für die Argumentation in diesem Diskursstrang ist, daß sie an den Diskurs über das Verhalten der Asylbewerber im Zusammenhang mit Kriminalität und Mißbrauch anschließt und in gleicher Weise wie im Diskursstrang über die Notwendigkeit einer Grundgesetzänderung ein *Asylproblem* konstatiert. So bestehen z.B. Parallelen hinsichtlich der Problematisierung der Asylpolitik[114]; wobei jedoch andere Konsequenzen daraus gezogen werden.

Die Argumentation über das Asylrecht, die - im Gegensatz zu der oben beschriebenen Perspektive eine Änderung des Asylrechts als Lösung des Asylproblems in Zweifel zieht, umfaßt sehr unterschiedliche Facetten. Eine Richtung lehnt eine Asylrechtsänderung nicht grundsätzlich ab, sieht jedoch zusätzliche politische Regulierungsmöglichkeiten. Eine andere Perspektive thematisiert das weltweite Flüchtlingsproblem, nimmt Asylpolitik z.B. im Rahmen von Einwanderungspolitik in den Blick und diskutiert eine veränderte Einwanderungsregelung als Lösung der Asylproblematik.

---

[114] Diese Argumente und diejenigen, die sich auf Kriminalität und Mißbrauch beziehen, werden hier nicht mehr wiederholt, sondern als bekannt vorausgesetzt; vgl. Kap. III.2.1.3.

Beide Richtungen konstatieren im Diskurs ein *Asylproblem,* das durch Mißbrauch des Asylrechts und eine Belastung durch die Asylbewerber gekennzeichnet ist, und daß es *Fremde* gibt, die Probleme schaffen. Gemeinsam ist beiden Ansätzen, daß die bestehende Asylpolitik als änderungsbedürftig, eine schnelle Lösung durch eine Asylrechtsänderung aber als bedenklich angesehen wird.

> „'Wer den Bürgern einreden will, wenn erst das Grundgesetz geändert sein wird, dann gäbe es keine Probleme mit Fremden mehr, der schafft nur neue gefährliche Illusionen.'„ (SPD-Fraktionsvorsitzender Ringstorff, zit. n. Ostsee Ztg., 29.8.92)

Im Rahmen der ersten Perspektive wird darauf verwiesen, daß das von Bundestag und Bundesrat verabschiedete Gesetz zur Beschleunigung der Asylverfahren[115] bisher kaum wirksam geworden sei. Es sei dringend notwendig, dieses Gesetz zügig zur Anwendung zu bringen. Die Umsetzung der Beschleunigung des Asylverfahrens wird als eine Möglichkeit der Reduzierung der Asylbewerberzahl präsentiert. Es wird darauf verwiesen, daß das bestehende *Asylproblem* vor allem durch die hohe Anzahl nicht politisch Verfolgter verursacht sei.

> Man wäre „gut beraten, die längst bestehenden Gesetze und verfahrensmäßigen Beschleunigungsmöglichkeiten endlich in die administrative Tat umzusetzen. (...) Erheblich wirksamer dürfte es sein, wenn sich unter Wirtschaftsflüchtlingen herumspricht, daß ihre potentielle Aufenthaltsdauer im gelobten Land von unattraktiver Kürze ist." (General-Anzeiger, 29.8.92)

Auch hier wird davon ausgegangen, daß es ein hohes Ausmaß an Asylrechtsmißbrauch gibt. Der Vorschlag der Verfahrensbeschleunigung deutet darauf hin, daß der größte Teil der Asylsuchenden in der Bundesrepublik nicht asylberechtigt seien und so schneller wieder des Landes verwiesen werden könnten.

---

[115] Im Oktober 1991 verabschieden Bundestag und Bundesrat das Gesetz zur Beschleunigung der Asylverfahren. Das 8. Beschleunigungsgesetz (seit 1978) tritt am 1.7.92 in Kraft. Hintergrund dieser Änderung des Asylverfahrensrechts ist, daß im Bundesamt für die Anerkennung ausländischer Flüchtlinge in Zirndorf ca. 360.000 unbearbeitete Asylanträge vorliegen. Ein Asylbescheid dauert ca. 12 Monate. Dieser Verwaltungsgang soll dadurch abgekürzt werden, daß nicht mehr die Ausländerbehörden und deren „Beachtlichkeitsprüfung" am Anfang und Ende des Verfahrens stehen, sondern der Bund und das Bundesamt von Anfang an allein entscheiden. Asylbewerber sollen so lange in Sammelunterkünften untergebracht werden, bis binnen sechs Wochen endgültig über deren Anträge entschieden ist. Dafür sollen 50 neue Außenstellen eingerichtet und das Personal erhöht werden. Der Vollzug des Gesetzes ist bis zum April 1993 ausgesetzt, da vor allem in den neuen Bundesländern die Kasernen, die als Sammelunterkünfte vorgesehen sind, nicht bereitgestellt werden können. Das Gesetz ist auch deshalb in der Folge wirkungslos, weil im Bundesamt für die Anerkennung ausländischer Flüchtlinge 2.200 Mitarbeiter fehlen; allein 1.000 neue Planstellen für Personal, das über Asylanträge *entscheiden* soll, sind nicht besetzt.

Von dem beschleunigten Asylverfahren erhoffe man sich, daß „nur solche Asylbewerber den Gemeinden zugewiesen (würden), deren Asylbegehren nicht von vornherein offensichtlich unbegründet ist" (Bundesjustizministerin Leutheusser-Schnarrenberger (FDP), zit. n. Rheinischer Merkur, 28.8.92). Eine Problematisierung der Beschleunigung hinsichtlich der Frage, ob sie noch genügend Raum für die Überprüfung lasse, ob die Bewerber politisch Verfolgte und damit asylberechtigt seien, findet nicht statt.

Die zweite Perspektive, die eine Lösung des Asylproblems durch Asylrechtsänderung bezweifelt, bezieht die weltweiten Flüchtlingsbewegungen in die Überlegungen mit ein. Es wird argumentiert, daß aufgrund dieser Flüchtlingsbewegungen in der Zukunft noch mehr Asylbewerber - aus völlig unterschiedlichen Motiven - nach Deutschland kommen würden (Berliner Ztg., 24.8.92). In diesem Argumentationszusammenhang wird ein *Einwanderungsproblem* konstatiert, dem mit einer Asylrechtsänderung nicht beizukommen sei.

> „Ohnehin wird keine Gesetzesänderung verhindern, daß auch künftig Flüchtlinge nach Deutschland kommen. Europa brennt. Die Not ist groß. Da läßt sich Deutschland nicht abschotten...(...) Das heißt nicht auf Überlegungen zu verzichten, ob der Asylartikel, so wie er 1949 formuliert wurde, heute noch richtig ist. Man darf nur nicht so tun, als sei damit das Problem vom Tisch; ..." (Westdeutsche Allgemeine Ztg., 28.8.92)

Die Argumentation legt nahe, daß das bestehende Asylrecht nicht die eigentliche Ursache des *Asylproblems* sei und eine Änderung deshalb auch zu der gewünschten Reduzierung der Asylbewerberzahl führe. Eine Asylrechtsänderung stelle keine Lösung des Asylproblems dar, wenngleich die Bedeutung der Asylgewährung für die Gegenwart und das Asylrecht in seiner bestehenden Form hinterfragt werden müsse. Die Argumentation deutet darauf hin, daß das Asylproblem als Einwanderungs- und nicht als Asylrechtsproblem zu behandeln sei.

> „Die Politik wird die Geister, die sie mit der Asyldebatte leichtfertig weckte, nicht mehr los. (...) Sogar die Eskalation der menschenverachtenden Gewalt wird zugelassen. Und postwendend genutzt als Begründung für die angeblich alle Asylprobleme lösende Änderung des Grundgesetzes. Ein Nebelvorhang. Denn geflissentlich übersehen dabei die Politprofis, daß es in Deutschland eine ganze Reihe Gesetze gibt, die den Einwanderungsstrom durchaus steuern könnten. In Verbindung mit einem sinnvollen Einwanderungsgesetz würde das langfristig wirkungsvoller sein als jede Verfassungsattacke." (Berliner Ztg., 27.8.92)

Deutschland habe im Vergleich zu anderen Ländern eine hohe Einwanderungsquote. Das zeige, daß ein Einwanderungsgesetz notwendig sei. Nur auf diesem Wege könne die Zahl derjenigen reguliert werden, die aus wirtschaftlicher Not heraus kämen. Daß Menschen aus diesem Grund einreisten, ließe sich jedoch nicht verhindern, ob das Asylrecht geändert würde oder nicht.

„Man muß endlich zugestehen, daß Deutschland ein Einwanderungsland ist und die Einwanderer auch braucht. Für diese Gruppe muß ein Einwanderungsgesetz erlassen werden. (...) Damit würde sich die Zahl derjenigen, die sich bei ihrer Einreise in Deutschland auf das Recht auf Asyl berufen, erheblich reduzieren." (tageszeitung, 26.8.92)

In einer weiteren Argumentation wird die Ablehnung einer Asylrechtsänderung damit begründet, daß die Ursachen des *Asylproblems* nicht im Asylrecht zu suchen seien und das Problem daher auch nicht über dieses zu lösen sei.

Die Asylrechtsänderung könne weder Ausländerfeindlichkeit noch Vorurteile gegenüber Asylbewerbern verhindern, denn wie die Geschichte zeige, brauche man „für Antisemitismus ... keine Juden" (Hamburger Abendblatt, 27.8.92). Auch Probleme wie Kriminalität der Asylbewerber und Ausländer, die im Zusammenhang mit der Zuwanderung entstünden, seien nicht durch eine Asylrechtsänderung zu beseitigen:

„Die Überfrachtung des Asylrechts durch den mißbräuchlichen Einsatz als Instrument zur Kanalisierung für die gesamte, unterschiedlich motivierte, zeitlich befristete oder auf Dauer angelegte Zuwanderung ist deshalb unübersehbar. (...) Warum in aller Welt muß zur wirksamen Abwehr von Drogenhändlern und Einbrechern das Asylrecht angetastet werden? Nicht einmal im Ansatz ist in der Bonner Koalition das Bemühen spürbar, Zuwanderung nicht bloß differenziert zu beschreiben, sondern auch nach den gleichen Maßstäben zu behandeln." (Frankfurter Rundschau, 25.8.92)

Hier wird die Asylrechtsänderung als Versuch kritisiert, mit einer Maßnahme sehr unterschiedliche und komplexe Probleme zu lösen. Dabei wird davon ausgegangen, daß sich das Asylproblem aus verschiedenen Facetten wie *Asylmißbrauch*, *Kriminalität* der Asylbewerber und der zu großen Zahl der Asylbewerber zusammensetzt.

„Doch was soll's, ob der Artikel 16 'ergänzt' wird oder nicht - es wird sich sonst wenig ändern: Das Elend bleibt, die Fluchtbewegung bleibt, die Arbeitslosigkeit bleibt, das Problem bleibt." (Saarbrücker Ztg., 1.9.92)

Eine Asylrechtsänderung wird so als eine selektive Lösungsstrategie interpretiert, die an Kernbereichen des Problems vorbeigeht.

2.2 Zweite Rahmung: Rechts- und Linksextremismus sowie Ausländerfeindlichkeit

Der politische Extremismus bildet die zweite Rahmung, die die Medienberichterstattung über Rostock herstellt. Innerhalb dieser Rahmung lassen sich vier miteinander zusammenhängende und sich gegenseitig beeinflussende Diskursstränge erkennen.

Der erste fokussiert das Thema „rechte Gewalt" sowie „Rechts-" und „Linksextremismus" im Zusammenhang mit der Suche nach Tätern und Verantwortlichen für die Ausschreitungen in Rostock-Lichtenhagen. Gleichzeitig wird innerhalb dieses Diskursstranges Bezug auf die in Lichtenhagen stattfindende Kundgebung „gegen Ausländerfeindlichkeit und Fremdenhaß" genommen. Die Demonstranten werden mit den Urhebern der Anschläge auf die ZAST in eine Reihe gestellt: Das Verhalten der Linken wie der Rechten wird parallel zueinander problematisiert. Der Bezug auf die Demonstranten ermöglicht neue Konstruktionen des „Fremden" im Diskurs: *Linke* und *Autonome* werden als Fremde interpretiert und erfahren eine Kriminalisierung.

Der zweite Diskursstrang bezieht sich auf die Ursachen für die Entstehung *rechter Gewalt*. Als Erklärung für die Ausbreitung des „Rechtsextremismus" wird der „Linksextremismus" thematisiert. Der staatliche Umgang mit dem „Linksextremismus" wird verantwortlich gemacht für das zurückhaltende Verhalten der Polizei in Rostock und die Zunahme rechtsextremer Tendenzen. Hier werden das staatliche Gewaltmonopol und Forderungen nach einem starken Staat gestellt.

Ein weiterer Diskursstrang, der die zweite Rahmung bestimmt, nimmt Bezug auf das Thema „Ausländerfeindlichkeit" und problematisiert diese. Hier wird die Frage fokussiert, ob Ausländerfeindlichkeit und die Verbreitung ausländerfeindlicher Tendenzen in der Bevölkerung die Ursache der Ausschreitungen von Rostock-Lichtenhagen bildeten. Die Argumentation über Ausländerfeindlichkeit in Deutschland verweist vor allem auf das Ansehen im Ausland bzw. das Bild, das die Deutschen mit Rostock im Ausland hinterlassen hätten. Die ausländische Presse ziehe in ihrer Berichterstattung über Rostock Vergleiche mit dem Nationalsozialismus: das Bild des *häßlichen Deutschen* tauche wieder auf.

Der vierte und letzte Diskursstrang innerhalb der Rahmung „politischer Extremismus" interpretiert die Ausschreitungen von Rostock insofern nur partiell als Zeichen von Ausländerfeindlichkeit, als soziale Probleme im Gefolge der Wiedervereinigung als Ursache angeführt werden.

2.2.1 Die Täter

Die Identifizierung der Täter wird unter Einbeziehung verschiedener Perspektiven vorgenommen und umfaßt von daher partiell sich gegenseitig ausschließende Definitionen.

Eine erste Variante nimmt die Perspektive der Anwohner auf, die die Täter als ganz normale Jugendliche bezeichnet, die ihre Kinder und keine Nazis seien. Diese seien über die Zustände in Lichtenhagen und das Verhalten der Asylbewerber empört gewesen und hätten deswegen protestiert.

> „'Dieses Nazigesindel,' flucht ein Polizist. 'Das sind keine Nazis', schreit ihn ein Anwohner an. 'Das sind unsere Kinder. Das sind ganz normale Deutsche, die das mit den Ausländern hier im Viertel nicht mehr aushalten.'" (tageszeitung, 25.8.92)

Die Identifizierung der Täter als *gewöhnliche* Jugendliche legt nahe, daß beteiligte Rechtsextreme nur von außerhalb gekommen sein können. Entsprechend wird im Diskurs gleichzeitig konstatiert, daß sich auch *Rechtsradikale* an den Auseinandersetzungen beteiligt hätten: Jugendliche aus den Wohngebieten *und* Rechtsradikale von außerhalb seien die Akteure gewesen. (Bonner Rundschau, 25.8.92)[116]

Der Verweis auf die *Rechtsradikalen* geschieht in der Argumentation immer in Zusammenhang mit dem Hinweis darauf, daß die Ausschreitungen von Rechten aus dem Westen organisiert gewesen seien bzw. daß organisierte Rechte die Situation in Rostock ausgenutzt hätten. Verantwortung für die Ausschreitungen und vor allem für die Eskalation der Ereignisse kann mit dieser Argumentation im Diskurs beiden Parteien - den von außen kommenden Rechten und den *normalen* Jugendlichen - zugeschrieben werden. Der Verweis auf die Beteiligung rechtsextremer Täter deutet außerdem darauf hin, daß die Jugendlichen bzw. die Anwohner aus Lichtenhagen für die Ausschreitungen nur begrenzt verantwortlich sind:

> „... sonst auf Ruhe und Ordnung eingeschworene Bürger mutieren zu Sympathisanten von Gewalttätern." (Süddeutsche Ztg., 26.8.92)

Die Anwohner seien durch Extremisten von außerhalb fremdgesteuert worden, die „sich den Zorn der Bevölkerung zunutze (ge)macht" hätten (Mannheimer Morgen, 25.8.92). Es seien die Rechten aus dem Westen gewesen, die die Eska-

---

[116] In der Medienberichterstattung über die Auschreitungen wird keine Unterscheidung zwischen *rechtsextremen* und *rechtsradikalen* Tätern vorgenommen. Die Begriffe werden synonym verwendet. Auch lassen sich keine Hinweise darüber finden, inwieweit sich auch Frauen unter den Tätern befinden.

lation der Ereignisse schuldhaft verursacht hätten. Die an den Ausschreitungen beteiligten Anwohner werden so in Schutz genommen. Die Bezeichnung der Täter als organisierte Rechte umfaßt Verweise auf *Neonazis* und *Skinheads*, die schon am zweiten Tag der Ausschreitungen aus „allen Teilen Deutschlands" (Die Welt, 25.8.92) eingetroffen seien.

Eine andere Argumentationsvariante stellt die Ereignisse von Rostock-Lichtenhagen ausschließlich als Aktion der Rechtsextremen dar. Rostock sei „... kein spontaner Ausbruch bürgerlicher Mißstimmung, sondern eine von langer Hand vorbereitete rechtsradikale Machtdemonstration" (Allgemeine Zeitung, 25.8.92).

Das Argumentationsmuster, das mit Verweis auf die Rechten explizit eine Alleinverantwortung der Anwohner zurückweist, und das Argumentationsmuster über die Belästigung der Anwohner durch die Asylbewerber[117] ergänzen sich wechselseitig: Die Anwohner seien über das Verhalten der Asylbewerber empört und fühlten sich belästigt und bedroht. Dies führte zu den Ausschreitungen in Lichtenhagen, die als Protestkundgebung der Anwohner zu interpretieren seien. Parallel dazu hätten von außen dazustoßende rechtsextreme Täter und Gruppen diesen Protest ausgenutzt bzw. befördert oder zum Teil mitiniti-iert. Liest man beide Argumentationsmuster mit Blick auf die Anwohner, so werden sie doppelt entlastet.

In diesem Kontext werden die Ausbreitung der *rechten Szene* und die Zunahme rechtsextremer Tendenzen diskutiert. Dabei wird darauf verwiesen, daß die *gefährliche Entwicklung beim militanten Rechtsextremismus* (Stuttgarter Nachrichten, 26.8.92) in den vergangenen Monaten unterschätzt worden sei. Hinweise des Innenministeriums seien nicht beachtet worden. Die Ausbreitung rechtsextremer Gewalt wird vor allem mit der bestehenden Asylproblematik erklärt:[118]

> „Denn spätestens seit Hoyerswerda mußte jedem klar sein, daß die rechtsradikale Szene die damals wie heute ungelöste Asylproblematik zum Anlaß nehmen würde..." (General-Anzeiger, 25.8.92)

Parallel dazu können mit dieser Argumentation die Anwohner von Lichtenhagen entlastet werden. Die *rechtsradikale Szene* habe deren Protest ausgenutzt. Auch hier wird die Perspektive der Anwohner in die Argumentation eingeführt. Sie erlaubt den ursächlichen Protest als legitim zu begründen, erst die Beteiligung durch Außenstehende hätte die Eskalation der Ausschreitungen forciert:

---

[117] Vgl. Kap. III.2.1.1.
[118] Vgl. Kap. III.2.1.3.

„Nach der dritten Nacht mit brutalen ausländerfeindlichen Krawallen ist die Stimmung im betroffenen Rostocker Stadtteil Lichtenhagen jetzt offenbar umgeschlagen....so reagierten gestern morgen bei einer Umfrage vor Ort viele Rostocker sichtlich erschrocken und beschämt über die erneuten gewaltsamen Übergriffe auf die Zentrale Aufnahmestelle für Asylbewerber." (Badische Neueste Nachrichten, 26.8.92)

Die Distanzierung der Anwohner von den sich fortsetzenden Ausschreitungen erlaubt gleichzeitig eine Dämonisierung der rechtsextremen Täter. Die anfängliche Zustimmung wird als normaler Protest der Anwohner über unzumutbare Zustände im Wohnviertel interpretierbar:

„Jetzt wird den Anwohnern mulmig. Sind es diese Geister, die sie gerufen haben? Die, die jetzt die Häuser abfackeln? 'Heute ist es zum Kotzen,' murrt ein älterer Mann. Seine Gattin ergänzt: 'Samstag und Sonntag hab ich's verstanden. Das war Protest'." (tageszeitung, 26.8.92)

Die Argumentation über die Distanzierung der Anwohner geschieht vor allem mit Verweis darauf, daß sie an der Fortsetzung der Ausschreitungen kein Interesse mehr gehabt hätten. Sie hätten ihr eigentliches Ziel erreicht: die ZAST sei geräumt und die Asylbewerber weggebracht worden.

„Bislang war sie noch ein Fan der Ausländerfeinde. 'Aber das geht zu weit. Die Zigeuner sind doch längst weg'" (eine Anwohnerin, zit.n. Berliner Ztg., 26.8.92).

Die Argumentation über die Beteiligung und Verantwortung auswärtiger rechtsextremer Täter an den Ausschreitungen in Lichtenhagen nimmt vor allem in der zweiten Phase zu, am Wochenende nach der Demonstration und zum Ende des Konfliktes hin: in einem Zeitraum, als die Ausschreitungen in Lichtenhagen ein Ende gefunden haben, und bundesweit Anschläge auf Asylbewerberheime verübt werden. Hier konzentriert sich die Argumentation zunehmend auf die Darstellung der Entwicklung und Verbreitung sogenannter rechtsextremer Organisationen und Gruppierungen im Zusamenhang mit den Ereignissen in Rostock.

Eine weitere Facette, die im Diskurs bei der Identifizierung der Täter fast einheitlich auftaucht, ist der Verweis auf *Rechte und Linke*. Hier ist typisch für die Argumentation, daß bei der Nennung der Täter nicht nur auf *Rechte* bzw. *Rechtsextreme* verwiesen wird, sondern gleichzeitig auch *Linke* als an den Ausschreitungen Beteiligte angeführt werden. Der Einbezug der Linken bei der Identifizierung der Täter geschieht in der Regel in Form einer Aufzählung. Manchmal wird ihre Beteiligung lediglich eingeschränkt festgestellt, indem zumindest ein Einfluß der Linken als nicht auszuschließen bezeichnet wird.

Ministerpräsident Seite (CDU) erklärt anläßlich einer Pressekonferenz am ersten Tag der Berichterstattung, „daß bis zu 1000 Störer aus der links- und rechtsradikalen Szene sowie 'Autonome aus ganz Norddeutschland' nach Rostock gereist seien" (zit. n. Frankfurter Rundschau, 26.8.92). Diese hätten unabhängig voneinander „professionell geführt" gehandelt. *Rechts- und linksradikale militante Gruppen* hätten in Rostock mit Gewalt Probleme lösen wollen, heißt es in der „Ostsee Ztg." (25.8.92) schon am zweiten Tag der Berichterstattung. Vier Tage nach Beginn der Ausschreitungen äußert Bundeskanzler Kohl zu Beginn der Kabinettsitzung: „Wer die Konfrontation mit dem Rechtsstaat sucht - egal ob von Rechts- oder Linksextremisten - muß eine eindeutige Antwort erhalten." (Zit. n. Bulletin, 29.8.92)

> „Rostock ist zum Mekka rechtsradikaler Gewalttäter aus ganz Deutschland geworden; das ruft unvermeidlich auch die 'Autonomen' der linksradikalen Szene auf den Plan, die ihren gewalttätigen 'Antifaschismus' ebenso unvermeidlich Seite an Seite mit den 'Faschisten' gegen die Staatsgewalt richten werden. Neben den rechtsradikalen Parolen 'Deutschland den Deutschen' oder 'Ausländer raus' war in Rostock auch schon der Ruf 'Deutsche Polizisten, Mörder und Faschisten' zu hören, der zum linksradikalen Kulturgut gehört." (Frankfurter Allgemeine Ztg., 27.8.92)

Entsprechend zieht auch Bundeskanzler Kohl nach der ersten Woche der Ausschreitungen mit folgenden Worten Bilanz:[119]

> „Die Krawalle in Rostock sind eine Schande für unser Land. Links- und rechtsextremistische Gewalttäter haben Leben und Gesundheit anderer Menschen bewußt aufs Spiel gesetzt. (...) Wir müssen alles tun, daß Jugendliche nicht linken und rechten Extremisten nachlaufen..." (Kohl, Bild am Sonntag, 30.8.92)

Linksradikale Autonome hätten sich im Verlauf der Ausschreitungen eingemischt, konstatiert auch Siegfried Kordus, der Polizeidirektor und Leiter des Landeskriminalamtes von Mecklenburg-Vorpommern (zit. n. Frankfurter Rundschau, 25.8.92).

Dieses Diskursmuster, das rechte und linke Täter in der Argumentation gleichsetzt und beiden eine Beteiligung an dem Überfall auf die ZAST zuschreibt, läßt sich als „Egalisierung" beschreiben und durchzieht die gesamte Medienberichterstattung. Es taucht verstärkt in der zweiten Diskursphase auf, als die Ausschreitungen in Rostock bereits etwas zurückliegen und die Demonstration in Lichtenhagen im Vordergrund steht.

Daß bei der Identifizierung der Täter auf die Beteiligung von *Linken* und *Autonomen* verwiesen und im gleichen Kontext von *rechtsradikalen Ausschreitungen* gesprochen wird, deutet darauf hin, daß keine Differenzierung zwischen diesen beiden politischen Orientierungen notwendig ist, da beide in ihrem Ver-

---

[119] Hierbei handelt es sich um einen sogenannten Gastkommentar, der sich nicht auf die Demonstration in Lichtenhagen bezieht, sondern nur zu den Ausschreitungen in Lichtenhagen und zu dem Überfall auf die ZAST Stellung nimmt.

halten gleichermaßen extremistisch sind. Es legt auch eine Entlastung der Rechten nahe insofern, als die Zuschreibung ohne klare Differenzierung der Taten erfolgt.

Eine Woche nach dem Beginn der Ausschreitungen, am Samstag, den 29.8.92, findet in Lichtenhagen eine Demonstration „gegen Rassismus und Ausländerfeindlichkeit" statt, zu der bundesweit aufgerufen wurde. Die Demonstration wird organisiert vom „Rostocker Bürgerbündnis gegen Faschismus und Nazi-Terror" unter Beteiligung der PDS. Die Veranstaltung sei als Kundgebung der *Linken* gegen *Rechte* und *Rechtsextremismus* zu bewerten. Mit diesem Hinweis wird das Thema „Linksextremismus" in den Vordergrund des Diskurses gerückt, bei gleichzeitiger Egalisierung beider politischer Orientierungen:

> „Nun aber macht, nachdem die norddeutsche Rechte nächtelang Rostock gewalttätig beherrscht hatte, die Linke von Hamburg bis Berlin zur Gegenoffensive mobil, so daß am Wochenende heftige Zusammenstöße zu befürchten sind." (Rheinische Post, 29.8.92)

Die angekündigte Demonstration wird in den Kontext *linksextremer* Aktivitäten gestellt. Die Demonstranten werden als gewalttätig und aggressiv beschrieben, ihre Absichten als Provokation und Auseinandersetzungen mit den *Rechten* und der Polizei. *Lust auf Randale* in Lichtenhagen wird den Linken im Diskurs als Motiv für ihre Anreise und die Beteiligung an der Demonstration zugeschrieben. Als „Wochenende des Schreckens in Deutschland" (Die Welt, 31.8.92) und als „heißes Wochenende" habe die Polizei (zit. n. Süddeutsche Ztg., 28.8.92) die Demonstration angekündigt. Die Argumentation über die Kundgebung läßt sich damit als Kriminalisierung der Linken bewerten.

> „Das neue Mekka der Randale zieht an diesem Tag Linke und Autonome an." (Die Welt, 31.8.92)

> „Mehrere hundert Polizisten säumen die Straße. Immer wieder werden sie von Demonstranten, vornehmlich Autonomen, provokatorisch beschimpft. Angefeuert vom Lautsprecher werden schlimme Sprüche skandiert wie: 'Deutsche Polizisten schützen Nazis und Faschisten!'" (Ostsee Ztg., 31.8.92)

Der Verlauf der Demonstration wird als friedlich dargestellt, wenngleich mit Hinweis darauf, daß „der große Block der Vermummten nur auf den passenden Moment zur Randale" (Westdeutsche Allgemeine Ztg., 31.8.92) gewartet habe. Obwohl die Demonstranten schon aus *purer Langeweile* die Polizisten provoziert hätten, sei es zu keinen nennenswerten Auseinandersetzungen gekommen, so daß die

„Demonstration, die als Ausgangspunkt für ein blutiges Aufeinanderprallen rechts-
und linksradikaler Gruppen gefürchtet worden ist, jedoch zur allgemeinen Überraschung gänzlich unspektakulär und weitgehend friedlich verlief." (Rheinische Post,
31.8.92)

Als Grund für den unerwartet friedlichen und reibungslosen Verlauf der Demonstration wird in der Argumentation auf das Verhalten der Polizei verwiesen. Diese habe mit vorausschauenden Kontrollen mit der Durchsuchung von
Bussen und PKWs auf den Autobahnen, der Beschlagnahmung von Waffen
und durch Festnahmen wegen Waffenbesitzes oder Verstoßes gegen das Vermummungsverbot - schon im Vorfeld einen friedlichen Ablauf sichergestellt.

„Zu dem befürchteten Zusammenprall links- und rechtsextremer Kräfte ist es dort
nicht gekommen. Das ist dem massiven Einsatz der Polizei zu danken, die schon
durch vorbeugende Kontrollen vor den Toren Rostocks zu erkennen gab, daß sie Ausschreitungen nicht hinnehmen werde." (Stuttgarter Ztg., 31.8.92)

Die Darstellung des Verhaltens der Polizei im Zusammenhang mit der Demonstration in Lichtenhagen läßt diese in einem sehr positiven Licht erscheinen,
was vor allem durch die Gegenüberstellung mit den *linken Demonstranten*, die
als *gewalttätige Störer* und *Provokateure* beschrieben und kriminalisiert werden, eine besondere Geltung erhält.

„Die meist dickgepolsterten Sicherheitskräfte bewahren stoische Ruhe. 3400 sollen in
und um Rostock auf den Beinen sein... 'Wir wollen für einen störungsfreien Verlauf
sorgen', sagt Polizeidirektor Rolf-Ingo Petermann, 'da stimmt es mich traurig, wenn
unsere Präsenz als Provokation empfunden wird.'" (Ostsee Ztg., 31.8.92)

Mit dem professionellen Verhalten der Polizei kontrastiert das Bild der *chaotischen* und *militanten Linken* bzw. *Autonomen*.[120] Ein Großteil der Demonstranten sei schwer bewaffnet gewesen, hätten sich aber angesichts des massiven
Polizeiaufgebots ihrer Waffen schon vor der Kontrolle durch die Polizei entle-
digt. Insgesamt seien die *linken* Gruppierungen perfekt organisiert, um so mehr
sei der Polizeieinsatz zu würdigen, mit dem eine Eskalation verhindert werden
sollte. (Neue Zeit, 31.8.92)

„Mehrere tausend Polizisten und Bundesgrenzschützer haben die befürchteten Straßenschlachten zwischen rechten Terroristen und militanten Kämpfern aus der linken
autonomen Szene in Rostock verhindert." (Berliner Ztg., 31.8.92)

Die Polizei erscheint jetzt nicht mehr als Opfer der Ereignisse von Rostock-

---

[120] Eine Differenzierung zwischen *Linken* und *Autonomen* findet nicht statt, beide Begriffe
werden synonym verwendet.

Lichtenhagen und *rechter* Gewalttaten[121], sondern als aktive Kämpfer gegen die Kriminalität der *Linken*, gegen das Chaos und für Sicherheit und Ordnung im Staat. Diese Argumentation über das professionelle Verhalten der Polizei im Umgang mit linken Demonstranten deutet darauf hin, daß die Vorwürfe, die ihr wegen der Überfälle auf die ZAST gemacht wurden, nicht gerechtfertigt seien, daß die Polizei vielmehr aktiv und zuverlässig sei, wenn es um den Schutz des Staates und die Sicherheit im Land gehe. Die der Polizei vorgeworfene Passivität beim Schutz der Asylbewerber[122] und im Umgang mit den Rechten wird dahingehend interpretierbar, daß es sich bei dem Angriff auf die ZAST um eine im Vergleich geringfügigere Gefährdung des Staates handelt, als sie im Vergleich durch die Linken besteht. Diese hier vorgenommene Entlastung der Polizei durch die positive Darstellung ihres Einsatzes gegen die Linken, die den Einsatz gegen rechts als weniger wichtig erscheinen läßt, entspricht einem Deutungsmuster, das tief verankert in der politischen Kultur der Bundesrepublik ist: Linke und Linksextreme werden als Kritiker des starken Staates und des staatlichen Gewaltmonopols, als Bedrohung der legitimen politischen Ordnung gesehen. Rechte und rechtsextreme Täter symbolisieren dagegen Befürworter des starken Staates, die im Gegensatz zu den Linken das staatliche Gewaltmonopol nicht in Frage stellen. Sie kämpfen gegen Liberalität und stellen eine entsprechende Politik als Bedrohung der Sicherheit und Ordnung im Staate dar.[123]

Das Verhalten der Anwohner wird als sehr zurückhaltend und passiv beschrieben. Sie hätten sich nicht an der Demonstration beteiligt, sondern seien auf Distanz zu den Demonstranten geblieben, die an diesem Tag das Viertel belagert und sich als „Ortsfremde" in „Lichtenhagener Angelegenheiten" (Westdeutsche Allgemeine Ztg., 31.8.92) eingemischt hätten.

> „Doch die Lichtenhagener halten lieber Distanz, richten sich auf Balkonen oder hinter geöffneten Fenstern gemütlich ein, um das für die meisten wohl eher befremdliche Treiben aus gesicherter Ferne zu beobachten." (Rheinische Post, 31.8.92)

Diese Zurückhaltung der Anwohner wird mit der *Fremdartigkeit* der *Autonomen* und *Linken* erklärt. Die Demonstranten, die für die Lichtenhagener „in etwa so fremd aussehen wie die Asylbewerber, die vertrieben wurden" (Frankfurter Rundschau, 31.8.92), werden als Bedrohung beschrieben. Die Gleichsetzung der Linken mit den Asylbewerbern aus der Perspektive der Anwohner erlaubt es, die bei den Asylbewerbern vorgenommene Kriminalisierung auf die Demonstranten zu übertragen.

---

121 Vgl. Kap. III.2.1.1.
122 Vgl. Kap. III.2.1.1.
123 Vgl. auch Kap. V.

> „Ein bißchen schwer fällt es den zurückbleibenden Rostockern an diesem Samstag
> schon zu begreifen, daß ein 'besserer Mensch' auch mal grüne Haare trägt, einen Ring
> in der Nase oder einen Aufnäher mit kackendem Bundesadler am Ärmel; Aufschrift:
> 'Ich scheiß auf Deutschland'." (Frankfurter Rundschau, 31.8.92)[124]

Die Linken und *Autonomen* des Demonstrations-Wochenendes werden im Diskurs auch den Tätern des Überfalls auf die ZAST gegenübergestellt. Erst seien es von außerhalb kommende Rechte gewesen, die den Zorn der Bevölkerung auf die Asylbewerber ausgenutzt hätten. Jetzt seien es auswärtige Linke, also wiederum „Fremde", die sich in die Situation vor Ort einmischten. Nicht nur die Asylbewerber, sondern auch die Demonstranten werden nun mit Verweis auf die Perspektive der Anwohner als Eindringlinge und als Fremde bezeichnet. Diese Darstellung deutet darauf hin, daß alle von außen Dazustoßenden, also alle „Fremden" mitverantwortlich für die Ausschreitungen seien; anders formuliert: Schuld hat immer das „Fremde".

> „Die Lichtenhagener empfinden alle als Eindringlinge - zuerst die Sinti und Roma,
> dann die Rechten,... und jetzt die Linken, die den Staat für sich reklamieren." (Die
> Welt, 31.8.92)

Fremdheit wird so im Diskurs drei völlig unterschiedlich beteiligten Gruppen zugeschrieben, deren Fremdheit immer aus der Perspektive der Anwohner bestimmt wird und so deren Distanz zu den Tätern begründet. Dieses Diskursmuster erlaubt eine Entlastung der Anwohner von Lichtenhagen.

Die Kategorien der Unterscheidung, die hier im Diskurs zur Bestimmung des Fremden hervorgebracht und verwendet werden, bilden Deutungsmuster, die zum Schutz der so konstruierten Einheimischen dienen und Verantwortlichkeit begrenzen. Linke als Fremde zu bezeichnen bildet ein politisches Deutungsmuster, das auf deren Ausschluß hindeutet und an das hier im Diskurs wieder angeknüpft wird.[125]

---

[124] Die Gegenüberstellung von Rechten und Linken in ihrer unterschiedlichen Bedeutung für den Staat wird hier auch exemplarisch verdeutlicht durch die den jeweiligen Gruppen zugeschriebenen Slogans: „Ich scheiß' auf Deutschland" bildet ein sehr gegensätzliches Identifizierungsmuster zu „Ich bin stolz, ein Deutscher zu sein".

[125] Vgl. Kap. V.

2.2.2 Die Ursachen von Rechtsextremismus und rechter Gewalt

Der zweite Diskursstrang innerhalb der Rahmung „politischer Extremismus" bezieht sich auf die Diskussion von Ursachen, die die Entstehung und Ausbreitung von *rechter* Gewalt und *Rechtsextremismus* - wie sie in Rostock sichtbar geworden seien - erklären sollen.

Die Argumentation benennt dabei vor allem die verminderten Eingriffsmöglichkeiten des Staates und der Polizei. Eine frühzeitige Kontrolle der Entwicklung *rechter* Gruppierungen und eine Deeskalation *rechter* Gewalt sei nur eingeschränkt möglich gewesen, weil dem Staat und seinen Kontrollorganen im Verlauf des Umgangs mit *linken Protestgruppen* Beschränkungen auferlegt worden seien. Vermittels dieser Erklärung wird es möglich, das passive Verhalten der Polizei und die Eskalation der Ausschreitungen vor der ZAST zu erklären. Die anfängliche Kritik am Verhalten der Polizei wird mit dem Verweis auf den Umgang mit *Linken* gerechtfertigt. Hier wird erneut das Diskurselement der „Verantwortungszuschreibung" wirksam. Die *Linken* seien schuld daran, daß die Polizei in Lichtenhagen verunsichert gewesen sei und sich defensiv verhalten habe, daß das staatliche Gewaltmonopol nicht zur Geltung gebracht werden konnte:

> „Aber die Polizei läßt sich schon seit Jahren von reisenden Chaoten verunsichern, weil es der Polizei schon seit Jahren im Namen von Liberalität und Privatsphäre und 'informationeller Selbstbestimmung' verboten ist, die Namen reisender Chaoten zu speichern und ihre Reisewege zu beobachten." (Die Welt, 26.8.92)

Die Argumentation spielt auf Aktionen *linker* Gruppen an und legt nahe, daß diesen in der Vergangenheit zu nachlässig begegnet worden sei. Dieser Umgang mit politischem Extremismus erkläre das Verhalten gegenüber *rechtsextremistischen* Gruppen. *Linke Protestbewegungen, Anti-AKWler, Startbahngegner* oder *Hausbesetzer* hätten sich nicht viel anders verhalten als die *rechten* Gruppierungen in Rostock; warum sollte auf diese nun anders reagiert werden, als es sonst üblich sei?

Dieser Verweis auf die Aktionen linker Gruppierungen legt nahe, daß eine Durchsetzung härterer Maßnahmen gegen linken Protest die rechten Ausschreitungen in Rostock hätte verhindern können. Der implizite Vorwurf, die Polizei habe sich nur passiv verhalten, weil sie Verständnis für die Reaktion der Anwohner gehabt und gegen *rechte* Demonstranten und *Randalierer* nicht habe vorgehen wolle, kann mit dieser Argumentation ausgeräumt werden.

> „Was sich in Rostock abgespielt hat, haben wir von Brokdorf bis Wackersdorf, von der Hafenstraße bis Freiburg hundertfach erlebt. Aber wenn die Polizei sich bei Auf-

märschen des 'Schwarzen Blocks' auch nur blicken ließ, wurde ihr 'Provokation' vorgeworfen; wenn sie gar gegen die Gangster durchgriff, hieß es 'Polizei-Brutalität'."
(Die Welt, 27.8.92)

Die Zurückhaltung der Polizei wird hier begründet mit dem staatlichen Umgang
mit politischem Extremismus, für den die Linken verantwortlich seien. Liberale
Forderungen nach einer Begrenzung der staatlichen Eingriffsmöglichkeiten
hätten diesen Umgang begünstigt. Das Gewaltmonopol des Staates sei in der
Vergangenheit von den *Linken* immer wieder kritisiert und in Frage gestellt und
deshalb auch in Lichtenhagen nicht zur Geltung gebracht worden. Eine Eskalation der Ereignisse sei so unvermeidlich gewesen.

„Was soll denn eine Polizei tun, der man jahrzehntelang strikt verboten hat, sich gegen den Terror politischer Chaoten der Hamburger Hafenstraße oder Kreuzberger
Polit-Szene zu wehren?" (Neue Ruhr Ztg., 29.8.92)

In diesem Kontext wird im Diskurs häufig das massive Polizeiaufgebot beim
Münchener Weltwirtschaftsgipfel als Beispiel für einen erfolgreichen Umgang
mit politischen Extremisten angeführt. Ein vergleichbarer Polizeieinsatz hätte
die Ausschreitungen in Rostock verhindern können.[126]

„Es sind erst acht Wochen vergangen, seit sich Zorn gegen die Polizei in München
richtete, weil sie beim Weltwirtschaftsgipfel vorbeugend gegen Krakeeler zu Felde
gezogen war, welche die Staatsgäste mit Trillerpfeifen begrüßen wollten. Hätten doch
Mecklenburgs Innenminister und die Polizeiführer einen 'Rostocker Kessel' bilden lassen, um Gewalttäter am weiteren blinden Wüten gegen Ausländer zu hindern und die
schlimmsten Delinquenten zu stellen!" (Rheinische Post, 26.8.92)

Das Beispiel legt nahe, daß ein repressiver Umgang mit Extremismus angemessen sei und gewalttätige Ausschreitungen im Vorfeld verhindern kann. Voraussetzung dafür sei die Präsenz des Staates, denn „nur ein breit gestreutes und
massiertes Polizeiaufgebot (könne) für relative Sicherheit" (Westdeutsche Allgemeine Ztg., 5.9.92) und für eine Durchsetzung des staatlichen Gewaltmonopols sorgen.

„Einige von denen, die am Montag den Wohnblock in Lichtenhagen in Brand setzten,
sind im nachhinein selber erschrocken, daß ihnen das niemand verwehrte. Sie sagen,
das Haus hätte von der Polizei besser geschützt werden müssen. In ihrem Reden steckt
das Verlangen, man möge ihnen Grenzen ziehen, das ist der Wunsch nach einem autoritären Staat, der ihre eigene Gewaltbereitschaft nicht duldet und selbstverständlich

---

[126]   Bei dem folgenden Zitat handelt es sich vor allem im zweiten Teil um eine extremtypi-
sche Argumentation. Der Verweis auf die Vorfälle in München und die damit verbundene Kritik an der Polizei bildet jedoch ein prototypisches Argument innerhalb dieses Diskursstranges.

auch nicht zuläßt, daß Asylbewerber tagelang auf einer Wiese im Wohngebiet lagern." (Frankfurter Allgemeine Ztg., 27.8.92)

Mit diesem Beispiel kann verdeutlicht werden, daß der Ruf nach dem *starken Staat* nicht nur eine *rechte* Forderung darstellt, sondern vor allem in Zeiten, in denen „die alten Autoritäten so gründlich zusammengebrochen" (Frankfurter Allgemeine Ztg., 27.8.92) seien, unbedingt notwendig ist. Nur so könne nicht nur protestierenden Jugendlichen, sondern auch den *Rechten* und den Asylbewerbern Einhalt geboten werden. Hier schließt die Argumentation wieder an diejenige über das Verhalten der Asylbewerber an. Sie werden mit den *Randalierern* auf eine Stufe gestellt und ihre Verhaltensweisen gleichermaßen verurteilt.

> „Unter dem Eindruck der Krawalle sagte Bundesinnenminister Rudolf Seiters gestern abend in Rostock, es habe kein Deutscher das Recht, Gewalt anzuwenden...(...) Dem Hauptproblem, dem unkontrollierbaren Zustrom von Wirtschaftsflüchtlingen vor allem aus Osteuropa, könne nur mit einer Verschärfung des Gesetzes begegnet werden." (Ostsee Ztg., 25.8.92)

Damit werden zwei Forderungen parallel zueinander formuliert: die Gewalttäter sollten bestraft werden, und dem Mißbrauch des Asylrechts müsse mit einer Asylrechtsänderung begegnet werden. In beiden Fällen wird der Konflikt nicht als politischer definiert und argumentativ nahegelegt, daß Gesetze bzw. deren Anwendung Probleme lösen könnten. Die Transformation eines politischen Konflikts in eine Angelegenheit des Rechts läßt sich als eine Form der Neutralisierung des Geschehens interpretieren, das als einzige Lösung staatliche Intervention vorsieht.[127]

> „Der Staat hat auf sein Gewaltmonopol verzichtet, weil die gewaltsame Verhinderung von Unrecht nicht mehr populär ist. Nun üben die Radikalen die Gewalt aus, die Rechten in Rostock-Lichtenhagen, die Linken - gleichsam als Revanche - in der Bonner Innenstadt. Wer oder was auch sollte sie daran hindern?" (Bonner Rundschau, 26.8.92)[128]

In diesem Zusammenhang erfolgt ebenso wie beim o.g. Verweis auf den Umgang mit *Linken* eine Gleichsetzung von *linkem* und *rechtem* Protest.[129]

---

[127] Vgl. Kap. III.2.1.2 und Kap. V.

[128] Am 24.8.92 findet in Bonn eine spontane Demonstration gegen Rechtsradikalismus statt, vgl. Kap. III.1.

[129] Eine andere Facette des Diskurses im Kontext der Ursachenbenennung für die Rostocker Ereignisse steht eher im Gegensatz zu den oben beschriebenen Auffassungen, obwohl sie ebenfalls eine „Egalisierung" von Links- und Rechtsextremismus vornimmt: Rostock zeige, daß in der Bundesrepublik mit *rechtem Protest* und *rechter Gewalt* anders umge-

„Wir wissen ja, wie heftig in diesem Land immer wieder bestritten wird, daß rechtsradikale und linksradikale Aktionen zwei Seiten der gleichen Medaille sind." (Rheinischer Merkur, 28.8.92)

Die Ausbreitung des Rechtsextremismus lasse sich aus dem falschen Umgang mit Linksextremismus heraus erklären; der politische Umgang mit den *Linken* habe die Bekämpfung des aktuellen Rechtsextremismus beeinflußt. Linksliberale Kritik wird so für die Zunahme rechtsextremer Tendenzen verantwortlich gemacht.

Im Zusammenhang mit den Ausschreitungen von Rostock und den sich anschließenden rechtsextremen Anschlägen wird folglich interpretativ nahegelegt, daß rechts- und linksextreme Tendenzen vergleichbare Phänome darstellen und ohne Unterschied zu skandalisieren sind. Dieses Argumentationsmuster deutet darauf hin, daß die mit den Ausschreitungen von Rostock sichtbar gewordene Bedrohung der demokratischen Verhältnisse nicht auf Rechtsextremismus reduzierbar ist. Die in diesem Kontext vorgenommene „Egalisierung" von links- und rechtsorientierten Aktionen ermöglicht eine Entdramatisierung der aktuellen Situation in Rostock. Gleichzeitig wird interpretativ eine verminderte Schuld *rechter* bzw. *rechtsextremer* Täter nahegelegt.

Die im Diskurs hergestellte Erklärung deutet außerdem darauf hin, daß alle politischen Extreme vom Staat auszuschließen seien bzw. als diesem nicht zugehörig definiert werden können. Alles, was nicht zur Mitte der Gesellschaft gehört, erscheint als „fremd" und alles „Fremde" als auszuschließen, um ihre Stabilität zu sichern.

In diesem Kontext werden Forderungen nach anderen Umgangsformen mit Extremisten aufgestellt werden. Rechtliche Änderungen sollen es ermöglichen, rechtsextreme, aber auch linksextreme Tendenzen zukünftig adäquat zu bekämpfen. Beispielhaft für diese Forderungen wird in der Medienberichterstattung der Datenschutz thematisiert, der „die Verfolgung mobiler Chaoten-Kommandos" nicht behindern dürfe (Mannheimer Morgen, 27.8.92). Auch das Vermummungsverbot sei in seiner bestehenden Form verharmlosend und müsse verschärft werden:

„Verharmlosend hat man auch den Begriff der Vermummung eingeführt. Das Strafrecht kannte aber bisher nur den 'maskierten' Täter. Und die straff organisierten Ter-

---

gangen würde, als es den *Linken* gegenüber geschehen sei. Im Vergleich zu dem Umgang mit *linken* Akteuren übe der Staat bei den Rechten demonstrative Zurückhaltung. Diese Perspektive wird jedoch eher von einer Minderheit vertreten und taucht *in der Regel* auch nur im Rahmen der Berichterstattung weniger Zeitungen *linker Couleur* auf.

rorbanden - ob nun links oder rechts ideologisiert - sind maskierte Gewaltkriminelle."
(Deutsche Tagespost, 27.8.92)[130]

Die hergestellte Argumentation läßt vermummte Demonstrationsteilnehmer automatisch als Straftäter erscheinen. Wer sich vermumme, um sich an einer Kundgebung zu beteiligen, müsse ein *Gewalttäter* sein - wäre er nur ein Demonstrant, gäbe es keinen Anlaß zur Vermummung.

Schließlich wird vorgeschlagen, eine *Polizei-Sondertruppe* „gegen den Straßenterror von rechts und links zu bilden, die mobil bundesweit agieren" (Freie Presse, 31.8.92) solle. Sie könne z.b. mit gezielten Lauschangriffen gegen Extremisten vorgehen. Damit wird im Diskurs der Forderung nach Einführung des „großen Lauschangriffs" Ausdruck verliehen.[131]

Alle vorgeschlagenen Änderungen lassen sich zusammengefaßt als Forderung nach einer Verschärfung der Sicherheitsgesetze verstehen und bilden Beispiele für den Ruf nach dem starken Staat und einer Ausweitung seiner Eingiffsmöglichkeiten.

Die in diesem Diskursstrang auftauchenden Argumente stammen aus einer parallel geführten Debatte zur inneren Sicherheit in der Bundesrepublik. Sie stehen im Kontext der Diskussion über *organisierte Kriminalität*, die im Juni 1992 zur Verabschiedung des „Gesetzes zur Bekämpfung des illegalen Rauschgifthandels und anderer Erscheinungsformen der organisierten Kriminalität" (OrgKG) führt und u.a. von einer Auseinandersetzung um den *großen Lauschangriff* begleitet wird. Wenige Monate danach beginnt eine gemeinsame Kampagne der Unionspolitiker und der Sicherheitsexperten der Polizei. Sie

---

[130] Bevor ein Vermummungsverbot rechtlich kodifiziert wurde, mußte, wenn man vermummte Personen strafrechtlich belangen wollte, ihnen eine Straftat nachgewiesen werden. Vermummung als solche stellte weder eine Straftat noch eine Ordnungswidrigkeit dar. Mit dem Vermummungsverbot wird der „vermummte Demonstrant" ganz unabhängig von einer Gewalttat strafrechtlich verfolgt (vgl. § 27 II Nr. 2 VersG). „Bestraft wird nicht erst die 'erfolgreiche' Verletzung, sondern bereits eine Handlung, die gefährlich ist oder auch nur unter Umständen gefährlich sein könnte." (Frehsee 1997: 16) Von daher könnte im engeren Sinne von einer Ausweitung und Verschärfung des Strafrechts gesprochen werden. In der Argumentation wird dagegen insofern eine Verharmlosung behauptet, als ehemals strafrechtlich verfolgte Gewalttäter jetzt strafrechtlich *nur* als vermummte Demonstranten geahndet würden.

[131] Der rechtlich verankerte kleine Lauschangriff erlaubt Telefonüberwachung, die Öffnung von Briefen, das Anbringen von Abhörgeräten und das Abhören von Gesprächen in öffentlichen Räumen. Nur bei *Gefahr im Verzug* ist ein Eingriff in den Wohn- und Intimbereich von Privatpersonen bei Anwesenheit des *Verdeckten Ermittlers* in der Wohnung des Betroffenen erlaubt. Der große Lauschangriff sieht ein Anbringen von Abhörgeräten, optischen Sehhilfen und elektronischen Aufklärungsgeräten auch im Wohnbereich vor. (Raith 1995: 95) Der große Lauschangriff ermöglicht so eine Überwachung von in einer Wohnung nicht öffentlich geführten Gesprächen, die in *Abwesenheit* eines nicht offen ermittelnden Beamten stattfinden (Hassemer 1993: 105).

entwirft ein Bedrohungsszenarium und läßt den *großen Lauschangriff* als einzig wirksames Gegenmittel erscheinen (Seifert 1993: 166). Die Debatte über die Notwendigkeit des großen Lauschangriffs setzt sich fort und hat einen ihrer Höhepunkte in den Jahren 1993/94, wo sie zu einem Wahlkampfthema gemacht wird (Jünschke/Meertens 1994: 55).[132] Da der *große Lauschangriff* eine akustische und optische Überwachung auch in Privatwohnungen vorsieht[133], setzt seine Legalisierung eine Änderung von Artikel 13 GG voraus, der die *Unverletzlichkeit der Wohnung* festschreibt - dies gilt als „vor- oder überstaatliches Recht", das der Staat nicht gewährt, aber schützt (Hassemer 1993: 105).

Eine Einführung des *großen Lauschangriffs* kann den Handlungsspielraum der Staatsgewalt erweitern. Die damit verbundene Grundgesetzänderung knüpft an die Auseinandersetzungen um eine Asylrechtsänderung an. In beiden Fällen soll eine von außen kommende Bedrohung des Staates abgewehrt und die innere Sicherheit des Staates geschützt werden: im Falle des Asylrechts die Abwehr von Flüchtlingen aus „fremden" Ländern, im Fall des *großen Lauschangriffs* außerhalb der Gesellschaft stehende, *kriminelle Extremisten*.

Daß die Ausschreitungen und der Überfall auf die ZAST sowie die Demonstration gegen Rassismus in Lichtenhagen im Diskurs im Kontext „innerer Sicherheit" thematisiert werden,[134] läßt diese Ereignisse als Gefahr für die innere Sicherheit erscheinen. Gleichzeitig stellen nicht nur die *rechten* und *linken* Täter, sondern auch die Asylbewerber einen Unsicherheitsfaktor für die Bundesrepublik Deutschland dar.

Die Rahmung ermöglicht eine sich anschließende Auseinandersetzung um die Gestaltung und Steuerung der Teile des Staates, deren Aufgabe die Verhinderung und Bekämpfung von *Kriminalität* ist. Dies hängt damit zusammen, daß die Wahrung und der Schutz der „inneren Sicherheit" in öffentlichen Diskussionen immer auch als Sicherstellung einer effektiven Kriminalitätsbekämpfung durch staatliche Institutionen interpretiert werden (Lehne 1993: 52f).

2.2.3 Ausländerfeindlichkeit und das Ansehen Deutschlands

Der dritte Diskursstrang bezieht sich auf die Diskussion der Ausschreitungen von Rostock-Lichtenhagen im Zusammenhang mit Ausländerfeindlichkeit. Die Frage, ob die Ereignisse von Rostock als Beleg für die Ausweitung ausländer-

---

[132] 1996 liegt ein erster Rahmenentwurf zur Änderung des Grundgesetzes vor. 1998 wird dieser im Bundesrat mehrheitlich zugestimmt.
[133] Vgl. Fn. 131.
[134] Vgl. Kap. III.2.1.2.

oder fremdenfeindlicher Orientierungen zu bewerten sei, wird dabei nicht kontrovers diskutiert, sondern der Zusammenhang mit Ausländerfeindlichkeit wird durchgängig negiert. Ausländerfeindlichkeit wird als ein Phänomen hergestellt, das sich aus den Ereignissen in Rostock-Lichtenhagen nicht ableiten bzw. mit diesen nicht belegen läßt. Dabei tauchen in der Argumentation häufig Verweise auf Aussagen von Bundeskanzler Kohl oder Bundesaußenminister Kinkel (FDP) auf, die diesen Zusammenhang in Interviews in Frage stellen.

> „Ich schäme mich als Außenminister für das, was dort geschehen ist. Aber ich möchte den Menschen draußen auch sagen: Dieses Deutschland ist nicht ausländerfeindlich." (Kinkel, zit. n. Neue Ruhr Ztg., 5.9.92)

> „Die Vorfälle in Rostock sind eine Schande für unser Land. Sie schaden dem Ansehen Deutschlands in der Welt. Es kommt jetzt darauf an, daß alle demokratischen Parteien in der Öffentlichkeit deutlich machen, daß Deutschland ein ausländerfreundliches Land ist und bleibt." (Kohl, zit. n. Bulletin, 29.8.92)

Die Bezugnahme auf Aussagen führender Politiker erlaubt es, die im Diskurs hergestellte Verneinung von Ausländerfeindlichkeit zu autorisieren. Gleichzeitig lassen sich beide zitierte Äußerungen nicht nur als ein *Leugnen* ausländerfeindlicher Tendenzen interpretieren; die Ausschreitungen werden auch als beschämend für das Land bezeichnet. Dadurch wird nahegelegt, daß die Täter von außen kommende *fremde* Personen sein müssen, da das Land von Ausländerfeindlichkeit nicht betroffen ist.

Die Abwehr des Vorwurfs der Ausländerfeindlichkeit läßt sich als eine typische Form der „Rassismus-Leugnung" interpretieren. Sie bildet ein Argumentationsmuster, das explizit oder implizit entsprechende Vorwürfe voraussetzt, eine Verteidigungsstrategie, die der Verharmlosung und der Imagepflege dient (Dijk 1992: 121ff). Bei der „Rassismus-Leugnung" wird entweder eine Verantwortung für negative Handlungen oder Äußerungen abgelehnt, indem auf eine positive Intention hingewiesen und eine negative Absicht geleugnet wird oder eine negative Charakterisierung bzw. Handlung verharmlost, indem diese bagatellisiert wird (ebd.: 107ff).

Die Rassismus-Leugnung setzt einen inneren Konsens darüber voraus, daß das Land frei von Rassismus und Ausländerfeindlichkeit sei. Diese positive Selbstdarstellung bildet ein Mittel der Abwehr von Rassismus-Vorwürfen nach innen und außen. Gleichzeitig erlaubt dieses Argumentationsmuster nicht nur, daß die Sprecher (individuell) nicht als Rassisten angesehen werden, sondern das ganze Kollektiv von dem Vorwurf befreit.

Die Leugnung von Ausländerfeindlichkeit bzw. die Verneinung einer Zunahme ausländer- oder fremdenfeindlicher Tendenzen in der Bundesrepublik geschieht auch mit Verweis auf die spezifische Situation in Rostock-Lichtenhagen. Hier wird eine Beteiligung rechter Gruppen zwar nicht ausgeschlossen, das Verhalten der Mehrheit der Beteiligten aber als normaler Bürgerprotest bewertet, der nichts mit Ausländerfeindlichkeit zu tun habe und angesichts der Situation vor Ort sogar nachvollziehbar sei:

> „Die Lichtenhagener sind nicht ausländerfeindlich. Doch was sie in den letzten Wochen und Monaten erlebt haben, hat sie erbost und zornig gemacht." (Rostocker Pfarrer Wolfgang Rüß, zit. n. Die Welt, 26.8.92)

Der Diskurs schließt hier wieder an die Argumentation an, die sich auf das Verhalten der Asylbewerber bezieht. Das Argument, die Asylbewerber hätten den Protest und dessen Eskalation provoziert, dient als Beleg dafür, daß die Rostocker Ausschreitungen nicht mit Ausländerfeindlichkeit in Verbindung zu bringen sind. Nicht die Deutschen stehen den Fremden feindlich gegenüber, sondern im Gegenteil: die Asylbewerber hätten sich gegenüber den Gastgebern feindselig verhalten.

> „In Deutschland lebten rund sechs Millionen Ausländer mit den Deutschen seit Jahren friedlich zusammen. Es gebe aber nun rund eine halbe Million Asylbewerber.(...) Die Deutschen seien offen gegenüber Ausländern und in ihrer großen Mehrzahl gewiß nicht ausländerfeindlich. (...) Andererseits sei es nicht unmenschlich oder ausländerfeindlich, wenn man von den Asylbewerbern und Flüchtlingen erwarte, daß sie sich an die deutschen Gesetze hielten und deutsche Lebensgewohnheiten achteten und sich ihnen anzupassen versuchten." (Bundespräsident v. Weizsäcker (CDU), zit. n. Frankfurter Allgemeine Ztg., 7.9.92)

Die hier vorgenommene Leugnung von Ausländerfeindlichkeit kann so als Rechtfertigung der Täter interpretiert werden, die gleichzeitig eine Beschuldigung der Opfer vornimmt. Die im Diskurs konstruierten Fakten über das Verhalten der Asylbewerber dienen der Rechtfertigung des eigenen Verhaltens und gleichzeitig der Leugnung von Ausländerfeindlichkeit. Als Beleg für die Ausländerfreundlichkeit der Deutschen wird auch auf die Hilfsbereitschaft verwiesen, „mit der sie sich beispielsweise den Bürgerkriegsflüchtlingen aus dem ehemaligen Jugoslawien zugewandt hätten" (Mitteldeutsche Zeitung, 26.8.92).

Ein zentrales Argument, das im Kontext der Leugnung von Ausländerfeindlichkeit auftaucht, bildet der Verweis auf das Bild der Deutschen im Ausland und den Schaden, den die Vorfälle dem *deutschen Ansehen* zugefügt hätten. Auch wenn die Ereignisse in Rostock nicht auf eine Ausbreitung ausländerfeindlicher Tendenzen in der Bevölkerung hinwiesen, so seien sie doch unter Beteiligung (rechts)extremistisch orientierter Täter geschehen, welche von der Bevölkerung unterstützt worden seien. Dies passe nicht zu den demokratischen Verhältnissen in der Bundesrepublik.

„Unerträglich aber sind die Bilder von den 'normalen Bürgern', die klatschend und johlend dabeistehen, die Rechtsradikalen in ihrem blinden Haß sogar noch anfeuern. Diese Bilder gehen um die Welt und werden das Ansehen Deutschlands und unserer Demokratie schwer beschädigen." (Express, 25.8.92)

Hier werden die rechtsextremen Täter und die Unterstützung durch die *normalen Bürger* als potentielle Bedrohung des *Ansehens* der deutschen Demokratie im Ausland bezeichnet.

„Da ist sie wieder, die Fratze vom 'häßlichen Deutschen'. Das propagierte, schöne Selbstbildnis von einer ausländerfreundlichen Nation - nach einer Welle von Hilfsbereitschaft für bosnische Bürgerkriegsflüchtlinge mühsam hergerichtet - ist von den Rostocker Krawallen arg beschädigt." (Leipziger Volkszeitung, 25.8.92)

Die Argumentation hebt hier hervor, daß das *Ansehen der Deutschen* im Ausland trotz der Hilfsbereitschaft gegenüber Bürgerkriegsflüchtlingen geschädigt sei. Das Bild des *häßlichen Deutschen* wird dabei verwendet, um an den historischen Zusammenhang von Fremdenhaß in Deutschland zu erinnern und davor zu warnen, daß dieses Bild wieder entstehen könnte.

Der Verweis auf das *Ansehen im Ausland* und das Bild des *häßlichen Deutschen* steht im historischen Kontext, es ist ein Deutungsmuster, das immer im Zusammenhang mit der Erinnerung an die Vergangenheit auftaucht. Es symbolisiert das Bild des Deutschen als Nazi und markiert potentiell die gesamte Bevölkerung negativ. Das *Ansehen der Deutschen* in der Welt sei insofern durch Rostock-Lichtenhagen gefährdet, als die Ausschreitungen die Abgrenzung zum Nationalsozialismus in Frage stellten. Die Verantwortung dafür wird hier den ostdeutschen Jugendlichen, vor allem aber den konstruierten Tätern zugeschrieben: linken und rechten Extremisten und den Asylbewerbern.[135]

Der Verweis auf das *Ansehen Deutschlands* taucht in der gesamten Medienberichterstattung über Rostock regelmäßig auf und steht im Zusammenhang mit der Befürchtung, daß die Ereignisse im historischen Zusammenhang interpretiert werden könnten. Diese im Diskurs hergestellte Historisierung der Ereignisse dient in der Argumentation dazu, dem Vergleich der Rostocker Ereignisse mit dem Nationalsozialismus entgegenzutreten. Historisierung im Diskurs bedeutet hier die Leugnung historischer Parallelen. Die Leugnung von Ausländerfeindlichkeit unter Verweis auf die „Kriminalität" der Asylbewerber erlaubt, den Schaden abzuwehren und bildet dabei ein ergänzendes Argumentationsmuster.

Eine weitere Facette der hergestellten Historisierung im Diskurs bildet der direkte Verweis auf die Berichterstattung über Rostock in der ausländischen Presse. Im Mittelpunkt stehen dabei Überlegungen, wie das Ausland über die

---

[135] Vgl. Kap. III.2.2.1.

Ausschreitungen berichte und inwiefern es einen historischen Bezug herstelle.

Das Ausland stelle die Frage, woher es komme, daß ein so demokratisches und wirtschaftlich erfolgreiches Land wie Deutschland Schauplatz rassistischer Gewalttaten werden könne. In den Antworten bilde die sozioökonomische Situation der neuen Bundesländer ein Erklärungspotential. Parallel dazu erfolgten Verweise auf die Asylproblematik der Bundesrepublik und Erinnerungen an die „Reichskristallnacht".

Die Beispiele aus der ausländischen Presse zeigten, daß unverblümt Vergleiche mit der Vergangenheit der Deutschen gezogen würden:

> „In London schimpfte die *Times* zwar, 'jeder Deutsche sollte sich schämen', doch gleich im nächsten Absatz zeigte das konservative Flaggschiff auch schon wieder Verständnis: 'Das Land hat ganz klar die Grenzen seiner Toleranz erreicht.'(...) SpitzenpolitikerInnen hingegen halten sich weiterhin bedeckt. Kaum jemand wagt sich mit einer Reaktion an die Öffentlichkeit ..." (tageszeitung, 27.8.92)

> „Unter der Schlagzeile 'Kristallnacht 1992' schrieb die liberale norwegische Zeitung 'Dagbladet': 'Die Rufe waren dieselben wie damals ...: Deutschland den Deutschen! Ausländer raus! Sieg heil!' Das österreichische Massenblatt 'Kurier' titelte 'Die Schande von Rostock' und führte aus: 'Ein 'bißchen' Nazi-Gewalt gibt es nicht, auch keinen 'kleinen Hitler', sondern immer nur das volle Programm.'„ (Mannheimer Morgen, 27.8.92)

Den Kommentaren aus der ausländischen Presse, die einen eindeutigen Bezug zum Nationalsozialismus herstellen, wird mit dem Argument begegnet, daß das Ausland den historischen Bezug zum Nationalsozialismus zwar diskutiere, letztendlich aber auch in Abrede stelle. Diejenigen ausländischen Zeitungen, die den Bezug ohne Einschränkung herstellen, werden in diesem Diskursstrang stark kritisiert, eine historische Parallele wird entsprechend explizit verneint:

> „Wer ohne weiteres Vergleiche zwischen bösen Vorfällen wie in Rostock und der staatlich sanktionierten Judenverfolgung des Dritten Reiches anstellt, kennt entweder die Geschichte in ihrer vollen Wahrheit nicht - oder er handelt bewußt verfälschend." (Rheinische Post, 25.8.92)

Die Berichterstattung aus dem Ausland wird dabei in der Regel in eigenen Artikeln zusammengefaßt, kurz zitiert und im einzelnen nicht weiter kommentiert. Nur in Ausnahmefällen wird sie einer allgemeinen abschließenden Beurteilung unterzogen. Hier wird festgestellt, das Ausland erinnere zwar an den Nationalsozialismus, ziehe jedoch keine eindeutige Parallele und stelle die Ausschreitungen in den Kontext gegenwärtiger Probleme, für die Verständnis gezeigt werde. Die Bundesrepublik gelte als ausländerfreundlich, im Ausland werde gewürdigt, daß sie immer bereit gewesen sei, Flüchtlinge aufzunehmen:

„Als vorbildlich wurde auch in anderen Medien die bisher von Deutschland gezeigte Aufnahmebereitschaft für Millionen von Flüchtlingen und Asylanten dargestellt." (Mannheimer Morgen, 27.8.92)

Das Argumentationsmuster, neutrale, weil von *außen* vorgenommene Erklärungen und Beurteilungen der Ausschreitungen zu zitieren, die historische Parallelen verneinen, erlaubt die Leugnung der impliziten (eigenen) Befürchtungen. Die Art der Argumentation legt auch nahe, daß es bei dem Blick auf die Berichterstattung des Auslandes weniger um die Meinung des Auslandes, sondern mehr um den *guten Ruf* Deutschlands geht.

Die Verneinung eines historischen Zusammenhangs mit dem Nationalsozialismus geschieht im Diskurs auch durch den Hinweis auf fehlende Ausländer- bzw. Fremdenfeindlichkeit. Die Leugnung von Ausländerfeindlichkeit bildet so ein ergänzendes Argumentationsmuster im Kontext der im Diskurs vorgenommenen Historisierung:

„Auch wenn im In- und Ausland wieder unsinnige Reminiszenzen an Nazi-Deutschland hochkommen: Die Rostocker Krawalle taugen nicht zum Beweis dafür, die Bundesbürger seien fremdenfeindlich und anfällig für rechtsextreme Positionen." (Münchner Merkur, 25.8.92)

Gleichzeitig wird konstatiert, daß das Ausland auf die gesamteuropäische Entwicklung verweise, die Ausschreitungen von Rostock und ausländerfeindliche Strömungen als Ausdruck eines europäischen Problems und nicht als deutsches Spezifikum darstelle: Überall in Europa würden rassistische Tendenzen spürbar, die Situation in Deutschland dürfe von daher nicht überinterpretiert werden.

„Mit der bitteren Erinnerung an Nazi-Deutschland, aber auch mit dem Hinweis auf ausländerfeindliche Stimmungen in fast allen Ländern des Kontinents reagierten die Zeitungen im europäischen Ausland auf die Ereignisse von Rostock." (Mannheimer Morgen, 27.8.92)

Der Verweis der ausländischen Presse auf die gesamteuropäische Situation wird hier herausgegriffen, um die spezifisch deutsche Situation innerhalb allgemein gegenwärtiger Strömungen zu verorten und sie so außerhalb des historischen Zusammenhangs zu stellen. Diese Argumentation erlaubt eine entdramatisierende Interpretation der Ausschreitungen in Rostock.

Mit der Herstellung eines historischen Bezugsrahmens wird eine Historisierbarkeit der Ereignisse negiert. Die Ausschreitungen in Lichtenhagen werden dem Nationalsozialismus gegenübergestellt, um darauf zu verweisen, daß ein Vergleich nicht zulässig sei. Das Aufzeigen von Parallelen ignoriere, daß weder die Täter noch die Situationen vergleichbar seien. Mit dieser im Diskurs hergestellten sehr spezifischen Historisierung erhält auch die Leugnung der Ausländerfeindlichkeit ihre Plausibilität. Damit bildet die Historisierung ein Argumentationsmuster, das Bestandteil der „Rassismus-Leugnung" ist.

2.2.4 Ausländerfeindlichkeit als Folge der Wiedervereinigung

Der vierte und letzte Diskursstrang innerhalb der Rahmung „politischer Extremismus" fokussiert die Ausschreitungen im Kontext von latenter Ausländerfeindlichkeit und sucht nach ihren Ursachen bzw. Gründen. In diesem Kontext werden die Folgen der Wiedervereinigung für Ost- und zum Teil auch für Westdeutschland thematisiert.

> „Vor allem in Ostdeutschland hat sich im Prozeß der Einheit in großem Maße Unsicherheit breitgemacht. Weite Teile der Bevölkerung sind ihrer gewohnten Lebensverhältnisse beraubt. Sie haben mit dem Verlust ihrer Arbeitsplätze einen kaum verkrafteten Bruch in ihrer Biographie erlebt." (Der Tagesspiegel, 26.8.92)

Ganz allgemein werden materielle Not, Wohnungsnot und Arbeitslosigkeit, der Verlust alter Bindungen und Desorientierung innerhalb des neuen Systems als Gründe für eine zunehmende Ausländerfeindlichkeit vor allem im Osten genannt. Die soziale Situation nach der Wiedervereinigung habe zur Folge, daß die Menschen Konkurrenzgefühle und Neid entwickelten. Die Ostdeutschen verstünden vor allem nicht, „daß sie noch enger zusammenrücken sollen, um Fremden Platz zu machen" (Frankfurter Allgemeine Ztg., 26.8.92).

> „Wer seinen Job verliert, hat den Traum von den 'blühenden Landschaften' ausgeträumt. Er stürzt auf die untere Sprosse der Wohlstands-Skala und erregt sich über überquellende Beton-Ghettos und Ausländer, die sich auf seine Kosten einen schlauen Lenz machen." (Saarbrücker Ztg., 25.8.92)

> „Arbeitslose Ost-Deutsche prallten in Rostock mit entwurzelten Fremden zusammen." (Frankfurter Neue Presse, 27.8.92)

Diese Argumentation bezieht sogenannte Modernisierungsansätze mit ein und bietet als Erklärung den Zusammenhang zwischen sozialer Orientierungslosigkeit und Gewaltbereitschaft an. Alternativ werden ökonomische Faktoren als Erklärungsmuster in Anspruch genommen, die z.B. Arbeitslosigkeit und die Folgen der Wiedervereinigung vor allem für die Ausschreitungen im Osten verantwortlich machen. Beide Argumentationsmuster lassen sich in diesem Dis kursstrang finden. Sie bilden sozialwissenschaftliche Erklärungsansätze, die in dieser Zeit eine verstärkte Verbreitung in der Öffentlichkeit finden.[136]

Die Jugendlichen der ehemaligen DDR werden als Leidtragende beschrieben, sie hätten keine Perspektive und keinen Lebensinhalt und stünden „mit ihrem Frust auf der Straße" (Rheinischer Merkur, 28.9.92). Da alle alten Einrichtungen und Strukturen aufgelöst seien, herrsche Mangel an adäquaten Freizeitangeboten, so daß diesem Frust nichts entgegengesetzt würde. Diese Erklärung von Fremdenfeindlichkeit mit Frust und Langeweile der ostdeutschen Jugendlichen legt nahe, daß es sich dabei um ein pädagogisches Problem handelt und entsprechende Maßnahmen das Problem schnell lösen können:[137]

> „Motivsuche ist angesagt. Fragt man die jungen Menschen selbst, so ist vielfach von 'Langeweile' die Rede; eine Langeweile, die womöglich auch etwas damit zu tun hat, daß aus dem einst von der FDJ durchorganisierten Jugendleben nun unausgefüllte Freizeit geworden ist." (Stuttgarter Ztg., 29.8.92)

Diese Situation von sozialer Desorientierung, Arbeitslosigkeit und Langeweile sei Ursache dafür, daß „schwache Menschen gegenüber noch schwächeren mit nackter Gewalt Stärke beweisen" wollten (Frankfurter Neue Presse, 27.8.92). Dabei dient die Wiedervereinigung als Erklärungsmuster für alle auftretenden sozialen Probleme in der ehemaligen DDR. Dem Osten Deutschlands werden als "Verlierer der Einheit" die größten Probleme im Umgang mit *Fremden* zugebilligt.

> „Der Unmut über den anschwellenden Strom der Asylbewerber ist nur die eine Seite. Dahinter steckt die Angst vor Wohlstands-Verlust und sozialem Abstieg. Erfolg oder Mißerfolg der Bonner Politik hängen daher an zwei Dingen: an einem glasklaren Konzept für die Bewältigung der Einheit; und an einer für Kommunen und Länder zumutbaren Quotierung von Asylbewerbern, Aussiedlern und Bürgerkriegs-Flüchtlingen." (Saarbrücker Ztg., 26.8.92)

Den hier im Diskurs hergestellten Erklärungsmustern kann eine besondere Plausibilität zugeschrieben werden, indem gleichzeitig auf das Verhalten von Asylbewerbern verwiesen wird. Auch hier erscheinen die Asylbewerber implizit als Mitschuldige an der Situation: ihr Verhalten habe die fremdenfeindlichen Gefühle bei den Ostdeutschen hergestellt.[138] Von daher werden in diesem Dis-

---

[136] Vgl. exemplarisch Heitmeyer et al. 1992; Willems 1993 und vgl. die Ausführungen in meiner Einleitung.

[137] Enzensberger (1992: 73) merkt dazu an, daß bei Atomkraftgegnern niemand auf die Idee gekommen wäre, Jugendclubs zu bauen.

[138] Der Kontext, in dem diese Argumentation auftaucht und der hier nicht erneut vorgestellt wird, erklärt die Verantwortung der Asylbewerber mit ihrem Verhalten (vgl. Kap. III.2.1.1 und III.2.1.2).

kursstrang zwei Erklärungen als Begründung für die Ausschreitungen bereitgestellt: das Verhalten der Asylbewerber und das Leben in der ehemaligen DDR.

> „Die Asylbewerber waren Anlaß, aber für die Ursachen gibt es einen ganzen Komplex. Ich bin selbst im Osten aufgewachsen, in der DDR wurde kein richtiges Verhältnis zu Ausländern anerzogen, es gab staatlich oktruierte Freundschaft. Dazu ist für junge Menschen die Werteordnung zusammengebrochen, manche leiden unter Perspektivlosigkeit." (FDP-Generalsekretär Uwe Lühr, zit. n. Ostsee Ztg., 2.9.92)

Die Aussage, die DDR habe nicht gelernt, mit *Fremden* umzugehen, den Umgang mit Ausländern nicht gelernt" (Kölner Stadt-Anzeiger, 27.8.92), da die Bürger der ehemaligen DDR keine *normalen* Kontakte zu Ausländern gehabt hätten, bildet ein zentrales Argument. Ein staatlich verordnetes Reiseverbot habe maßgeblich dazu beigetragen, daß die Ostdeutschen im Umgang mit Ausländern ungeübt seien. Auch habe es in der ehemaligen DDR kaum Gastarbeiter gegeben, Zigeuner hätten die Bürger vor der Wiedervereinigung noch nie gesehen. Die Folge sei, daß sie nicht wüßten, wie sie sich diesen Fremden gegenüber verhalten sollten.[139]

Die Argumentation über die mangelnde Erfahrung der Ostdeutschen mit Fremden erlaubt es, das Verhalten der Anwohner in Lichtenhagen zu entschuldigen, da sie „völlig unvorbereitet mit dem Ausländer-Problem konfrontiert worden" seien (Kölner Stadt-Anzeiger, 25.8.92).

Damit werden zwei unterschiedliche Erklärungsmuster nahegelegt. Zum einen erfahren Ausländer und Asylbewerber eine Charakterisierung als *anders* und *fremd*, indem auf die Notwendigkeit eines zu erlernenden Umgangs verwiesen wird. Integration von Fremden ist nach dieser Argumentation nur möglich, wenn die entsprechende Gesellschaft gelernt hat, mit Fremden umzugehen, und setzt eine homogene Gruppe voraus. Die mit der Wiedervereinigung entstandenen Probleme in Ost und West und der Verweis auf die Verlierer der Einheit lassen die Bundesrepublik als eine zu diesem Zeitpunkt heterogene Gesellschaft erscheinen, die eine solche Integration kaum bewältigen könne. Die Bürger der ehemaligen DDR seien mit der Situation völlig überfordert gewesen und hätten deshalb auch wenig Verständnis für die *Fremden* entwickeln können.

Zum anderen wird mit dieser Argumentation der DDR als ehemaligem kommunistischen Staat Verantwortung für das gestörte Verhältnis zu *Fremden* zugeschrieben. Das politische System der DDR habe es zugelassen, daß die

---

[139] Daß die neuen Bundesländer zu DDR-Zeiten einen Anteil von 1,2% Ausländern in der Bevölkerung hatten und Ende März 1992 einen von ca. 0,75 (vgl. Heinsohn 1993: 6) - im Vergleich der Ausländeranteil sogar abgenommen hat - wird nicht thematisiert.

Bürger im Umgang mit Fremden ungeübt und intolerant seien.[140]

Als weiterer Beleg für die Probleme der Ostdeutschen im Umgang mit Fremden wird in diesem Kontext auch das Verhalten der Polizei während der Ausschreitungen angeführt. Die Gründe, die die Anwohner entlasten, werden ebenso zur Erklärung für die Passivität der Polizei in den neuen Bundesländern angeführt. Die Polizei sei aufgrund ihrer ostdeutschen Sozialisation der Situation nicht gewachsen gewesen und habe sich dementsprechend zurückgehalten.[141] Auch sie sei unsicher im Umgang mit Fremden. Sie sei außerdem schlecht ausgestattet und könne - nach westdeutschen Maßstäben - nicht angemessen auf solche Ausschreitungen reagieren.

Die hier vorgenommenen Verweise auf die ehemalige DDR lassen sich auch als eine Form der Historisierung im Diskurs bezeichnen. Dabei schwingen antikommunistische Deutungsmuster mit, die nahelegen, daß die DDR als Staat nicht nur in wirtschaftlicher Hinsicht versagt habe, sondern auch unter sozialen Gesichtspunkten kein weltoffenes und tolerantes System gewesen sei. Das Verhalten der Polizei und der Anwohner sowie das Entstehen von Rechtsextremismus lassen sich enschuldigen, da historische Strukturen dafür verantwortlich gemacht werden können.

Entschuldigungen bilden eine Form von Erklärungen, mit denen eingestanden werden kann, daß die fragliche Handlung bzw. das fragliche Ereignis negativ zu markieren ist, ohne die volle Verantwortung übernehmen zu müssen (Scott/Lyman 1976: 75). Entschuldigungen mildern die Schuld durch Verweis auf externe Faktoren, als welche im Diskurs das Regime des DDR-Staates benannt werden. Antikommunismus bildet so innerhalb dieses Diskursstranges eine Form der Historisierung, die einen Verweis auf die historische Situation nicht als unbegründet zurückweist, sondern legitim erscheinen läßt.

3. Zusammenfassung

Die Medienberichterstattung über die Ereignisse in Rostock-Lichtenhagen ist hinsichtlich seiner unterschiedlichen Rahmungen, Diskursstränge und Argumentationsweisen analysiert und beschrieben worden. Die vorfindbaren Argumentationsmuster, die hergestellten Diskurselemente und Deutungsmuster zeigen, daß es sich keineswegs um einen homogenen, in sich geschlossenen Diskurs handelt. Charakteristisch für den Diskurs ist vielmehr seine Komplexität,

---

[140]   Ein Argument, das auch im Zusammenhang mit der Befürwortung einer geringeren Quote für die neuen Bundesländer auftaucht (vgl. Kap. III.2.1.3).

[141]   Das Verhalten der Polizei wird auch hinsichtlich seiner Passivität kritisiert; dieser Aspekt wurde in Kap. III.2.1.1 vorgestellt.

sind seine Differenzierungen, die vielfältige Facetten und unterschiedliche Perspektiven herstellen und erkennen lassen. Angesichts dieser Komplexität werden im folgenden die zentralen Merkmale des Diskurses noch einmal zusammenfassend festgehalten.

Der Diskurs stellt zwei unterschiedliche Rahmen zur Interpretation der Ereignisse her. Diese Rahmen wurden „Asylbewerber und Asylrecht" oder auch „asylpolitische Rahmung" sowie „Rechts- und Linksextremismus sowie Ausländerfeindlichkeit" oder auch „politischer Extremismus" genannt. Innerhalb dieser beiden Rahmen werden Argumentationsmuster entwickelt, spezifische Themen fokussiert und unterschiedliche Problematisierungen vorgenommen. Innerhalb der ersten Rahmung werden die Ereignisse in Rostock-Lichtenhagen in einen asylpolitischen Kontext gestellt, innerhalb der zweiten im Zusammenhang mit politischem Extremismus und Ausländerfeindlichkeit interpretiert. Die öffentlichen Ausschreitungen in Lichtenhagen erscheinen innerhalb der beiden Rahmen jeweils als ein spezifisches politisches Problem.

Wie oben schon erläutert, stellen Rahmen Definitionen einer Situation auf, sie bilden Interpretationsschemata.[142] Die Herstellung eines Rahmens ermöglicht es, ein Ereignis zu lokalisieren, zu identifizieren und zu benennen (Goffman 1993: 31). Die Analyse hat gezeigt, daß die genannten Rahmen den Diskurs dominieren und von daher als *primäre* Rahmen bezeichnet werden können. Innerhalb dieser beiden primären Rahmen werden weitere Rahmungen vorgenommen, die als Diskursstränge bezeichnet wurden.

Die beiden Rahmungen mit ihren unterschiedlichen Diskurssträngen sind jedoch nicht immer voneinander abgrenzbar. So können Aussagen im Diskurs zwei unterschiedliche Rahmungen erhalten. Die Aussage, Asylbewerber würden das Asylrecht mißbrauchen, stellt z.B. innerhalb des asylpolitischen Rahmens als politische Konsequenz eine Asylrechtsänderung her; innerhalb des Rahmens „politischer Extremismus und Ausländerfeindlichkeit" legt die gleiche Aussage interpretativ eine Begründung für die Verbreitung von Rechtsextremismus nahe.

Sogenannte primäre Rahmen besetzen die im Diskurs auftauchenden Aussagen nicht exklusiv, sondern bedienen sich ihrer wechselseitig. Es sind Modulationen, die Aussagen transformieren. Haben diese ihren Sinn bereits innerhalb eines Deutungsrahmens erhalten, werden sie durch die Modulation mit einer weiteren bzw. anderen Deutung versehen. Dadurch erscheint die Argumentation oft ambivalent, was sich jedoch aus den unterschiedlichen Funktionen der Argumente ergibt. Die Ambivalenz ist von daher als ein Merkmal des Diskurses zu begreifen.

Innerhalb jedes im Diskurs hergestellten primären Rahmens lassen sich

---

[142] Vgl. Kap. II.3.

vier unterschiedliche Diskursstränge ausmachen, die sich wechselseitig ergänzen und partiell auch disjunktiv um bestimmte Gegenstände innerhalb der jeweiligen Rahmung zentrieren.

Innerhalb des Rahmens „Asylbewerber und Asylrecht" beziehen sich zwei Diskursstränge auf das Verhalten der Asylbewerber, wobei einmal die Belästigung der Anwohner und einmal der Mißbrauch des Asylrechts durch die Asylbewerber fokussiert wird. Zwei weitere Diskursstränge problematisieren eine Asylrechtsänderung aus jeweils unterschiedlicher Perspektive. Allen vier Diskurssträngen ist gemeinsam, daß die Ausschreitungen von Rostock-Lichtenhagen unter asylpolitischen Aspekten diskutiert werden. Zentrale Deutungsmuster bilden dabei das Verhalten der Asylbewerber und die Änderung des Asylrechts.

Das Verhalten der Asylbewerber wird in zweierlei Hinsicht kritisiert. Es wird als Belästigung und Bedrohung der Einheimischen ausgewiesen, und zweitens wird ihnen Asylrechtsmißbrauch und damit ein Rechtsbruch vorgeworfen. Die Perspektive der Anwohner läßt die Asylbewerber als schmutzig, kriminell und bedrohlich erscheinen. Sie treten auf als Symbol für eine unzivilisierte, verwahrloste Gemeinschaft, die den Regeln des Gastlandes gleichgültig gegenübersteht. Diese im Diskurs hergestellte Kriminalisierung der Asylbewerber stellt ihr Verhalten als Hauptursache für die Ausschreitungen dar. Die Asylbewerber hätten die öffentliche Ordnung und das Moralempfinden der Anwohner nachhaltig gestört und die innere Sicherheit des Landes bedroht. Ein zentrales Deutungsmuster innerhalb des ersten Diskursstranges bildet die Bezeichnung der Asylbewerber als Zigeuner. Zigeuner gelten als fremd- und andersartig, sie symbolisieren Kriminalität und Unordnung. Das Deutungsmuster, die Asylbewerber seien *Zigeuner*, verleiht der Argumentation über das Verhalten der Asylbewerber eine zusätzliche Plausibilität.

Das Diskursmuster Kriminalisierung wird über die Perspektive der Anwohner hergestellt. Die Rekonstruktion einer Vorgeschichte zu den Ausschreitungen deutet darauf hin, daß die Anwohner die eigentlichen Opfer sind, da sie unter dem Verhalten der Asylbewerber zu leiden hatten. Damit kann den Anwohnern nur bedingt eine Schuld an der Eskalation der Ausschreitungen zugeschrieben werden.

Mit dieser Konstruktion findet eine Verschiebung von den Opfern der Ereignisse zu den Opfern der Verhältnisse in Lichtenhagen statt. Die Darstellung der Anwohner als Opfer beruht darauf, daß sie als Betroffene befragt werden. Betroffene Anwohner werden interviewt, weil sie kompetente Interviewpartner sind (Huisken 1993: 19), das Volk wird so zum betroffenen Experten. Die Autorisierung der Anwohner legitimiert diese als Opfer. Die Bewohner der ZAST, die Asylbewerber, werden nicht interviewt, sie bekommen in diesem Diskurs keine Stimme. Statt dessen erscheinen sie als die eigentlichen Verantwortlichen für die - gegen sie gerichteten - Ausschreitungen, ein Argumentationsmuster, das man *blaming the victim* nennen könnte. Die Negierung des Opferstatus durch ihre Verwandlung in Personen, die selbst Unrecht verursacht haben, läßt sich als Form der „Verantwortungszuschreibung" beschreiben und stellt eine Neutralisierungsstrategie dar (Sykes/Matza 1979: 368).

Das Verhalten der Asylbewerber neutralisiert das Verhalten der Anwohner, indem es dieses nachvollziehbar macht. Mit dieser Konstruktion werden die Ereignisse in einem Kontext außerhalb von Rassismus und Rechtsextremismus situiert, deren Opfer die Ausländer und Asylbewerber gewesen wären. Hier tauchen sie jedoch nicht als Opfer auf.

Der zweite Diskursstrang zentriert sich um das Verhalten der Asylbewerber in bezug auf das Asylrecht. Auch hier wird eine Kriminalisierung hergestellt, diesmal durch die Argumentation über den Rechtsbruch der Asylbewerber durch Asylrechtsmißbrauch und illegale Einreise. Verweise auf den *Asylmißbrauch* korrespondieren mit solchen auf die zu große Zahl in der Bundesrepublik lebender Asylbewerber. Symptomatisch für die Vorwürfe ist die Bezeichnung der Asylbewerber als *Asylanten*. Dieses Deutungsmuster symbolisiert eine Flucht aus wirtschaftlichen Motiven und damit Asylrechtsmißbrauch. Der Verweis auf die Notwendigkeit, die Anzahl der Asylbewerber zu reduzieren, wird legitimiert mit dem Verhalten der Asylbewerber gegenüber den Einheimischen und dem Mißbrauchsvorwurf. Beide zusammen kennzeichnen das *kriminelle* Potential der Asylbewerber; ihr Verhalten läßt sich danach als doppelt abweichend interpretieren. Beide Diskursstränge zusammen entwerfen ein Bedrohungsszenario, das sich auf das Verhalten der Asylbewerber bezieht.

Der dritte und vierte Diskursstrang, die beide das Asylrecht problematisieren, erhalten ihre Plausibilität durch die Argumentation der beiden Diskursstränge über das Verhalten der Asylbewerber. Recht bezweckt Verhaltenskonformität; diese ist bei den Asylbewerbern jedoch nicht festzustellen, d.h. das Asylrecht erfüllt seine Funktion nicht und muß also geändert werden. Auch Forderungen nach Ausweitung staatlicher Eingriffsmöglichkeiten über strafrechtliche Änderungen und Erweiterung der Sicherheitsgesetze, die innerhalb des Rahmens „politischer Extremismus und Ausländerfeindlichkeit" erhoben werden, schließen u.a. an die Argumentation über das Verhalten der Asylbewerber an und beziehen daraus ihre Legitimität. So wird die Entwicklung und Veränderung des Asylrechts, aber auch anderer Gesetze in Abhängigkeit zum Verhalten der Asylbewerber gestellt.

Dem *unkontrollierten Zustrom von Wirtschaftsflüchtlingen* könne nur mit einer Asylrechtsänderung adäquat begegnet werden, indem der Zugang zum Asylrecht diesen verwehrt und nur den wirklich politisch Verfolgten offengehalten werde. Die Anführung des historischen Kontextes der Entstehung des Asylrechts deutet darauf hin, daß die Gültigkeit eines Asylrechts in seiner bestehenden Form für die Gegenwart in Frage zu stellen sei. Eine historische Bedeutung des Asylrechts für die Gegenwart und die Zukunft der Bundesrepublik kann damit interpretativ verneint werden.

Die Problematisierung des *Zustroms* von Wirtschaftsflüchtlingen bzw. Asylanten ist ein Deutungsmuster und dient im Diskurs als Erklärung für die Dringlichkeit einer Änderung der Asylpolitik. Gleichzeitig werden die Ausschreitungen in Rostock-Lichtenhagen in einen Zusammenhang mit dem bestehenden Asylrecht gestellt: Dadurch taucht vermittelt „Verantwortungszuschreibung" wieder auf.

Auch der vierte Diskursstrang geht von einem Asylproblem aus, das durch Asylrechtsmißbrauch und Kriminalität der Asylbewerber gekennzeichnet ist, stellt dieses Problem jedoch in den Kontext größerer gesellschaftlicher Veränderungen im Rahmen weltweiter Einwanderungs- und Flüchtlingsbewegungen. Die Argumentation zeichnet sich dadurch aus, daß eine Asylrechtsänderung bedingt befürwortet wird, obgleich sie nicht als Lösung für das Asylproblem zu sehen sei und dem weltweiten Flüchtlingsproblem nicht gerecht werde. In diesem Kontext wird auf die Notwendigkeit einer anderen asylpolitischen Lösung und einwanderungspolitischer Regelungen hingewiesen.

Eine Asylrechtsänderung ist so entweder als Regulativ interpretierbar, das alle entstandenen Probleme lösen könnte, oder sie gilt als Ultima ratio, falls die Gesetzesanwendungen und andere asylpolitische Lösungen nicht greifen. Der Diskurs legt so in jedem Fall die Notwendigkeit einer rechtlichen Lösung nahe. Die Argumentation stellt eine Verrechtlichung der Probleme als Mittel der Konfliktlösung dar.

Innerhalb des zweiten primären Rahmens beziehen sich zwei Diskursstränge auf die Thematik von Rechts- und Linksextremismus. Zwei weitere Diskursstränge problematisieren aus unterschiedlichen Perspektiven den Zusammenhang zwischen den Ausschreitungen in Lichtenhagen und Ausländerfeindlichkeit.

Der erste Diskursstrang fokussiert die Identifizierung der Täter und nimmt eine Verantwortungszuschreibung für die Ausschreitungen in Lichtenhagen vor. Die Argumentation über die Täter erfolgt unter Bezug auf das Verhalten der Asylbewerber, das als Ursache für die Eskalation der Ereignisse bezeichnet wird. Die Täter können unter dieser Perspektive als *normale* Jugendliche und Anwohner dargestellt werden. Gleichzeitig wird die Verantwortung von außen kommenden Extremisten zugeschrieben, welche den Zorn der Bürger über das Verhalten der Asylbewerber für ihre eigenen Zwecke ausgenutzt hätten. Diese Verantwortungszuschreibung schließt die Einheimischen, die Anwohner, eindeutig als Täter aus. Vermittels dieser Argumentation werden nicht nur die Asylbewerber, sondern auch die von außen kommenden Täter als Fremde dargestellt, wobei letztere als politische Extremisten identifizierbar werden.

Im Rahmen der Täteridentifikation werden innerhalb dieses Rahmens *Rechts-* und *Linksextremisten* gleichermaßen verantwortlich bezeichnet. „Egalisierung" ist in diesem Kontext das entscheidende Diskurselement. Es erlaubt, die Ereignisse von Rostock nicht im Zusammenhang *Rechtsextremismus* zu situieren, indem auf die gleichrangige Beteiligung *linksextremer* Täter verwiesen wird. Egalisierung erlaubt so die Entlastung rechtsextremer Täter.

Dieses Argumentationsmuster bildet einen Schwerpunkt in der zweiten Phase des Diskurses, im Kontext der bundesweit initiierten Demonstration gegen Rassismus in Rostock-Lichtenhagen. Dabei werden verschiedene Transformationen vollzogen: Schuld an den Ereignissen von Rostock seien nicht nur rechte sondern auch linke Extremisten. Letztere werden vor allem im Rahmen der Demonstration fokussiert. Hier findet eine Kriminalisierung der Demonstranten statt, die als *Linke* und *Autonome* bezeichnet werden. Ihr Verhalten und Aussehen wird als *fremd* konstruiert und als solches dem der Asylbewerber gleichgesetzt. Durch diese Transformation verlagert sich der Schwerpunkt der Verantwortungszuschreibung auf die Linken. Die Anwohner werden erneut der Verantwortung enthoben, indem darauf hingewiesen wird, daß sie kein Verständnis hätten.

Die im Diskurs hergestellte Egalisierung läßt politische Orientierungen, seien es rechtsextreme oder linksextreme, die sich nicht in der *demokratischen Mitte* ansiedeln lassen, durch ihre hergestellte Fremdartigkeit als eine einheitliche Bedrohung erscheinen. Der Verweis auf die Linken als Verantwortliche für die Demonstration erlaubt es schließlich, die gesamten Ereignisse von Rostock in die Nähe des Linksextremismus zu rücken.

Der zweite Diskursstrang über die Ursachen von Rechtsextremismus baut auf den Konstruktionen der Andersartigkeit politischer Extremisten auf und benennt - ähnlich wie in der Argumentation über die Lösung des Asylproblems - notwendige rechtliche Konsequenzen.

Innerhalb dieses Diskursstranges wird nach Erklärungen für die Eskalation der Ausschreitungen gesucht: Die legitime Staatsgewalt habe nur begrenzt zum Einsatz kommen können, da die Handlungsbefugnis der Sicherheitskräfte politisch eingeschränkt worden sei. Durch diesen Verweis ist es auch möglich, das zurückhaltende Verhalten der Polizei zu erklären und zu entschuldigen. Hier wird der politische Umgang mit Linksextremismus für das Auftreten von Rechtsextremismus verantwortlich gemacht. Diese Argumentation suggeriert, daß ein uneingeschränktes Eingreifen der Staatsgewalt bei der Bekämpfung des Linksextremismus der Ausbreitung des Rechtsextremismus hätte vorbeugen können. Auch hier bildet die „Egalisierung" von *links* und *rechts* ein entscheidendes Deutungsmuster. Es deutet darauf hin, daß die mit den Ausschreitungen sichtbar gewordene Bedrohung der demokratischen Verhältnisse durch Rechts- *und* Linksextremismus hervorgerufen worden sei. Die Argumentation über die Ausschreitung von Rostock legt eine entdramatisierende Interpretation der Ereignisse dadurch nahe, daß auf dem Wege der Egalisierung als eigentliches Problem der politische Extremismus gleich welcher Couleur ausgemacht wird, der einen weitaus größeren Zusammenhang darstellt und Lichtenhagen damit vergleichsweise unbedeutend erscheinen läßt. Als Konsequenz wird im Diskurs argumentativ eine Ausweitung der staatlichen Zugriffsmöglichkeiten durch rechtliche Änderungen nahegelegt. In der dargestellten Ausprägung ist die geforderte Verrechtlichung eine Ausweitung staatlicher Machtbefugnis

Der dritte Diskursstrang innerhalb der Rahmung „politischer Extremismus" fokussiert die Frage, ob die Ausschreitungen in Rostock-Lichtenhagen in Zusammenhang mit der Verbreitung von Ausländerfeindlichkeit stehen. Dabei wird im Diskurs deutlich darauf hingewiesen, daß diese Frage ein wesentliches Element innerhalb der politischen Diskussion bilde, in dem hier vorliegenden Kontext aber zu verneinen sei. Ausländerfeindlichkeit wird geleugnet: es wird erklärt, die Deutschen seien nicht ausländerfeindlich, die Ausschreitungen hätten nichts mit Ausländerfeindlichkeit zu tun. Als Begründung wird das Verhalten der rechts- und linksextremen Täter und die Kriminalität der Asylbewerber als verursachende Elemente angeführt.

Innerhalb dieses Argumentationszusammenhangs wird auf das Ansehen Deutschlands in der Welt und auf die Debatte im Ausland verwiesen, die die Ereignisse in Zusammenhang mit dem Nationalsozialismus stelle. Gleichzeitig wird dieser Vergleich mit dem Nationalsozialismus argumentativ in Frage gestellt. Die Historisierung kann so als Form der Leugnung eines historischen Zusammenhangs interpretiert werden und plausibilisiert die Leugnung von Ausländerfeindlichkeit. Die im Diskurs hergestellte Historisierung schließt auch an die Argumentation über die Bedeutung des Asylrechts für die Gegenwart an, die ebenso in Frage gestellt wird.

Innerhalb des vierten Diskursstranges tauchen Argumente auf, die Ausländerfeindlichkeit im Zusammenhang mit Rostock nicht grundsätzlich leugnen. Sie schreiben der spezifischen Situation im Osten die Verantwortung für die Ausschreitungen zu. Hier werden Probleme der Wiedervereinigung thematisiert und als ein möglicher Grund für Fremdenfeindlichkeit genannt. Ein zentrales Argumentationsmuster innerhalb dieses Diskursstranges ist, daß den Deutschen in der ehemaligen DDR vorgeworfen wird, sie hätten nicht gelernt, mit Ausländern umzugehen. Mit dieser Argumentation wird das Regime der DDR mitverantwortlich für die Ausschreitungen gemacht; die Vorfälle werden entschuldigt.

Diese Historisierung erlaubt auch eine Entlastung der Polizei, deren Verhalten innerhalb des gesamten Diskurses sehr unterschiedliche Interpretationen erfährt, aber hinsichtlich seiner Passivität massiver Kritik unterzogen wird, die durch den Verweis auf die ostdeutschen Verhältnisse als unberechtigt zurückgewiesen werden kann. Antikommunismus bildet so im Diskurs die einzige Form der Historisierung der Ereignisse von Rostock-Lichtenhagen, die einen historischen Bezug legitim erscheinen läßt.

IV. Rekonstruktion der Asylrechtsdebatte

Die Rekonstruktion der Debatte über das Asylrecht von seiner Verankerung im Grundgesetz (GG) 1949 bis hin zu seiner Änderung im Jahr 1993 gibt Auskunft über herrschende Argumentationsweisen, die die Entstehung, Veränderung und Abschaffung des Grundrechts auf Asyl vorbereiten und legitimieren.

Zum besseren Verständnis der Analyse folgt zunächst eine begriffliche Klärung und eine historische Einordnung des Asylrechts. Im Anschluß daran werden die einzelnen Diskursstränge vorgestellt.[143] Argumente sind historisch verortet, d.h. ihre Entstehung, Variation und Veränderung kann nicht losgelöst vom zeitlichen Kontext interpretiert werden. Dies bedeutet für die vorliegende Analyse, daß die unterschiedlichen Diskursstränge und ihre Argumentationsmuster im Gesamtdiskurs zu verorten sind.

1. Historische Einordnung des Asylrechts

Asyl bedeutet *Unverletzliches* und meint heute einen Ort der Aufnahme von Schutz- und Hilfsbedürftigen, eine Zufluchtsstätte, die einem Verfolgten Schutz bietet. Der Begriff Asyl stammt von dem (alt)griechischen Wort *asylon* und bedeutet *Freistätte*. In seinem ursprünglichen religiösen Kontext bezeichnet er geheiligte Stätten, an denen Flüchtlingen Schutz vor Verfolgung gewährt wird. Historisch ist das *Kirchenasyl* von besonderer Bedeutung. Es entsteht im frühen Mittelalter und beruht darauf, daß geweihte Stätten als Reich Gottes gelten, in dem die weltliche Macht keine Rechte hat. Wer sich in einer geweihten Stätte (z.B. in einer Kirche) aufhält, dem muß Zuflucht gewährt werden, und er darf nicht ausgeliefert werden. Die Entstehung der neuzeitlichen Nationalstaaten verdrängt diesen Anspruch der Kirchen nach und nach. Die katholische Kirche hat das kirchliche Asyl - den 1917 verankerten Art. 1179 des Codex Iuris Canonici - allerdings erst 1983 gestrichen (Knopp 1994: 12; Wollenschläger/Becker 1990: 370).

---

[143] Zum Vorgehen und der Auswahl des Materials vgl. Kap. II.4.2.

Neben dem kirchlichen entwickelt sich ein *weltliches* Asylrecht, auch *territoriales* Asyl genannt. Es versteht sich als Souveränitätsrecht eines Staates gegenüber anderen und beruht auf dem Grundsatz des Völkergewohnheitsrechts. Danach kann ein souveräner Staat auf seinem Territorium frei entscheiden und handeln, solange er nicht die Rechte anderer Staaten einschränkt oder das Völkerrecht verletzt. Andere Staaten dürfen nach dem Prinzip der Nichteinmischung in die inneren Angelegenheiten nicht gegen getroffene Entscheidungen vorgehen. Ein subjektives Recht auf Asyl, das dem einzelnen Verfolgten zusteht, kennt das Völkerrecht dagegen nicht. Weder das kirchliche noch das weltliche Asylrecht begründen ein subjektives Recht von Asylsuchenden auf Aufnahme.

Ende des 18. und Anfang des 19. Jahrhunderts macht sich ein Wandel bemerkbar: die moderne Funktion des Asylrechts als Schutz für politisch Verfolgte bildet sich heraus. Vor dem Zweiten Weltkrieg findet das Recht auf Asyl in Deutschland insofern eine allgemeine rechtliche Verankerung, als § 3 des Deutschen Auslieferungsgesetzes vom 23.12.1929 ein Auslieferungsverbot für *politische Kriminelle* festschreibt (Wollenschläger/Becker 1990: 371).

> „Was den Stellenwert des Asylrechts im größeren Kontext der abendländischen Ideengeschichte betrifft, so ist nichts signifikanter als eine höchst ambivalente Beobachtung: das Asylrecht wird einerseits als eine der ältesten Rechtsinstitutionen sozusagen mitgeschleppt und lebt als ein wenig kodifiziertes 'Natur(gnaden)recht' fort; andererseits spielt es in keinem der elaborierten Denksysteme der Tradition eine zentrale Rolle, weder im antiken noch im christlich-mittelalterlichen Naturrecht, weder in der Philosophie der bürgerlichen Aufklärung noch im Idealismus des 19. Jahrhunderts ... Erst mit der Durchsetzung des Nationalstaates als der prägenden politischen Form der bürgerlichen Moderne, genauer noch: erst mit der Übersteigerung und der katastrophischen Selbstzerstörung des Nationalsozialismus im 20. Jahrhundert wird das Asylrecht zu einem unübersehbaren Staupunkt des politischen Denkens." (Söllner 1993: 48)

Die Erfahrungen, die Juden, politisch und andere Verfolgte in der Zeit des Nationalsozialismus machen müssen, sind entscheidend für die Idee, eine rechtliche Grundlage für Flüchtlinge zum Schutz vor Verfolgung zu schaffen. Flüchtlinge, die schon sehr früh - lange vor Ausbruch des Zweiten Weltkrieges - Deutschland verlassen wollen, werden häufig abgewiesen; die „Flüchtlings-Eigenschaft" (Höfling-Semnar 1995: 9) wird ihnen mit der Begründung abgesprochen, „sie seien lediglich 'Wirtschaftsflüchtlinge' und im übrigen 'sei das Boot voll'" (Schneider 1992: 220). Die Flucht der von den Nationalsozialisten Verfolgten fällt in dieser Zeit in eine Phase weltweiter Einwanderungserschwerung bzw. -verhinderung (Höfling-Semnar 1995: 29). Selbst in den Jahren nach der Machtergreifung Hitlers 1933 kann in Europa und in Übersee von einer besonders großzügigen Aufnahmepraxis noch keine Rede sein. Auf der

Weltflüchtlingskonferenz am 6.7.1938 in der Schweiz, die zur Rettung der deutschen Juden vom amerikanischen Präsident Roosevelt einberufen wird, zeigen alle teilnehmenden Länder eine geringe Bereitschaft zur Aufnahme von Flüchtlingen.

> „Der Schweizer Bundespräsident erklärte noch im Dezember 1938 - nach den Pogromen in der Nacht vom 9. auf den 10. November! -, daß der illegale Grenzübertritt, der von den deutschen Behörden begünstigt würde, nicht zu tolerieren sei. In der Schweiz wurden die jüdischen Flüchtlinge, deren Pässe auf Schweizer Begehren von den deutschen Behörden mit einem 'J' gekennzeichnet wurden, als 'Wirtschaftsflüchtlinge' in das Land der Vernichtungslager zurückgeschickt." (Höfling-Semnar 1995: 29)

Es wird vermutet, daß ca. eine halbe Million Deutscher in der Zeit zwischen 1933 und 1939 Deutschland verlassen hat, davon ein Viertel Juden (Schneider 1992: 220). Erst nach Ausbruch des Zweiten Weltkrieges gewähren vor allem westeuropäische Länder und die USA Deutschen, die von den Nationalsozialisten verfolgt werden, großzügig Asyl. Bis 1945 fliehen - so wird geschätzt - über 800.000 Deutsche ins Ausland (Gebauer/Taureck/Ziegler 1993: 28).

Es besteht Einigkeit darüber, daß die historische Dimension die Grundlage der Idee darstellt, in der Bundesrepublik Deutschland ein Asylrecht zu schaffen (Münch 1992: 17; Schneider 1992: 218; Wollenschläger/Becker 1990: 375; Arendt-Rojahn 1984: 92). Es gibt jedoch keinen Hinweis darauf, daß die Alliierten das Gesetz diktieren; in ihren Vorgaben heißt es lediglich, „daß die zu schaffende demokratische Verfassung 'Garantien der individuellen Rechte und Freiheiten' enthalten" solle (Wollenschläger/Becker 1990: 372). Das Asylrecht der Bundesrepublik Deutschland repräsentiert so ein Recht, daß „(v)on Emigranten für Emigranten" (Schneider 1992: 221) geschaffen wird.

Unter dem Einfluß der großen Flüchtlingsbewegungen infolge des Zweiten Weltkrieges entsteht auch die Idee, bestimmte Grundrechte des Menschen auf einer höheren Ebene als der des nationalen Rechts festzuschreiben. Individuen, die sich dem Schutz ihres Heimatlandes nicht mehr unterstellen können, sollen eine bessere, völkerrechtlich gesicherte Rechtsposition erhalten (Münch 1992: 15).

Das Völkerrecht sieht jedoch kein subjektives Recht auf Asyl für Flüchtlinge vor. Lediglich der Grundsatz des *non-refoulement*[144], das Gebot der Nichtauslieferung politischer Flüchtlinge, ist im Völkerrecht verankert (Münch 1992: 14).[145] Die Genfer Flüchtlingskonvention als eine kodifizierte Form des

---

[144]   *Non-refoulement* (franz.) heißt „Nicht-Zurückdrängen".
[145]   Dieser Grundsatz ist in der Genfer Flüchtlingskonvention festgeschrieben (vgl. Art. 33, Nr. 1). Danach können politisch Verfolgte nicht aus dem Zufluchtsland in einen Verfolgerstaat abgeschoben werden. Das Gebot verpflichtet das Zufluchtsland jedoch nicht zur Gewährung von Asyl. Der Grundsatz des *non-refoulement* ist Bestandteil des allgemei-

Völkerrechts bestimmt den Flüchtling als Person, die

> „... aus der begründeten Furcht vor Verfolgung wegen ihrer Rasse, Religion, Nationalität, Zugehörigkeit zu einer bestimmten sozialen Gruppe oder wegen ihrer politischen Überzeugung sich außerhalb des Landes befindet, dessen Staatsangehörigkeit sie besitzt, und den Schutz dieses Landes nicht in Anspruch nehmen kann oder wegen dieser Befürchtungen nicht in Anspruch nehmen will..." (Art. 1 A II GK).

Die Genfer Flüchtlingskonvention (GK) vom 28.7.1951 ist ein Abkommen über die Rechtsstellung von Flüchtlingen. Dieses Abkommen wird bis Anfang der 90er von über 100 Staaten unterzeichnet und gilt als *Magna Charta* der Flüchtlinge, die ihren Rechtsstatus international regelt; sie sichert ihnen Schutz vor Zurückweisung über die Grenzen eines Staates zu, in dem ihr Leben oder ihre Freiheit gefährdet wäre. Sie ist ein völkerrechtlicher Vertrag und für das Asylrecht ohne direkte Bedeutung.[146]

2. Diskursstränge

Die Untersuchung der Asylrechtsdebatte von der Entstehung des Grundrechts auf Asyl bis hin zu dessen Änderung bzw. Abschaffung läßt sechs voneinander unterscheidbare Diskursstränge erkennen. Sie werden unabhängig voneinander präsentiert. Sie sind inhaltlich an unterschiedlichen Themen orientiert und jeweils durch spezifische Argumentationsmuster gekennzeichnet. Wenngleich in chronologischer Folge vorgestellt, durchlaufen einige Diskursstränge den gesamten Diskurs, während andere nur für einen bestimmten Zeitraum typisch sind.

---

nen Völkersrechts, welches die Bundesrepublik Deutschland in Artikel 25 Grundgesetz zum Bestandteil des Bundesrechts macht.

[146] Nicht asylberechtigte *Konventionsflüchtlinge* haben in der Bundesrepublik gesetzlichen Anspruch auf eine Aufenthaltsbefugnis, die zunächst zwei Jahre gilt. In der Statistik werden sie jedoch als *De-facto-Flüchtlinge* geführt, deren rechtliche Stellung im Gegensatz zu den Konventionsflüchtlingen sehr unsicher ist. *De-facto-Flüchtlinge* sind Flüchtlinge, die entweder keinen Asylantrag gestellt haben oder als Asylbewerber abgelehnt wurden, aber aus humanitären, politischen und rechtlichen Gründen nicht abgeschoben werden. Sie erhalten ein Bleiberecht in der Bundesrepublik Deutschland aufgrund der Genfer Flüchtlingskonvention.

2.1 Die Generosität des Asylrechts

Der erste Diskursstrang zentriert sich um die Auseinandersetzungen über die Schaffung eines Grundrechts auf Asyl innerhalb eines Grundgesetzes als demokratische Verfassung der Bundesrepublik. Im Mittelpunkt der Debatte stehen Bestrebungen, ein solches Recht nur unter Vorbehalten zu garantieren, Positionen gegenüber, die sich mit Bezug auf eigene Erfahrungen aus der NS-Zeit dafür aussprechen, dem politisch Verfolgten ein subjektives Asylrecht ohne Einschränkung zu gewähren.[147] Der Argumentation zugunsten einer uneingeschränkten Fassung zufolge soll das Asylrecht nicht zur Disposition tagespolitischer Opportunitäten gestellt werden (Wolken 1988: 23).

> „Wir waren sehr glücklich, daß wir draußen unterkamen und daß wir dadurch Hitler und seinen Henkersknechten entkommen konnten. Aber es war sehr bitter für die Tausende, als sie draußen waren mit Asylrecht, aber ohne die Möglichkeit, zu arbeiten und sich dadurch zu ernähren ...“ (Wagner (SPD) 19.1.49, zit. n. Schneider 1992: 225)

Die Mitglieder des Parlamentarischen Rates nehmen in die Überlegungen über ein künftiges Asylrecht die Erfahrungen Millionen Verfolgter sowie die Belastungen für asylgewährende Staaten auf. Vor allem das Wissen, daß viele Zufluchtsstaaten sich zu entlasten suchten, indem sie die Aufnahme von Flüchtlingen auf eine bestimmte Zahl beschränkten, bildet ein zentrales Thema der Auseinandersetzungen über die Schaffung eines Grundrechts auf Asyl (Münch 1992: 21f).

Der Verfassungskonvent von Herrenchiemsee hat die Aufgabe, Vorschläge für eine Verfassung auszuarbeiten. Die Schaffung eines Asylrechts ist dabei zunächst nicht vorgesehen. Den entscheidenden Anstoß dafür gibt im Parlamentarischen Rat der Abgeordnete Bergsträsser (SPD), der Berichterstatter für die Grundrechte im Grundsatzausschuß. Dieser Ausschuß für Grundsatzfragen legt auf seiner dritten Sitzung am 21.9.48 einen Grundrechtskatalog vor, der einen Vorschlag für ein künftiges Grundrecht auf Asyl enthält. Dabei wird eine *weite* Form des Asylrechts diskutiert; für deren Formulierung soll Bergsträsser verantwortlich sein. Sie lautet:

> „Fremde genießen den Schutz vor Auslieferung, wenn sie unter Verletzung der in dieser Verfassung niedergelegten Grundrechte im Ausland verfolgt werden und nach dem Geltungsbereich dieses Grundgesetzes geflohen sind.“ (Zit. n. Wolken 1988: 22)

---

[147] Eine Forderung, die z.B. die Abgeordneten Renner (KPD) und Wagner (SPD) als Mitglieder des Parlamentarischen Rates aufstellen (vgl. Wolken 1988: 23).

Damit soll eine Ausweisung politisch Verfolgter unmöglich gemacht werden. Während derselben Sitzung wird ein Redaktionskomitee gebildet, das die Formulierung des zukünftigen Asylrechts ausarbeiten soll. Auf der vierten Sitzung des Ausschusses für Grundsatzfragen am 23.9.48 beginnt dann die offizielle Sachdebatte über das Asylrecht. Auf dieser Sitzung, deren Thema die künftige Fassung des Asylrechts ist, wird sehr kontrovers über die Enge bzw. Weite dieses Rechts diskutiert. Einigkeit besteht darüber, daß kein politisch Verfolgter ausgeliefert werden dürfe.

Der Abgeordnete Zinn (SPD) warnt davor, Fremde an ausländische Staaten auszuliefern, wenn sie politisch Verfolgte seien; diese sollten Asylrecht erhalten. Der Abgeordnete Carlo Schmid (SPD) stimmt dem zu, und auch der Abgeordnete von Mangoldt (CDU), Vorsitzender des Grundsatzausschusses, unterstützt den Vorschlag und fordert, daß jemand erst dann ausgeliefert werden dürfe, wenn ein Gericht bestätigt habe, daß kein Anspruch auf Asyl bestehe. (Schneider 1992: 222)

Das Redaktionskomitee interpretiert das Verständnis des Grundrechtsausschusses als zu weitgehend, da

> „die Gewährung des Asylrechts für politisch verfolgte Ausländer ... möglicherweise die Verpflichtung zur Aufnahme, Versorgung usw. in sich schließt" (zit. n. Wollenschläger/Becker 1990: 37).

Das Redaktionskomitee legt auf dieser Sitzung einen Entwurf des künftigen Asylrechts vor, der lautet:

> „Politisch Verfolgte genießen Asylrecht im Rahmen des allgemeinen Völkerrechts." (Zit. n. Wollenschläger/Becker 1990: 373)

Diese Formulierung wird vermutlich vor dem Hintergrund des Entwurfs einer *Allgemeinen Erklärung der Menschenrechte der Vereinten Nationen* (vom 28.6.48) vorgeschlagen. Sie wird jedoch gestrichen, als Schmid (SPD) darauf verweist, daß die allgemeinen Regeln des Völkerrechts durch eine andere Bestimmung zum Bestandteil des Bundesrechts erklärt werden sollen. (Münch 1992: 18)

Der Sachverständige Thoma, der als einer der bedeutendsten Staatsrechtslehrer der Weimarer Zeit gilt, empfiehlt eine Einschränkung der Asylgewährung, um zu verhindern, daß Gegner befreundeter Demokratien Asyl erhalten könnten. Er schlägt daher folgende Formulierung vor:

> „Ausländer, welche wegen ihres Eintretens für Freiheit, Demokratie, soziale Gerechtigkeit und Weltfrieden politisch verfolgt werden, genießen im Bundesgebiet Asylrecht." (25.10.48, Zit. n. Schneider 1992: 223)

Diese Variante soll verhindern, daß politisch unerwünschten Ausländern Asyl gewährt wird. Personen, die aufgrund von demokratiegefährdendem Verhalten verfolgt bzw. gesucht werden, sollen nicht aufgenommen werden müssen (ebd.: 224f). Im weiteren Verlauf der Diskussion greift das Redaktionskomitee die Bedenken Thomas in einem eigenen Entwurf auf:

> „1) Kein Deutscher und kein politisch verfolgter Ausländer darf ausgeliefert werden. 2) Jeder Deutsche, der wegen seines Eintreten für Freiheit, Demokratie, soziale Gerechtigkeit oder Weltfrieden verfolgt wird, genießt im Bundesgebiet Asylrecht." (16.11.48, zit. n. Münch 1992: 19)

Die Beschränkung des Asylrechts auf Deutsche soll Ausländer, die als unerwünscht gelten und vor allem wegen ihrer demokratiefeindlichen Haltung im Ausland verfolgt werden, vom unbeschränkten Asylrecht ausschließen. Zum Schutz vor Verfolgung wird die Bestimmung über die Nicht-Auslieferung politisch Verfolgter als hinreichend angesehen, wenngleich diese keine Gewährung von Asyl bedeutet. (Münch 1992: 19)

Auf der 23. Sitzung des Ausschusses für Grundsatzfragen am 19.11.48 argumentiert der Abgeordnete von Mangoldt (CDU) gegen die Überlegungen des Redaktionskomitees und die Auffassung Thomas und spricht sich erneut für eine *weite* Fassung aus:

> „Nimmt man eine solche Beschränkung auf, dann kann die Polizei an der Grenze machen, was sie will. Es ist dann erst eine Prüfung notwendig, ob die verfassungsmäßigen Voraussetzungen des Asylrechts vorliegen oder nicht. Diese Prüfung liegt in den Händen der Grenzpolizei. Damit wird das Asylrecht vollkommen unwirksam. Wir haben dafür Erfahrungen aus dem letzten Krieg, namentlich von der Schweiz her. Man kann das Asylrecht nur halten, wenn man die Bestimmung ganz einfach und schlicht faßt: Politisch Verfolgte genießen Asylrecht." (Zit. n. Schneider 1992: 223f)

Am 4.12.48 beschäftigt sich zum ersten Mal auch der Hauptausschuß des Parlamentarischen Rates mit dem Thema Asylrecht. Dabei gelangen die Fassungen des Redaktionskomitees und die des Grundsatzausschusses zur Diskussion. Auf dieser Sitzung wird deutlich, daß es einen parteiübergreifenden Konsens für ein *generöses* Asylrecht gibt. Weder das Redaktionskomitee noch der Grundsatzausschuß nehmen jedoch eine Änderung ihrer Fassung vor; so gelangen beide Fassungen in den Hauptausschuß zur Diskussion.

Der Vorsitzende des Hauptausschusses Schmid (SPD) formuliert folgendes Plädoyer für ein weit gefaßtes Asylrecht:

> „Die Asylrechtsgewährung ist immer eine Frage der Generosität, und wenn man generös sein will, muß man riskieren, sich gegebenenfalls in der Person geirrt zu haben. Das ist eine Seite davon, und darin liegt vielleicht auch die Würde eines solchen Aktes. Wenn man eine Einschränkung vornimmt, etwa so: Asylrecht ja, aber soweit der

Mann uns politisch nahesteht oder sympathisch ist, so nimmt das zuviel weg." (Zit. n. ebd.: 224)

Der Abgeordnete von Mangoldt (CDU) betont seine Zustimmung zu der Ansicht Schmids und hebt die Nutzlosigkeit eines eingeschränkten Asylrechts hervor. Der Abgeordnete Wagner (SPD) plädiert ebenfalls dafür, das Asylrecht von politischen Interessen unabhängig zu machen:

> „Ich glaube, man sollte da vorsichtig sein mit dem Versuch, dieses Asylrecht einzuschränken und seine Gewährung von unserer eigenen Sympathie oder Antipathie und von der politischen Gesinnung dessen abhängig zu machen, der zu uns kommt." (Zit. n. Münch 1992: 20)

Die abschließende Asyldebatte am 19.1.49 im Parlamentarischen Rat, an der sich fast alle Parteien beteiligen, sieht eine allgemeine Aussprache über die beiden vorliegenden Fassungen vor. Hier vertritt der Abgeordnete von Brentano (CDU) die Version des Redaktionskomitees:

> „Wenn wir das Asylrecht so weit fassen, dann schaffen wir Voraussetzungen dafür, daß alle diejenigen, die sich wegen eines aktiven Einsatzes gegen die demokratische Grundordnung in ihrer eigenen Heimat nicht aufhalten können, in Deutschland ungestraft und unter Berufung auf dieses Asylrecht weiterleben und weiterarbeiten können." (Zit. n. Schneider 1992: 226)

Im Gegenzug spricht sich der Abgeordnete Wagner (SPD) für eine uneingeschränkte Version des Asylrechts aus:

> „Das wäre dann kein unbedingtes Asylrecht mehr, das wäre ein Asylrecht mit Voraussetzungen, mit Bedingungen, und eine solche Regelung wäre in meinen Augen der Beginn des Endes des Prinzips des Asylrechts überhaupt. Entweder wir gewähren Asylrecht, ein Recht, das, glaube ich, rechtshistorisch betrachtet, uralt ist, oder wir schaffen es ab." (Zit. n. ebd.: 226)

Schließlich liegen zwei Definitionen des Asylrechts vor, und beide Entwürfe gelangen innerhalb des Hauptausschusses des Parlamentarischen Rates zur Abstimmung. Dabei wird dem Entwurf des Grundsatzausschusses zugestimmt.[148] Die Fassung des Hauptausschusses wird in dritter Lesung am 8.2.49 einstimmig angenommen. Die Entscheidung für ein *generöses* Asylrecht ist gefallen. Das Grundrecht auf Asyl wird vom Parlamentarischen Rat im Artikel 16 GG verankert und ist seit Mai 1949 in Kraft. Es lautet:

---

[148] Die Abstimmung im Hauptausschuß hat folgendes Ergebnis: mit zehn gegen drei Stimmen und acht Enthaltungen wird der Vorschlag des Redaktionsausschusses abgelehnt, die Fassung des Grundsatzausschusses mit neunzehn gegen zwei Stimmen angenommen.

„Politisch Verfolgte genießen Asylrecht." (Art. 16 II/2 GG)

Der Abgeordnete von Mangoldt (CDU) kommentiert diese Entscheidung abschließend mit dem Verweis auf die besondere historische Bedeutung der Entstehung dieses Grundrechts:

> „Bei wohl kaum einem anderen Teil des Grundgesetzes ist die Entstehungsgeschichte für die Auslegung der Bestimmungen von ähnlicher Wichtigkeit wie bei diesem Grundrechtsteil." (6.5.49, zit. n. Wolken 1988: 20)

Mit der Verankerung dieses Grundrechts in der Verfassung wird eine Vorgabe für die Bundesrepublik geschaffen; eine Verwirklichung dieses Grundrechts und seine Ausgestaltung ist jedoch abhängig von der entsprechenden Asylpolitik (ebd.: 25). Gleichzeitig soll mit der Festschreibung des *Asylrechts als Grundrecht* der Bundesrepublik Deutschland verdeutlicht werden, daß Artikel 16 II/2 GG die entscheidende rechtliche Grundlage der Asylgewährung ist.

Die Bundesrepublik hat damit einen sehr engen Flüchtlingsbegriff, der sich auf die politische Verfolgung beschränkt. Lediglich eine Anerkennung nach der Genfer Flüchtlingskonvention ermöglicht eine Aufnahme von Flüchtlingen, die sich aus Furcht vor Verfolgung aus anderen Gründen (z.B. Religion, Nationalität) auf der Flucht befinden. Diese Flüchtlinge können jedoch in der Regel kein Asyl im Sinne des Grundgesetzes beantragen, da die in Artikel 16 II/2 GG formulierte Voraussetzung auf sie nicht zutrifft.

Völkerrechtlich wird das Asylrecht als Recht des souveränen Staates definiert, auf seinem Gebiet Asyl zu gewähren. Artikel 16 II/2 GG ist dagegen ganz explizit ein subjektives, öffentliches und - gemäß der Rechtsschutzgarantie des Grundgesetzes - auch *einklagbares Recht* des politisch verfolgten Flüchtlings gegenüber der Bundesrepublik Deutschland. Die Asylgarantie der Bundesrepublik geht damit über die Gewährleistungen des Völkerrechts hinaus.

Die Bundesrepublik Deutschland ist das einzige Land der Welt, welches das Asylrecht mit Verfassungsrang ausstattet (Arendt-Rojahn 1984: 92). Das Asylrecht bildet Bestandteil des Grundrechtekanons des Grundgesetzes (Art. 1-19), in dem die der Einzelperson zugesprochenen Elementarrechte verankert sind.[149]

Mit der Verankerung des subjektiven Rechts auf Asyl im Grundgesetz ist juristisch durchgesetzt, daß der politisch Verfolgte einen Anspruch auf Schutz durch die Bundesrepublik vor weiteren Verfolgungsmaßnahmen hat. Das Recht

---

[149] Wolken (1988: 6f)) weist darauf hin, daß es in der Geschichte der Bundesrepublik bis zur Wiedervereinigung zwar mehrere (35) Grundgesetzänderungen gegeben hat, aber nur zwei, die die Grundrechte betreffen: die Einführung der allgemeinen Wehrpflicht (1956) und die sogenannte Notstandsverfassung (1968).

auf Asyl enthält folglich eine Verpflichtung der Bundesrepublik, politisch Verfolgte weder abzuschieben, noch auszuliefern und ihnen einen Aufenthalt zu gewähren (Wolken 1988: 27).

Die Entstehungsgeschichte des Asylrechts, die hier u.a. anhand der Protokolle des Parlamentarischen Rates rekonstruiert wurde, deutet darauf hin, daß zentrales Merkmal des neu geschaffenen Asylrechts seine uneingeschränkte Gültigkeit als Grundrecht ist. Artikel 16 II/2 GG schreibt fest, daß der politisch Verfolgte *das Recht hat*, Asyl gewährt zu bekommen (Klausmeier 1984: 6).[150]

Dabei tauchen in der Debatte über das zu schaffende Asylrecht gegensätzliche Positionen auf. Während die durchgesetzte Formulierung Generosität im Umgang mit Asylbewerbern signalisiert, läßt die Gegenposition die Einreise politisch unerwünschter Flüchtlinge als Einschränkung der Souveränität der Bundesrepublik Deutschland erscheinen.

2.2 Die Sonderbehandlung von Osteuropa-Flüchtlingen

Der zweite Strang des Diskurses über das Asylrecht fokussiert die Behandlung der Flüchtlinge aus den Ostblockstaaten, die bis Anfang der 70er Jahre die Mehrheit der Asylbewerber stellen. Hier geht es unter Bezugnahme auf die Situation in sozialistischen Staaten um die Frage, ob es eine Sonderbehandlung geben sollte. Die Zeit, bevor es zu einem solchen Beschluß kommt, ist durch die Diskussion um verfahrensrechtliche Regelungen des Asylrechts geprägt.[151]

In den ersten zehn Jahren seit der Entstehung des Asylrechts ist es nur selten Gegenstand von politischen Auseinandersetzungen in Bundestagsdebatten. Wolken (1988: 32) hat ermittelt, daß Flüchtlinge, die sich auf das Asylrecht berufen, bis 1958 im Deutschen Bundestag keine ausdrückliche Erwähnung finden. Zwischen Mitte 1958 und Ende 1972 steht das Asylrecht aufgrund von Anfragen einzelner Abgeordneter oder Fraktionen lediglich 35mal auf der Tagesordnung im Deutschen Bundestag, wogegen es allein im Jahr 1980 40 Anfragen zum Asylrecht gibt. So wird auch in der ersten Wahlperiode (1949-1953) das Stichwort „Asyl" im Sachregister zu den Plenarprotokollen und

---

[150] Das Recht auf Asyl wird in einer alltagsweltlichen Interpretation oft so umdefiniert, als ob die Bundesrepublik in einem souveränen Akt Asyl gewähre - eine Definition, die auch in den Beratungen des Verfassungskonvents und des Parlamentarischen Rates 1948 diskutiert worden ist.

[151] Dieser Aspekt wird an dieser Stelle zunächst vorgestellt, um die rechtlichen Veränderungen zu beschreiben, die für das Verständnis der nachfolgenden Ausführungen notwendig sind.

Bundestagsdrucksachen gar nicht geführt, in der zweiten (1953-1957) und dritten Wahlperiode (1957-1961) taucht es nur sehr peripher auf (Münch 1992: 54).

Nach Inkrafttreten des Asylrechts 1949 existieren zunächst keine verfahrensrechtlichen Bestimmungen.[152] Erst am 6.1.53 erläßt die Bundesregierung mit Zustimmung des Bundesrates eine Verordnung über die Anerkennung und die Verteilung von ausländischen Flüchtlingen (AsylVO), „um die Voraussetzungen für die Gewährung des Asylrechts an ausländische Flüchtlinge zu schaffen" (Wollenschläger/Becker 1990: 376).

Als Anerkennungsstelle wird die „Bundesdienststelle für die Anerkennung ausländischer Flüchtlinge" in Nürnberg im sogenannten Valka-Lager errichtet, in dem die Antragsteller bis zur Entscheidung untergebracht werden (ebd.). 1955 wird als Ergänzungsunterkunft zum Valka-Lager in einer ehemaligen Kaserne in Zirndorf ein Bundessammellager eingerichtet, das im Notfall bis zu 700 Plätze bietet (Münch 1992: 65).

Am 28.4.65 wird das Ausländergesetz (AuslG) verabschiedet, das u.a. das Anerkennungsverfahren für Asylberechtigte regelt. Es tritt am 1.10.65 in Kraft; die Asylverordnung (AsylVO) wird damit aufgehoben. Mit dem Inkrafttreten des Ausländergesetzes (1965) wird die „Bundesdienststelle" wegen ihrer erweiterten Aufgabenstellung in „Bundesamt für die Anerkennung ausländischer Flüchtlinge" umbenannt (Münch 1992: 3).[153] Das Valka-Lager wird 1961 aufgelöst.

In der Begründung für die Notwendigkeit eines solchen Gesetzes wird auf *eine steigende Ausländerzahl* verwiesen. Eine Zusammenfassung aller für Ausländer geltenden Rechte und mit deren Aufenthalt zusammenhängenden Vorschriften wird als nützlich erachtet, um

„das Fremdenrecht der durch das ständige Anwachsen der Ausländerzahl gekennzeichneten Lage anzupassen, wobei eine 'liberale und weltoffene Fremdenpolitik' verfolgt werden sollte" (Wollenschläger/Becker 1990: 377).

So wird erst sechzehn Jahre nach der Verabschiedung des Grundrechts auf Asyl im Ausländergesetz (§§ 28-46 AuslG) ein Anerkennungsverfahren festgelegt, das dem Flüchtling, der sich auf Artikel 16 beruft, ein rechtsstaatliches Verfahren zur Durchsetzung des Asylrechts garantiert. Artikel 16 II/2 GG bil-

---

[152] Bei dem Asylrecht handelt es sich um ein vorbehaltlos gewährtes Grundrecht (Wollenschläger 1993: 22). Alle Grundrechte bedürfen aber inhaltlicher Normierungen sowie Verfahrensregeln, um den jeweiligen Rechtszustand praktisch werden zu lassen (Münch 1992: 39).

[153] 1978 löst Bayern gegen den Widerstand von Bund und Ländern das Bundessammellager Zirndorf auf; es dient nur noch als bayrisches Auffanglager. Asylbewerber werden seitdem jeweils in dem Bundesland untergebracht, in das sie einreisen.

det dabei ausdrücklich die Grundlage der Asylgewährung (§ 28 AuslG). Da das Recht auf Asyl subjektiv einklagbar wird, wird diese gesetzliche Neuregelung als konsequente Verwirklichung des Grundrechts auf Asyl interpretiert.

Das der Asylgewährung vorgeschaltete Anerkennungsverfahren führt zur Einrichtung von Ausschüssen des zentralen Bundesamtes für die Anerkennung politischer Flüchtlinge in Zirndorf, das allein für die Prüfung der Asylanträge zuständig sein soll. Diese Ausschüsse sollen entscheiden, ob ein Asylbewerber politisch Verfolgter ist oder nicht. Bei einer Ablehnung kann Widerspruch beim Bundesamt und in weiterer Folge bei den Verwaltungsgerichten eingelegt werden. Während des Verfahrens werden die Flüchtlinge in eigens für sie vorgesehenen Unterkünften, sogenannten Sammellagern, untergebracht. Der Einführung eines Anerkennungsverfahrens werden unterschiedliche Bedeutungen zugeschrieben:

> „Während amnesty international das Recht auf Asyl gemäß Art. 16 II/2 GG als *positives Statusrecht* interpretiert, indem aus Art. 16 II/2 GG folgt, daß dem Flüchtling die Voraussetzungen eines menschenwürdigen Daseins geschaffen werden sollen, wozu auch gesicherter Aufenthalt und die Möglichkeit zu beruflicher und persönlicher Entfaltung gehört und demzufolge der Staat zur aktiven Unterstützung des Asylberechtigten verpflichtet ist, versteht die herrschende juristische Lehre das Recht auf Asyl allein als *negatives Statusrecht*, das den Staat nur zum Unterlassen der Grenzzurückweisung, der Auslieferung an einen Verfolgerstaat und der Ausweisung bzw. Abschiebung verpflichtet ..." (Klausmeier 1984: 17, Hervorheb. M.A.).

Trotz dieser gegensätzlichen Interpretationen stellen beide Positionen den Schutz vor Verfolgung in den Vordergrund. Die Diskussion im Deutschen Bundestag ist in dieser Zeit durch das Anliegen gekennzeichnet, dem Grundrecht auf Asyl in vollem Umfang gerecht zu werden (Wolken 1988: 35).

Die Thematisierung der Sonderbehandlung von Flüchtlingen aus Ostblockstaaten beginnt erst Mitte der 60er Jahre und hat eine entsprechende Entscheidung der Innenministerkonferenz (IMK) zur Folge. Der Beschluß vom 26.8.66 über die „Nicht-Abschiebung von Ostblockflüchtlingen" bei Ablehnung des Asylantrags etabliert ein Bleiberecht für diese Flüchtlinge. Alle Flüchtlinge, die aus den sozialistischen Staaten Osteuropas einreisen - mit Ausnahme Jugoslawiens - können auf Basis dieser Regelung nach erfolglosem Durchlaufen des Asylverfahrens und ohne Asylrecht zu beantragen in der Bundesrepublik bleiben. Sie können direkt eine Aufenthaltserlaubnis nach dem Ausländergesetz erhalten und sind auf Dauer vor einer Abschiebung geschützt. Die im Bundestag darüber geführte Debatte befindet es parteiübergreifend als „Regelungslücke", daß Osteuropa-Flüchtlinge nach Ablehnung des Asylantrags abgeschoben werden (Wolken 1988: 38).

Daß im Umgang mit Ostblock-Flüchtlingen über das Asylrecht hinausge-
gangen werden soll, wird damit gerechtfertigt, daß deren Lebenssituation in einem kommunistischen Regime unerträglich sei. Die offizielle Begründung im
Beschluß der Innenministerkonferenz lautet:

> „Die besonderen Verhältnisse, die zur Zeit in den Ostblockstaaten herrschen, recht-
> fertigen es aber, die illegalen Zuwanderer aus diesen Staaten anders zu behandeln als
> die illegalen Zuwanderer aus anderen Staaten. (...) Auch wenn eine persönliche Ver-
> folgung und damit ein Asyltatbestand nicht vorliegt, haben doch die meisten der ille-
> galen Zuwanderer den verständlichen Wunsch, nicht länger unter einem kommunisti-
> schen Regime der gegenwärtigen Prägung zu leben." (Zit. n. ebd.: 313)

Diese Argumentation der IMK bezeichnet Flüchtlinge als *illegale Zuwanderer*
und deutet darauf hin, daß nur die Flucht aus einem kommunistischen Land sie
dennoch zu legalen Zuwanderern bzw. legitimen Flüchtlingen machen könne.
Dabei wird in der Argumentation die Forderung aufgestellt, daß bei Ostblock-
Flüchtlingen eine Gewährung von Asyl unabhängig von der rechtlich festgelegten Voraussetzung politischer Verfolgung erfolgen soll, diese Flüchtlinge also
nicht wie alle anderen zu behandeln seien.

Grundlage des Beschlusses bildet die Voraussetzung, daß Flüchtlinge, die
aus - als politische Gegner bzw. Feinde geltenden - Staaten des Ostblocks
kommen, zwar nicht unbedingt persönlich, aber immer grundsätzlich politisch
Verfolgte seien. Menschen, die aus einem sozialistisch oder kommunistisch regierten Land - aber nicht notwendigerweise vor politischer Verfolgung - fliehen, werden so selbstverständlich von der Bundesrepublik aufgenommen. Eine
Anerkennung als politisch Verfolgte findet bei sonst keiner anderen Flüchtlingsgruppe ohne vorherige Prüfung statt (ebd.: 315). Hauptziel des Umgangs
mit diesen Flüchtlingsgruppen ist laut Innenministerbeschluß eine möglichst
unbürokratische Aufnahme, sie sollen auch im Falle einer Ablehnung des Asy-
lantrages sicher vor Abschiebung sein und zwar unabhängig von der Größe der
Flüchtlingsgruppe (ebd.: 312).

Jugoslawien ist von dieser Regelung ausgenommen, da aufgrund der rela-
tiven Öffnung der Grenzen in diesem kommunistischen Staat von einer Verfolgung nur bei einer Minderheit des Volkes ausgegangen wird. Der Mehrheit ju-
goslawischer Flüchtlinge wird im Gegensatz zu anderen Ostblock-Flüchtlingen
eine bewußte Vortäuschung von Asylgründen vorgeworfen; sie werden zu
Flüchtlingen zweiter Klasse degradiert bzw. als *Wirtschaftsflüchtlinge* bezeichnet (Münch 1992: 54f). Seit den 50er Jahren steigt ihr Anteil an der Gesamtzahl der Flüchtlinge: Sie stellen fast über die Hälfte aller Asylbewerber im
Anerkennungsverfahren, wenngleich ihre Anerkennungsquote im Vergleich sehr
gering ausfällt (ca. 30%).

Obwohl auch in bezug auf die übrigen Ostblock-Flüchtlinge die Ansicht verbreitet ist, es handele sich um *Wirtschaftsflüchtlinge*, erfolgt hier insofern eine Umdeutung, als wirtschaftliche Not in Ostblockstaaten immer mit politischer Verfolgung in Verbindung gebracht wird.

> „Aber ich kann Ihnen wenigstens die Zusatzfrage stellen, ob Ihnen nicht bekannt ist, daß in totalitär regierten Ländern und speziell in kommunistisch regierten Ländern die Verflechtung dessen, was dort Wirtschaft heißt, mit dem, was Politik und Verfolgung ist, so eng ist, daß es unserer Bürokratie nicht ansteht, hier zunächst dem Flüchtling die Beweislast dafür aufzuerlegen, was er ist." (Wehner (SPD), 26.1.66, zit. n. Wolken 1988: 312)

Nur in diesem Zusammenhang taucht auch der Begriff *sogenannte Wirtschaftsflüchtlinge* auf, dessen Verwendung zur Bezeichnung von Asylbewerbern ansonsten explizit abgelehnt wird.[154]

Die sogenannte Republikfluchtentscheidung des Bundesverfassungsgerichts vom 26.10.71 sichert die bevorzugte Behandlung von Ostblock-Flüchtlingen zusätzlich ab, indem eine im Herkunftsland gerichtlich verhängte Strafe wegen Republikflucht als asylbegründende politische Verfolgung anerkannt wird. 1975 wird dieses Kriterium insofern erweitert, als schon die drohende Bestrafung wegen Republikflucht als Beleg für politische Verfolgung gilt. Die Anerkennungsquote von Ostblock-Flüchtlingen steigt danach von 20% auf 90% (Höfling-Semnar 1995: 115).

Die Sonderbehandlung wird später argumentativ auch damit legitimiert, daß der Parlamentarische Rat bei der Begründung des bestehenden Asylrechts eigentlich vor allem an Ostblock-Flüchtlinge gedacht habe:

> „Die Urheber des Grundgesetzes dachten an Flüchtlinge aus unseren Nachbarländern im sowjetisch beherrschten Osteuropa." (Reissmüller, 6.7.82, zit. n. Wolken 1988: 317)

Die im Beschluß der Innenministerkonferenz von 1966 zum Ausdruck kommende Umdeutung der gültigen Kriterien der Asylrechtsgewährung ist geprägt von der Ideologie des Antikommunismus und setzt sich über die Zeit des Kalten Krieges hinaus bis Mitte der 80er Jahre fort. Erst dann wird der Beschluß zunehmend in Frage gestellt.

Die generelle Anerkennung von Ostblock-Flüchtlingen als politisch Ver-

---

[154] „Als am 21.1.1966 der SPD-Abgeordnete BÜTTNER im Bundestag das Wort 'Wirtschaftsflüchtling' als 'scheußlichen Ausdruck' energisch ablehnte, weil er eine Negativausgrenzung impliziert, stimmte ihm der Staatssekretär im Bundesinnenministerium SCHÄFER sofort zu und schob die Genese dieses Ausdrucks, der vorher auch schon mehrfach in Bundestagsfragen verwendet worden war, auf die Presse. Daraufhin verschwand das Wort ..." (Wolken 1988: 207)

folgte wird noch in einer Zeit praktiziert, in der bereits von einer „unerwünschten Zunahme" der Asylbewerberzahlen und „drohenden Asylantenflut" gesprochen wird, steht also in krassem Gegensatz zu einer sonst ablehnenden Haltung gegenüber Asylbewerbern (ebd.: 312). Eine Presserklärung der CSU-Landesgruppe im Deutschen Bundestag vom 2.7.80 steht beispielhaft dafür:

> „Ein zeitraubendes Asylverfahren sichert für Hunderttausende bei noch so windigen Vorwänden durchschnittlich 8 bis 12 Jahre Aufenthalt in der Bundesrepublik Deutschland zu. Dort, wo die Bevölkerung wirklich unter Unterdrückung und Gewaltherrschaft leidet, aus den Ländern jenseits des eisernen Vorhangs, die unter der Knute des sowjetischen Imperialismus leiden, kann keiner entkommen. Mit Stacheldraht und Minenfeldern, die in den letzten 10 Jahren dichter geworden sind, werden diese politischen Gefängnisse dicht gehalten. Die Tausende und Abertausende aus aller Herren Länder, die uns jetzt überfluten, kommen über die offenen Grenzen des westlichen Auslandes." (Zit. n. ebd.: 311)

Die Sonderbehandlung der Ostblock-Flüchtlinge setzt sich dennoch weiter fort; dies wird z.b. sichtbar an der Aufhebung des Arbeitsverbotes (am 9.7.84) für Flüchtlinge „aus Staaten des Warschauer Paktes, die aufgrund des Beschlusses der Innenministerkonferenz aus dem Jahre 1966 ohnehin nicht in ihr Heimatland abgeschoben werden können" (Wolken 1988: 322). Dieser Beschluß entspringt der Koalitionsvereinbarung zwischen CDU/CSU und FDP (vom 28.2.82), daß für die osteuropäischen Flüchtlinge bezüglich des Arbeitsverbotes eine Sonderregelung getroffen werden müsse.

In ähnlicher Weise schreibt eine im Jahr 1987 verabschiedete Novelle, mit der das abgeschaffte Arbeitsverbot für Osteuropa-Flüchtlinge wieder eingeführt wird, insofern eine Bevorzugung von osteuropäischen Flüchtlingen fest, als sie nur einem einjährigen, alle anderen Flüchtlinge dagegen einem fünfjährigen Arbeitsverbot unterliegen (ebd.: 323).

Zusammenfassend läßt sich festhalten, daß die Fluchtgründe aller Ostblock-Flüchtlinge im Sinne einer politischen Verfolgung interpretiert werden. Antikommunismus bildet hier ein zentrales Merkmal des Diskurses, der die Sonderbehandlung dieser Flüchtlinge begründet. Die Entstehung des Innenministerbeschlusses muß jedoch vor dem Hintergrund betrachtet werden, daß die Mehrheit der Flüchtlinge, die bis Mitte der 70er Jahre in die Bundesrepublik einreisen, aus dem Osten kommt.

Vernachlässigt werden darf dabei auch nicht der sozialpolitische Kontext, in dem der Innenministerbeschluß steht und durchgesetzt wird. Zu diesem Zeitpunkt verzeichnet die deutsche Wirtschaft einen massiven Arbeitskräftebedarf:

161.000 Arbeitslosen stehen 540.000 offene Stellenangebote gegenüber (ebd.: 313).[155]

Als *Wirtschaftsflüchtlinge* gelten 1965 Flüchtlinge aus den Ländern Osteuropas, in denen von politischer Verfolgung nicht ausgegangen wird. Dies betrifft fast ausschließlich Flüchtlinge aus Jugoslawien, die jedoch kurz darauf als notwendige Arbeitskräfte willkommen geheißen werden (ebd.: 206). Ansonsten werden Menschen, die sich auf das Asylrecht berufen und an der Grenze oder bei einer Ausländerbehörde einen Asylantrag stellen, als *Asylbewerber*, *Asylbegehrende* oder *Asylsuchende* bezeichnet. *Asylberechtigte* sind Personen, die rechtskräftig als politisch Verfolgte im Sinne des Grundgesetzes anerkannt sind.[156]

2.3 Wirtschaftsflüchtlinge, Asylmißbrauch und Asylanten

Der dritte Diskursstrang zentriert sich um die seit Anfang der 70er Jahre entstehende neue Zusammensetzung der Flüchtlingsgruppen und die damit zusammenhängende Problematisierung der Asylbewerberzahlen.

Die Mehrheit der Flüchtlinge, die bis Ende der 60er Jahre in die Bundesrepublik einreisen, kommt aus osteuropäischen Ländern. Dies ändert sich im Jahr 1971, in dem die Gesamtzahl der Asylbewerber zwar massiv zurückgeht, das Asylrecht jedoch erstmals verstärkt von Flüchtlingen aus verschiedenen anderen Staaten auch außerhalb Europas in Anspruch genommen wird: eine Zunahme der Flüchtlinge aus Asien und dem Vorderen Orient und eine Abnahme der Flüchtlinge aus Osteuropa wird erkennbar (ebd.: 40). Der Anteil der Osteuropa-Flüchtlinge sinkt zwischen 1969 und 1975 kontinuierlich von über 90% auf unter 30%. Der Anteil der Flüchtlinge aus dem Vorderen Orient (z.B. der Palästinenser) nimmt dagegen stetig zu: von 2,3% in 1969 auf über 37% in 1974, 1975 gehen sie auf 17,7% zurück. Flüchtlinge, die aus Asien kommen, bilden 1969 einen Anteil von 0,5% und machen 1975 über 30% der Asylbewerber aus. (Wolken 1988: 40)

---

[155] So wird z.B. am 14.3.75 das Arbeitsverbot für Asylbewerber aufgehoben, mit der Begründung, daß es einen Bedarf an Billigarbeitskräften gibt, der durch dem generellen Anwerbestop für Gastarbeiter seit 1973 nicht mehr gedeckt werden könne (Münch 1992: 67).

[156] Politisch Verfolgte in diesem Sinne sind Personen, die in der Bundesrepublik eine Arbeitserlaubnis erhalten und Leistungen in Anspruch nehmen können. Ihnen wird das Recht zugestanden, die engsten Familienangehörigen (Ehegatten, Eltern und minderjährige Kinder) nachkommen zu lassen. Ihr Aufenthalt ist unbefristet und gilt als *Aufenthaltserlaubnis*; diese kann nach fünf Jahren in eine *Aufenthaltsberechtigung* umgewandelt werden. (Knopp 1994: 58)

Das zahlenmäßige Verhältnis der verschiedenen Flüchtlingsgruppen verändert sich also kontinuierlich, und ab 1973/74 steigt außerdem die Gesamtzahl der Asylbewerber wieder an und hat 1976 den Wert von 1969 erreicht.[157] Der Grund für den Anstieg wird von der Politik mit der wirtschaftlichen Attraktivität der Bundesrepublik begründet.

Mit der Veränderung der Zusammensetzung der Flüchtlinge in bezug auf ihre Herkunft und der Zunahme der Asylbewerberzahl nimmt der Diskurs über den Umgang mit Asylbewerbern eine neue Gestalt an. So vollzieht sich ab Mitte der 70er eine deutliche Umorientierung: weg von einer großzügigen Aufnahme Asylsuchender hin zu Überlegungen über die Reduzierung der Asylbewerberzahlen durch Verhinderung der Einreise von Flüchtlingen. Die Argumentation über die Notwendigkeit, die Zahl der Asylbewerber zu verringern, entsteht in einer Zeit, in der die Gesamtzahl der Asylbewerber immer noch wesentlich niedriger ist als Jahre zuvor (1974 liegt sie knapp über dem Wert von 1970).

Als Hintergrund für diese neue Argumentation erhält von daher die Veränderung der Zusammensetzung der Flüchtlinge in bezug auf ihre Herkunft Bedeutung. Die zunächst große Akzeptanz von Asylbewerbern steht in engem Zusammenhang mit dem hohen Anteil der Flüchtlinge aus sozialistischen/ kommunistischen Staaten (1969: 92,7%). Daß die Herkunft der Asylbewerber und nicht ihre zunehmende Zahl die veränderte Argumentation begründet, darauf deutet der Umstand hin, daß die Zunahme von Flüchtlingen aus arabischen (1971/72) und aus asiatischen Ländern (1975) von einer zunehmend negativen Besetzung des Asylthemas und veränderten Umgangsformen mit spezifischen Flüchtlingsgruppen begleitet ist. (Wolken 1988: 42f)

Dies zeigt sich vor allem in der Haltung gegenüber den Palästinensern, die 1973 aus Jordanien einreisen. Daß ihnen Aufenthaltsrecht in der Bundesrepublik gewährt wird, wird von massiven negativen Kommentaren begleitet und löst eine offen abwehrende Debatte über ausgewählte Flüchtlingsgruppen aus (ebd.: 41f).

Das Phänomen des besonderen Umgangs mit den palästinensischen Flüchtlingen erklärt Wolken (ebd.) u.a. mit dem Attentat auf die israelische Olympiamannschaft während der Olympiade in München 1972 und die damit verbundene Sichtbarwerdung und Negativbesetzung der Palästinenser für eine breite Öffentlichkeit. Die Negativbesetzung führt (nach Wolken) zu einer Empörung darüber, daß viele der arabischen Flüchtlinge, vor allem aber Palästinenser, über Ostberlin in die Bundesrepublik einreisten - eine Praxis, die zuvor keinen Anlaß zur Kritik bildet. Die Zahl der Abschiebungen von Menschen aus

---

[157] Vgl. die Übersichtstabelle im Anhang 4.

dem arabischen Raum, vornehmlich von Palästinensern, steigt in der Zeit nach dem Attentat.

„Trifft es zu, daß die derzeitigen schlechten Verhältnisse im Ausländerlager Zirndorf auch darauf zurückzuführen sind, daß ein Großteil der Asylsuchenden Araber sind, die von der DDR-Fluggesellschaft Interflug in verschiedenen arabischen Ländern angeworben werden, nach Bezahlung des Flugpreises in westlicher Währung nach Ost-Berlin geflogen, dort in verplombte Omnibusse verfrachtet und nach West-Berlin geschafft werden, wo sie dann um Asyl in der Bundesrepublik Deutschland nachsuchen, und was gedenkt die Bundesregierung gegen diese Praktiken zu tun?“ (Riedl (CSU), 19.9.73, zit. n. Wolken 1988: 238)

Die Klage über die zunehmende Zahl an Asylbewerbern wiederholt sich in der Folge auch mit Bezug auf andere Flüchtlingsgruppen. Vor allem die pakistanischen Flüchtlinge, die von der seit 1975 deutlich ansteigenden Zahl der aus Asien stammenden Flüchtlinge den größten Anteil stellen, stehen im Vordergrund der Forderung nach konkreten Maßnahmen zur Reduzierung der Flüchtlingszahlen.

„(...) welche Schritte hat die Bundesregierung unternommen, um auf die DDR einzuwirken, daß der asylrechtsmißbräuchliche Einstrom insbesondere pakistanischer Asylbewerber über Berlin in die Bundesrepublik gestoppt wird.“ (Spranger (CSU) 12.4.78, zit. n. ebd.: 239)

Die Einführung des Visumzwangs für Einreisende aus Pakistan am 16.6.76 bildet eine der ersten konkreten asylpolitischen Maßnahmen, die sich gegen eine spezifische Flüchtlingsgruppe richtet.

Als 1976 zum erstenmal seit 1969 über 10.000 Asylbewerber registriert werden, beginnt eine neue Diskussion über die Notwendigkeit, eine Verringerung der Asylbewerberzahl zu erreichen. Parallel findet in der Zeit von 1976 bis 1980 eine Ausdehnung des Visumzwanges auf acht der Hauptherkunftsländer der in die Bundesrepublik einreisenden Flüchtlinge statt. Bestimmten Flüchtlingen wird damit die Berufung auf das Grundrecht auf Asyl, die nur auf dem Territorium der Bundesrepublik oder an deren Grenzen erfolgen kann, massiv erschwert und teilweise unmöglich gemacht. (Ebd.: 241f)

Andererseits zeigt sich in dieser Zeit ein generöser Umgang mit Kontingentflüchtlingen,[158] der im Widerspruch zu den ansonsten zunehmenden Beschränkungen steht. Dies läßt sich ähnlich wie die Sonderbehandlung der Ostblock-Flüchtlinge mit der Bestimmbarkeit der politischen Orientierung der Flüchtlinge erklären. Schon seit 1956 werden von der Bundesrepublik Deutschland verschiedene Gruppen von Flüchtlingen aufgrund von Übernah-

---

[158] Kontingentflüchtlinge zählen zu den De-facto-Flüchtlingen. Ihre Aufnahme erfolgt im Rahmen humanitärer Hilfsaktionen, und sie besitzen einen eigenen Rechtsstatus.

meerklärungen des Bundesinnenministers aufgenommen.[159] Für bestimmte Nationen wird ein Kontingent an Plätzen vereinbart, um Flüchtlingen dieser Herkunft ohne ein gesondertes Anerkennungsverfahren Zuflucht zu gewähren. Die Kriterien für die Übernahmeerklärung sowie das Kontingent bestimmt die jeweilige Bundesregierung.

Dieses Konzept einer Kontingentaufnahme von Flüchtlingen, je nach politischem Willen Zahl und Herkunft der Flüchtlinge sowie den Zeitpunkt der Aufnahme zu bestimmen, entsteht parallel zu dem Versuch, den Zugang zum individuellen Asylrecht einzuschränken (Höfling-Semnar 1995: 13).[160] Der Anstieg der Asylbewerberzahl im Jahr 1973 gegenüber 1972 ist unbedeutend, er bildet jedoch 1973 eine Argumentationshilfe, um die Aufnahme aus politischen Gründen unerwünschter Flüchtlinge zu verhindern; er ist ein zentrales Argumentationsmuster der Asylrechtsdebatte und wird zur Legitimierung der jeweiligen asylpolitischen Forderung verwendet. Ganz im Gegensatz dazu erklärt das Bundesverwaltungsgericht noch 1971, daß die Entwicklung der Asylbewerberzahlen die Geltung des Asylrechts nicht beeinflussen dürfe:

> „Politisch Verfolgte genießen Asylrecht ohne Rücksicht auf ihre Zahl." (Bundesverwaltungsgerichtsentscheidung, 26.10.71, zit. n. Münch 1992: 171)

Sehr deutlich wird die Veränderung in der asylpolitischen Argumentation am Beispiel einer Antwort des damaligen Bundesinnenministers Genscher (FDP) auf eine Anfrage bezüglich der Einreise von arabischen Asylbewerbern:

> „(...) das Problem besteht darin, daß es insgesamt schwierig ist, einen Mißbrauch des Asylrechts in der Bundesrepublik Deutschland zu verhindern. Dieser Frage müssen wir uns in gemeinsamer Verantwortung stellen." (19.9.73, zit. n. Wolken 1988: 39)

Neben der Forderung nach Reduzierung der Zahl der Asylbewerber wird jetzt den Asylbewerbern ein Mißbrauch des Asyl- und Gastrechts vorgeworfen. Bisher dient der Vorwurf *Mißbrauch des Asylrechts* zur Bezeichnung von politisch motivierter Kriminalität anerkannt politisch Verfolgter auf bundesrepublikanischem Gebiet. Diese Bezeichnung wird nur gegenüber Einzelpersonen

---

[159] Offizielle Übernahmeerklärungen gibt es erst seit 1973.

[160] Die Aufnahme von Kontingenten anderer Flüchtlingsgruppen bildet jedoch eine seltene Praxis: 1956 werden Kontingentflüchtlinge aus Ungarn aufgenommen, 1968 aus der CSSR, 1973 aus Chile, 1978 aus Argentinien, 1979 aus Kuba und 1980 aus Vietnam. Mit der Aufnahme chilenischer Flüchtlinge nach dem Militärputsch in Chile wird deutlich, daß nicht nur Antikommunisten als Kontingentflüchtlinge einreisen bzw. geholt werden können. Insgesamt zeigt sich jedoch an der Herkunft aller übrigen Flüchtlinge, daß „das antikommunistische Ressentiment ein wesentliches konsensstiftendes Moment der Flüchtlingsaufnahme" (Roos 1991: 49) ist. Seit Beginn der 80er Jahre ist das Kontingentflüchtlingsprogramm praktisch bedeutungslos (Höfling-Semnar 1995: 118f).

verwendet und bleibt bis 1973 dem Artikel 18 GG vorbehalten, wonach *Asyl-mißbrauch* vorliegt, wenn das Asylrecht zum *Kampf gegen die freiheitlich demokratische Grundordnung* benutzt wird (ebd.: 207).

1973 wird der Vorwurf des Asylrechtsmißbrauchs erstmals als unberechtigte Inanspruchnahme des Artikels 16 II/2 GG definiert. Dieser Vorwurf ist insofern problematisch, als das Asylrecht der Bundesrepublik Deutschland zusammen mit den Durchführungsbestimmungen festschreibt, daß jeder Flüchtling ein Recht darauf hat, Asyl zu beantragen und ein entsprechendes Anerkennungsverfahren durchzusetzen. Mißbrauch des Asylrechts im Sinne einer unberechtigten Beantragung von Asyl - so wie es der Mißbrauchsvorwurf seit 1973 impliziert - wäre nach diesem Verständnis gar nicht möglich.

Ein Mißbrauch des Asylrechts im rechtlichen Sinne kann neben dem bereits erwähnten *Kampf gegen die deutsche Verfassung* nur dann vorliegen, wenn Asylbewerber die Regierung, vor deren (scheinbarer) Verfolgung das Asylrecht sie schützt, durch Aktivitäten innerhalb des Zufluchtslandes unterstützen (Gebauer/Taureck/Ziegler 1993: 96).

Der rechtlich nicht haltbare Vorwurf *des Asylmißbrauchs* als unberechtigte Inanspruchnahme etabliert sich (ab Mitte der 70er Jahre) als zentrales Argumentationsmuster innerhalb der Asylrechtsdebatte und taucht bis zur Änderung bzw. Abschaffung des Asylrechts kontinuierlich auf. Es ist Ausdruck einer Umorientierung der Asylpolitik gegen eine großzügige Aufnahme Asylsuchender.

Im Kontext des Vorwurfs des *Asylmißbrauchs* wird von allen Parteien im Bundestag mit Ausnahme der DIE GRÜNEN (Wolken 1988: 265) die illegale Einreise der Asylbewerber thematisiert. Vor allem im Zusammenhang mit der Kampagne gegen arabische Flüchtlinge, später auch gegenüber anderen Flüchtlingsgruppen, die vornehmlich über die DDR von Ost- nach Westberlin einreisen, taucht dieser Verweis auf.

Im Kontext der Auseinandersetzung über einreisende Flüchtlinge aus Pakistan werden Asylbewerber zunehmend mehr als *Wirtschaftsflüchtlinge* bezeichnet. Dieser Begriff setzt sich in einer Zeit durch, in der die überwiegende Mehrheit der Asylbewerber aus den Staaten der sogenannten Dritten Welt kommt (ebd.: 209). Es entsteht eine Argumentation, die fast allen Asylbewerbern das Recht auf Asyl abspricht, da sie nicht politisch Verfolgte, sondern *Wirtschaftsflüchtlinge* seien.

SPD und FDP äußern zunächst gemeinsam Kritik an der Denunziation von Personen, die aus wirtschaftlicher Not in die Bundesrepublik kommen und sich auf das Asylrecht berufen. Mit dem weiteren Ansteigen der Asylbewerberzahlen werden solche Stellungnahmen jedoch seltener (Klausmeier 1984: 44). Wolken (1988: 206) spricht sogar von einer „Wirtschaftsflüchtlings-thematisierung" seit 1977/78.

Mit der Bezeichnung als *Wirtschaftsflüchtlinge* werden die Fluchtursachen und die sozialen Hintergründe simplifizierend dargestellt. In diesem Zusammenhang tauchen auch Bezeichnungen wie *Asylant* oder *Asylanten* auf, die von Beginn an eindeutig negative Assoziationen hervorrufen (Klausmeier 1984: 41) bzw. immer im Kontext des Vorwurfs des *Asylmißbrauchs* verwendet werden und zunehmend die Bezeichnung *Asylbewerber* und *Asylberechtigte* ersetzen.

Der Begriff des *Asylanten* erscheint ursprünglich vereinzelt in rein juristischen Kontexten, bevor er seine asylpolitische Bedeutung und Verbreitung erhält.[161] Die Bezeichnung *Asylant* wird seit ihrer Entstehung gleichermaßen für Asylbewerber und Asylberechtigte verwendet. Der Begriff wird zunächst mit dem des *Wirtschaftsflüchtlings* gleichgesetzt, oder es wird von „unechten Asylbewerbern", „sogenannten Asyltouristen" (Bühling (SPD), 23.6.78, zit. n. Wolken 1988: 211) oder *Scheinasylanten* gesprochen, womit die negative Bedeutung des Begriffs noch verstärkt wird.

Als *Scheinasylanten* gelten auch Menschen, die vor Krieg oder Bürgerkrieg fliehen, was vor allem kurdische Flüchtlinge aus der Türkei und später die Bürgerkriegsflüchtlinge aus dem ehemaligen Jugoslawien betrifft, die 1991 ein Drittel aller Asylbewerber in Deutschland ausmachen. Wenngleich ihre Fluchtgründe im Rahmen der Genfer Konvention zu einer Anerkennung als Flüchtlinge führt, bleibt das Negativurteil über diese Gruppe erhalten.[162]

> „Schein-Asylant ist derjenige, der rechtsmißbräuchlich behauptet, politisch Verfolgter zu sein; das ist eine abgesicherte Erkenntnis." (Spranger (CSU), 6.3.80, zit. n. Münch 1992: 152f)

Die erste Verwendung des Begriffes *Asylanten* im Bundestag weist Wolken (1988: 484, Anm. 5) für 1978 nach: Die SPD gebraucht das Wort im Januar in einer Anfrage, in der z.B. von einem „Verteilerschlüssel für Asylanten" und dem „Zustrom der Asylanten" die Rede ist (zit. n. ebd.). Die Unionsparteien beginnen mit der „Scheinasylanten"-Thematisierung 1979, als im Bundestag der Entwurf für ein zweites Gesetz zur Beschleunigung des Asylverfahrens diskutiert wird (Wolken 1988: 211).

1978 taucht der Begriff auch in der Öffentlichkeit auf. Als ältesten Medienbeleg nennt Link (1983: 36) einen Artikel im „Mannheimer Morgen" vom 15.7.78: „Asylanten protestieren gegen Zustände im Wohnheim". Zwei Jahre später hat sich die Bezeichnung nach Link in den Medien bereits durchgesetzt. Sie erscheint jedoch nie in *offiziellen* Antworten der Bundesregierung, Regie-

---

[161] Zur Herkunft des Wortes vgl. Kap. III.2.1.2.
[162] Als „Scheinasylanten" werden in Deutschland besonders Roma und Nigerianer bezeichnet (Gebauer/Taureck/Ziegler 1993: 93).

rungserklärungen oder Regierungsstellungnahmen, weder während der sozialliberalen Koalition noch später während der Regierung der Unionsparteien und
der FDP (Wolken 1988: 219). Die Bezeichnung *Asylant* wird impliziert immer
eine Auswanderung aus wirtschaftlicher Gründen sowie den Vorwurf des
Asylmißbrauchs.

Daß die Bezeichnung als *Asylanten* mit Vorstellungen über *richtige* und
falsche Asylbewerber verknüpft ist, die sich an politischen Kriterien orientieren, wird auch daran deutlich, daß Vietnam- und Ostblock-Flüchtlinge von der
Bezeichnung als „Asylanten" ausgenommen werden. Weder von „Vietnam-
asylanten" noch von „Ostblockasylanten" ist jemals die Rede. An dieser Einschränkung zeigt sich, daß zwischen erwünschten Flüchtlingen und unerwünschten Asylbewerbern differenziert wird. Erwünschte und sogenannte richtige Flüchtlinge werden auch insofern differenzierter bezeichnet, als dem Wort
„Flüchtling" oft das jeweilige Herkunftsland vorangestellt wird.[163]

Gleichzeitig entstehen Wortzusammensetzungen, die bisher gebräuchliche
Bezeichnungen verdrängen: *Asylantenproblem* (Bundesinnenminister Baum
(FDP), 3.12.81, zit. n. ebd.: 213) für *Asylproblem, Asylantenpolitik* (Neubauer
(CSU), 11.1.85, zit. n. ebd.) statt *Asylpolitik, Asylantenzahl* (Wendig (FDP),
5.2.82, zit. n. ebd.) statt *Flüchtlingszahl, Asylantenfrage* statt *Asylfrage* und
Asylantenangst für die Bezeichnung der Furcht vor Asylbewerbern.

Auch wird der Begriff in Verbindung mit weiteren abwertenden Termini
gebraucht. So werden z.B. zur Beschreibung der Einreise von Asylbewerbern
in die Bundesrepublik seit 1978 zunehmend mehr Flut- und Wassersymbole
eingesetzt. Damit wird ein Bedrohungsszenario hergestellt, dem die Bevölkerung hilflos ausgeliefert ist.

Der Abgeordnete Spranger (CSU) spricht beispielsweise am 12.4.78 vom
„asylrechtsmißbräuchliche(n) Einstrom" pakistanischer Flüchtlinge und am
26.1.79 von der *Asylantenflut*; der Abgeordnete Riedl (CSU) warnt am
13.12.79 davor, „daß wir von einer solchen Zahl von Asylbewerbern überschwemmt werden" (zit. n. ebd.: 215).

> „Welche Hinweise hat die Bundesregierung, daß die Welle pakistanischer Asylbegeh-
> ren nunmehr von einer ähnlichen Welle aus Indien abgelöst bzw. ergänzt wird?"
> (Hennig (CDU), 10.3.78, zit. n. ebd.: 215)

Die Verwendung der Wasser- und Flutsymbolik taucht vor allem zu Zeiten auf,
in denen die Asylbewerberzahlen massiv steigen und schließlich 1980 die
100.000 Marke überschreiten. Hier ist die Rede von der *notwendigen Ein-*

---

[163] Es lassen sich auch keine Hinweise darauf finden, daß Ostblock-Flüchtlinge als Asylbewerber bezeichnet werde, ihnen bleibt (vermutlich) die Bezeichnung Flüchtling vorbehalten.

dämmung der Asylantenflut (Fellner (CSU) am 22.10.81, zit. n. ebd.: 215) und dem *unkontrollierten Zuzug von Scheinasylanten*.[164] Die Diskussion über die *Asylantenflut* impliziert, daß die Bundesrepublik sich abschotten muß: die Flut muß abgewehrt, die Grenzen dichtgemacht werden - so lautet die argumentative Konsequenz dieses Bedrohungsszenarios.

Die Ausdehnung des Visumzwangs auf immer mehr Staaten und die Verhinderung der Einreise über Ostberlin, bilden in dieser Zeit das zentrale Anliegen der Asylpolitik der Bundesrepublik. Es gilt „dieses Loch, durch das die Fluten einströmten, zu stopfen" (Wolken 1988: 216). Ein weiteres Beispiel für Versuche, die Asylbewerberzahl zu verringern, bildet die auferlegte Wartezeit von zwei Jahren vor Erteilung einer Arbeitserlaubnis für Asylbewerber, die als geeignete Maßnahme „zur Eindämmung des Zustroms der Wirtschaftsasylanten" (Peter (SPD), 14.5.81, zit. n. ebd.: 217) bewertet wird. Die sich entwikkelnde Argumentation über die Asylbewerber deutet damit insgesamt darauf hin, daß eine Verhinderung der Einreise politisch gewünscht ist.

2.4 Ausländerfeindlichkeit, Anreizminderung *und Einwanderungs-politik*

Der vierte Diskursstrang problematisiert das Entstehen von Ausländerfeindlichkeit im Zusammenhang mit der bestehenden Asylpolitik. Gleichzeitig werden Möglichkeiten, die Attraktivität der Bundesrepublik durch Begrenzung der Rechte der Asylbewerber zu mindern, mit Hinweis darauf diskutiert, daß die Bundesrepublik trotz hoher Flüchtlingszahlen kein Einwanderungsland sei.

Seit 1977 lassen sich im Umgang mit Asylbewerbern veränderte Praktiken feststellen, als deren gemeinsames Ziel die *Verhinderung des Asylmißbrauchs* deklariert wird: Beschleunigungsnovellen zur Verkürzung des Anerkennungsverfahrens für Asylbewerber und Visumzwang zur Zugangserschwerung, Verschlechterung der sozialen Situation der Asylbewerber zur Anreizminderung und Mißbrauchsabwehr (Höfling-Semnar 1995: 120).

Ab Mitte 1978 wird im Deutschen Bundestag eine Beschleunigung des Asylverfahrens diskutiert, wobei vor allem die Entscheidung über den Asylan-

---

[164] In dieser Zeit leben 4,5 Millionen *ausländische Mitbürger* (Arendt-Rojahn 1984: 93) als Gastarbeiter in der Bundesrepublik. 100.000 Asylbewerber sind im Verhältnis hierzu eher wenig.

trag vereinfacht werden soll.[165] In den Debatten über die Änderung des Asylverfahrens und das Asylverfahrensgesetz wird Bezug genommen auf die wachsende Ausländerfeindlichkeit in der Bundesrepublik. Dabei geht es nicht um die Frage, inwieweit *Ausländerfeindlichkeit* bestehe, sondern es wird nach Verantwortlichkeiten für das Phänomen gesucht, das fast ausschließlich in Zusammenhang mit den Asylbewerbern, nicht aber mit den in der Bundesrepublik lebenden Gastarbeitern diskutiert wird (Wolken 1988: 257). CDU und CSU werfen den Regierungsparteien vor, daß die Asylpolitik der Bundesregierung schuld an der großen Zahl der Asylbewerber und der *Wirtschaftsflüchtlinge* sei, was zu Ausländerfeindlichkeit geführt habe:

> „Eine eventuelle Ausländerfeindlichkeit wäre vermieden worden, wenn man seitens der Koalitionsparteien rechtzeitig versucht hätte, dieses Problem in den Griff zu bekommen, und wenn man nicht jahrelang durch Untätigkeit die Voraussetzungen für diese Schwemme von Scheinasylanten geschaffen hätte." (Spranger (CSU), 1980, zit. n. Klausmeier 1984: 49)

Die SPD/FDP-Regierung dagegen argumentiert, daß nicht die Asylpolitik, sondern eine allgemeine Ausländerpolitik schuld an der „Ausländerfeindlichkeit" sei und stellt schließlich in den Beratungen zum Asylverfahrensgesetz (1981/82) heraus, daß die Ursache der Ausländerfeindlichkeit in der wirtschaftlichen Lage der Bundesrepublik zu suchen sei.

> „Die Diskussion über die zukünftige Ausgestaltung der Ausländerpolitik in der Bundesrepublik Deutschland muß von der Auseinandersetzung über das derzeitige Asylbewerberproblem getrennt werden." (Antrag der Fraktionen der SPD und FDP zur Ausländerpolitik, 9.12.81, zit. n. Wolken 1988: 259)

> „(...) damit einmal deutlich wird, daß das Asylantenproblem an der Ausländerfeindlichkeit, die wir mit großer Sorge verfolgen, in der Tat nicht schuld ist." (Hirsch (FDP),14.5.86, zit. n. Wolken 1988: 259)

Die CDU/CSU dementiert den Zusammenhang mit den wirtschaftlichen Problemen der Bundesrepublik dieser Zeit. Gleichzeitig erklärt sie die in der Bundesrepublik lebenden Gastarbeiter zu Opfern der sozialliberalen Asylpolitik: Der massenhafte *Asylmißbrauch* stelle auch das Ansehen der bereits integrierten Gastarbeiter in Frage. Es sei nachvollziehbar,

---

[165] Münch (1992: 61) weist darauf hin, daß Bayern schon 1958 über die Länge des Asylverfahrens klagt, von Belastungsgrenzen des Landes spricht und erklärt, „...daß die Last der nach dem Westen flüchtenden Mittel- und Osteuropäer nicht allein von Deutschland getragen werden kann ..." (11.6.58, zit. n. ebd.).

„(...), daß das Verständnis der deutschen Bevölkerung für die hier seit langem wohnenden und arbeitenden ausländischen Arbeitnehmer durch den häufigen Mißbrauch
des Asylrechts erschwert worden ist." (Vogel (CDU), 14.5.82, zit. n. ebd.: 259)

Die Argumentation der Unionsparteien impliziert, daß es eigentlich gar keine
Ausländerfeindlichkeit gebe, sondern nur Unmut gegenüber unberechtigten
Asylbewerbern, der sich auf andere übertrage. Die in dieser Zeit sehr deutlich
und ganz offen zum Ausdruck kommende Feindlichkeit gegenüber Gastarbeitern wird damit ignoriert (Wolken 1988: 259). Ausländerfeindlichkeit wird hier
ausschließlich im Zusammenhang mit der Zunahme der Asylbewerberzahl und
dem Asylrechtsmißbrauch problematisiert.

„Entscheidend ist, daß die immer noch zu hohe Zahl der ins Land einströmenden
Asylbewerber - doch für jedermann erkennbar - eine Belastung für unsere Integrati-
onspolitik darstellt und dazu beiträgt, daß die Eingliederung der ausländischen Arbeitnehmer der zweiten und dritten Generation noch mehr erschwert oder gar unmöglich gemacht wird." (Vogel (CDU), 14.5.82, zit.n. ebd.: 259)

„Die Asylbewerber haben einen schlechten Ruf, leider. Wir stellen jetzt fest, daß sich
dies auch auf die übrigen Ausländer übertragen hat, auf die ausländischen Kumpel im
Betrieb, mit denen man bisher eigentlich keine Probleme hatte." (Fellner (CSU),
14.5.82, zit. n. ebd.: 260)

Daß die Ausländerfeindlichkeit sich gezielt gegen spezifische Gruppen der
Gastarbeiter richtet und deshalb möglicherweise völlig unabhängig von dem
Ansehen der Asylbewerber entsteht, wird in der Argumentation nicht berück-
sichtigt. Statt dessen wird einseitig ein Zusammenhang mit dem Verhalten der
Asylbewerber hergestellt, das - als Asylrechtsmißbrauch - die begrenzte Inte-
grationsfähigkeit der bundesdeutschen Bevölkerung in hohem Ausmaß belaste
(Wolken 1988: 260). Mit dieser Argumentation wird, neben der Asylpolitik der
SPD/FDP, den Asylbewerbern Verantwortung für die bestehende Ausländerfeindlichkeit zugeschrieben.
Als einzige Möglichkeit zur Bekämpfung der zunehmenden Ausländerfeindlichkeit wird hier eine Reduzierung der Asylbewerberzahl propagiert.
Wolken (1988: 260f) weist darauf hin, daß dieser Vorschlag der Unionsparteien
en in deutlichem Kontrast zu der Entwicklung der Asylbewerberzahl in dieser
Zeit steht. 1981 geht die Zahl der Asylbewerber gegenüber dem Vorjahr um
mehr als 50% zurück: von über 100.000 auf unter 50.000, auch in den nächsten zwei Jahren ist ein starker Abfall der Asylbewerberzahlen zu verzeichnen.[166] Die während der Beratungen über das Asylverfahrensgesetz beklagte
Ausländerfeindlichkeit hätte deshalb - vorausgesetzt die Zunahme der Asylbe-

---

[166] Vgl. die Übersichtstabelle im Anhang 4.

werberzahl bilde die Ursache - schon nachgelassen haben müssen. Die Entwicklung der Asylbewerberzahlen findet jedoch in der Argumentation der CDU/CSU zur Ausländerfeindlichkeit keine Berücksichtigung. Dies deutet darauf hin, daß die konkreten Zahlen nur dann in der Argumentation zum Einsatz kommen, wenn die Forderung nach Reduzierung damit plausibilisiert werden kann.

Schon seit 1973 werden Asylbewerber als abweichend in dem Sinne dargestellt, daß ihnen ein Asylrechtsmißbrauch vorgeworfen wird. Gleichzeitig wird auf die illegale Einreise vieler Asylbewerber verwiesen, was diese zu *kriminellen* Zuwanderern mache. Zumindest allen abgelehnten Asylbewerbern hängt das *label* des Mißbrauchs an. Die Argumentation reduziert sich hier nicht mehr auf die Zuschreibung, das Verhalten der Asylbewerber - der Asylrechtsmißbrauch - schade dem Ansehen der übrigen in der Bundesrepublik Deutschland lebenden Ausländern, sondern stellt jetzt eine gezielte Kriminalisierung der Asylbewerber dar.

Eine weitere Kriminalisierung der Asylbewerber geschieht durch Zuschreibung von strafbaren Handlungen, wozu in der Argumentation Einzelfälle strafrechtlich verfolgten Verhaltens herausgestellt und generalisierend als Beleg für den *kriminellen Charakter* der Asylbewerber verwendet werden. Typische Delikte bilden hier terroristische Aktivitäten, Rauschgifthandel, Drogenkonsum, Schwarzarbeit, das Eingehen von Scheinehen und Schleppertum (ebd.: 267ff).

> „Nach wie vor wird ein erschreckend hoher Anteil der Asylbewerber durch schwere Kriminalität, insbesondere Rauschgiftdelikte, sowie durch Prostitution und Schwarzarbeit auffällig: Gegen jeden zweiten in Berlin lebenden Libanesen mußte wegen einer Straftat ermittelt werden; der Rauschgifthandel und -schmuggel bei Heroingroßmengen befindet sich zu 90% in ausländischer Hand." (Lummer (CDU), 26.4.85, zit.n. ebd.: 268)

Als weiterer Beleg wird allgemein auf den hohen Ausländeranteil in der Polizeilichen Kriminalstatistik hingewiesen (ebd.: 269). Dabei wird nicht berücksichtigt, daß ein Großteil der *Ausländerkriminalität* in der Polizeilichen Kriminalstatistik nichts mit den üblichen strafbaren Handlungen zu tun hat, sondern Verstöße gegen Vorschriften für Asylbewerber und Sondergesetze für Ausländer repräsentiert.

Als Beleg der *hergestellten Kriminalität der Asylbewerber* führt Wolken (ebd.: 271) u.a. die Ausgabe der Sozialhilfe in Sachleistungen bei gleichzeitigem Arbeitsverbot an. Asylbewerber können sich aufgrund mangelnden Bargelds weder einen Anwalt leisten, um z.B. ihre Interessen im Asylverfahren durchzusetzen, noch andere Bedürfnisse problemlos befriedigen. Die Folge ist, daß viele Asylbewerber sich illegal um eine Arbeit bemühen. Schwarzarbeit von Asylbewerbern ist ein Verstoß gegen das Asylverfahrensgesetz, welcher in die Kriminalstatistik miteinfließt und so als *Ausländerkriminalität* interpretierbar wird. Insgesamt betrachtet bildet die Kriminalisierung der Asylbewerber ein Argumentationsmuster, das seit seiner Entstehung den gesamten Diskurs durchläuft und immer wieder, ohne daß neue Belege angeführt werden, als Legitimation unterschiedlicher Umgangsformen und Einschränkungen eingesetzt wird.

Zugleich wird mit der hohen Kriminalitätsrate bei Asylbewerbern die zunehmende Ausländerfeindlichkeit begründet.

> „Immer häufiger kommt es zu Spannungen zwischen Einheimischen und Flüchtlingen. Immer häufiger sprechen Zeitungsberichte von Schlägereien, Auseinandersetzungen, Messerstechereien, Prostitution und Ladendiebstählen im Zusammenhang mit diesem Problem. Das alles nährt leider eine ausländerfeindliche Stimmung." (Olderog (CDU), 4.10.85, zit. n. ebd.: 263)

> „Nach wie vor wird das Bild des heutigen Asylanten zu einem wesentlichen Teil geprägt von dem Wirtschaftsflüchtling aus einer der ca. 65 Problemregionen der Erde, dem als Rauschgift-Container einreisenden Straftäter aus dem Nahen und Mittleren Osten, der zum Zwecke der Prostitution eingereisten Afrikanerin und dem mit 50prozentiger statistischer Wahrscheinlichkeit kriminellen Libanesen." (Lummer (CDU), 3.9.85, zit. n. ebd.: 264)

Es sei die Angst der Bevölkerung vor der *kriminellen Bedrohung* durch die Asylbewerber, die im Umkehrschluß bei ihnen Ausländerfeindlichkeit erzeuge.

Eine Praxis, die die Einreise von Asylbewerbern schon im Vorfeld verhindern soll, ist 1980 die Einführung eines Sichtvermerkszwangs (Visumpflicht) für weitere Herkunftsländer.[167] Damit zählen zu den betroffenen Staaten die Länder, aus denen die Mehrheit der Flüchtlinge stammt (ebd.: 47).

Versuche der Einreiseverhinderung mit Hilfe von Ausdehnungen des Visumzwangs führen entgegen den Erwartungen der Bundesregierung nicht dazu, daß weniger Asylanträge gestellt werden. In einem Brief an Bundeskanzler Schmidt (SPD) wirft der baden-württembergische Ministerpräsident Späth (CDU) der Bonner Regierung *Untätigkeit* angesichts des *explosionsartig verschärften Wirtschaftsasylantentums* vor und droht mit einer entsprechenden Klage gegen den Bund, falls dieser in der *Asylantenfrage* nichts unternehme (Späth (CDU), 16.2.80, zit. n. Münch 1992: 79). In diesem Zusammenhang verwendet schließlich auch die sozialliberale Regierung das Argumentationsmuster der „Anreizminderung" zur Reduzierung der Asylbewerberzahlen.

Noch 1977 haben SPD und FDP Modelle der *Anreizminderung* abgelehnt

---

167 Afghanistan, Äthiopien, Bangladesch, Indien, Iran, Türkei und Sri Lanka (vgl. Wolken 1988: 47).

- wie das Auszahlen der Sozialhilfe in Form von Naturalien und die Unterbringung in Gemeinschaftsunterkünften. Doch 1980 führt die Koalitionsregierung mit einem administrativen Sofortprogrammm zur „Senkung der Asylbewerberzahlen" ein zwölfmonatiges Arbeitsverbot (das 1981 auf zwei Jahre verlängert wird), die Unterbringung in Gemeinschaftsunterkünften und Sammellagern und die Gewährung von Sozialhilfe in Form von Sachleistungen zum Zwecke der *Anreizminderung* ein. (Wolken 1988: 291f) Einem Beschluß der Bundesregierung vom 18.6.80 zufolge erhalten Asylbewerber im ersten Jahr ihres Aufenthalts keine Arbeitserlaubnis. Dies soll

> „... jene abschrecken, die unter Mißbrauch des Asylrechts die Asylverfahren verstopfen, den Kommunen auf der Tasche liegen und anderen die Arbeitsplätze wegnehmen." (Regierungssprecher Grünewald (SPD), 18.6.80, zit. n. Münch 1992: 85)

Diese Politik der sozialliberalen Regierung richtet sich vor allem gegen Asylbewerber aus der Türkei. Diese gelten generell als *Wirtschaftsflüchtlinge*, weil davon ausgegangen wird, daß sie seit 1973 aufgrund des Anwerbestops für Gastarbeiter nun versuchten, über den Weg des Asylrechts in die Bundesrepublik zu gelangen. Außerdem sollen mit dieser neuen Reglementierung potentielle Asylbewerber von einer Flucht in die Bundesrepublik abgehalten bzw. abgeschreckt werden.

> „Diese Tatsache muß im Ergebnis auch der Öffentlichkeit in den betroffenen Ländern bewußt werden, aus denen die Masse der unechten Asylbewerber kommt, damit man dort weiß, daß sich ein unberechtigter Asylantrag in der Bundesrepublik schlicht nicht lohnt." (Wendig (FDP) 2.7.80, zit. n. Wolken 1988: 292)

Durch das erneut ausgesprochene Arbeitsverbot wird die Gesamtheit der Asylbewerber wieder zu Sozialhilfeempfängern. Daß diese Situation nicht unproblematisch ist, ist auch den an diesem Beschluß beteiligten Parteien klar, erinnert sei hier nur an die Beratungen des Parlamentarischen Rates, der sich darin einig gewesen ist, daß die Erfahrung vieler Asylsuchender, zum Nichtstun verurteilt zu sein, zu der erniedrigendsten der deutschen Emigranten nach 1933 gehörte (Schneider 1992: 228f).[168]
Asylbewerber werden dagegen zur Verrichtung gemeinnütziger Arbeiten verpflichtet, als rechtliche Grundlage wird das Bundessozialhilfegesetz genannt, das eine Heranziehung von Personen, die dem Arbeitsverbot unterliegen, zu gemeinnütziger Arbeit legitimiert.[169] Für die Verrichtung dieser Art von Arbeit ist ein Lohn von DM 1,50 pro Stunde, bei einer Weigerung der Verfall des

---

[168] Vgl. Kap. IV.2.1. Danach erscheint jedes Arbeitsverbot für anerkannte Asylberechtigte verfassungswidrig, für Asylbewerber zumindest problematisch.

[169] Dies ermöglicht eine Änderung des § 18 II BSHG vom 29.12.81 (Wolken 1988: 50).

Anspruchs auf Sozialhilfe vorgesehen.

Neben der Einführung des Sofortprogramms, das einen restriktiven Umgang mit den Asylbewerbern impliziert, wird von seiten der Regierungsparteien die Unantastbarkeit des Asylrechts, sein historischer Hintergrund - die Erfahrungen des Nationalsozialismus - und die daraus entstandenen Verpflichtungen hervorgehoben (Klausmeier 1984: 69).

Parallel dazu zielen Änderungen im Asylverfahrensrecht auf eine Beschleunigung des Anerkennungsverfahrens, um die Verweildauer abgelehnter Asylbewerber möglichst zu verkürzen und so die Sozialhilfeausgaben zu senken (ebd.: 8). Die Unionsparteien verweisen in ihrer Argumentation auf die Idee einer *Anreizminderung*:

> „Wir brauchen ein schnelleres Verfahren. Wenn es sich herumspricht, daß es in der Bundesrepublik nicht mehr wie gegenwärtig zwei, drei, fünf, ja neun Jahre dauert, sondern daß die Bearbeitung der Anträge wesentlich schneller vor sich geht, dann wird ein großer Teil solcher ausfallen, die bisher nur deshalb kommen, weil sie sagen: Fünf, sechs, sieben Jahre ist auch eine Zeit, wo sich der Aufenthalt in der Bundesrepublik Deutschland rentiert." (CDU/CSU, zit. n. ebd.: 70)

Da davon ausgegangen wird, daß die Mehrheit der Asylbewerber nicht politisch verfolgt sei und ihr Antrag deshalb abgelehnt werde, scheint eine Beschleunigung des Asylverfahrens sinnvoll. Die Regierungsparteien stimmen dem Beschluß deshalb zu, weil sie kurz vor den Bundestagswahlen im Oktober 1980 den *Vorwurf der Nachlässigkeit in der Asylpolitik* nicht hinnehmen wollen (ebd.: 83). Als Begründung werden die in diesem Jahr angestiegenen Asylbewerberzahlen angegeben.

Die Regierungsparteien bestreiten - trotz Abschreckungs- und Anreizminderungsargumentation -, daß es eine Abschreckungspolitik gegenüber Asylbewerbern gebe (Wolken 1988: 293). Die CDU/CSU schließt sich dieser Argumentation an und führt aus:

> „(...) wir müssen unser Land weniger attraktiv machen, wenn wir das Problem mit einigermaßen Aussicht auf Erfolg anpacken wollen. Es bleibt uns keine andere Wahl, auch wenn in diesem Zusammmenhang gemahnt wird, wir dürften Asylbewerber nicht als Abschreckungsobjekte für potentiell anklopfende Armutsflüchtlinge mißbrauchen. Es wird niemand mißbraucht." (Fellner (CSU), 22.10.81 zit. n. ebd.: 293)

Die Abschreckungsargumentation richtet sich vor allem gegen sogenannte *Dritte-Welt-Flüchtlinge* aus Ländern wie Pakistan, Indien, Türkei, Sri Lanka und Ghana. Gerade diese Flüchtlinge sind dem Vorwurf des *Asylmißbrauchs* ausgesetzt (ebd.: 295).

CDU/CSU Abgeordnete heben hervor, daß „90% aller Asylbewerber nicht aus politischen Gründen Asyl beantragen" (Spranger (CSU), 6.3.80, zit. n.

Höfling-Semnar 1995: 144). In der Argumentation wird darauf verwiesen, daß das bundesdeutsche Asylrecht nicht die Probleme der Welt lösen könne - ganz unabhängig davon, daß dies nicht finanzierbar sei. Die Kenntnis von einer weltweiten Flüchtlingsnot wird hier verwendet, um die Notwendigkeit einer Abschottung nach außen zu plausibilisieren.

Am 25.6.82 wird ein Asylverfahrensgesetz verabschiedet, das die Weiterleitung von Asylanträgen, die von der Ausländerbehörde als *unbeachtlich* bewertet werden, an das Bundesamt nicht mehr vorsieht. Gleichzeitig können die Ausländerbehörden bei Anträgen, die das Bundesamt als *offensichtlich unbegründet* ablehnt, da die Einreise z.B. aus wirtschaftlichen Gründen erfolgt sei, zur Verfügung der Abschiebung verpflichtet werden (Wolken 1988: 53). Außerdem soll das Asylverfahren beim Bundesamt durch Wegfall der Widerspruchsausschüsse, Einzelentscheide und verstärkte Mitwirkungspflicht des Antragstellers beschleunigt werden. Die Änderung des Verwaltungsgerichtsverfahrens in Asylsachen soll einen Abbau der noch unbearbeiteten Asylverfahren ermöglichen (Klausmeier 1984: 87). Die von der SPD/FDP-Regierung als Ziel der Asylpolitik angegebene Beschleunigung des Asylverfahrens *ohne* Eingriffe in den Kerngehalt des Rechts auf Asyl wird mit diesem Asylverfahrensgesetz nicht erreicht, da diese Änderungen eine Einschränkung des Rechts auf Asyl darstellen (ebd.: 93).

Mit der Verabschiedung des Asylverfahrensgesetzes im Juni 1982 bricht die innenpolitische Debatte über das Asylrecht *kurzfristig* ab. Die SPD/FDP-Regierung erklärt das neue Gesetz als den Endpunkt der Novellierungsbemühungen. Auch mit der Regierungsübernahme der CDU/CSU und der FDP am 1.10.82 wird die Debatte zunächst nicht wieder eröffnet, obwohl gerade die CDU/CSU im Bundestag regelmäßig auf die Dringlichkeit dieses Themas verwiesen hat.

Im Dringlichkeitsprogramm der Regierungserklärung von Bundeskanzler Kohl (CDU) vom 13.10.82 erscheint die Verhinderung des Asylrechtsmißbrauchs zwar noch als eines der Ziele der anvisierten Ausländerpolitik. Doch nach der Regierungsübernahme tritt auch hier zunächst eine Dethematisierung dieses Politikbereichs zutage, der zuvor neun Jahre ohne Unterbrechung einen Gegenstand kontroverser innenpolitischer Debatten bildete. (Wolken 1988: 56)[170]

---

[170] Die Asylbewerberzahlen sind von 1981 bis 1983 stark rückläufig und die Zusammensetzung ändert sich insofern, als der Anteil an Ostblock-Flüchtlingen durch die hohe Anzahl von Flüchtlingen aus Polen wieder deutlich zunimmt (von 1980 auf 1981 steigt der Anteil der Osteuropa-Flüchtlinge von 7,18% auf 30,3%). Wolken (1988: 58) führt dies als einen möglichen Grund für die Zurückhaltung der neuen Bundesregierung an. Der Rückgang insgesamt läßt sich jedoch kaum auf die veränderten Asylverfahrensvorschriften zurückführen. International zeigt sich trotz völlig unterschiedlicher Asylpolitik z.B.

Schon ein Jahr später wird das Asylrecht wieder zum Thema politischer Auseinandersetzung. International führt diese neue Praxis im Umgang mit Asylbewerbern zu großem Protest. Versuche der Abschreckung von Asylbewerbern im Sinne der *Anreizminderung* werden öffentlich kritisiert. Der eigentlich interne „Toscani-Bericht" des *Hohen Flüchtlingskommissars der Vereinten Nationen* (UNHCR), eine Kritik der Leiterin der Europa-Sektion Candida Toscani an den Zuständen in Sammelunterkünften für Asylsuchende in der Bundesrepublik, wird Anfang August 1983 in der Presse publiziert (Münch 1992: 99). Dieser Bericht über die Asylpolitik der Bundesrepublik Deutschland spricht von „in Europa einmaligen Abschreckungsmaßnahmen" gegen Asylbewerber, „wozu die Zwangseinweisung in Lager, die Begrenzung der Bewegungsfreiheit, das Arbeitsverbot und die Heranziehung zu gemeinnütziger Arbeit zählen" (zit. n. Klausmeier 1984: 73).

Zur selben Zeit rückt ein Ereignis in den Mittelpunkt der Presseberichterstattung, wobei die Situation der Asylbewerber in den Sammellagern sowie das Verhältnis von Asyl- und Auslieferungsrecht problematisiert werden (Wolken 1988: 60). Am 30.8.83 nimmt sich der Asylbewerber Cemal Kemal Altun aus Angst vor der Auslieferung in die Türkei das Leben.[171]

---

in den USA eine ähnliche Entwicklung der Flüchtlingsbewegung. Dies relativiert den Einfluß der Asylpolitik und der Maßnahmen zur Anreizminderung im Hinblick auf die Asylbewerberzahlen.

[171] Die Türkei erläßt nach einer Aufklärungsanfrage deutscher Behörden im Zusammenhang mit Cemal Kemal Altuns Antrag auf Asyl gegen Cemal Kemal Altun Haftbefehl und stellt ein Auslieferungsbegehren. Trotz laufenden Asylverfahrens wird dem Auslieferungsbegehren durch das Berliner Kammergericht stattgegeben, mit dem Verweis darauf, daß auch eine Anerkennung als Asylberechtigter einer Auslieferung nicht entgegenstehe. Cemal Kemal Altun befindet sich seit der Stellung des Auslieferungsbegehrens bis zu seinem Selbstmord dreizehn Monate später in Auslieferungshaft, obwohl er zwischenzeitlich als Asylberechtigter anerkannt wird. Die Bundesregierung ordnet einen sofortigen Vollzug der Auslieferung an, der jedoch durch die Intervention des UNHCR und der Europäischen Menschenrechtskommission, bei der Cemal Kemal Altun Beschwerde einlegt, verhindert wird. Die Auslieferungsbereitschaft der Bundesrepublik hängt u.a. mit der Angst vor einer Belastung des deutsch-türkischen Verhältnisses, den bestehenden positiven Erfahrungen der Zusammenarbeit mit der Türkei auf polizeilichem Gebiet sowie mit den Konsequenzen dieses Falles für ausgehende deutsche Auslieferungsersuchen zusammen. (Wolken 1988: 63)
Dem Skandal folgt von seiten der SPD und der DIE GRÜNEN die Forderung nach Rücktritt von Bundesinnenminister Zimmermann (CDU) und Bundesjustizminister Engelhard (FDP), die jedoch von den Regierungsparteien zurückgewiesen wird. Gleichzeitig legen DIE GRÜNEN einen Gesetzesentwurf vor, der bei Anerkennung der Asylberechtigung eine Auslieferung ausschließt. Ein alternativer Entwurf der SPD sieht u.a. zusätzlich eine Beschränkung der Auslieferungshaft auf sechs Monate vor. Auch diese Initiativen bleiben ohne Konsequenzen.

„Die politischen Auseinandersetzungen um den internen Bericht des UNHCR vom 1.
Juli 1983 und den Selbstmord Kemal ALTUNS nahmen durch die Reaktion der Medi-
en die Form eines Skandals an. (...)... beim Skandal um den TOSCANI-Bericht (trat)
der Konflikt zwischen der menschenwürdigen Behandlung der Asylbewerber und der
bundesdeutschen 'Abschreckungspolitik', wie sie in dem Bericht offen bezeichnet
wurde, und außerdem beim ALTUN-Skandal der Konflikt zwischen der Verpflichtung
zu Schutzgewährung für politisch Verfolgte zusammen mit dem humanitären Selbstverständnis der Bundesrepublik einerseits und der Rücksicht auf das deutsch-
türkische Verhältnis andererseits in einer bis dahin nicht dagewesenen Schärfe zutage." (Ebd.: 63f)

Ein zentraler Bestandteil der Argumentation über eine *Anreizminderung* ist der
Hinweis, daß die Bundesrepublik - trotz der *De-facto-Einwanderung* eines
großen Teils der Gastarbeiter - kein Einwanderungsland sei. So erklärt die
Bundesregierung, daß das „springflutartige Anwachsen der Zahl der Asylbewerber so nicht vorhersehbar gewesen" (Penner (SPD), 1980, zit. n. Klausmeier 1984: 84f) sei, denn sie gelte nach wie vor als *Nicht-Einwanderungsland*.
Dieses Argumentationsmuster, auch als „Legende vom Nichteinwanderungs-
land BRD" beschrieben (vgl. Klausmeier 1984: 85), erlaubt es, Maßnahmen zu
legitimieren, die zwar im Widerspruch zu den gegebenen Einwanderungen stehen, aber in der Öffentlichkeit das Bild der Bundesrepublik als *Nicht-
Einwanderungsland* - trotz Gastarbeitern und Asylbewerbern - bestätigen.

„Die Bundesrepublik ist kein Einwanderungsland. (...) Es war deshalb einleuchtend
und wohl auch richtig, daß die Bundesregierung - aber nicht nur sie - sich daran
machte, dem Mißbrauch, den ein mehrjähriges Asylverfahren eröffnete, entgegenzutreten." (Penner (SPD), 2.7.80, zit. n. Wolken 1988: 301).

Der Verweis darauf, daß die Bundesrepublik kein Einwanderungsland sei,
taucht erstmals 1980 auf, als die Zahl der Asylbewerber die Grenze der
100.000er überschreitet und die Hälfte der Asylsuchenden aus der Türkei
kommt,[172] denen vorgeworfen wird, den Anwerbestop für ausländische Arbeitskräfte zu umgehen, indem sie Asyl beantragen. Deswegen - aufgrund der hohen
Zahl von Asylanträgen durch Gastarbeiter - könne die Bundesrepublik nicht als
Einwanderungsland bezeichnet werden:

„Auch für uns ist die Bundesrepublik kein Einwanderungsland. Die Integrationsfähig-
keit unserer Gesellschaft hat ihre Grenze, die bereits bei dem, was heute in unserem
Land ist, sicher erreicht, wenn nicht überfordert ist. Deswegen ist mit gutem Recht eine Anwerbestop für ausländische Arbeitskräfte eingeführt worden. Das ist ja der materielle Einstieg, daß man aus Ländern, in denen sicher große wirtschaftliche Not
herrscht, den Anwerbestop umgeht, um über den Weg des Asylrechts doch in die

---

[172]   Dies erklärt sich aus dem Zusammenhang mit der Arbeitsimmigration; die Türkei ist
Gastarbeiteranwerbeland (Wolken 1988: 301).

Bundesrepublik zu gelangen und hier Arbeit zu finden." (Wendig (FDP), 2.7.80, zit. n. Wolken 1988.: 301)

Die sozialliberale Regierung stellt danach Asyl- und Einwanderungspolitik in einen engen Zusammmenhang bzw. setzt diese gleich, indem sie Asylbewerber aus der Türkei automatisch als *Wirtschaftsflüchtlinge* bezeichnet. Das Arbeitsverbot soll die Möglichkeit ausschließen, daß Menschen aus ehemaligen Gastarbeiterländern über Inanspruchnahme des Asylrechts in die Bundesrepublik einreisen, um hier Arbeit zu finden.[173]

Gleichzeitig wird behauptet, daß die Bundesrepublik als *Nicht-Einwanderungsland* nur bestehen könne, wenn gezielt gegen den *Asylmißbrauch* gekämpft werde. Im Zusammenhang mit dieser Argumentation wird darauf verwiesen, daß die zwar nicht erwünschte, aber zu akzeptierende Einwanderung eines Teils der vor dem Anwerbestop eingereisten Gastarbeiter nicht bedeuten würde, daß die Bundesrepublik ein Einwanderungsland sei.

> „Da gibt es den müßigen Streit, ob wir nun ein Einwanderungsland sind oder nicht. (...) Ich meine, für die Ausländer, die seit vielen Jahren hier leben, ist die Bundesrepublik faktisch ein Einwanderungsland geworden." (Hölscher (SPD), 4.2.82, zit. n. ebd.: 305)

> „Wir sind kein Einwanderungsland für neue Gruppen von Ausländern, die hierher kommen. (...) Unter dem Aspekt, daß ein großer Teil dieser Leute natürlich hier bleiben wird - dessen ist sich auch die Bundesregierung bewußt -, sind wir natürlich doch Einwanderungsland. Daß wir nicht Einwanderungsland sein wollen, kann sich nur darauf beziehen, daß wir keinen neuen Zuzug an Arbeitskräften in die Bundesrepublik zulassen werden." (Wartenberg (SPD), 5.10.86, zit. n. ebd.: 305)

Die Auseinandersetzung zeigt deutlich, wie die asylpolitische Argumentation verwendet wird, um der Behauptung, ein *Nicht-Einwanderungsland* zu sein, Geltung zu verleihen. Es könne zwar zunächst aufgrund der hohen Zahl der einreisenden Flüchtlinge von Einwanderung gesprochen werden. Da diese jedoch mehrheitlich *Wirtschaftsflüchtlinge* und zur Einreise nicht berechtigt seien, könne dies nicht als Einwanderung, sondern nur als *Asylmißbrauch* interpretiert werden. Dies betreffe in gleicher Weise die Gastarbeiter, die nach dem Anwerbestop als Asylbewerber einreisen.

Die Politik der CDU/CSU- und FDP-Regierung stellt den Asylrechtsmißbrauch als Ursache für die hohen Ausländerzahlen dar, womit der Eindruck entstehe, die Bundesrepublik sei ein Einwanderungsland. So hebt Bundeskanz-

---

[173] Die Zahlen der Asylbewerber gehen daraufhin zunächst zurück, steigen aber vier Jahre später wieder beträchtlich an, ebenso wie die Zahl der türkischen Asylbewerber (Wolken 1988: 302).

ler Kohl (CDU) am 17.8.86 in einem Fernsehinterview hervor,

> „es gehe nicht an, daß Schlepper und Menschenhändler täglich Wirtschaftsasylanten ins Land bringen. Die Bundesrepublik sei kein Einwanderungsland" (zit. n. ebd.: 308).

Das Argument, die Bundesrepublik sei kein Einwanderungsland, deutet darauf hin, daß die Bundesrepublik nicht als ein Einwanderungsland mit einer hohen Zuwanderungsrate konzipiert bzw. gedacht worden sei. Die hohe Zahl einreisender Flüchtlinge, wie sie die Bundesrepublik präge, sei nicht zu erwarten gewesen. Dabei wird in der Debatte darüber, ob die Bundesrepublik ein Einwanderungsland sei oder nicht, dieser Status verneint, als ob es eine offizielle Definition bzw. rechtliche Bestimmung dessen gäbe. Es wird nicht berücksichtigt, daß die Bezeichnung als Einwanderungsland in Abhängigkeit von den Flüchtlingszahlen vorgenommen wird:[174]

> „Der Streit um das Wort Einwanderungsland war und ist ein Streit um des Kaisers Bart. Natürlich war die Bundesrepublik nie ein Einwanderungsland in dem Sinne, daß sich die Gesellschaft im Zuge der Einwanderung erst formt. Seit Jahrzehnten erlebt aber die Bundesrepublik Zuwanderung in beträchtlichem Ausmaß. Durch die Tabuisierung des Begriffs Einwanderung hat sich die deutsche Politik aber lange handlungsunfähig gemacht." (Prantl 1993: 307)

In der Bundesrepublik Deutschland gibt es keine normativen Einwanderungsregelungen, worüber klassische Einwanderungsländer wie die USA und Kanada verfügen. Erst solche Regelungen und damit verbunden die Festlegung einer Einwanderungsquote würden offiziell den Status als Einwanderungsland festschreiben. Von daher ist die Debatte darüber, ob die Bundesrepublik ein Einwanderungsland ist, eine über die Notwendigkeit der Festlegung einer Einwanderungsquote.

Vor allem von Befürwortern des Asylrechts, der SPD und der DIE GRÜNEN, der Kirche und den Wohlfahrtsverbänden wird vor diesem Hintergrund der Vorschlag gemacht, ein Einwanderungsgesetz zu schaffen, um die ohnehin bestehende Einwanderung zu regeln. Der Entwurf sieht die Aufnahme einer bestimmten Einwanderungsquote pro Jahr vor, ohne komplizierte Ausnahmeverfahren und Absprachen, womit die Zuwanderung reguliert und die Zahl der Asylanträge reduziert wäre. (Ebd.: 308)

Die Quotenregelung soll weder für sogenannte Katastrophenflüchtlinge

---

[174] Die Bundesrepublik hat sich in der ganzen Debatte gegen die Deklaration als Einwanderungsland gesperrt. Narr (1993: 123) weist darauf hin, daß es sich dabei nicht um ein deutsches Phänomen handele, sondern die Dementierung des Status Einwanderungsland eine „europäische Parole" sei.

noch für politische Flüchtlinge gelten, da letztere weiterhin nach dem Asylrecht aufgenommen werden könnten. Ausschließlich auf Armutsflüchtlinge soll die Quotenregelung angewandt werden. Während die ursprüngliche Idee der Quotenregelung also darin bestand, die Zuwanderung nicht politischer Flüchtlinge (neben dem Asylrecht) zu regulieren, wurde sie später (im Frühjahr 1991) gerade von der SPD in den Vorschlag transformiert, eine Quotenregelung als Ersatz für das Asylrecht zu schaffen. Der Gedanke wird schließlich verworfen, da eine Quotenregelung und vor allem die Festlegung der Quoten nicht wirklich justitiabel seien. Die Diskussion über die Notwendigkeit der Schaffung eines Einwanderungsgesetzes und der Konstituierung eines Status als Einwanderungsland steht der parallel geführten Debatte darüber gegenüber, daß die Bundesrepublik kein Einwanderungsland sei.

2.5 *Die Notwendigkeit einer* langfristigen Eindämmung des Asylmißbrauchs *und einer Verhinderung der DDR-Einreisepolitik*

Der fünfte Diskursstrang der Asylrechtsdebatte fokussiert die *Verhinderung von Asylmißbrauch*. Die Aufhebung der Sonderbehandlung ostdeutscher Flüchtlinge sowie die Kritik an der Einreisepolitik der DDR stehen dabei im Vordergrund der Argumentation.

Ab Mitte der 80er Jahre konzentrieren sich die Auseinandersetzungen um die Zahl der nach Deutschland einreisenden Flüchtlinge, seien es politisch Verfolgte oder die das Asylrecht mißbrauchenden Asylbewerber. Eine Differenzierung wird nicht vorgenommen, die jeweiligen Fluchtmotive werden unterschiedslos abgelehnt bzw. abgewertet. Ende 1984 findet das Diskursmuster Bekämpfung des Asylmißbrauchs wieder Eingang in die politischen Auseinandersetzungen. Diese schließen inhaltlich und terminologisch direkt an die 1973 entstandenen Argumentationen über Asylrechtsmißbrauch an.[175] Ein wesentlicher Unterschied zwischen diesen beiden Diskurssträngen liegt jedoch darin, daß die Argumentationsmuster zum Vorwurf des Asylrechtsmißbrauch und der Flucht aus wirtschaftlichen Motiven nun in ihrer Gesamtheit zur Verfügung stehen und komprimiert zur Anwendung gelangen, während sie sich in der ersten Phase 1973 bis 1982 erst sukzessiv entwickeln (Wolken 1988: 69f). Die erneut aufkommende Argumentation zur „Reduzierung des Miß-

---

[175] Vgl. Kap. IV.2.3.

brauchs"[176] bezieht nun auch die Ostblock-Flüchtlinge mit ein, was u.a. im Beschluß der „Ständigen Konferenz der Innenminister und -senatoren der Länder" (IMK) vom 26.4.85 zum Ausdruck kommt. Erstmals wird die seit 1966 etablierte Sonderbehandlung von Ostblock-Flüchtlingen insofern eingeschränkt, als diese nur noch als Asylbewerber, Asylberechtigte oder als abgelehnte Asylbewerber vor einer Abschiebung geschützt sein sollen. Alle aus Osteuropa Einreisenden müssen sich jetzt einem Anerkennungsverfahren unterziehen. Als Folge davon steigen die Asylbewerberzahlen und gleichzeitig die Ablehnungsquoten; beide Aspekte fließen als Begründung für die Forderung nach *Reduzierung des Mißbrauchs* in die Argumentation ein.

Ein Jahr später fordert die Bundesregierung die konsequente Abschiebung abgelehnter Asylbewerber auch in Bürgerkriegs- und Krisengebiete. Ein entsprechender Entschluß wird von der Innenministerkonferenz empfohlen:

> „Die IMK erörterte die Abschiebung abgelehnter Asylbewerber in Krisengebiete. Sie ist der Auffassung, daß grundsätzlich auch in Krisengebiete Abschiebungen stattfinden können. Die Einstufung als Krisengebiet sollte nach Möglichkeit einheitlich zwischen Bund und Ländern erfolgen." (IMK, 3.10.86, zit. n. ebd.: 88)

Eine bundeseinheitliche Regelung kann jedoch nicht gefunden werden, da Nordrhein-Westfalen drei Tage nach der Bekanntgabe des Innenministerbeschlusses in der Presse bekanntgibt, daß es weiterhin nicht in Krisengebiete abschieben werde. Nur die von der CDU/CSU bzw. von CDU und FDP regierten Länder erklären einheitlich die Absicht, auch in Krisengebiete abzuschieben. (Ebd.: 89)

Die Veränderung des Umgangs mit Ostblock-Flüchtlingen setzt sich weiter fort. Ein Beschluß der IMK vom 3.4.87 sieht eine weitere Einschränkung ihrer Sonderbehandlung vor. So sollten die allgemeinen ausländer- und asylrechtlichen Vorschriften ebenso wie das fünfjährige Arbeitsverbot - das bisher nur außereuropäische und jugoslawische Asylbewerber betrifft - nun auch für ungarische und polnische Staatsangehörige Gültigkeit erhalten.

Hintergrund des veränderten Umgangs mit Ostblock-Flüchtlingen ist eine Wandlung in der Zusammensetzung der Flüchtlinge nach Herkunftsländern. Der Anteil der europäischen Flüchtlinge unter den Asylbewerbern steigt auf über 50%. Im Jahr 1988 kommt z.B. fast jeder dritte Asylbewerber aus Polen. Gleichzeitig steigen die Gesamtzahlen in dieser Zeit wieder stark an.[177] (Höfling-Semnar 1995: 125f)

Die neuen Praktiken markieren ein Ende des bis dahin bestehenden Son-

---

[176] Beschluß der Ständigen Konferenz der Innenminister- und senatoren der Länder vom 26.4.1985 zur ausländerrechtlichen Behandlung von Ostblock-Flüchtlingen, zit. n. Wolken 1988: 76.

[177] Vgl. die Übersichtstabelle im Anhang 4.

derumgangs mit den sogenannten Ostblock-Flüchtlingen, deren 1966 beschlossene Privilegierung sukzessive eingeschränkt wird und die ihren Endpunkt in dem Beschluß der IMK vom 14.4.89 hat, mit dem die Sonderstellung von Ostblock-Flüchtlingen endgültig aufgehoben wird. Auf Basis dieser Regelung können nun auch osteuropäische Flüchtlinge abgeschoben werden, und gleichzeitig erlaubt sie eine Reduzierung der in der Bundesrepublik lebenden De-facto-Flüchtlinge.

Diese beschriebenen asylrechtlichen Maßnahmen dienen nicht nur der bereits bestehenden Praxis der „Zugangsverhinderung", sondern gelten als Maßnahmen zur „Bestandsminderung" (ebd.: 129), zu denen auch der IMK-Beschluß zählt, Flüchtlinge in Krisengebiete abzuschieben. In diesem Zusammenhang wird das Argument, daß die hohe Ablehnungsquote von 90% auf einen entsprechend hohen Mißbrauch des Asylrechts verweise, auch auf diese Flüchtlinge angewandt. So kann die neue Vorgehensweise der konsequenten Abschiebung abgelehnter Asylbewerber legitimiert werden. (Ebd.: 129)[178]

Die Aufhebung des IMK-Beschlusses von 1966 erfolgt in einer Zeit, in der sich das Ende des „Kalten Krieges" abzeichnet und durch Öffnung der Grenzen eine große Flüchtlingsbewegung zum Westen hin sichtbar wird. Dem Argument, das Leben im Kommunismus impliziere politische Verfolgung, ist das Fundament entzogen. Die Sonderbehandlung der Ostblock-Flüchtlinge kann daher außer Kraft gesetzt werden und so die Einreise dieser Flüchtlinge in die Bundesrepublik Deutschland unterbunden bzw. erschwert werden. Gleichzeitig wird es möglich, den Bestand an in Deutschland lebenden Flüchtlingen durch legale Abschiebung zu mindern. Der seit 1984 zu verzeichnende Anstieg der Asylbewerberzahlen wird vom Berliner Innensenator Lummer (CDU) als Argument eingeführt und macht die *Asylproblematik* zum dominierenden Thema des Berliner Wahlkampfes 1985. Der Hinweis Lummers, daß fast ein Drittel der Asylsuchenden im Jahr 1984 durch Einreise über Berlin die Visumpflicht umgangen hätte, gilt als Begründung für seine Forderung nach Bekämpfung und Verhinderung des Asylrechtsmißbrauch. Bayern und Baden-Württemberg schließen sich dieser Forderung an.

---

[178] Zum Zwecke der schnelleren Abschiebung abgelehnter Asylbewerber beschließt der Ministerrat am 20.2.89 die Einrichtung von zwei zentralen Abschiebebehörden in Karlsruhe und Stuttgart. Am 3.7.89 verfügt die IMK weitere Maßnahmen zur Beschleunigung der Asylverfahren. Bundesinnenminister Schäuble (CDU) schlägt am 1.10.89 vor, in jedem Bundesland bis zu drei Ausländerbehörden einzurichten, und zwar jeweils in der Nähe einer Zweigstelle des Bundesamtes für die Anerkennung ausländischer Flüchtlinge. Der „Schäuble-Plan" sieht eine Unterbringung der Asylbewerber in Sammellagern in der Nähe dieser Behörden vor; über den Asylantrag soll in wenigen Wochen entschieden werden und bei Ablehnung sofort die Abschiebung erfolgen. (Höfling-Semnar 1995: 129f) Die „tageszeitung" (30.8.89) nennt diesen Plan „Schäubles Besen statt Zimmermanns Axt" (zit. n. ebd.: 253, Anm. 275).

Die Bundesrepublik darf nicht zur „... Arche Noah für die ganze von sozialen, ethnischen, wirtschaftlichen und kriegerischen Unruhen geschüttelte Welt ..." werden.
(Lummer (CDU), 9.2.85, zit. n. Münch 1992: 105)

Innensenator Lummer eröffnet eine Kampagne gegen die gängige DDR-
Einreisepolitik und fordert eine Verhinderung der Einreise von Flüchtlingen
über Ost- nach Westberlin. Auf Betreiben der Bundesregierung sichert die
DDR der Bundesrepublik im Sommer 1985 zu, daß Flugreisende aus Sri Lanka
nicht mehr ohne gültiges Visum für die Bundesrepublik weiter befördert würden. Als in der Folge die Zahl der Asylbewerber aus Sri Lanka massiv zurückgeht, wird auf Bundesebene eine Ausdehnung dieser Regelung auf *alle* Flücht-
lingsherkunftsländer gefordert,[179] mit dem Argument, der *Zustrom* müsse insgesamt reduziert bzw. gestoppt werden (Wolken 1988: 76). Zur Verwirklichung
des angestrebten Ziels werden Maßnahmen ergriffen, die die Praxis der Erteilung von Transitvisa durch die DDR und der Beförderung auf dem Luftweg
ohne gültiges Visum ändern soll.

Die Diskussion über die DDR-Einreisepolitik transformiert das *Asylproblem* zunächst in ein deutschlandpolitisches Problem und dann in ein interna-
tionales, da die DDR durch die Erteilung von Transitvisa über die Einreise von
Flüchtlingen entscheiden kann:

So wird die DDR z.B. der *Einschleusung* von Asylbewerbern beschuldigt.
Die „Bild am Sonntag" (20.7.86) bezeichnet den DDR-Staatsratsvorsitzenden
Honecker als „Schlepper", und die „Welt" (19.7.86) berichtet, daß die DDR
bewußt „Tausende von Mitgliedern der kommunistischen Tudeh-Partei" des
Iran „nach West-Berlin und in das übrige Bundesgebiet ein(ge)schleust" habe,
um die Bundesrepublik kommunistisch zu unterwandern (zit. n. ebd.: 324).
Dabei wird die Kritik an der Einreisepolitik mit dem moralischen Vorwurf verbunden, die DDR nutze die Not anderer Menschen aus und verhalte sich völ-
kerrechtswidrig. Die Asylpolitik der Bundesrepublik wird so in eine Diskussion
der Einreisepolitik der DDR transformiert.

„Wer so Not und Armut der Menschen in anderen Erdteilen mißbraucht, handelt sitt-
lich und moralisch verwerflich. Die DDR muß wissen, daß wir es als eine unerträgliche Belastung der innerdeutschen Beziehungen empfinden, wenn sie nach wie vor
durch eine undurchlässige Betonmauer die Bürger Berlins und Deutschlands voneinan-
ander trennt, zugleich aber durch diese Mauer ganze Menschenströme aus anderen
Erdteilen von einem Stadtteil in den anderen schleust." (Dregger (CDU), 26.7.86, zit.
n. ebd.: 325)

---

[179]   Mit Ausnahme der DIE GRÜNEN wird diese Regelung von allen Parteien befürwortet
(Wolken 1988: 76).

Die Argumentation wird erweitert durch traditionelle antikommunistische Argumentationsmuster, die in Konflikten mit der DDR eine Ressource bilden, auf die immer wieder zurückgegriffen werden kann.[180] Bundesinnenminister Zimmermann (CSU) warnt am 30.7.86 in der „Frankfurter Rundschau" vor der Gefahr des Kommunismus und wirft der DDR vor,

> „eine gezielte Politik betreiben zu wollen, um die Verhältnisse in der Bundesrepublik zu destabilisieren, die dem KGB-Lehrbuch entnommen" worden sei. (Zit. n. Wolken 1988: 325)

Die Angriffe werden ausgeweitet auf die UdSSR: diese wolle die „Einschleusung immer größerer Asylantenmassen" (Frankfurter Allgemeine Ztg. vom 24.7.86, zit. n. ebd.: 83) gezielt zur Veränderung des Status von Berlin nutzen. Bundesaußenminister Genscher (FDP) führt während seines Moskau-Aufenthaltes Gespräche mit dem Parteichef Gorbatschow, um die Perspektive der Bundesrepublik verständlich zu machen und die Asylproblematik zu erläutern. Auch wenn diese ohne nachhaltige Wirkung bleiben, setzen sie Zeichen dafür, „daß die Bundesregierung auf höchster Ebene tätig wird, um die 'Asylantenflut zu stoppen'" (ebd.: 83).

Die antikommunistische Argumentation ermöglicht es der Bundesrepublik, die Verantwortung für die Lösung des von ihr diagnostizierten Asylproblems dem Ausland zuzuschreiben. Eine langfristige Änderung der Asylbewerberzahlen ist danach von externen Faktoren abhängig; verwiesen wird dabei auf die gängigen politischen Gegner: die DDR und die UdSSR. Der Kommunismus wird zum zentralen Diskursgegenstand und als Erklärung für das *Asylproblem* eingesetzt.

Am 18.9.86 gibt die SPD in einer Presseerklärung bekannt, daß die DDR zugesagt habe, eine Einreise in die Bundesrepublik mit Hilfe eines Transitvisums nicht mehr zu ermöglichen, wenn kein Anschlußvisum vorliege. Die Asylbewerberzahlen gehen zurück und fallen im November unter die Hälfte der Werte des Vormonats.[181]

Durch die innenpolitischen Auseinandersetzungen über die Asylverfahrensrechtsnovellen zieht sich von 1978 bis 1984 ein Allparteienkonsens, der sich auf das Nicht-Infragestellen des verfassungsrechtlich garantierten Schutzes vor politischer Verfolgung reduziert. Während der spezifische Gehalt des

---

[180] Vgl. auch Kap. III.2.2.2, III.2.2.4. und Kap. V.
[181] Im August 1986 liegen 14.812, im Oktober 11.272, im November 4.764 und im Dezember 3.788 Asylanträge vor (in die Zahlen gehen auch die Asylfolgeanträge mit ein). Der Wert sinkt weiter auf 3.104 im Januar 1987. (Wolken 1988: 86; 371)

Artikels 16 II/2 umstritten ist, wird eine Abschaffung des Rechts auf Asyl in dieser Zeit von keinem der Diskurs-partner explizit gefordert. Dieser Konsens löst sich jedoch nach und nach auf.

Im Dezember 1984 verlangt der Berliner Innensenator Lummer (CDU) nicht nur eine Verschärfung des Asylverfahrensgesetzes, sondern auch eine Einschränkung des Grundrechts auf Asyl. Letztere, bisher nur auf Landes- und Kommunalebene diskutierte Forderung, findet jetzt Eingang in den Diskurs auf bundespolitischer Ebene: Sie wird von der CDU/CSU-Fraktion aufgegriffen, die damit „den bis dahin postulierten Allparteienkonsens über die Unantastbarkeit des Grundrechts auf Asyl unter Protest von SPD und FDP" verläßt (ebd.: 75). Die Begründung lautet,

> daß die Bundesrepublik „nicht das Arbeits- und Sozialamt für die ganze Welt sein" kann. (CDU/CSU-Fraktion, Pressedienst, 28.11.85, zit. n. ebd.: 75)

In diesem Kontext wird der Mißbrauchsdiskurs erneut eröffnet, der Bundesrat stellt am 14.6.85 einen Antrag zur „Eindämmung des Asylmißbrauchs" und legt Novellierungsvorschläge vor, die den Ländern Bayern und Baden-Württemberg eingebracht worden sind.

> „Nach Auffassung des Bundesrates kann es nicht angehen, daß der Bundesrepublik Deutschland bei jeder Krise in einem Staat der Dritten Welt oder auch durch neue Erfindungen von Schleuser-Organisationen die Gefahr droht, von Asylbewerbern überflutet zu werden, die der schlechten wirtschaftlichen Lage oder einer Bürgerkriegssituation in ihrem Heimatland entkommen wollen." (Antrag der Länder Baden-Württemberg und Bayern 'Entschließung des Bundesrates zur Eindämmung des Asylmißbrauchs', 26.2.85, zit. n. Höfling-Semnar 1995: 151)

Bayern und Baden-Württemberg fordern Maßnahmen, die eine Einreise der Flüchtlinge erschweren sollen, sehen eine Einreiseverweigerung für Flüchtlinge aus einem Unterzeichnerstaat der Genfer Flüchtlingskonvention sowie die Verhinderung der Einreise von Flüchtlingen über Ost- nach Westberlin vor. Mit der DDR soll verhandelt werden, um eine weitere Aushändigung von Transitvisa an Flüchtlinge ohne gültiges Visum zu verhindern.

Diese Novellierungsvorschläge des Bundesrates, die insgesamt insofern eine Verschärfung des Asylrechts vorsehen, als z.B. nicht allen politischen Verfolgten die Möglichkeit, Asyl zu beantragen, gewährt wird, stoßen jedoch vor allem außerhalb der Parteien auf Kritik: bei den Wohlfahrtsverbänden, den Kirchen, Menschenrechtsorganisationen und dem UNHCR. Auch SPD und FDP distanzieren sich gemeinsam von diesem Entwurf. Die am 13.2.85 auf Vorschlag des Bundesrates vom Bundeskabinett eingesetzte interministerielle Kommission „Asyl" unter dem Vorsitz von Kanzleramtsminister Schäuble

(CDU), die eine Gesamtkonzeption zur Asyl- und Flüchtlingsproblematik erarbeiten soll, stellt demgegenüber vorteilhafte Aspek-te des Novellierungsvorschlags heraus. Der erste Bericht dieser Kommission vom 3.7.85 gibt eine positive Beurteilung der vom Bundesrat vorgeschlagenen Maßnahmen ab. Lediglich die empfohlene Regelüberprüfung aller Asylanerkennungen wird abgelehnt, obwohl sie die Asylgewährung auf Zeit als „Wesenselement des Asyls" (zit. n. Wolken 1988: 74) hervorhebe. Im Rahmen einer Sachverständigenanhörung vor dem Innenausschuß des Bundestages am 17.3.86 werden die vorgeschlagenen Verschärfungen des Asylverfahrensgesetzes jedoch einstimmig abgelehnt.

Die CDU/CSU-Bundestagsfraktion bewertet die Novellierungsvorschläge des Bundesrates als geeignet, „den Zustrom von Wirtschaftsasylanten zu unterbinden" (28.8.85, zit. n. ebd.: 73). Entsprechend finden am 6.11.85 Koalitionsgespräche statt, in denen die CDU/CSU-Bundestagsfraktion versucht, die anvisierten Neuregelungen durchzusetzen. Die Bundesregierung lehnt jedoch neben einer Änderung des Asylrechts während der aktuellen Legislaturperiode auch den Bundesratsentwurf ab, obwohl einzelne Kabinettsmitglieder wie Bundesinnenminister Zimmermannn (CSU) die Vorschläge der beiden Bundesländer unterstützen (ebd.: 71f). Als Argument für eine Asylrechtsänderung taucht in diesem Kontext der Verweis auf die sehr *spezifische* Situation von 1945 auf, die den Parlamentarischen Rat zu der bestehenden Formulierung veranlaßt habe. Danach hätten die Begründer des Grundgesetzes das Asylrecht weniger großzügig gestaltet, wenn sie das aktuelle Ausmaß des Weltflüchtlingsproblems erahnt hätten (ebd.: 109).

> „Daß die Bundesrepublik Deutschland einmal mit 'Wirtschaftsasylanten' konfrontiert werden würde, hat damals kein Mensch vorausgesehen." (Kohl (CDU), 11.6.86, zit. n. ebd.: 115)

Diese in der Argumentation hergestellte Historisierung des Asylrechts deutet darauf hin, daß die historischen Gegensätze zwischen der Situation bei Entstehung des Asylrechts 1949 und der von der Asylproblematik gekennzeichneten Gegenwart, als Begründung für die Forderung nach einer Asylrechtsänderung dienen soll. Historisierung im Diskurs erlaubt hier, die historische Vergleichbarkeit in Frage und die Unterschiede herauszustellen.[182]

Der Sommer 1986 markiert einen weiteren Höhepunkt der Mißbrauchsdebatte; Amnesty international bezeichnet diese Phase der Asyldiskussion als „Anti-Asyl-Kampagne" (zit. n. Höfling-Semnar 1995: 124). Die politische Diskussion über eine Änderung des Artikels 16 II/2 GG kann nun offen geführt werden. Ein Kommentar in der „Frankfurter Allgemeinen Ztg." von Friedrich

---

[182] Vgl. auch Kap. III.2.2.3. u. Kap. V.

Karl Fromme gilt nach Ansicht von Wolken (1988: 77) als richtungweisend für die neue Perspektive in der Asyldebatte, da er in dieser Zeit von verschiedenen Unionspolitikern aufgegriffen und weiterdiskutiert wird:

> „Der Schutz der Bundesrepublik, eines dichtbevölkerten Staates mit erheblichen Arbeitsmarktproblemen, liegt also allein in der Auslegung des Begriffs der 'politischen Verfolgung'. (...) Solange sich nicht der Mut für eine Grundgesetzänderung findet, bleibt nur eine strenge Auslegung des Begriffspaars 'politische Verfolgung'. Das ist, bis eines Tages der Gesetzgeber hilft, Sache der Gerichte." (Fromme, 29.10.84, zit. n. Wolken 1988: 77)

Diese Phase der Asyldebatte läßt sich als Enttabuisierung des Asylrechts beschreiben (ebd.). Dabei werden nicht nur der einschränkende Gehalt von Artikel 16 II/2 GG und eine Asylgewährung „auf Zeit" - die zwar in Form einer Regelüberprüfung nicht durchsetzbar gewesen ist - thematisiert; das Grundrecht auf Asyl wird als solches in Frage gestellt. Damit zeigt sich deutlich eine neue Qualität der Asyldebatte. Es werden Praktiken diskutiert, die ganzen Nationen einen Zugang zum Asylrecht unmöglich machen und sie so von der bundesrepublikanischen Asylgewährung ausschließen sollen. Solche Vorschläge gehen einher mit Überlegungen zu einer grundsätzlichen Einschränkung des Asylrechts. Die in dieser Phase vorgebrachten Gesichtspunkte sind jedoch weder neu, noch wird die Forderung nach Einschränkung des Asylrechts argumentativ ausgeführt. Diese wird ohne weitere Begründung und Plausibilisierung als Lösungsmöglichkeit proklamiert; es wird lediglich weiter ein massenhafter Mißbrauch des Asylrechts behauptet und auf die drohende Gefahr durch die Zunahme der Asylbewerberzahlen verwiesen.[183] Tatsächlich neu ist das öffentliche Bekenntnis zur Notwendigkeit einer Abschaffung des Grundrechts auf Asyl zur *langfristigen Eindämmung des Asylmißbrauchs*.

Mit der Verabschiedung des „Gesetzes zur Änderung asylverfahrensrechtticher Vorschriften" am 3.10.86 im Bundestag[184], welches am 15.1.87 in Kraft tritt, werden neue Restriktionen durchgesetzt, die u.a. für Asylbewerber aus Osteuropa ein Jahr, für Asylbewerber anderer Herkunft fünf Jahre Arbeitsverbot bedeuten (ebd.: 90f). Die Verlängerung des Arbeitsverbotes von zwei auf fünf Jahre zeigt, daß es immer noch Anliegen der Bundesrepublik ist, die Zahl der Asylbewerber zu senken, ungeachtet der Frage, ob die dafür gewählten Methoden geeignet sind (ebd.: 376f). Dabei bleibt offen, wieviele Asylsuchende erwünscht und für die Bundesrepublik verkraftbar erscheinen. Das Argument,

---

[183] Bundesinnenminister Zimmermann (CSU) nutzt die Bekanntgabe der Asylbewerberzahlen des Jahres 1986, um auf den „Handlungsbedarf" hinzuweisen, der „in der nächsten Gesetzgebungsperiode auch eine Grundgesetzänderung unabdingbar" mache (Wolken 1988: 93).

[184] Der Bundesrat nimmt dieses Gesetz am 19.12.86 an.

die Belastungsgrenze sei erreicht, enthält keine Auskunft darüber, wodurch sie definiert und welche Konsequenzen es hat, wenn sie überschritten wird. Es legt jedoch nahe, daß eine katastrophenähnliche Situation bevorsteht (Roth 1989: 74).

Eine weitere Umorientierung in der asylpolitischen Argumentation zeigt sich an der parlamentarischen Debatte über die Novellierung des am 20.12.88 verabschiedeten Gesetzes zur Änderung asylverfahrensrechtlicher und ausländerrechtlicher Vorschriften. Erstmals wird, das bis zu diesem Zeitpunkt gültige Argument, eine Asylverfahrensbeschleunigung habe eine Reduzierung des Asylrechtsmißbrauchs zur Folge, in Frage gestellt. Gleichzeitig werden aktuelle Bemühungen um asylpolitische Veränderungen mit dem Hinweis abgetan, sie seien nicht geeignet, an den Kern des *Asylproblems* heranzukommen. So stellt Stoiber (CSU) diese dritte Novelle zum Asylverfahrensrecht als „insgesamt den sechsten Versuch, die Asylprobleme zu lösen", dar und spricht von einer „Handlungsinkompetenz der Politik" (16.12.88, zit. n. Höfling-Semnar 1995: 127).

> „Dies war der letzte Versuch, sozusagen noch einen Rest auszuschöpfen. (...) Auf der Basis des einfachen Rechts können wir kein wirksames Instrument, diesem Mißbrauch entgegenzutreten, mehr finden." (Olderog (CDU), 10.11.88, zit. n. Münch 1992: 109)

Die FDP dagegen setzt einen koalitionsinternen Konflikt in Gang, als sie signalisiert, daß mit den neuen Reformvorhaben nach ihrem Verständnis die Grenze der Rechtsstaatlichkeit erreicht sei (Söllner 1993: 46). In diesem Zusammenhang taucht der Vorschlag wieder auf, das Asylrecht grundsätzlich zu ändern bzw. abzuschaffen. Diese Idee rückt nun in das Zentrum der Argumentation und wird als einzige Lösungsmöglichkeit und letztes Mittel zur Reduzierung der Asylbewerberzahlen und der Verhinderung des Mißbrauchs propagiert.

> „Ich glaube, wir kommen um die Diskussion und die Entscheidung nicht herum, ob wir Formulierungen des Grundgesetzes finden, die der schwierigen Problematik besser gerecht werden, als es die heutigen Formulierungen tun." (Olderog (CDU), 10.11.88, zit. n. Höfling-Semnar 1995: 251, Anm. 252)

In derselben Zeit erscheint als weiteres Diskursthema die steigende Zahl der De-facto-Flüchtlinge. Im August 1988 leben 295.000 De-facto-Flüchtlinge in der Bundesrepublik; die Höhe der Zahl wird von allen Parteien, maßgeblich aber von SPD und FDP kritisiert. Diese bemängeln, daß diese problematische Situation nicht behoben werde, da „auch nur der Ansatz für ein Asyl- und Flüchtlingskonzept" (Sonntag-Wolgast (SPD), 10.11.88, zit. n. ebd.: 127) fehle.

„(Das) Problem spitzt sich auf die Frage zu, wie verhindert werden kann, daß das Asylrecht zum Mittel der Einwanderung von Hunderttausenden wird, die nicht politisch verfolgt sind." (Bundesministerium des Inneren, 1990, zit. n. ebd.: 156)

2.6 Die Abschaffung des Grundrechts auf Asyl

Der letzte Diskursstrang zentriert sich um die Problematik einer Asylrechtsänderung und der dafür erforderlichen Grundgesetzänderung. Die Diskussion um eine Änderung des Kerngehalts des Grundrechts auf Asyl ist in Gang gesetzt. Dabei taucht in der Asyldebatte ein neues Argumentationsmuster auf, das sich auf das Thema Fluchtursachen bezieht und erstmals die Forderung nach einem differenzierten, begrifflichen Umgang mit Asylbewerbern aufstellt:

„Bei vielen Diskussionen über das Asylrecht haben wir uns angewöhnt, so fein säuberlich zwischen den politischen und den Wirtschaftsflüchtlingen zu unterscheiden; die letzten bezeichnen wir als Menschen, die das Asylrecht mißbräuchlich in Anspruch nehmen. Ich denke hier immer an das Wort der Katholischen Bischofskonferenz, die einmal vorgeschlagen hat, die Bezeichnung 'Wirtschaftsflüchtlinge' durch 'Armutsflüchtlinge' zu ersetzen, weil das der Wahrheit sehr viel näher kommt. Ich glaube, daß dann manche Entscheidungen und auch manche Emotionen, die in diesem Bereich getroffen bzw. geweckt werden können, anders ausfallen würden, als wenn wir das schlicht als Mißbrauchsfälle darstellen." (Hirsch (FDP), 9.2.92, zit. n. Höfling-Semnar 1995: 167)

„Ich habe Verständnis für Menschen, die aus wirtschaftlichen Gründen in unser Land kommen, und ich wehre mich dagegen, ihre Motive zu diffamieren." (Seiters (CDU), 20.2.92, zit. n. ebd.: 167)

Diese Argumentation ist insofern neu, als innerhalb des Diskurses bisher kaum Hinweise auf die verschiedenen Fluchtursachen wie wirtschaftliche Not und Armut zu finden gewesen sind, die jetzt nicht nur angesprochen, sondern gleichzeitig auch als legitim anerkannt werden. Mit dieser neuen Perspektive wird jedoch keine Veränderung in der Debatte über das Asylrecht sichtbar. Vielmehr wird unter Verweis auf die Fluchtursachen argumentiert, daß das Asylrecht nicht das geeignete Instrument darstelle, diese Probleme zu lösen.

„Was tun wir eigentlich, wenn sich die Menschen zu Millionen nach Europa und Nordamerika auf den Weg machen, um wenigstens einige Brosamen von den Tischen der Reichen zu erhaschen? Im Vergleich dazu wird der gegenwärtige Strom der Asyl-suchenden wie ein schmales Rinnsal erscheinen. Es ist kurzsichtig, für Flüchtlinge ... Millionen und Milliarden aufzuwenden ..." (Hedrich (CDU), 18.10.91, zit. n. ebd.: 168)

Außerdem wird trotz Anerkennung der Fluchtursachen der Mißbrauchsvorwurf nicht aufgegeben:

> „Über 90% derer, die sich mit dem Wort 'Asyl' ein vorläufiges Bleiberecht in der Bundesrepublik sichern, sind nicht politisch Verfolgte und nehmen damit das in unse-rer Verfassung eingeräumte Privileg zu Unrecht in Anspruch." (Späth (CDU), 18.10.91, zit. n. ebd.: 170)

> „Die Milliarden von D-Mark, die heute durch den Mißbrauch letztlich fehlgeleitet werden, sind in Hilfsprogrammen für die Länder der Zweiten und Dritten Welt weit-aus besser angelegt." (Schlee (fraktionslos), 12.10.90, zit. n. ebd.: 168)

Das Argument, man habe Verständnis für die millionenfache Flüchtlingswan-derung, geht einher mit dem Argument, daß eine Asylrechtsänderung notwendig sei, um den verschiedenen Problemen differenziert zu begegnen. Es müsse ver-hindert werden, daß nicht politisch Verfolgte ohne Anspruch auf Verbleib in die Bundesrepublik einreisten. Das Grundgesetz müsse garantieren, daß eine „Einwanderung nicht stattfinde(t)" (Milde, 12.10.90, zit. n. ebd.: 171). Asyl-politik dient in dieser Argumentation auch weiterhin der Abwehr: der Zugangs-verhinderung.

In diesem Kontext wird auch auf die sich in dieser Zeit häufenden Angriffe auf Ausländer, vor allem Asylbewerber und Asylbewerberheime Bezug ge-nommen und die Zunahme von Asylbewerbern durch die Wanderbewegung als Ursache bezeichnet. Zu viele Asylbewerber würden dem Ansehen des einzelnen schaden. Die Argumentation weist hier große Ähnlichkeit mit der Debatte über Ausländerfeindlichkeit auf, wie sie schon Ende der 70er Jahre geführt wird.[185]

> „Wir stehen, wenn die Bundesregierung nicht bald handelt, vor einer breiten Able-nung der Aufnahme Asylsuchender, also in vielen Teilen der Welt brutal verfolgter, gefolteter, verzweifelter Menschen." (Bernrath (SPD), 20.4.89, zit. n. ebd.: 172)

Am 10. Oktober 1991 findet ein Gespräch zwischen CDU/CSU, FDP und SPD statt, an dem alle Beteiligten an ihrer jeweiligen Grundposition gegenüber einer Verfassungsänderung festhalten, sich aber für eine radikale Vereinfachung und Verkürzung des Asylverfahrens einsetzen (Prantl 1993: 317). Zu dieser Zeit diskutieren DIE GRÜNEN über ein Einwanderungsgesetz und die Notwendig-

---

[185] Vgl. Kap. IV.2.4, vgl. auch Kap. III. 2.2.3.

keit einer Quotenregelung (Pfaff 1992: 143). Die SPD verhandelt intern darüber, ob sie einer Grundrechtsänderung zustimmen muß bzw. kann. Die CSU versucht das Rechtsschutzprinzip für Flüchtlinge außer Kraft zu setzen (Prantl 1993: 319f).

Im Februar 1992 wird ein von CDU/CSU, SPD und FDP befürworteter Gesetzesentwurf zur Neuregelung des Asylverfahrens eingebracht, der einen Kompromiß zwischen den vier Parteien darstellt. Es geht immer noch um den Versuch, eine Einreise in die Bundesrepublik zu erschweren und eine Inanspruchnahme des Asylrechts zu verhindern. Fluchtursachen und weltweite Wanderbewegung werden auch hier thematisiert und als Begründung verwendet.

> Der „Zustrom ist insbesondere eine Folge des wirtschaftlichen und sozialen Gefälles zwischen den Wohlstandsländern einerseits und den Armutsländern andererseits. (...) Nicht politische Verfolgung ist für die meisten der Grund, um Asyl nachzusuchen, sondern ... (d)as Wirtschafts- und Wohlstandsgefälle" und „die Zunahme an politischen und ökonomischen Krisen". (Begründung für den Gesetzentwurf zur Neuregelung des Asylverfahrens von CDU/CSU, SPD und FDP, 12.2.92, BT Drs 12/2062: 24)

Eine Lösung dieser Probleme könne nicht auf dem Wege des deutschen Asylrechts erreicht werden. Daher würden auch die verfügbaren Regulierungsinstrumente weiter zur Anwendung kommen. In diesem Zusammenhang wird in bezug auf den wiederholten Versuch einer Beschleunigung des Anerkennungsverfahrens darauf verwiesen, daß eine wirksame Beschleunigung des Asylverfahrens ohne Änderung des Grundgesetzes nicht zu realisieren sei. Bayern und Baden-Württemberg befürworten, daß Asylbewerber in *offensichtlich unbegründeten* Fällen binnen sechs Wochen abgeschoben werden (Prantl 1993: 318). Dabei wird auch auf die Belastung der Bevölkerung hingewiesen, die durch die hohe Zahl der Asylbewerber zunehmend Einschränkungen hinnehmen müsse, worunter das Ansehen der Flüchtlinge leiden würde.

> „Die Belastungen einzelner und der Gemeinschaft, die sich aus der nach wie vor steigenden Zahl von Asylbewerbern ergeben, müssen sich im Rahmen des sozial Verträglichen halten. Asyl setzt auch die Akzeptanz der Bevölkerung zur Integration der wirklich politisch Verfolgten voraus." (Begründung für den Gesetzentwurf zur Neuregelung des Asylverfahrens von CDU/CSU, SPD und FDP, 12.2.92, BT DRs 12/2062: 24)

Die grundsätzliche Kritik an der bestehenden Rechtsgrundlage der Asylgewährung spitzt sich zu Beginn der 90er Jahre auf der parlamentarischen Ebene zu. Die schon zuvor geäußerten Forderungen nach einer Asylrechtsänderung bilden nun den Kern der Debatte und führen zum ersten entsprechenden parlamentarischen Antrag: Am 1. März 1990 bringt Bayern den „Entwurf eines Gesetzes zur Änderung des Grundgesetzes" im Bundesrat ein. Artikel 16 II/2 GG soll aufgelöst und der folgende Absatz neu hinzugefügt werden:

> „Politischen Verfolgten wird nach Maßgabe der Gesetze Asyl gewährt. Entscheidungen über die Asylgewährung und aufenthaltsbeendende Maßnahmen nach Asylablehnungen können im Rechtsweg oder anstelle des Rechtsweges durch einen vom Bundestag bestellten unabhängigen Beschwerdeausschuß nachgeprüft werden. Die Aufnahme politisch Verfolgter kann zur Verhinderung schwerwiegender Beeinträchtigungen des Gemeinwohls nach Zahl und Herkunftsgebieten beschränkt werden." (Zit. n. Höfling-Semnar 1995: 177)

Der Entwurf zielt darauf, den *Mißbrauch des Asylrechts* dadurch einzuschränken, daß Asylanträge, die als *unbegründet* gelten, schnell abgelehnt werden können. Dagegen sollen „wirklich politisch Verfolgte - und nur diese" (Streibl (CSU), 16.3.90, zit. n. ebd.: 178) aufgenommen werden. Zusätzlich ermöglicht die Formulierung eine Quotierung der Aufnahme politisch Verfolgter. Der bayrischen Initiative folgend, legt Baden-Württemberg am 5.10.90 ebenfalls den Entwurf eines „Gesetzes zur Änderung des Grundgesetzes" vor. Der Gehalt von Artikel 16 II/2 GG wird insofern eingeschränkt, als die Einführung von Länderlisten *verfolgungsfreier* Staaten vorgeschlagen wird, deren Bürger von vornherein von der Inanspruchnahme des Asylrechts ausgeschlossen werden sollen (ebd.: 179f). Beide Entwürfe sehen eine Einschränkung des Grundrechts auf Asyl vor, was im Falle Baden-Württembergs mit dem Ziel einer *europäischen Harmonisierung* der Asylgewährung gerechtfertigt wird. Beide Entwürfe wollen auch verhindern,

> „durch einseitige Initiativen bei unserer Bevölkerung den Eindruck zu erwecken, als seien uns die Wirtschaftsflüchtlinge, also die nicht echten Asylanten aus der Dritten Welt, willkommener als unsere eignen Landsleute." (Streibl (CSU), 16.3.90, zit. n. Münch 1992: 115)

Mit einer ähnlichen Argumentation befürwortet Baden-Württemberg den bayrischen Entwurf und verweist darauf, daß es auch einer Regelung bedürfe, die Asylbewerber nicht gegenüber den Deutschen aus der ehemaligen DDR bevorzuge:

> „Zuerst Hilfe für Deutsche zu Hause in der Bundesrepublik, dann Hilfe in der DDR, danach eine Lösung für Deutschstämmige (...) und schließlich kommen diejenigen, die politisches Asyl beantragt haben. Erst nach diesen folgt die große Gruppe von Wirtschaftsflüchtlingen, denen es überhaupt nicht um die politische Seite geht, sondern die einfach von unserer Sozialhilfe besser leben aufgrund der Einkommensverhältnisse in ihrer Heimat." (Späth (CDU), 16.3.90, zit. n. Höfling-Semnar 1995: 179)

Diese Argumentation steht in engem Zusammenhang mit der in dieser Zeit zunehmenden Einwanderung von Aussiedlern im Zusammenhang mit dem politischen Umbruch in Osteuropa.[186] Die Einreise Hunderttausender Aussiedler wird von der Bundesregierung als unhinterfragbar dargestellt, da es sich - entsprechend der Definition des Grundgesetzes (Art. 116 GG) - um Menschen mit deutscher Staatsangehörigkeit oder deutscher Volkszugehörigkeit handelt. Die Aussiedler kommen überwiegend aus den ehemaligen deutschen Siedlungsgebieten; Voraussetzung für ihre Aufnahme ist, daß sie sich in ihrer Heimat zum *deutschen Volkstum* bekannt haben (Knopp 1994: 15f).

Grundlage für diese Politik bildet der Begriff der *Deutschstämmigkeit*, der aus dem vorigen Jahrhundert stammt. Er definiert die deutsche Staatsangehörigkeit und besagt, daß diese nur über die Eltern auf die Kinder vererbt werden kann. Mit dem Staatsangehörigkeitsgesetz von 1913 wird das Abstammungsprinzip gesetzlich verankert. (Knopp 1994: 127; Blanke 1993b: 16)

Bevorzugt werden in dieser Zeit jedoch die Übersiedler aus der ehemaligen DDR, die vor allem vor und während der rechtlichen Vereinigung in die alte Bundesrepublik einreisen (Münch 1992: 109). Der Gruppe der Asylbewerber wird im Vergleich mit allen anderen Flüchtlingsgruppen die geringste Berechtigung und Priorität bei der Einwanderung zugeschrieben. Dies wird u.a. mit Verweis auf das Grundgesetz begründet, das eine „Reihenfolge" (Späth (CDU), 16.3.90, zit. n. ebd.: 110) vorgebe. Danach nähmen Asylbewerber nach den Deutschen aus der ehemaligen DDR und den Deutschstämmigen den dritten Platz ein.[187] Die Gruppe der Aussiedler wird ihnen gegenüber bevorzugt behandelt, da für diese eine moralische Verpflichtung zur Aufnahme bestehe. Die Gruppe der Asylsuchenden gefährde zudem den sozialen Frieden und bringe die Gefahr der Überfremdung mit sich (Knopp 1994: 124).

Die Regierungsparteien halten an ihrer alten Haltung unabhängig von den beiden Länderinitiativen fest. CDU/CSU stellen die europäische Harmonisierung und eine europäische Zusammenarbeit als ein langfristiges Ziel auf[188], das

---

[186]   Vor allem der Zerfall der Sowjetunion und des Warschauer Vertragsbundes führt zu einer Zunahme der Aussiedlerzahl in der Bundesrepublik. Die Zahl steigt in der Zeit zwischen 1987 und 1990 von 100.000 auf ca. 400.000 an; 1991 geht sie auf 230.000 zurück (Knopp 1994: 16).

[187]   Artikel 16 II/2 GG verbietet zuerst die Auslieferung von Deutschen und trifft danach die Feststellung, daß politisch Verfolgte Asylrecht genießen. Artikel 116 I GG definiert Deutsche zunächst als Personen mit deutscher Staatsangehörigkeit und anschließend alternativ als Flüchtlinge oder Vertriebene deutscher Volksangehörigkeit.

[188]   Nach dem Abschluß der Maastrichter Verträge verliert diese Zielsetzung sehr schnell an Bedeutung. Die von der Bundesrepublik geforderte gesetzgebende Zuständigkeit der Europäischen Gemeinschaft für Flüchtlings- und Asylfragen wird im November 1991 mehrheitlich in Brüssel abgelehnt. Allerdings bildet das Schengener Abkommen vom Juni 1990 einen ersten Schritt zur europäischen Vereinheitlichung und einer gemeinsamen restriktiven Asylpolitik. Es sieht nicht nur den schrittweisen Abbau von Grenzkon-

jedoch erst durch eine Grundgesetzänderung erreicht werden könne, welche für Ende 1992 anvisiert sei.

Im Sommer 1991 stehen die Auseinandersetzungen im Bundestag unter dem Einfluß der anhaltenden Einwanderung aus Osteuropa und dem bereits eröffneten Diskurs über eine Asylrechtsänderung. Die Zahlen der Asylbewerber, Aussiedler und sonstiger Flüchtlinge sind gegenüber dem Vorjahr stark angestiegen.

Der Kanzlerkandidat der SPD, Oskar Lafontaine, gibt öffentlich bekannt, daß eine Asylrechtsänderung „leider notwendig sei" (zit. n. Prantl 1993: 303), ohne jedoch dafür die Zustimmung seiner Partei zu erhalten. Lafontaine hat sich schon 1990 für eine Grundgesetzänderung ausgesprochen und die Ansicht geäußert, daß die Probleme der „Integration" von Ausländern den „rechtsradikalen Stimmungen Vorschub leisten" (zit. n. Roos 1991: 56).

Unter Verweis darauf, daß 1990 über 50% der Asylbewerber aus osteuropäischen Staaten eingereist seien, konstatiert die stellvertretende SPD-Vorsitzende Herta Däubler-Gmelin, es sei eindeutig eine einseitige Asylpolitik betrieben worden:

> „Wir haben uns 40 Jahre lang hinter dem Eisernen Vorhang versteckt. Jetzt sitzen wir da mit unserer Heuchelei. Die Grenzen sind, wie es im Westen immer gefordert wurde, offen. Müssen wir sie jetzt mit juristischen Mitteln quasi wieder schließen?" (Zit. n. Prantl 1993: 304)

Dagegen versichern der SPD-Vorsitzende Engholm und der Innenminister von Nordrhein-Westfalen Schnoor (SPD), daß die SPD am Grundrecht auf Asyl festhalten werde:

> „Deshalb lassen Sie uns nicht, Herr Kollege Rühe, mit einer dramatischen Einschränkung des Art. 16 unserer Verfassung spekulieren. Was immer Sie auf diesem Gebiet vorhaben, eine Veränderung dieses subjektiv-öffentlichen Rechtes würde kein Problem lösen helfen, und sie wäre unserer eigenen Geschichte nicht würdig." (Engholm (SPD), 4.9.91, zit. n. Höfling-Semnar 1995: 263, Anm. 245)

Auch der FDP-Vorsitzende Lambsdorff und der FDP-Rechtspolitiker Klein lehnen zu diesem Zeitpunkt eine Grundgesetzänderung ab. Schließlich fordern die CDU und CSU die SPD zu einer parteiübergreifenden Zusammenarbeit auf, um eine grundlegende Änderung der bestehenden Asylverfahrensregeln zu diskutieren. Diesem Vorschlag stimmt die SPD zu. (Höfling-Semnar 1995: 183)

Ergebnis der Vierparteiengespräche bildet die Einigung auf Maßnahmen zur Verfahrensbeschleunigung ohne Änderung des Grundgesetzes. Der am

---

trollen zwischen den Unterzeichnerstaaten, sondern auch die wechselseitige Anerkennung von Asylentscheidungen vor. (Vgl. Trittin 1993: 107; Blanke 1993b: 14)

12.2.92 gemeinsam beschlossene Gesetzentwurf zur Neuregelung des Asylverfahrens wird am 5.6.92 dem Bundestag zur Abstimmung vorgelegt und gegen die Stimmen von Bündnis 90/DIE GRÜNEN und PDS/Linke Liste verabschiedet. Am 26.7.92 stimmt auch der Bundesrat gegen die Stimmen der Länder Hessen und Niedersachsen dem neuen Asylverfahrensgesetz zu.

Während sich die CDU der Auseinandersetzung mit der SPD stellt, um unterhalb der Ebene einer Grundgesetzänderung Verfahrensbeschleunigungen zu diskutieren, stellt sie gleichzeitig weiterhin das Grundrecht auf Asyl in Frage und liefert auch Argumentationshilfen dafür: Der CDU-Generalsekretär Rühe verschickt dazu z.b. einen Rundbrief der Bonner CDU-Zentrale an die CDU-Fraktionsvorsitzenden in den Landtagen, Stadträten und Bürgerschaften, der folgenden Verweis enthält:

> „In den Städten und Gemeinden artikuliert sich in der Bevölkerung auch am ehesten Unmut und mangelnde Akzeptanz des praktischen Asylrechts" (zit. n. Trittin 1993: 89).

Beigefügt sind Musterpresseerklärungen, standardisierte Parlamentsbeiträge und -anfragen sowie Argumentationsmuster *für* eine Grundgesetzänderung als einzige Möglichkeit der Reduzierung der Asylanträge, die beispielsweise so aussehen:

> „Übergangseinrichtungen sind vielfach überbelegt. (Hier einige Daten zur örtlichen Situation einfügen.) Eine weitere nennenswerte Zuweisung von Asylbewerbern ist für die Stadt ... nicht mehr verkraftbar." (Zit. n. Trittin 1993: 89)

Auf diese Weise wird auf kommunaler Ebene versucht, möglichst vielfach Äußerungen der Zustimmung zu einer Grundgesetzänderung zu erreichen.

Der CSU-Vorsitzende Waigel fordert die SPD auf, einer Asylrechtsänderung zuzustimmen, CSU-Generalsekretär Huber wirft SPD und FDP eine Verweigerung der Lösung des Asylproblems vor und schreibt ihnen Verantwortung für die zunehmende Ausländerfeindlichkeit zu (Höfling-Semnar 1995: 187f). Angesichts der „Krise des Asylrechts" (Seiters (CDU), 20.2.92, zit. n. Höfling-Semnar 1995: 141) beschließt der Bundesvorstand der CDU/CSU- Fraktion schon vor der gemeinsamen Asylverfahrensnovelle, einen Gesetzantrag zur Grundrechtsänderung einzubringen und legt diesen am 18.2.92 unter Mißachtung des Vierparteienkompromisses vor.

Damit hat die CDU/CSU deutlich ihr asylpolitisches Ziel formuliert. Eine Lösung der Asylproblematik sei nur noch durch das Mittel der Grundgesetzänderung möglich; nur so sei der „Zugang in den Griff zu bekommen" (Teufel (CDU), 20.2.92, BT PlPr 12/79: 6485), ein weiterer Anstieg der Asylbewerberzahlen zu verhindern.

> „Solange sie uns nicht handlungsfähig machen, weil sie uns die Grundgesetzänderung verweigern, zwingen sie uns, das Geld hier auszugeben." (Schäuble (CDU), 20.2.92, BT PlPr 12/79: 6504)

Weiterhin wird die mit dem Gesetzentwurf eingebrachte Forderung nach der Grundgesetzänderung mit den in dieser Zeit zunehmenden gewalttätigen Ausschreitungen gegen Asylbewerber und andere Ausländer begründet. Gelten zunächst asylpolitische Versäumnisse als Ursache, wird mit den fremdenfeindlichen und rechtsextremen Ausschreitungen von 1992 nun die Dringlichkeit der Asylrechtsänderung legitimiert. Nur eine sofortige Änderung könne diese Überfälle stoppen. (Höfling-Semnar 1995: 196f)

> „Das Feuer ausländerfeindlicher Ausschreitungen entzündet sich ... in erster Linie am Asylproblem." (Stoiber (CDU), 6.11.92, zit. n. Blanke 1993b: 21)

Weder SPD noch FDP stimmen dem Gesetzentwurf der CDU/CSU vom Februar 1992 zunächst zu; doch schon im Juni desselben Jahres beschließt der Parteivorstand der FDP, sich unter der Voraussetzung, daß das individuelle Grundrecht für die politisch Verfolgten erhalten bleibe, der Initiative anzuschließen. Der Entschließungsantrag wird in der Folge von CDU/CSU und FDP am 15.10.92 im Bundestag eingebracht und mit deren Stimmen beschlossen. Die SPD nimmt an dieser Abstimmung nicht teil.

Die Haltung der SPD hat sich jedoch seit den Auseinandersetzungen im Sommer 1991, in denen zumindest Engholm sich noch deutlich von einer Grundgesetzänderung distanziert, gewandelt. Schon im August 1992 formuliert die SPD auf einer Klausurtagung als asylpolitisches Ziel „die Bremsung und Steuerung der Zuwanderung nach Deutschland" und erklärt ihre Bereitschaft, einer Ergänzung des Artikels 16 zuzustimmen, sofern das individuelle Asylrecht erhalten bleibe (Höfling-Semnar 1995: 198). Auf dem Sonderparteitag der SPD am 16./17.11.92 wird einem entsprechenden Maßnahmenpaket mit großer Mehrheit zugestimmt. Zwei Tage später beginnen die Vierparteiengespräche um die angestrebte Asyl- rechtsänderung.

> „Im abschließenden Konsensbildungsprozeß am sogenannten 'Asylwochenende' (Ende November 1992) stellte der erstmals von CDU/CSU vorgeschlagene Weg, auch die östlichen Nachbarn zu sicheren Drittländern zu erklären, dabei einen besonderen Coup dar: die Verhandlungspartner von der SPD und die Verfassungsexperten der F.D.P. wurden mit einer paradoxen Situation konfrontiert. Einer Grundgesetzänderung hatten sie - allerdings mit einem ausgewogenen Zuwanderungskonzept - schon zugestimmt. Der im letzten Moment eingebrachte Vorschlag von Wolfgang Schäuble brachte sie in das Dilemma, den ganzen Entscheidungsprozeß noch einmal neu zu beginnen oder auch noch diese 'Kröte zu schlucken'." (Blanke 1993a: 17)

Am 6.12.92 wird als Ergebnis der drei Verhandlungsrunden ein Kompromiß zur Neuordnung des Asylrechts beschlossen, der auf den übereinstimmenden Zielsetzungen beruht, daß eine Zuwanderung nach Deutschland zu steuern, ein *Asylmißbrauch* zu verhindern sei, und der Schutz der *wirklich* politisch Verfolgten sichergestellt werden müsse. In diesem Zusammenhang wird weiterhin erklärt, der Kompromiß solle signalisieren, daß Deutschland ein weltoffenes und tolerantes Land bleiben wolle, den inneren Frieden jedoch bewahren müsse. Es sei beabsichtigt, Fluchtursachen gezielt zu bekämpfen und in dieser Hinsicht eine gemeinsame europäische Flüchtlingspolitik zu erreichen. (Höfling-Semnar 1995: 200)

> „Meine Damen und Herren, Ziel der Reform des Asylrechts muß es daher sein, diejenigen Personengruppen von einem aufwendigen Verfahren auszuschließen, die unseres Schutzes deswegen nicht mehr bedürfen, weil sie nicht aktuell gefährdet sind. Unstreitig - ich sage dies noch einmal ausdrücklich - war hingegen bei allen Vorschlägen, daß den wirklich politisch Verfolgten in diesem Land weiterhin Zuflucht gewährt werden wird, ..." (Marschweski (CDU), erste Beratung des Entwurfs eines Gesetzes zur Änderung des Grundgesetzes, 21.1.93, BT PlPr 12/134: 11596)

Wichtigster Bestandteil des Parteienkompromisses ist, daß die bisherige Rechtsgrundlage der Asylgewährung in Artikel 16 II/2 GG gestrichen werden soll. Statt dessen ist ein zusätzlicher Artikel 16a vorgesehen, dessen erster Absatz die alte Regelung „Politisch Verfolgte genießen Asyl" enthalten werde. In den sich anschließenden Absätzen 2 bis 4 sind Einschränkungen vorgesehen, die Flüchtlingen aus *sicheren Drittstaaten* und *sicheren* Herkunftsländern den Zugang zum Asylverfahren verschließen.

Am 19.1.93 wird der sogenannte Asylkompromiß von CDU/CSU, FDP und SPD im Deutschen Bundestag eingereicht und am 26.5.93 mit 521:132 Stimmen verabschiedet (Schreiber 1993: 140). Er sieht nicht nur eine Änderung von Artikel 16 GG sowie die Einfügung eines Artikel 16a vor, sondern auch eine Änderung des Asylverfahrensgesetzes[189] und eine Neuregelung der Leistungsansprüche von Asylbewerbern. Er wird am 29.5.93 vom Bundesrat angenommen und tritt am 1.7.93 in Kraft.

Die revidierte Fassung des Artikels 16 II/2 GG ist im neuen Artikel 16a GG verankert. Dieser übernimmt im Absatz 1 die Aussage „Politisch Verfolgte genießen Asylrecht" (Art. 16a I GG). Die sich anschließenden Absätze 2-5 von Artikel 16a nehmen eine genauere Bestimmung der Gültigkeit von Artikel 16a I vor.[190] Danach dürfen die Fluchtwege nicht über einen Mitgliedstaat der Euro-

---

[189] Es wird durch eine Kernaussage zu den sogenannten sicheren Drittstaaten ergänzt. § 26a Asylverfahrensgesetz bestimmt, daß kein Ausländer sich auf Artikel 16a GG berufen kann, wenn er aus einem sicheren Drittstaat eingereist ist.

[190] Absatz 2 schließt die Berufung auf das Asylrecht bei einer Einreise aus sogenannten sicheren Drittstaaten aus und weist diese Flüchtlinge an der Grenze zurück. Als sichere

päischen Gemeinschaft oder einen anderen *sicheren* Drittstaat führen. Flüchtlinge, die aus *sicheren* Drittstaaten stammen, sind grundsätzlich von der Inanspruchnahme des Asylrechts ausgeschlossen.

In den Beratungen des von den Fraktionen der CDU/CSU, SPD und FDP eingebrachten Entwurfes zur Änderung des Grundgesetzes im Bundestag sind sich die genannten Parteien trotz unterschiedlicher Positionen darüber einig, daß die Asylrechtsänderung eine Lösung des Asylproblems bedeute.

Der Abgeordnete van Essen (FDP) weist darauf hin, daß sich die Liberalen die Enscheidung für eine Einschränkung des Asylrechts durch eine Grundgesetzänderung schwer gemacht hätten, das Grundrecht auf Asyl für politisch Verfolgte jedoch auch nach der neuen Regelung bestehen bleibe.

> „Liberale, freiheitlich denkende Menschen gehören in Diktaturen immer zu den ersten Opfern, kommen sie nun in rechtem oder linkem Gewand. Sie werden deshalb in besonderer Weise verfolgt und sind auf wirksamen Schutz angewiesen." (Van Essen (FDP), 21.01.93, BT PlPr 12/134: 11599)

Die Änderung des Asylrechts stelle sicher, daß dieser Schutz auch gewährt werden könne, denn er erlaube der Bundesrepublik, die Zuwanderung zu steuern und damit die Zahl von Flüchtlingen zu reduzieren.

Bundesinnenminister Seiters (CDU) weist darauf hin, daß Deutschland trotz Grundgesetzänderung ausländerfreundlich bleibe und auch weiterhin bereit sei, politisch Verfolgte aufzunehmen. Eine Änderung des Asylrechts sei jedoch aufgrund des hohen Mißbrauchs unumgänglich: allein 1992 seien 440.000 Asylbewerber nach Deutschland gekommen, die Anerkennungsquote im selben Jahr habe bei 4,3% gelegen. (Vgl. BT PlPr 12/134: 11606)

Die SPD erklärt, daß die Aufrechterhaltung des Grundrechts auf Asyl für politisch Verfolgte eine wesentliche Zielsetzung der Asylrechtsänderung bilde. Die vorgesehenen Einschränkungen dienten einer Steuerung und Begrenzung der Zuwanderung. Dabei wird jedoch eingeräumt, daß eine Beendigung der Zuwanderung auf diesem Weg nicht zu erreichen sei.

> „Sehr geehrte Damen und Herren, die sozialdemokratische Handschrift in diesem Kompromiß wird an der Stelle besonders deutlich, wo es heißt, daß das *Grundrecht*

Drittstaaten gelten EG-Staaten und Staaten, in denen die Anwendung der Genfer Flüchtlingskonvention und der Europäischen Menschenrechtskonvention sichergestellt sei. Absatz 3 gibt dem Gesetzgeber zusätzlich die Möglichkeit, Herkunftsländer zu bestimmen, die als Nichtverfolgerstaaten gelten sollen. Absatz 4 erlaubt den Vollzug aufenthaltsbeendender Maßnahmen bei Herkunft aus *sicheren Drittstaaten* sowie bei anderen *offensichtlich unbegründeten* Asylanträgen. Absatz 5 ermöglicht eine Ratifikation des Schengener Abkommens und des Dubliner Asylrechtsübereinkommens und weist darauf hin, daß diese in Übereinstimmung mit den Absätzen 1-4 stehen. (Vgl. Bundesministerium des Inneren 1993)

auf Asyl erhalten bleibt. Dieses Grundrecht wird seine Wirkung tun ... Es geht eben nicht um die völlige oder teilweise Abschaffung des Asylrechts. (...) Die verabredeten Regelungen und Maßnahmen bieten die Aussicht, die Zuwanderung zu begrenzen ... Auf das Ende dieser Zuwanderung braucht sich niemand einzustellen, weder in Hoffnung noch in Sorge ..." (Schmude (SPD), 21.01.93, BT PlPr 12/134: 11625ff)

Bündnis 90/DIE GRÜNEN wirft den Parteien dagegen vor, sie wollten das Grundrecht auf Asyl aus der Verfassung verbannen, und weist darauf hin, daß während des Einigungsvertrages das Grundgesetz als nicht änderungsbedürftig hervorgehoben worden sei. Gleichzeitig übt die Fraktion Kritik an der neuen Einteilung in Verfolger- und Nichtverfolgerstaaten.[191] (Vgl. BT PlPr 12/134: 11602f)

> „Dieser *Asylkompromiß* ist nicht nur ein fauler Kompromiß, er ist ein unehrlicher Kompromiß, der den Bürgerinnen und Bürgern den Erhalt des Menschenrechts auf Asyl vorgaukelt, in Wahrheit aber den Art. 16 Abs. 2 des Grundgesetzes so verstümmelt, daß er nicht mehr wiederzuerkennen ist und nichts mehr gilt." (Weiß (Bündnis 90/DIE GRÜNEN), 21.01.93, BT PlPr 12/134: 11603)

Die PDS/Linke Liste bezeichnet den vorgelegten Entwurf als „faktische Aufhebung des Asylrechts":

> „Wenn wir das, was als Asylkompromiß von CDU, CSU, F.D.P. und SPD heute in erster Lesung vorliegt, einmal von seiner geschraubten Schwerverständlichkeit entkleiden und auf seinen Kern reduzieren, so könnte das Grundgesetz einfacher und ehrlicher auch durch folgende zwei Sätze erklärt werden: Politisch Verfolgte genießen Asylrecht, falls sie es schaffen, in unser Land zu kommen; das aber werden wir mit allen Mitteln verhindern." (Jelpke (PDS/Linke Liste), 21.01.93, BT PlPr 12/134: 11601)

Jelpke erinnert dabei auch an die Worte des Abgeordneten von Mangoldt im Grundrechtsausschuß 1949, der davor gewarnt habe, eine Einschränkung des Grundrechts auf Asyl vorzunehmen, da eine solche das Asylrecht wertlos machen würde. Und sie weist darauf hin, daß die Änderung des Artikels 16 eine zentrale Forderung im Parteiprogramm Schönhubers, des Vorsitzenden der Republikaner von 1990, gewesen sei.

Die Entscheidung für den neuen Artikel 16a und die damit verbundene Grundgesetzänderung wird mit Hinweis auf das friedliche Zusammenleben von „deutschen und ausländischen Mitbürgern als Entscheidung von elementarer Bedeutung für den inneren Frieden in unserem Land" bezeichnet (Seiters (CDU), 26.5.93, BT PlPr 12/160: 13557).

In Fortführung dieser Argumentation heißt es, die Verfassungsänderung

---

[191] Als Nichtverfolgerstaaten gelten: Bulgarien, Ghana, Indien, Liberia, Pakistan, Rumänien, Togo, Zaire.

habe zu einer Beruhigung der Bevölkerung geführt, die angesichts der wachsenden Zahl der Asylbewerber und der damit verbundenen zunehmenden Fremdenfeindlichkeit „die gegenwärtige Situation der illegalen Zuwanderung nach Deutschland als besorgniserregend und beängstigend empfinde(n)" (Seiters (CDU), 26.5.93, BT PlPr 12/160: 13557) und schon deshalb eine Änderung in der Asylpolitik und eine Asylrechtsänderung erwarte.

Die Argumentation hat sich verkehrt. Es sind nun nicht mehr die Asylbewerber und *ausländischen Mitbürger*, die der Bedrohung durch Rechtsextremismus und Ausländerfeindlichkeit ausgesetzt sind, sondern die Deutschen, das deutsche Volk selbst. Nach dieser Logik haben die Deutschen und nicht die Flüchtlinge Anspruch auf Verständnis und Schutz (Trittin 1993: 64).

In diesen Zusammenhang gehört auch die Warnung, daß eine „Überfremdung des Volkes" drohe, wenn der Zuwanderung von Flüchtlingen „kein Riegel" vorgeschoben werde. Der rechtspolitische Sprecher der CDU/CSU-Fraktion Geis erklärt:

> „Kein Volk wird eine Überfremdung ohne Konflikt hinnehmen." Es ist ein „Naturrecht jedes Volkes - auf seine eigene Art zu leben", welche jedoch in Gefahr gerät, „wenn wir wo auch immer fremden Menschen begegnen. Deshalb hat unsere Bevölkerung doch Furcht." (Zit. n. Trittin 1993: 87)

Die offizielle Begründung der Fraktionen der CDU/CSU, SPD und FDP für die Änderung des Grundgesetzes lautet folgendermaßen:

> „Ausländer haben - mit sprunghaft steigender Tendenz auf 438.191 im Jahr 1992 einschließlich der asylbegehrenden Kriegs- und Bürgerkriegsflüchtlinge - im Bundesgebiet um Asyl nachgesucht. Wie die Anerkennungsquoten des Bundesamtes für die Anerkennung ausländischer Flüchtlinge (1992: 4,3%) und entsprechende Entscheidungen der Gerichte zeigen, hat der weitaus überwiegende Teil sich zu Unrecht auf politische Verfolgung berufen. (Es) ... bleibt festzustellen, daß die Berufung auf das Asylrecht in erheblichem Umfang zum Mittel einer unkontrollierte Zuwanderung aus wirtschaftlichen und anderen nicht durchgreifenden Gründen geworden ist. Ziel einer Neuregelung des Asylrechts muß es sein, den wirklich politisch Verfolgten weiterhin Schutz und Zuflucht zu gewähren, aber eine unberechtigte Berufung auf das Asylrecht zu verhindern und diejenigen Ausländer von einem langwierigen Asylverfahren auszuschließen, die unseres Schutzes deswegen nicht bedürfen, weil sie offensichtlich nicht oder nicht mehr aktuell politisch verfolgt sind." (19.1.93, BT DR 12/4152)

Ausländer, die an der Grenze oder in der Bundesrepublik einen Asylantrag stellen und deren Antrag nicht sofort als *unbeachtlich* oder *offensichtlich unbegründet* bewertet wird, gelten als Asylbewerber. Als *unbeachtlich* gilt ein Asylantrag dann,

> „wenn der Ausländer bereits in einem anderen Staat vor politischer Verfolgung sicher gewesen und die Rückführung in den Verfolgerstaat unmöglich ist. Ist eine Rückfüh-

rung jedoch nicht innerhalb von drei Monaten möglich, so ist das Asylverfahren fort-
zuführen." (Knopp 1994: 53, Anm. 219) (Vgl. § 29 Abs. 1132 Asylverfahrensgesetz).

Als *offensichtlich unbegründet* wird ein Asylantrag dann bewertet, wenn eine
Einreise z.B. aus wirtschaftlichen Gründen erfolgt ist. Asylbewerber werden
beim Bundesamt durch einen Bundesbeauftragten angehört und müssen Auskunft über ihre Fluchtgründe geben. Werden diese als politisch eingestuft, werden die Bewerber als asylberechtigt anerkannt. Bei einer Ablehnung des Asy-
lantrages kann der Asylbewerber Einspruch einlegen oder einen Folgeantrag
stellen. Bei erneuter Ablehnung wird der Asylbewerber zur Ausreise aufgefordert und ggf. abgeschoben. Zuvor wird jedoch von der kommunalen Ausländerbehörde geprüft, ob aus anderen Gründen ein Aufenthalt gestattet werden
kann. Kriegs- und Bürgerkriegsflüchtlinge sollen nach dem Asylkompromiß der
Parteien in Zukunft einen speziellen Status und keinen Zugang mehr zum Asylverfahren erhalten (Knopp 1994: 125).

Der Asylkompromiß, die Übereinkunft über ein neues Asylrecht, stößt
überparteilich auf ein weitestgehend positives Echo:

> „In ersten Stellungnahmen hoben Vertreter aller Parteien hervor, daß es bei dem ge-
> fundenen Kompromiß weder Sieger noch Besiegte gebe. Die einzigen Gewinner - so
> der CDU/CSU-Fraktionsvorsitzende Schäuble - seien 'die Republik und der freiheitli-
> che Rechtsstaat'. Nach Ansicht des SPD-Vorsitzenden Engholm haben sich die Partei-
> en mit diesen Zuwanderungsregelungen als kompromiß- und handlungsfähig erwie-
> sen. Er wie auch sein Stellvertreter Lafontaine hielten die erzielten Formulierungen
> für mit den Parteitagsbeschlüssen vereinbar. Der F.D.P.-Vorsitzende Otto Graf
> Lambsdorff äußerte sich sehr zufrieden über diesen 'wohlausgewogenen und vertretba-
> ren Kompromiß'. CSU-Chef Theo Waigel nannte das 'gute Ergebnis' einen 'Sieg der
> Vernunft'. Auch die Ausländerbeauftragte der Bundesregierung Cornelia Schmalz-
> Jacobsen (F.D.P.) begrüßte die Einigung; allerdings müßten sich Wirksamkeit und
> Anwendbarkeit mancher Bestimmungen erst in der Praxis erweisen. Kritisch äußerten
> sich hingegen die Flüchtlingsarbeitsgemeinschaft 'Pro Asyl' und amnesty international,
> die von einer 'Niederlage des Rechtsstaates' sprachen." (Das Parlament, 11.12.92 , zit.
> n. Blanke 1993a: 9)

Der Artikel 16a übernimmt zwar den genauen Wortlaut von Artikel 16 II/ 2
GG und damit das einklagbare individuelle Recht jedes Ausländers auf Asyl in
Deutschland, sofern eine politische Verfolgung im Herkunftsland anerkannt
wird. Gleichzeitig wird aber das subjektiv-öffentliche Recht auf Asyl dadurch
stark eingeschränkt, daß für bestimmte Gruppen die Einzelfallprüfung prinzi-
piell entfällt. (Knopp 1994: 13)

Diese individuelle Prüfung wird mit dem neuen Asylrecht quasi abge-
schafft bzw. ersetzt durch die pauschale Prüfung des Fluchtweges. Die Bestimmung von Nichtverfolgerstaaten und das Konstrukt der *sicheren*
Drittstaaten versperrt auch politisch verfolgten Flüchtlingen den Weg nach

Deutschland, mit der Begründung, daß sie bereits ein Land gefunden hätten, in dem sie sicher seien. Damit kann das Asylrecht als faktisch wertlos interpretiert werden, da im Prinzip allen Flüchtlingen, die zur Einreise den Landweg wählen, der Zugang zum Asylrecht verwehrt werden kann: „Was nützt ein Asylrecht, das keiner wahrnehmen kann?" (Blanke 1993a: 10)

Die „Abdichtung" der deutschen Grenzen fällt in eine Zeit, in der sich überall in Osteuropa die Grenzen öffnen. Eine Folge der Änderung des Asylrechts ist, daß die Asylbewerberzahlen in der zweiten Hälfte des Jahres 1993 stark zurückgehen;[192] gleichzeitig wird es dadurch möglich, über die Abschiebung bereits in der Bundesrepublik lebender Flüchtlinge zu diskutieren (Knopp 1994: 11).

> „War mit der deutschen Vereinigung und dem Untergang des sowjetischen Regimes die Hoffnung auf eine Annäherung und eine Intensivierung der kulturellen, sozialen und ökonomischen Kontakte zu den sich selbst seit jeher nach Europa sehnenden Völkern östlich der Grenzen des Kalten Krieges erwacht, dürften diese Länder sich jetzt fragen, ob die Bundesregierung eine erneute Abschottung nach Osten einläuten will." (Blanke 1993a: 18)

Gleichzeitig läßt sich ein weiterer Rückgang der Quote für die Anerkennung ausländischer Flüchtlinge durch das Bundesamt in Zirndorf feststellen, die von 6,9% im Jahr 1991 auf 2,1% im Jahr 1993 abnimmt, was mit der verstärkten Einreise von Asylbewerbern aus Ländern mit wirtschaftlicher Notlage, Krisengebieten und Bürgerkriegszonen begründet wird, die nicht als asylberechtigt anerkannt werden (Knopp 1994: 94f).

3. Zusammenfassung

Die Analyse der Asylrechtsdebatte von 1948/49 bis hin zur Abschaffung des Asylrechts im Jahr 1993 hat sehr unterschiedliche Diskursstränge herausgearbeitet und deren spezifische Argumentationsmuster ermittelt. Die Diskursstränge lassen sich zeitlich bestimmten Phasen zuordnen, wenngleich Teile der sie charakterisierenden Themen wie z.B. Asylrechtsmißbrauch und die Sonderbehandlung von Ostblock-Flüchtlingen die gesamte Debatte durchlaufen.

Insgesamt lassen sich drei Phasen unterscheiden: Die erste Phase umfaßt

---

[192] Inwiefern hier nur eine Verschiebung der Zahlen stattgefunden hat, bleibt dabei offen. Der größte Teil der nach Deutschland einreisenden Flüchtlinge wird nicht mehr als Asylbewerber geführt; für sie gelten jetzt das Ausländerrecht, die Genfer Flüchtlingskonvention und die Menschenrechtskonvention.

die Zeit von der Entscheidung für ein offenes und uneingeschränktes Asylrecht sowie der Verabschiedung des Grundgesetzes im Parlamentarischen Rat bis zum Beginn der Kampagne gegen den Mißbrauch im Jahr 1973. Bereits 1970 wird eine erste Veränderung der Argumentationsstruktur deutlich, die im Zusammenhang mit der Veränderung der Zusammensetzung der Asylbewerber hinsichtlich ihrer Herkunft steht.

In der zweiten Phase steht die Notwendigkeit der Senkung der Zahl von Asylbewerbern aus der sogenannten Dritten Welt bei gleichzeitiger Sonderbehandlung der Ostblock-Flüchtlinge im Vordergrund. Bekämpfung des *Asylmißbrauchs*, *Eindämmung der Asylantenflut* und Einreiseverhinderung bilden hier die zentralen Argumentationsmuster. Dies läßt sich dahingehend interpretieren, daß nicht mehr der Schutz des politisch Verfolgten, wie ihn Artikel 16 II/2 GG vorsieht, sondern der Schutz des Asylrechts vorrangiger Gegenstand der Asylpolitik ist (vgl. Wolken 1988: 375). Der Zugang zum Asylrecht wird durch einschränkende Maßnahmen sukzessive begrenzt.

Die dritte Phase ist gekennzeichnet durch die Auseinandersetzungen über eine Änderung des Artikels 16 II/2 GG und Überlegungen zur Abschaffung des Grundrechts auf Asyl. Damit bildet diese Phase quasi den Endpunkt einer Entwicklung, die seit 1970 zunehmend auf dessen Einschränkung zielt. Entsprechend wird die Entscheidung für eine Grundgesetzänderung auch als Ergebnis der jahrelangen Auseinandersetzungen um das Asylrecht interpretiert: Es war nur eine Frage der Zeit, „bis das schon zuvor bis zur Unkenntlichkeit ausgehöhlte Grundrecht auf Asyl vollends zerschlagen wurde" (Narr 1993: 113).

Der Beginn der Debatte über das Asylrecht fällt in die Zeit der Entstehung des Grundgesetzes der Bundesrepublik Deutschland. Unter dem Eindruck der Erfahrungen mit dem Nationalsozialismus und der vor 1945 historisch einmaligen Situation der Verfolgung und der Gewährung von Asyl soll das künftige Grundgesetz der Bundesrepublik ein Asylrecht enthalten. Schon in den Auseinandersetzungen über die genaue Formulierung des Asylrechts kristallieren sich zwei Perspektiven heraus. Die eine befürwortet eine enge Definition, um das Ausmaß der mit der Aufnahme verbundenen Verpflichtungen möglichst klein zu halten, und um Gegner befreundeter Demokratien sowie Antidemokraten - also politisch unerwünschte Flüchtlinge - nicht aufnehmen zu müssen. Entsprechend soll das Asylrecht von der politischen Orientierung abhängig gemacht werden. Die zweite Perspektive plädiert für ein uneingeschränktes Asylrecht: Ohne Generosität sei ein Asylrecht wertlos und stelle sich selbst in Frage.

Mit großer Mehrheit und im Bewußtsein der damit verbundenen Konsequenzen wird schließlich eine uneingeschränkte Version des Asylrechts verabschiedet.

Bis Mitte der 70er Jahre läßt sich praktisch keine öffentliche Diskussion über das Asylrecht erkennen (Roos 1991: 49). Erste asylrechtliche Vereinbarungen und Ergänzungen (wie das Ausländerrecht oder die Vorbereitung des Asylverfahrensgesetzes) werden jedoch schon mit dem Hinweis auf die ständig wachsende Zahl an Asylbewerbern begründet.

In einer Zeit des ausgeprägten Antikommunismus wird die Sonderbehandlung von Ostblock-Flüchtlingen beschlossen mit der Begründung, daß ein Leben im Kommunismus/Sozialismus grundsätzlich politische Verfolgung impliziere. Mit der so legitimierten Sonderbehandlung wird die mit der Entscheidung für ein generöses Asylrecht abgelehnte Konzentration auf politisch erwünschte Flüchtlinge durch die Hintertür wieder eingeführt. Es wird zur Selbstverständlichkeit, Flüchtlinge aus sozialistisch/kommunistischen Staaten aufzunehmen.

„Diese Aufnahmebereitschaft endete jedoch nicht mit dem Ende des Kalten Krieges, wie auch der Antikommunismus als Ideologie zwar in den Hintergrund trat, aber nicht gänzlich bedeutungslos wurde. Die Sonderbehandlung von Osteuropaflüchtlingen zog sich vielmehr wie ein roter Faden durch die Asylpolitik der Nachkriegszeit. Sie fand ihren Niederschlag nicht nur in der lange Zeit unumstrittenen und seit dem Innenministerkonferenzbeschluß vom 26.8.1966 bis Mai 1987 uneingeschränkt angewandten Nichtabschiebung abgelehnter Asylbewerber aus dem Ostblock, sondern ebenso in der Sonderregelung beim Arbeitsverbot für diese Flüchtlingsgruppe und der manchmal erfolgenden Zuweisung vergleichsweise besserer Unterkünfte." (Wolken 1988: 310f)

In diesem Kontext taucht erstmals der Begriff des *Wirtschaftsflüchtlings* auf, wenngleich er zunächst nur sehr begrenzt auf jugoslawische Flüchtlinge angewandt wird, die einzigen Ostblock-Flüchtlinge, die von der Sonderregelung ausgenommen sind.

Die Kritik am Asylrecht setzt im Jahr 1973 ein: Hier taucht zum ersten Mal das Argumentationsmuster *Asylmißbrauch* auf, das mit dem ebenfalls erscheinenden Verweis auf steigende Asylbewerberzahlen plausibilisiert wird. Diese Entwicklung steht in einem spezifischen Kontext. Zum einen ändert sich die Zusammensetzung der Flüchtlinge: Neben den auf großes Verständnis stoßenden und allgemein akzeptierten Flüchtlingen aus Osteuropa findet sich ein größerer Anteil an Palästinensern ein, die politisch unerwünschte Flüchtlinge repräsentieren. Die kritische Haltung vor allem den aus Jordanien stammenden Palästinensern gegenüber wird mit dem 1972 von einem palästinensischen Terrorkommando verübten Münchner Olympia-Massaker begründet. Darüber hinaus fällt die Entstehung des Mißbrauchsdiskurses zeitlich zusammen mit dem Gastarbeiter-Anwerbestop; Asylbewerbern wird der Versuch unterstellt, diese Verfügung zu umgehen. Vor diesem Hintergrund wird 1976 eine Visumpflicht durchgesetzt, die vor allem die Fluchtländer betrifft, aus denen besonders viele Asylbewerber nach Deutschland kommen.

Diese „Visasperren" (Prantl 1993: 301) machen die Einreise nach Deutschland in der Regel unmöglich, erlauben es der Bundesrepublik, zumindest einen Teil der Flüchtlinge von vornherein auszuschließen. Diese Wirkung wird später noch verstärkt durch die Einführung des Visumzwangs als Voraussetzung für die Ausstellung eines Transitvisums durch die DDR-Behörden. Diese Maßnahmen haben zur Folge, daß sich Flüchtlinge häufig gegen Bezahlung auf illegalem Weg in die Bundesrepublik bringen lassen. Gebauer/Taureck/Ziegler (1993: 98) sprechen deshalb auch von der Herstellung der Phänomene der illegalen Einwanderung und krimineller Schlepperorganisationen.

Zentrale Argumentationsmuster in dieser Phase sind Forderungen nach Reduzierung der Asylbewerberzahlen, Verhinderung der Einreise und des *Asylmißbrauchs* und der Verweis auf *Wirtschaftsflüchtlinge*: Der Begriff des *Asylanten* entsteht, er ermöglicht, ein Set an vorhandenen negativen Konnotationen - wie illegale Einreise, Mißbrauch des Asylrechts, Flucht aus wirtschaftlichen Motiven, Kriminalität etc. - zu aktivieren.

Ostblock- und Vietnam-Flüchtlinge werden niemals mit dem Terminus des *Asylanten* versehen. Der Begriff dient vielmehr dazu, die unerwünschten Flüchtlinge zu bezeichnen, also sprachlich eine Differenzierung vorzunehmen. In seiner Anwendung wird er lediglich dadurch variiert, daß er mit den Worten wie *Schein-* und *Wirtschafts-* kombiniert wird; *richtige* Flüchtlingsgruppen werden dagegen durch Nennung ihrer Herkunftsländer gekennzeichnet.

Das Deutungsmuster *Asylanten* taucht nur in Kontexten auf, die *falsche* Asylbewerber - unabhängig davon, ob sie Asylsuchende, Asylberechtigte oder politisch Verfolgte sind oder nicht - zu Schmarotzern und Kriminellen degradieren, die Gastfreundschaft ausnutzen und Ausländerfeindlichkeit provozieren. Ihre Stilisierung zur Bedrohung kommt sprachlich durch die Verwendung von Wasser- und Flutsymbolen zum Ausdruck. Der Begriff des *Asylanten* setzt sich schließlich so weit durch, daß er selbst von Kritikern des Bedrohungsszenarios verwendet wird. Das Bewußtsein seines abwertenden Charakters geht verloren, *Asylant* wird zur gängigen Bezeichnung für Asylbewerber.

In dem sich anschließenden Diskursstrang spitzt sich die Debatte weiter zu. Er ist entscheidend geprägt durch eine Abschreckungsargumentation, die darauf zielt, den Anreiz, in der Bundesrepublik Asyl zu beantragen, zu mindern und den Zugang zum Asylrecht durch Verhinderung der Einreise zu erschweren. Die Ziele der *Anreizminderung* und *Zugangsverhinderung* bauen auf den Diskurs über *Asylmißbrauch* auf und setzen diesen fort. Das Verhalten der Asylbewerber steht nun im Vordergrund und wird kritisiert und kriminalisiert.

Die Bekämpfung des *Asylmißbrauchs* bildet das erklärte Ziel aller asyl-politischen Aktivitäten seit 1973. Die alltagstheoretische Verselbständigung dieses Begriffs führt dazu, daß die Flüchtlinge unterteilt werden in diejenigen, die das Asylrecht mißbrauchen, und diejenigen, die sich berechtigterweise auf das Asylrecht berufen. Seine Plausibilität erhält der Mißbrauchsvorwurf u.a. dadurch, daß auf die geringen Anerkennungszahlen für Asylbewerber verwiesen wird. Das Bundesamt für die Anerkennung ausländischer Flüchtlinge hat in fast 40 Jahren lediglich 159.980 Flüchtlinge als asylberechtigt anerkannt (Pfaff 1992: 133). Dieser im Verhältnis zu den Asylbewerberzahlen sehr niedrige Anteil wird im Diskurs regelmäßig als Beleg für einen hohen Mißbrauch ange-führt, nicht aber als Beleg für eine restriktive Anerkennungspraxis, obgleich diese eine asylpolitische Forderung bildet. Da die Argumentation über *Asyl-mißbrauch* durch *Wirtschaftsflüchtlinge* Verweise auf den hohen Stellenwert des Asylgrundrechts einbezieht, ist es notwendig, einen Teil der einreisenden Flüchtlinge *nicht* als *Wirtschaftsflüchtlinge* zu bezeichnen; den Asylsuchenden, die das Asylrecht mißbrauchen, muß zumindest eine kleine Gruppe „richtiger" Asylbewerber - die *wirklich politisch Verfolgten* - gegenübergestellt werden.

Schließlich taucht in diesem Kontext noch ein weiteres Argumentations-muster auf: Die Belastungsgrenze der Bundesrepublik sei erreicht, es sei drin-gend notwendig, endlich die Asylbewerberzahlen zu senken. Dieses Muster zieht sich in der Folge wie ein roter Faden durch den Asyldiskurs, und zwar unabhängig von der Entwicklung der Asylbewerberzahlen.[193]

> „Bei dem Argument der Belastungsgrenze, sei es als eine sozialfaktische oder eine Beeinträchtigung der öffentlichen Sicherheit, ist es fraglich, wann eine solche Grenze aufgrund der großen Zahl besteht bzw. wer sie festlegt. Sieht man in ihr tatsächlich eine verfassungsrechtliche Schranke, ist nicht einzusehen, warum der Gesetzgeber be-fugt sein soll, diese festzulegen. Die Kapazitätsgrenze als verfassungsrechtliches Ar-gument leitet aus einer theoretisch denkbaren, praktisch allerdings eher unwahr-scheinlich katastrophenähnlichen Situation eine gesetzgeberische Kompetenz zur Grundrechtsbeschränkung ab. Methodisch ist das, ob gewollt oder nicht, nichts ande-res als die Ermächtigung zu einer Art Notstandsgesetzgebung. In unserem Falle ging diese Kompetenz sogar noch weiter, da der Gesetzgeber Grundrechte beschränkt, um präventiv einen von ihm befürchteten Notstand zu vermeiden." (Roth 1989: 74)

Diese pointierte Interpretation des Zahlensenkungsdiskurses weist darauf hin, daß die Argumentation mit der Belastungsgrenze entstanden ist, um die gewoll-

---

[193] Der kontinuierliche Rückgang der Asylbewerberzahlen von 1981 bis 1983 wird auf die von der Bundesregierung im Jahr 1980 beschlossenen Sofortmaßnahmen zur Anreizmin-derung und die erweiterte Sichtvermerkspflicht für einige Hauptherkunftsländer zurück-geführt. 1984 steigen die Zahlen erstmals wieder, was mit der verstärkten Tätigkeit von „Schlepperorganisationen" über das „Einfallstor" Ostberlin begründet wird (vgl. Pollern 1985: 80).

te Asylpolitik zu legitimieren. So sei es möglich geworden, daß große Teile der Bevölkerung die (imaginäre) Grenze als erreicht bzw. längst überschritten empfanden, obwohl die kontinuierlich steigenden Flüchtlingszahlen bisher noch nicht zu katastrophenähnlichen Zuständen geführt haben (Söllner 1993: 42). Die Argumentation verbindet sich hier mit der Kriminalisierung. Nicht nur die zahlenmäßige Belastungsgrenze, sondern auch die Grenze des Zumutbaren sei durch das Verhalten der Asylbewerber erreicht. Diese Transformation der Flüchtlings- und Einwanderungssituation in Staatsnotstand und Katastrophe läßt sich so als Konstruktion einer Bedrohung der inneren Sicherheit und Ordnung des Landes interpretieren.

Neben dem Argumentationsmuster *Asylmißbrauch* und der Forderung nach Senkung der Asylbewerberzahlen taucht noch ein weiteres Element immer wieder in der asylpolitischen Debatte auf: Die Beschleunigung des Asylverfahrens gilt als wichtigstes Instrument bei der Bekämpfung des *Asylmißbrauchs* und zur Reduzierung der Anzahl von Asylsuchenden: Mit einem schnellen Asylverfahren könne eine Existenzgründung in der Bundesrepublik und schließlich eine Sogwirkung auf andere *Wirtschaftsflüchtlinge* verhindert werden. Ein schnelleres Asylverfahren erlaube es, die Anzahl der Asylbewerber zu regulieren. Merkmal dieses Argumentationsmusters ist der fehlende Nachweis einer Interdependenz zwischen der Ausgestaltung des Anerkennungsverfahrens und der Zahl der einreisenden Asylbewerber. (Wolken 1988: 226f)

Mit dem Ziel der Reduzierung der Asylbewerberzahlen ist die Forderung einer Veränderung der DDR-Einreisepolitik, - die durch antikommunistische Argumentationsmuster geprägt ist - und die Aufhebung der Sonderbehandlung von Ostblock-Flüchtlingen, - die spätestens durch den Zusammenbruch des Ostblocks eine legitimatorische Basis findet -, verbunden.

Die *langfristige Eindämmung des Asylmißbrauchs* wird zum asylpolitischen Ziel deklariert; dabei wird im Diskurs eine Historisierung vorgenommen: Der Verweis auf die spezifische historische Situation, die zur Entstehung des Grundrechts auf Asyl geführt habe, erlaubt, die Notwendigkeit eines Asylrechts bzw. dessen Gültigkeit für die Gegenwart in Frage zu stellen. Historisierung bedeutet hier die Unterschiede zwischen der vergangenen und der gegenwärtigen Situation hervorzuheben. Dem Asylrecht wird für die Gegenwart die Funktion der Regulierung der Flüchtlingsbewegung zugewiesen und zugleich deren Erfüllung abgesprochen. Es sei hierfür in der bestehenden Form kein geeignetes Instrument; um der gegenwärtigen Problematik wirkungsvoll zu begegnen, sei eine Änderung des Asylrechts notwendig. In diesem Zusammenhang wird auf Fluchtursachen und -motive hingewiesen und erstmals das Fluchtmotiv der Armut akzeptiert. Diese Anerkennung des *Wirtschaftsflüchtlings* erlaubt es, die Unbrauchbarkeit des Asylrechts hinsichtlich der Regulierung der Weltflüchtlingsproblematik herauszustellen. Schließlich wird auch mit dieser Argumentation die Mißbrauchsdebatte fortgesetzt, insofern eine differenzierte Betrachtung und Berücksichtigung der Fluchtursachen eingefordert wird, die es ermögliche, die politisch Verfolgten als die *richtigen* Asylbewerber von allen anderen Flüchtlingen zu trennen. Das Asylrecht ist damit enttabuisiert: Eine Asylrechtsänderung bildet jetzt den Fokus des Diskurses. Zugangsverhinderung sowie Anreiz- und Bestandsminderung bilden dabei Argumentationshilfen zur Plausibilisierung der Asylrechtsänderung, die schließlich mit der Abschaffung des Artikels 16 II/2 GG durchgesetzt wird.

Zusammenfassend läßt sich somit festhalten, daß es seit Beginn der 70er Jahre regelmäßig Versuche gegeben hat, das Asylrecht einzuschränken, die sukzessive in entsprechende Regelungen mündeten. Dabei hat die Analyse gezeigt, daß die Ansichten der einzelnen Parteien nur geringfügig voneinander abweichen und in der Regel ein parteiübergreifender Konsens besteht, der erst sehr spät und auch nur kurzfristig mit dem Beginn der Debatte über eine Grundgesetzänderung aufgebrochen wird (Wolken 1988: 98).

Ein weiteres Kennzeichen der Asylrechtsdebatte ist, daß die Entwicklung der wirtschaftlichen Verhältnisse in der Bundesrepublik asylpolitische Entscheidungen maßgeblich beeinflußt haben. Asylpolitik hat sich immer auch an den Interessen der deutschen Wirtschaft orientiert. Vor allem seit dem Anwerbestop im Jahre 1973 bis zum Arbeitsverbot im Jahr 1980 bilden Asylbewerber billige Arbeitskräfte und Ersatz für die aus Südeuropa kommenden sogenannten Gastarbeiter.

Ebenfalls ein wichtiges Argumentationsmuster ist schließlich der Antikommunismus, der als zentrales politisches Deutungsmuster der Bundesrepublik die gesamte Debatte durchzieht und erst mit der Auflösung des Ostblocks an Bedeutung verliert. In dieser Zeit bedarf es aber auch keiner weiteren Argumentationshilfe zur Legitimation eines spezifischen Umgangs mit ausgewählten Flüchtlingsgruppen, da inzwischen eine Neuregelung des Asylrechts verbunden mit einer Grundgesetzänderung diskutiert wird.

V. Abschließende Überlegungen

„Die soziale Konstruktion von Fremdenfeindlichkeit" bildet das Thema der vorliegenden Arbeit, deren Ziel die Beantwortung der Frage nach der Konstituierung von Fremdenfeindlichkeit in der Bundesrepublik Deutschland war. Die Untersuchung der beiden ausgewählten Debatten diente dabei der Ermittlung der Konstruktionsmechanismen, die Fremdenfeindlichkeit als soziales Phänomen konstituieren.

Die zentralen Muster, die die Medienberichterstattung und die Asylrechtsdebatte charakterisieren, sollen abschließend diskutiert werden. Drei übergeordnete Diskursmuster ließen sich ausmachen, die beide analysierten Debatten in ihrer Gesamtheit dominieren: Kriminalisierung, Antikommunismus und Historisierung.[194]

(1) Kriminalisierung

Verstehen wir *Kriminalisierung* ganz allgemein als einen sozialen Ausgrenzungsmechanismus, so bezieht sich dieses Muster im Diskurs auf unterschiedliche Ebenen des Verhaltens der Asylbewerber. Es entsteht in der Asylrechtsdebatte im Kontext der sich verändernden Zusammensetzung der Flüchtlinge in bezug auf die Herkunft der Flüchtlinge und der Problematisierung der Asylbewerberzahlen. 1973 taucht zum erstenmal das Deutungsmuster „Mißbrauch des Asylrechts" auf, das mit dem des „Wirtschaftsflüchtlings" verbunden wird. Die steigende Anzahl der Asylbewerber wird mit dem Mißbrauch des Asylrechts begründet und als Problem konstituiert. Der Verweis auf die *Wirtschaftsflüchtlinge* schreibt Asylbewerbern materielle Fluchtmotive zu und spricht ihnen damit den Status politisch Verfolgter ab. Daraus ergibt sich die Forderung nach einer Reduzierung der Asylbewerberzahl, die von da an die gesamte Asyldebatte durchzieht, unter kontinuierlichen Verweisen auf steigende Asylbewerberzahlen.[195]

---

[194] Die Analyse hat weitere Diskursmuster herausgearbeitet, die aber in einer Gesamtbetrachtung nicht denselben Stellenwert einnehmen, da sie nicht die Diskurse als Ganzes charakterisieren, sondern den drei genannten Mustern unter- bzw. nebengeordnet werden können.

[195] Der Verweis auf die Zahlen, die Forderung nach ihrer Senkung und der Hinweis auf die zu hohe Asylbewerberzahl lassen sich als „Zählwahn", als rhetorisches Mittel der Ausgrenzung interpretieren: die reine Zahl der Asylbewerber wird als Problem für die Ge-

Im weiteren (zeitlichen) Verlauf der Asylrechtsdebatte stellt das Argumentationsmuster „Mißbrauch des Asylrechts" den zentralen Bezugspunkt dar, mit dem die unterschiedlichen asylpolitischen Forderungen plausibilisiert werden. Der Vorwurf „Mißbrauch des Asylrechts" bildet die argumentative Grundlage für die Kriminalisierung der Asylbewerber. Er wird erweitert durch die Anführung der illegalen Einreise der Flüchtlinge - ein weiteres Symbol für die Kriminalität der Asylbewerber.[196] Dieses Argumentationsmuster findet sich Ende der 70er bis Mitte der 80er in der Asylrechtsdebatte und bezieht sich u.a. auf die Einreise einer großen Zahl von Flüchtlingen über die DDR. Hier wird die *Kriminalität* der Asylbewerber mit antikommunistischen Argumentationsmustern verknüpft. In der Medienberichterstattung verbindet sich das Argumentationsmuster der illegalen Einreise mit Hinweisen auf *Schlepper* und *Schleuser* und plausibilisiert den Vorwurf des Asylrechtsmißbrauchs. Beide zusammen bilden Kennzeichen der *Asylantenkriminalität*.

Der Begriff des *Asylanten* taucht im Bundestag 1978 zum erstenmal auf, und zwar im Zusammenhang mit dem Vorwurf des *Mißbrauchs des Asylrechts*. Er vereint die genannten Bewertungsmuster in sich und läßt Asylbewerber, die nicht aus Ostblockstaaten kommen, als *falsche* Flüchtlinge erscheinen, die nicht politisch verfolgt werden, sondern aus materiellen Gründen ihr Land verlassen und illegal in die Bundesrepublik einreisen, um das Asylrecht zu mißbrauchen.

Die Konstruktion des *Asylanten* bildet so die erste Stufe der Kriminalisierung der Asylbewerber. Erst im Anschluß daran findet eine Kriminalisierung in strafrechtlicher Hinsicht statt. Jetzt werden Asylbewerber in den Kontext von Rauschgifthandel, Terrorismus und Schwarzarbeit gestellt, und es erfolgt eine soziale Degradierung. Sie werden als Schmarotzer beschrieben, die den Deutschen die Arbeitsplätze wegnehmen, den Sozialstaat belasten und das Gastrecht mißbrauchen. Damit entwickelt sich der *Asylant* zu einem Deutungsmuster, das Asylbewerber als doppelt abweichend markiert und ihnen ihren Anspruch auf Aufenthalt in der Bundesrepublik abspricht. Durch den Gebrauch des Begriffes in Verbindung mit einer Metaphorik, die Naturkatastrophen assoziieren läßt, kann ein Szenario einer von den Asylbewerbern ausgehenden Gefahr für die in-

---

[196] sellschaft konstruiert. Durch statistische Beobachtung werden Grenzwerte der Belastbarkeit von Bevölkerung und Staat hergestellt und diese Daten als „Fakten" im Diskurs etabliert. Der Begriff des „Zählwahns" stammt von Garland (1985: 112f), der ihn bei der Beschreibung der Entstehung der positivistischen Kriminologie entwickelt.
Die Verbindung von Kriminalität mit illegaler Einwanderung ist ein Deutungsmuster, das fast immer im Zusammenhang mit ausländischen Flüchtlingen auftaucht. Ein aktuelles Beispiel dafür bildet der Umgang mit albanischen Flüchtlingen. Bayerns Innenminister bezeichnet Albaner, die im Frühjahr 1997 über Bayern in die Bundesrepublik einreisen, als Kriminelle und erklärt, es gehe nicht an, „daß wir die illegale Zuwanderung augenzwinkernd hinnehmen" (Beckstein (CSU), zit. n. Münstersche Zeitung, 20.3.97).

nere Sicherheit hergestellt werden. Insofern bildet der *Asylant* das zentrale Deutungsmuster in bezug auf die Forderung nach einer Asylrechtsänderung, da er alle zu deren Plausibilisierung verwendbaren Argumentationen umfaßt.

Dasselbe Deutungsmuster taucht auch in der Mediendebatte auf, wobei auffällig ist, daß im Unterschied zur Asyldebatte die Konstruktion der Asylbewerberkriminalität in vielfältiger Hinsicht eine Erweiterung erfährt. Vorfindlich sind nicht nur die beiden bisher angeführten Ebenen der Kriminalisierung: der *Mißbrauch des Asylrechts* verbunden mit der *illegalen Einreise* und die *Kriminalität* der Asylbewerber, die Betteln, Stehlen und Betrügen, Vermögens- und Sexualdelikte meint. Darüber hinaus wird auch das Sozialverhalten der Asylbewerber als abweichend markiert: Sie belästigen die Anwohner, verursachen Schmutz und Unordnung. Den Asylbewerbern wird so eine ganze Bandbreite an nonkonformen Verhaltensweisen zugeschrieben, die alle Lebensbereiche einschließt.

Wie in der Asylrechtsdebatte wird die Kriminalität der Asylbewerber als Gefährdung der inneren Sicherheit der Bundesrepublik hergestellt. Aus dieser Konstruktion kann plausibel die Forderung nach einer Asylrechtsänderung abgeleitet werden als geeignete Maßnahme zur Verhinderung des Asylrechtsmißbrauchs sowohl durch Wirtschaftsflüchtlinge als auch durch kriminelle Asylbewerber. Die Deutung der Asylbewerberkriminalität als staatsgefährdend in der Medienberichterstattung impliziert die Forderung nach staatlichem Handeln; der Staatsgewalt wird Verantwortung für die Lösung des Problems zugewiesen.[197]

Der *Asylant*, der zunächst als eine Art „diskriminierender Kampfbegriff" (Enzensberger 1992: 47) der Gegner des Grundrechts auf Asyl entsteht, wird schon 1980 in den „Duden aufgenommen, dem zufolge er „Bewerber um Asylrecht" bezeichnet: ein erster Beleg dafür, wie sich der Begriff in der Alltagssprache durchsetzt. Selbst Kirchen, Menschenrechtsorganisationen und andere Befürworter des Asylrechts verwenden ihn ohne Einschränkung, und schließlich verzichtet auch die wissenschaftliche Fachliteratur darauf, den Terminus mit Anführungszeichen zu versehen. Der Kontext seiner Entstehung ist vollständig verschwunden. (Wolken 1988: 216) Der *Asylant* wird mit dem Asylbewerber gleichgesetzt, auf den sich so die im Begriff enthaltene negative Bewertung überträgt, ohne daß noch ein denunziatorischer Charakter sichtbar wäre.

Der Begriff „Asylant" umfaßt eine Serie von Bedeutungen, die kontextab-

---

[197] Der Aspekt der inneren Sicherheit taucht auch im Zusammenhang mit der Egalisierung von Rechts- und Linksextremismus im Diskurs auf, wo u.a. eine Kriminalisierung der Linken erfolgt. Diese Konstruktion wird in der sich anschließenden Darstellung des Diskursmusters „Antikommunismus" diskutiert.

hängig in Erscheinung treten. Wie alle Wörter, die auf -ant enden, erzeugt er negative Konnotationen; weitere Beispiele bilden *Sympathisant*[198], *Dilletant*, *Querulant* oder *Demonstrant*. Der *Schimpfwortcharakter* dieser Begriffe wird vor allem deutlich aus dem Kontext ihrer Anwendung. Es handelt sich nach Link (1988: 50) um ausgesprochen negativ besetzte Begriffe „für 'üble Charaktere', die 'nicht normal' sind", sie „haben einen pseudomedizinischen bzw. psychiatrischen Beigeschmack", und sie legen eine soziale Ausschließung der so Bezeichneten nahe.

Sumner (1991) nennt solche Typen von Begriffen auch „soziale Unwerturteile" bzw. „social censures", deren generelle Funktion darin besteht, zu bezeichnen, zu denunzieren, zu regulieren und Empörung zu erzeugen. Sogenannte Unwerturteile kennzeichnen die *Missetäter* gegenüber den *Gesetzestreuen*, so wie der *Asylant* den unberechtigten gegenüber dem politisch verfolgten Asylbewerber markiert. Sie trennen das Abweichende, das Pathologische, das Gefährliche und das Kriminelle vom Normalen und Guten. Sie gebieten Einhalt und sind an den Wunsch nach Kontrolle, Verhütung und Bestrafung gebunden.

> „'Social censures' sind ihrem Charakter nach ganz offensichtlich moralisch und politisch. Indem sie Werte und Korrektheit vom Bösen und von Gefahr abgrenzen, sind sie gleichzeitig Rechtfertigungen für repressives Handeln gegenüber dem Missetäter und für Versuche, diesen an den zugrundegelegten Habitus und an vorherrschende Lebensvorstellungen anzupassen." (Ebd.: 255)

Begriffe wie *Asylanten*, *Spekulanten* und *Sympathisanten* sind ebenso wie die Bezeichnungen *Hausbesetzer*, *Terroristen* und *Kinderschänder* keine strafrechtlichen Kategorien und keine empirischen Beschreibungen von Verhalten. Sie sind als „negative ideologische Kategorien", als Kategorien der Denunziation zu verstehen, wirken jedoch als „neutrale", da ihre Entstehungsgeschichte im Diskurs verschwindet. Sie werden in einem politischen und moralischen Diskurs, „mit dem Potential, die Waffen des Gesetzes, der Ordnung und der moralischen Reinheit gegen ausgewählte Teile der Bevölkerung zu mobilisieren" (ebd.: 255), verankert. Gleichzeitig ermöglichen sie, daß ihr ideologischer Gehalt unsichtbar wird. Social censures mobilisieren moralische Vorstellungen und formieren sich in sozialen Praxen, die genereller Akzeptanz unterliegen. Damit erhalten sie eine Legitimität und Plausibilität, die sie zu mehr als einem Etikett macht, das einem Verhalten angehängt wird (ebd.: 257).

Der Begriff des *Asylanten* enthält keine Differenzierung, er wird aus-

---

[198] Eine ausführliche Analyse der Entstehung des Begriffs „Sympathisant" in der öffentlichen Auseinandersetzung um den Terrorismus und seiner symbolischen Bedeutung findet sich bei Treiber (1984: 325ff). Der Begriff taucht im „Duden" 1973 zum erstenmal auf (Link 1983: 36).

nahmslos auf alle Asylbewerber übertragen. Nur Ostblock-Flüchtlinge werden von dieser Bezeichnung ausgenommen, sie werden weder Asylanten noch Asylbewerber genannt. Sie gelten als *Flüchtlinge*, wobei noch weiter differenziert wird, indem dem Wort „Flüchtling" das jeweilige Herkunftsland vorangestellt wird.

An dieser Ausrichtung des Begriffs der *Asylanten* auf spezifische Gruppen wird die Wirkungsweise der *social censures* deutlich, denn er impliziert eine eindeutige Trennung zwischen unerwünschten Asylbewerbern und erwünschten/anerkannten Flüchtlingen. Die Darstellung der Asylbewerber als Gefahr für die Bundesrepublik erfolgt durch die Kombination des *Asylanten* mit weiteren abwertenden Bezeichnungen, darunter die Metaphorik der Naturkatastrophe und die Überfremdung. Asylbewerber werden so zu einer anonymen Masse, zur kollektiven Bedrohung, zum öffentlichen Feind, dessen Bekämpfung als eine Art Notwehr interpretierbar ist (vgl. Söllner 1997: 69). Wong (1992) verweist darauf, daß zum Begriff des *Asylanten* kein Gegenbegriff analog zu den Gegensatzpaaren „Übermensch/Untermensch" oder „Schwarze/Weiße" existiert:

> „Der Begriff des 'Asylanten' hat keine Entsprechung in der Welt des 'Eigenen', er bestimmt eine Fremdheit, die außerhalb des eigenen Universums angesiedelt ist." (Ebd.: 412)

Dies erklärt, warum der „Asylant" ein soziales Unwerturteil bildet: Durch den fehlenden Gegensatz wird eine Fremdheit entworfen, die neben der negativen Besetzung zugleich eine generelle Getrenntheit von der eigenen Sphäre impliziert (ebd.: 410).[199]

Im Kontext der Kriminalisierung der Asylbewerber taucht in der Medienberichterstattung als Bezeichnung neben dem *Asylanten* das Deutungsmuster des *Zigeuners* auf.[200] Das Bild des *Zigeuners* ist von negativ besetzten Verhaltensweisen wie Betteln, Stehlen und Betrügen charakterisiert. Sie gelten als asoziale Menschen, von denen Belästigungen, Ordnungsstörungen und Kriminalität ausgehen. Der „stehlende" und „wandelnde" Zigeuner gilt als eines der „mächtigsten Stereotype der Weltliteratur" (Berbüsse 1992: 131). Auf der Basis einer ihnen generell zugeschriebenen „Naturnähe" werden sie als primitive Menschen und als „Gesetzesbrecher mit verbrecherischer Veranlagung" ausgewiesen und gelten als kollektive Urheber von Belästigungen, Störungen der

---

[199] Gegenbegriff fehlt und der daher „Fremdheit" impliziert.

[200] Der Begriff „Zigeuner" entstammt nicht der Zigeunersprache, sondern stellt eine Fremdbezeichnung dar (Stehr 1994: 292, Fn. 13, Rakelmann 1980: 151). Zigeuner kennen für sich keine einheitliche Bezeichnung; ihre kulturelle Abgrenzung nehmen sie selber durch die Trennung von der Gruppe der „Nicht-Zigeuner" („Gaje" oder „Gadsche") vor, wodurch sich die Ethnie erst konstituiert.

Ordnung und Kriminalität.[201] Entsprechend stellt der Begriff „Zigeuner" im alltäglichen Diskurs auch ein Schimpfwort dar.

Die *Zigeuner* als Synonym für die Asylbewerber werden in der Mediendebatte verantwortlich für die fremdenfeindlichen Ausschreitungen gemacht; andere Zusammenhänge, die das Problem erklären könnten, werden ausgeblendet. Ähnlich erscheinen in der Asylrechtsdebatte die *Asylanten* als Verursacher der Ausländerfeindlichkeit. Asylbewerber als Urheber ausländer- und fremdenfeindlicher Strömungen anzuführen, bildet demnach ein in der politischen Kultur der Bundesrepublik verankertes Deutungsmuster.

Zur Charakterisierung der Asylbewerber wird das Verhalten der Zigeuner beschrieben und dabei werden neben der Kriminalität, ihre sozialen Umgangsformen im Alltagsleben herausgestellt. Danach verursachen sie Schmutz, Gestank, Lärm, Belästigungen und Unordnung. Wenngleich sich diese Zuschreibungen nicht dem Bereich der Kriminalität zuordnen lassen, repräsentieren sie Störungen des alltäglichen Zusammenlebens und stellen so dessen Ordnung in Frage. Den Asylbewerbern/ Zigeunern wird Mißachtung des Gastrechts vorgeworfen, da sie sich nicht an die Regeln des Gastlandes halten. Die Bezeichnung als Gast weist den Asylbewerbern die Verpflichtung zur Anpassung bzw. Unterordnung zu, sie macht den unsicheren Status, die Abhängigkeit vom Gastgeber deutlich. Gäste kann man vor die Tür setzen, sollten sie einem lästig werden, auch dann, wenn sie von Geburt an in ihrem „Gastland" leben.[202] Die beschriebene Charakterisierung ihres Verhaltens weist die Asylbewerber/Zigeuner als eine Gruppe aus, mit der ein geordnetes Zusammenleben in Deutschland nicht möglich ist. Damit wird nicht nur der Ausschluß als einzige Lösung plausibilisiert, sondern sie werden gegenüber den Deutschen auf eine niedrigere Stufe gestellt.

Damit findet in der Mediendebatte eine Form der Kriminalisierung (im weitesten Sinne) statt, die neben der asylrechtlichen und strafrechtlichen die Abweichung im Sozialverhalten einbezieht. Die Asylbewerber werden in der Medienberichterstattung als durch und durch kriminelle Personen klassifiziert, denen nicht nur gesellschaftliche Teilhaberechte streitig gemacht und soziale und materielle Ressourcen verwehrt werden können: Vermittels der mit der Kriminalisierung verbundenen kollektiven moralischen Verurteilung läßt sich ihr staatlich organisierter Ausschluß legitimieren.

Insgesamt betrachtet findet also eine Kriminalisierung der Asylbewerber

---

[201] Hall (1982: 531) hat dies ähnlich in bezug auf die *Schwarzen* formuliert.

[202] „Wer nicht Staatsbürger ist, soll nur als Gast in Deutschland leben und muß unter Fremdengesetzgebung stehen" (zit. n. Trittin 1993: 82), lautet ein Punkt des Parteiprogrammms der NSDAP von 1920. Die Nationalsozialisten haben damit ganz deutlich den Begriff des Gastes zur Entrechtung unerwünschter Bürger verwendet.

auf drei unterschiedlichen Ebenen statt: Auf der Ebene des Asylrechts wird den Asylbewerbern in der Asylrechtsdebatte und in der Medienberichterstattung Mißbrauch des Asylrechts und illegale Einreise vorgeworfen. Auf der strafrechtlichen Ebene werden die Asylbewerber in beiden Debatten in den Kontext von Rauschgiftkriminalität sowie Eigentums- und Vermögensdelikten gestellt. Schließlich findet in der Mediendebatte eine Kriminalisierung der Asylbewerber auf der Ebene des sozialen Umgangs und des alltäglichen Zusammenlebens statt. Hier werden mit dem Deutungsmuster des „Zigeuners" eine mangelnde Integrationsbereitschaft, fehlende Ordnung und Anpassung an die Lebensgewohnheiten der Deutschen nahegelegt.

Mit der letztgenannten Ebene nimmt die Medienberichterstattung eine Erweiterung des Kriminalisierungsmusters vor. Die damit umfassend hergestellte Kriminalität der Asylbewerber läßt die Asylbewerber in toto als kriminelle Wesen erscheinen. Dabei kann vor allem die Argumentation, die sich auf diese dritte Ebene bezieht, als rassistische gekennzeichnet werden, insofern den *Zigeunern* im Zusammenhang mit der Kriminalität der Asylbewerber unveränderbare Eigenschaften zugeschrieben werden.

Die Kombination des *Asylanten* mit dem *Zigeuner* ermöglicht eine verstärkte Ausgrenzung. Beide zusammen symbolisieren Kriminalität und Abweichung, Unordnung und Unsicherheit, für die es keinen Platz in unserer Gesellschaft gibt. Zugespitzt formuliert werden die Asylbewerber auf dem Wege der Kriminalisierung als ursächlicher Faktor für das *Asylproblem*, die Fremdenfeindlichkeit und die fremdenfeindlichen Ausschreitungen interpretiert. Aufgrund ihrer hohen Anzahl repräsentieren sie eine Bedrohung der inneren Sicherheit, so daß eine Ausgrenzung nicht nur als legitim, sondern als notwendig erscheint.

Die Kriminalisierung der Asylbewerber bildet von daher ein zentrales Diskursmuster, das spezifische Erklärungen für Fremdenfeindlichkeit liefert. In dieser Hinsicht lassen sich vier wesentliche Merkmale des Kriminalitätsdiskurses bestimmen:[203]

Die Kriminalisierung führt zu einer Entindividualisierung des sozialen Problems[204] der Fremdenfeindlichkeit: Wird ein sozialer Sachverhalt als Kriminalitätsproblem dargestellt und verarbeitet, so erfolgt *zunächst* parallel zur Konstruktion des Problems eine Entindividualisierung. Es wird als Verletzung kollektiv zu verteidigender Rechtsgüter, die Reaktion darauf als staatliche Aufgabe im gesellschaftlichen Interesse hergestellt. (Lehne 1994: 248)

---

[203] Vgl. Althoff 1997, wo ich diesen Aspekt schon ähnlich diskutiert habe.

[204] Der Verweis auf die Entindividualisierung sozialer Probleme bei gleichzeitiger Individualisierung der Problemursachen als Merkmal des Kriminalitätsdiskurses stammt von Lehne (1994: 248ff).

Die Argumentation über die fremdenfeindlichen Ausschreitungen bestimmt als Täter die Asylbewerber, als Opfer die Anwohner bzw. das deutsche Volk. Das Verhalten der Asylbewerber wird moralisch angeklagt, da es kollektive Vorstellungen des Zusammenlebens in Frage stellt und eine Verletzung allgemein gültiger Normen des Gastlandes bedeutet. Die Asylbewerber werden so zu einem kollektiven Problem: dem *Asylproblem*, auf das von staatlicher Seite aus reagiert werden muß.

Zweitens erlaubt die Kriminalisierung der Asylbewerber eine Individualisierung der Ursachen von Fremdenfeindlichkeit. Das Problem des Zusammenlebens verschiedener Bevölkerungsgruppen als Kriminalitätsproblem zu definieren, bedeutet auch, die Ursachen für dieses Problem nicht in gesellschaftlichen Strukturen zu suchen, sondern im abweichenden Verhalten individueller Täter. Die Kriminalität der Asylbewerber wird nicht im Kontext politischer oder sozialer Bedingungen betrachtet, sondern auf die *natürlichen*, konstitutionellen Voraussetzungen dieser Individuen zurückgeführt. Beispielhaft dafür ist die Bestimmung der *Zigeuner*, deren abweichendes Verhalten als durch spezifische kulturelle Charakteristika determiniert erscheint. Das Problem des Zusammenlebens wird so nicht als Kulturkonflikt interpretiert, sondern als Verursacher der Störung einseitig die Gruppe der Asylbewerber identifiziert.

Drittens findet durch die Kriminalisierung eine moralische Verurteilung der Asylbewerber statt. Kriminell sein heißt immer auch moralisch minderwertig sein (Sack 1986: 43). Die Kriminalisierung der Asylbewerber diskreditiert diese und legt die Forderung ihres Ausschlusses aus der Gesellschaft nahe. Die moralische Degradierung hat den „Anspruch überindividueller und situationsübergreifender Gültigkeit" (Lehne 1994: 259), da Moral einen sozialen Kontrollmechanismus bildet, der generalisierend in seinen Erwartungen und interessenübergreifend ist. Der Ausschluß der Asylbewerber wird gerechtfertigt, vor allem weil sie gegen das Strafrecht als System moralischer Grundprinzipien verstoßen. Fremdenfeindlichkeit wird damit zu einem Phänomen, das praktisch unbedeutend ist, da es in eine nachvollziehbare Feindlichkeit gegenüber *Kriminellen* transformiert wird.

Viertens legt der Kriminalisierungsdiskurs rechtliche Instrumente und Strategien der Problemlösung nahe. Die Ursache für Fremdenfeindlichkeit ist die Kriminalität der Asylbewerber, welche aber nicht ausschließlich als strafrechtliches, sondern auch als asylrechtliches Problem bestimmt wird. Als geeignetes Lösungsinstrument erscheint hier eine Änderung des Asylrechts: Recht bezweckt Verhaltenskonformität; da diese bei den Asylbewerbern nicht vorzufinden ist, erfüllt das Asylrecht seine Funktion nicht und muß geändert werden.

Fremdenfeindlichkeit wird so im Diskurs von einem politischen in ein rechtliches Problem transformiert, womit das Phänomen seine inhaltliche und politische Substanz verliert. Dem Recht wird in Deutschland ein höherer Rang als der Politik zugesprochen, weil es als Sphäre über den Interessen und Zielen einzelner sozialer Gruppen bestimmt ist:

> „Ein gesetzlicher Konflikt nimmt dem Gegenstand, über den entschieden wird, das Odium, daß es sich bei den Konfliktbeteiligten um unterschiedliche Parteien und Interessen handelt, die miteinander um ... Vorteile, Privilegien und wechselseitig bestrittene Ansprüche streiten." (Sack 1987: 151)

Die Asylrechtsänderung hat den politischen Parteienstreit beendet bzw. in den Hintergrund treten lassen. Der vorgenommene rechtliche Eingriff erlaubt es, die politische Bedeutung des Problems Fremdenfeindlichkeit zurückzudrängen und es der weiteren politischen Debatte zu entziehen. Dadurch wiederum wird die Position des Staates, dessen Ansehen durch die fremdenfeindlichen Ausschreitungen gesunken ist, gestärkt, da in einem rechtlichen Konflikt die Ressourcen eindeutig und einseitig bei ihm liegen.

Zusammenfassend ist festzuhalten, daß das Diskursmuster der Kriminalisierung der Asylbewerber hier als Bestandteil des rassistischen Diskurses funktioniert. Sie bildet eine Möglichkeit, die Legitimation des Aufenthaltes einer spezifischen Bevölkerungsgruppe in unserer Gesellschaft öffentlich in Frage zu stellen und schließlich deren Ausschluß zu propagieren.

(2) Antikommunismus

Antikommunismus kann als ein Rahmen betrachtet werden, innerhalb dessen die gesamte Politik der Bundesrepublik seit ihrer Gründung verhandelt wird, insofern das demokratische Selbstverständnis nicht nur in Abgrenzung zur nationalsozialistischen Vergangenheit, sondern zu allen totalitären Systemen formuliert wird. Der politische Diskurs der Nachkriegszeit ordnet sich um den Dualismus Kapitalismus/Kommunismus. Der Antikommunismus als historisches Deutungsmuster entsteht im Kontext des Ost-West-Konflikts und gelangt in allen politischen Auseinandersetzungen zum Einsatz. Dabei wird es je nach politischem Kontext in unterschiedliche Argumentationsmuster transformiert. Das Deutungsmuster Antikommunismus ist so fest in der politischen Kultur der bundesrepublikanischen Gesellschaft verankert, daß es auch unabhängig von politischen Veränderungen wirkt. Es besteht auch über die Zeit des Kalten Krieges hinaus in modifizierten Argumentationsmustern fort, die sich ganz allgemein auf Anhänger und Befürworter einer linken Politik beziehen. Insgesamt kann dieses Deutungsmuster als prototypische Argumentation des gesamten politischen Diskurses der Bundesrepublik bestimmt werden. Antikommunismus bildet das zentrale Merkmal aller politischen Konflikte, seien es Auseinandersetzungen um die Vergangenheit, um die Beziehungen zwischen DDR und Bundesrepublik etc.[205]

Die Analyse des Asylrechtsdebatte hat gezeigt, daß dieses Deutungsmuster auch in Zusammenhang mit den Diskussionen um das Asylrecht zum Einsatz kommt und Asylpolitik wesentlich innerhalb dieses Rahmens verhandelt und ausgelegt wird. Während die Generosität des 1949 geschaffenen Grundrechts auf Asyl zum Zeitpunkt seiner Entstehung mit der Abgrenzung zum Nationalsozialismus und den historischen Erfahrungen von Flüchtlingen begründet wird, erfährt sie im Verlauf der Debatte eine Umdeutung: Danach erscheint das Asylrecht in seiner uneingeschränkten Form als speziell für die Ostblock-Flüchtlinge geschaffen. Stellvertretend dafür steht der Innenministerbeschluß von 1966, der ganz explizit eine Sonderbehandlung dieser Flüchtlinge festschreibt und diesen sogar über das Asylrecht hinausgehende Möglichkeiten des Verbleibs in der Bundesrepublik eröffnet.

Die bevorzugte Behandlung der Ostblock-Flüchtlinge ebenso wie die großzügige Aufnahme von Kontingentflüchtlingen, die in der Regel aus sozialistischen Staaten stammen, wird mit antikommunistischen Argumenten begründet: Das kommunistische bzw. sozialistische Regime ist ein totalitäres, das alle freiheitlichen Bestrebungen unterdrückt und ein menschenwürdiges Dasein nur den Menschen gestattet, die sich seiner Ideologie unterwerfen. Vor diesem Hintergrund wird jeder, der aus einem solchen Staat zu fliehen sucht, unabhängig von nachweisbarer persönlicher Verfolgung als politisch Verfolgter betrachtet. Eine Flucht aus wirtschaftlichen Motiven wird bei den Ostblock-Flüchtlingen ebenfalls im Rahmen dieses Deutungsmusters thematisiert und entsprechend gerechtfertigt, während bei allen anderen Asylbewerbern mit der Zuschreibung *Asylanten* eine Kriminalisierung erfolgt.

Antikommunismus bildet hier die Grundlage, auf der im Diskurs Mitleid mit den Ostblock-Flüchtlingen und damit die Bereitschaft hergestellt wird, ihnen generös zu begegnen. Wodak/Matouschek (1993: 296f) haben dieses Argumentationsmuster entsprechend den „Mitleidsdiskurs" genannt. Die aus einem autoritär-totalitären kommunistischen bzw. sozialistischen Staat stammenden Ostblock-Europäer werden als Flüchtlinge von vornherein akzeptiert; als Opfer eines verachteten Systems ist ihnen Mitleid gewiß.

---

[205] Beispiele dafür liefern auch der Globke-Konflikt Ende der 50er bis Anfang der 60er Jahre (vgl. Boumann/Herz 1995), der Konflikt um die Vergangenheit Kiesingers in den 60er und auch die Auseinandersetzungen um die Bedeutung der APO Anfang der 90er Jahre (vgl. Althoff 1996). In all diesen Konflikten bildet der Antikommunismus ein zentrales Deutungsmuster.

Diese Perspektive wird so lange aufrechterhalten, wie eine Sonderbehandlung den politischen Verhältnissen entspricht. Mit dem Ende des Kalten Krieges, dem Zusammenbruch des Ostblocks und der Vereinigung der beiden deutschen Staaten verliert sie ihre Gültigkeit. Der Kommunismus gilt als besiegt; die weitere Lösung der Probleme in den Ostblockstaaten müssen deren Bürger selbst übernehmen. Entsprechend taucht dieses Argumentationsmuster in der untersuchten Mediendebatte im Zusammenhang mit der Thematisierung der Asylbewerber nicht auf. Jetzt gelten auch für die Ostblock-Flüchtlinge die alten Bilder und Vorstellungen von Asylbewerbern. Flucht ist nicht länger eine verständliche Reaktion auf unerträgliche Lebensumstände, sondern materiellen Motiven geschuldet, die kein Bleiberecht in der Bundesrepublik rechtfertigen. Die Ostblock-Flüchtlinge werden in die Gruppe der *Wirtschaftsflüchtlinge* und *Asylanten* eingereiht.

Der Zusammenbruch des Ostblocks könnte auch die Auseinandersetzung um die Abschaffung des Asylrechts beeinflußt haben: Die Änderung des Grundgesetzes erhält vor dem Hintergrund, daß die „eigentliche" Zielgruppe des Asylrechts, die Ostblock-Flüchtlinge, mit der Auflösung der sozialistischen Staaten verschwindet, eine besondere Plausibilität.

Antikommunismus als Deutungsmuster taucht immer dann in der Asylrechtsdebatte auf, wenn bestimmte Praktiken als Konsens hergestellt werden sollen. Dies betrifft nicht nur die Sonderrechte für die Ostblock-Flüchtlinge, sondern auch Versuche der Ausgrenzung anderer Flüchtlinge. Ein zentrales Argumentationsmuster bildet hier die Kritik an der DDR-Einreisepolitik. Die Argumentation nimmt hier Bezug auf die Einreise von Flüchtlingen über die DDR, wobei die DDR in diesem Kontext als Verursacher des Asylproblems in der Bundesrepublik erscheint. Sie wird als *Schlepper* und *Einschleuser* beschrieben, Begriffe, die im Diskurs mit dem Argumentationsmuster der illegalen Einreise verbunden sind. Asylpolitik wird so durch antikommunistische Argumentationsmuster in ein außenpolitisches Problem transformiert.

Dieses Muster taucht in der Medienberichterstattung in ähnlicher Form wieder auf. Auch hier findet - retrospektiv - eine Kritik an der DDR-Politik statt: An den fremdenfeindlichen Ausschreitungen beteiligt sind demnach vornehmlich ostdeutsche Jugendliche, die nach der Vereinigung der beiden deutschen Staaten unter den Folgen des DDR-Regimes leiden. Als weiteres antikommunistisches Argumentationsmuster kommt die Konstruktion zum Einsatz, daß die Ostdeutschen nicht gelernt hätten, mit Fremden zusammenzuleben. Letzteres Argument legt nahe, daß die Bürger der ehemaligen DDR unreif, naiv und hinsichtlich Toleranz „zurückgeblieben" sind. Der antikommunistische Diskurs nimmt hier die Form eines „Bevormundungsdiskurses" (ebd.: 297) an und stellt die Bürger der ehemaligen DDR im Vergleich zu denen der alten

Bundesrepublik auf eine niedrigere Stufe. Während die Asylrechtsdebatte also das sozialistische System für das Asylproblem verantwortlich macht, wird diesem in der Mediendebatte die Schuld an der Zunahme rechtsextremer Bewegungen und der Fremdenfeindlichkeit zugeschrieben.

Eine weitere Variation des Deutungsmusters Antikommunismus besteht darin, nicht nur dem Kommunismus im speziellen, sondern linksorientierten Bewegungen im allgemeinen die Verantwortung für bestehende gesellschaftliche Probleme zuzuweisen. Dieses Muster taucht in der Mediendebatte auf, wo die Argumentation um die Dichotomie rechts/links angeordnet ist. Themen wie Ausländerfeindlichkeit und Rechtsextremismus werden innerhalb dieses Rahmens diskursiv verarbeitet.

So werden in der Medienberichterstattung über die Ausschreitungen von Rostock-Lichtenhagen neben *Rechtsextremisten* auch *Linke* als Täter identifiziert. Diese Gleichsetzung von Rechts- und Linksextremismus erlaubt es, die rechten Täter zu entlasten und fremdenfeindliche Gewalt ganz allgemein als ein Problem des politischen Extremismus zu bestimmen. Im Kontext der Berichterstattung über die auf die Ausschreitungen folgenden Kundgebungen werden die linken Demonstranten darüber hinaus als Fremde identifiziert, mit den Asylbewerbern gleichgesetzt und kriminalisiert.

Bezieht die Argumentation über die fremdenfeindlichen Ausschreitungen das Thema Rechtsextremismus mit ein, wird dessen Entstehung bzw. Verbreitung mit dem Versagen des Staates gegenüber dem Linksextremismus begründet, das wiederum auf die Politik der Linken zurückzuführen sei. Die Kritik der Linken am starken Staat und am staatlichen Gewaltmonopol, der sich der Staat unterworfen habe, wird als Ursache für den zunehmenden Rechtsextremismus bestimmt. Auf diesem Wege rückt das Verhalten der Linken ins Zentrum der Argumentation; der Diskurs über Fremdenfeindlichkeit wird in einen über Linke und Autonome transformiert.

Das Argumentationsmuster der Gleichsetzung von Rechts- und Linksextremismus, das die Mediendebatte Anfang der 90er Jahre dominiert, läßt sich auch seit Gründung der Bundesrepublik innerhalb des politischen Diskurses als typisches Argument bestimmen, das seit Anfang der 90er wieder an Popularität gewinnt.[206] In dieser Zeit taucht dieses Muster z.B. im Zusammenhang mit den Auseinandersetzungen über die Bedeutung der APO für die Gegenwart auf. In dieser Debatte wird der APO Verantwortung vor allem für den Rechtsextre-

---

[206] Umgekehrt scheint dieses Diskursmuster keine Anwendung zu finden. Betrachtet man politische Konflikte innerhalb der Geschichte der Bundesrepublik, so wird in der Auseinandersetzung um Rechtsextremismus immer auf Linke als Verursacher verwiesen, während gegenüber dem Phänomen des Linksextremismus kein Zusammenhang zum Rechtsextremismus hergestellt wird (vgl. beispielhaft für die APO-Zeit Althoff 1996).

mismus, für den Widerstand gegen eine Asylrechtsänderung, für die Einwände gegen die Entsendung deutscher Soldaten in alle Welt und für die Probleme im Gefolge der Wiedervereinigung zugeschrieben (vgl. Hofmannn 1993, Leggewie 1993, Röhl 1993). Im Kern gehört diese Verantwortungszuschreibung schon in der APO-Zeit zu den typischen Argumentationsstrategien. Damals wurde der APO vorgeworfen, sie sei für das Aufkommen rechtsextremen Gedankenguts und den Wahlerfolg der NPD verantwortlich (vgl. Althoff 1996: 230, Fn. 5).

Linken Protestbewegungen Verantwortung für fremdenfeindliche Gewalt zuzuschreiben, geschieht unter Einsatz eines Deutungsmusters, das politische Gewalt immer mit linkem Protest verknüpft. Dieses Deutungsmuster erhält seine Plausibilität dadurch, daß Rechte das staatliche Gewaltmonopol nicht in Frage stellen, sondern vielmehr als Befürworter des starken Staates gelten. Linke dagegen stellen das staatliche Gewaltmonopol in Frage bzw. stehen in jedem Fall der Staatsgewalt kritisch gegenüber: ihre Aktionen werden als „Angriff auf das Herz des Staates" (Smaus 1991: 16) interpretiert.

Steinert (1994) weist darauf hin, daß Gewalt als Symbol gesellschaftlicher Unordnung in den 70er Jahren seinen Ursprung hat, wo es vor allem linken Bewegungen und Gruppen zugeschrieben wird und Rufe nach dem starken Staat nach sich zieht. Eine Ausweitung des Gewaltbegriffes, der schließlich z.B. auch Sitzblockaden umfaßt, erlaubt eine Kriminalisierung aller *Linken*, *Chaoten* und *Dogmatiker*, die die Autorität des Staates in Frage stellen (ebd.: 103f). Im politischen Diskurs der Bundesrepublik ist Gewalt also traditionell „linksbesetzt"; insofern kann im Diskurs dieses Deutungsmuster wieder hergestellt und neben bzw. anstelle von fremdenfeindlicher Gewalt linke Gewalt fokussiert werden.

(3) Historisierung

Historisierung ist ein weiteres zentrales Muster des Diskurses über Fremdenfeindlichkeit, das ebenfalls durch unterschiedliche Ausprägungen gekennzeichnet ist. Ganz allgemein wird Historisierung hier als ein Deutungsmuster verstanden, das der Vergangenheit eine spezifische Bedeutung für die Gegenwart zuschreibt. Es stellt im Diskurs historische Bezüge her und bestimmt deren Gültigkeit.[207]

---

[207] Der Begriff der Historisierung wird hier unabhängig von seinem spezifischen Gehalt als Diskursmuster begriffen, er bezieht sich allgemein auf im Diskurs hergestellte historische Vergleiche. Dies ist insofern wichtig, weil der Begriff der Historisierung in Deutschland vorbelastet und politisch besetzt ist, da er eng mit der Debatte um die Hi-

Eine erste Form der Historisierung wird in der Asylrechtsdebatte durch die negative Bezugnahme auf den Nationalsozialismus hergestellt, indem die Schaffung des Asylrechts mit den Erfahrungen der Flüchtlinge zur Zeit des Nationalsozialismus begründet wird. Mit dem Grundrecht auf Asyl als Recht *für* Ausländer soll eine Abgrenzung zum Nationalsozialismus vorgenommen und ein Zeichen der Demokratie gesetzt werden.

Zentrales Argumentationsmuster der Entstehungsperiode des Artikels 16 ist die Forderung nach Generosität. Generosität im Umgang mit Asylbewerbern heißt, das Asylrecht nicht zur Disposition politischer Opportunitäten zu stellen, und beinhaltet die Verpflichtung, auch politisch unerwünschte Flüchtlinge aufzunehmen. Generosität meint ein uneingeschränktes Asylrecht.

Die Abgrenzung zum Nationalsozialismus bildet in dieser Phase der Asyldebatte einen zentralen Fokus der Argumentation. Die Argumentation, daß ein uneingeschränktes Asylrecht auch von Gegnern befreundeter Demokratien in Anspruch genommen werden könnte und deshalb eine Gefahr für die Bundesrepublik darstelle, kann sich in dieser Periode nicht durchsetzen.

Vor dem Hintergrund, daß die Gründung der Bundesrepublik eng mit der Abgrenzung gegenüber ihrer eigenen jüngsten Geschichte verknüpft ist, kann und muß das Asylrecht in seiner uneingeschränkten Fassung als Grundrecht etabliert werden. Diese Form der Historisierung erfährt jedoch im Verlauf der Asylrechtsdebatte sukzessive eine Umdeutung.

Ein erster Deutungswandel liegt darin, daß die dem Asylrecht zugrundeliegende Generosität als nur auf bestimmte Flüchtlinge bezogen und damit ihre uneingeschränkte Gültigkeit in Frage gestellt wird. Das Asylrecht sei nicht für die Gegner befreundeter Demokratien zuständig, sondern für die Gegner derjenigen Staaten, die als totalitär und undemokratisch angesehen werden. Die Argumentation legt eine Einschränkung des Asylrechts nahe; sie plausibilisiert eine Sonderbehandlung von Ostblock-Flüchtlingen.

Auf diesem Argumentationsmuster aufbauend, ist es im weiteren Verlauf der Asylrechtsdebatte möglich, ganz explizit die Gültigkeit des historischen Bezuges zum Nationalsozialismus in Frage zu stellen. Der historische Zusammenhang zwischen der Entstehung des Asylrechts und dem Nationalszialismus wird neutralisiert, die Generosität des Asylrechts als ein Widerspruch zur Weltflüchtlingsproblematik hergestellt und ein Vergleich der aktuellen Situati-

---

storisierung des Nationalsozialismus verknüpft ist. Die Forderung nach Historisierung des Nationalsozialismus steht im „Historikerstreit" im Zusammenhang mit der Infragestellung der Einzigartigkeit der nationalsozialistischen Judenvernichtung und dem Vorwurf einer moralisierenden Geschichtsbetrachtung (vgl. Nolte 1987). Von Kritikern dieser Forderung wird Historisierung als Versuch interpretiert, den Nationalsozialismus zu relativieren, zu verharmlosen und historisch in eine gesamttotalitäre Entwicklung einzuordnen (vgl. Habermas 1987).

on mit der unmittelbaren Nachkriegszeit kritisiert. Vor allem der Verweis auf die Weltflüchtlingsbewegung wird als Argument gegen das Asylrecht eingesetzt. Die Berücksichtigung der Fluchtursachen kennzeichne die Mehrheit der Asylbewerber als politisch nicht Verfolgte; auf massenhafte Flüchtlingsbewegungen sei mit einem uneingeschränkten Asylrecht nicht angemessen zu reagieren.

Historisierung als Diskursmuster weist die Anlegung einer aktuellen Bedeutung des Nationalsozialismus als Anachronismus aus und legt die Änderung des Asylrechts als Lösung der gegenwärtigen Probleme nahe. Diese Ausprägung kann als Form der „Leugnung des Nationalsozialismus" beschrieben werden, die es erlaubt, die historische Bedeutung zu neutralisieren und eine historische Verantwortung abzulehnen.

Die gleichen Argumentationsmuster tauchen auch in der Medienberichterstattung auf. Historisierung - in der beschriebenen Form - dient zur Begründung für die Abschaffung des Asylrechts und zugleich für die Fremdenfeindlichkeit.

Ein typisches Argument für diese in beiden Debatten hergestellte Historisierung ist der Hinweis darauf, daß Deutschland kein ausländerfeindliches, sondern ein ausländerfreundliches Land sei. Die vorgenommene Leugnung von Ausländerfeindlichkeit wurde als eine typisierte Form der „Rassismus-Leugnung" bestimmt.[208] Sie stellt eine bestimmte Wahrheit im Diskurs her: daß Deutschland frei von Rassismus und Ausländerfeindlichkeit sei und gegen Fremde gerichtete Geschehnisse daher auch nicht in Beziehung zum Nationalsozialismus gesetzt werden könnten. Historisierung im Diskurs ermöglicht so nicht nur eine negative Abgrenzung von einem historischen Bezug, sondern dient der positiven Selbstdarstellung. Die Ausweisung der Bundesrepublik als ausländerfreundlich erlaubt es, das ganze Kollektiv vom Vorwurf der Ausländerfeindlichkeit zu befreien.

Dijk (1992: 103ff) hat das Deutungsmuster der „Leugnung von Rassismus" eine wesentliche Eigenschaft des heutigen Rassismus genannt: Rassistische Diskurse enthalten routinemäßig Leugnungen und Verharmlosungen, weil gegen allgemeine Normen und Werte verstoßen wird, die sie selbst anerkennen. Diese „Leugnungsformeln"[209] sollen „Schlußfolgerungen von diesem besonderen Fall auf ein allgemeines Image blockieren" (ebd.: 106). Das Image

---

[208] Vgl. Kap. III.2.2.3.
[209] Als eine Variante der Rassismus-Leugnung nennt Dijk (1992: 110) auch Argumentationsmuster, die eine Handlung z.B. als legitimen Akt der Verteidigung begründen. Eine andere Variante bilden Entschuldigungen, die Verweise auf Provokationen und die Beschuldigung des Opfers implizieren. In der vorliegenden Arbeit werden diese Formen der Rassismus-Leugnung im Zusammenhang mit der Herstellung der Opfer und Täter im Diskurs diskutiert (vgl. Kap. III.2.1.1 und Kap.III.2.2.1).

Deutschlands soll gerettet werden, da Fremdenfeindlichkeit und Rechtsextremismus in der Bundesrepublik immer Erinnerungen an den Nationalsozialismus wachrufen (Herz 1993: 231). Das Argumentationsmuster, Deutschland sei ausländerfreundlich, deutet darauf hin, daß diese Assoziation nicht mehr gerechtfertigt ist. Dieser Deutung entspricht auch, daß im Zusammenhang mit den fremdenfeindlichen Ausschreitungen in Rostock das Ansehen Deutschlands thematisiert wird. Eine Schädigung des Ansehens würde bedeuten, daß das Bild eines ausländerfreundlichen Landes nicht aufrechterhalten werden kann. Die Argumentation über die Schädigung des Ansehens durch die fremdenfeindlichen Ausschreitungen bezieht sich auf die Perspektive des Auslands und die Frage, inwieweit es eine aktuelle Bedeutung des Nationalsozialismus annimmt. Mit diesem Argumentationsmuster wird die NS-Vergangenheit in ein primär außenpolitisches Problem transformiert, das auf seiten der gesellschaftlichen Realität in Deutschland einer faktischen Grundlage entbehrt.

Die im Diskurs hergestellte Historisierung deutet darauf hin, daß die fremdenfeindlichen Ausschreitungen in einem Kontext außerhalb von Rassismus, Rechtsextremismus und Neonazismus zu verorten sind. Eine weitere Plausibilisierung dieser Sichtweise liefern Argumente, die Fremdenfeindlichkeit mit den Folgen der Wiedervereinigung und den Problemen in der ehemaligen DDR, insbesondere für die Jugendlichen, erklären. Diese Argumente können als eine weitere Form der Historisierung im Diskurs interpretiert werden. Mit dem Verweis auf die Verhältnisse in der DDR wird der Vergangenheit Bedeutung bzw. Verantwortung für das aktuelle Phänomen der Fremdenfeindlichkeit zugeschrieben. Historisierung stellt insofern im Diskurs als einzig gerechtfertigten historischen Bezug die Bedeutung der DDR-Vergangenheit für die Gegenwart her.

Anhand der drei vorgestellten Diskursmuster wurde gezeigt, wie Fremdenfeindlichkeit auf unterschiedlichen Ebenen als Phänomen hergestellt wird und welche Ursachen ihr zugeschrieben werden. Damit wird es möglich, eine Antwort auf die Frage nach der Konstituierung von Fremdenfeindlichkeit in Deutschland zu geben. Zugleich ergeben sich Hinweise darauf, wie es zu der Eskalation fremdenfeindlicher Ausschreitungen Anfang der 90er gekommen ist.

Versteht man Fremdenfeindlichkeit als eine Form des Ausdrucks der Ablehnung gegenüber einer als *fremd* charakterisierten Gruppe, so setzt dies voraus, daß die Fremdheit dieser Gruppe innerhalb einer Gesellschaft als allgemein anerkanntes Merkmal besteht. Die Analyse hat gezeigt, daß Asylbewerber in der Geschichte der Bundesrepublik sukzessive diese Zuschreibung erfahren und schließlich in toto als unerwünschte und auszugrenzende Gruppe gekennzeichnet werden. Dabei handelt es sich um einen langen Prozeß, in dem immer neue Begründungen hergestellt werden, um den Ausschluß zu legitimieren. Einen Höhepunkt innerhalb dieser Entwicklung bildet die Einbeziehung der bis dahin als erwünscht und legitim geltenden Ostblock-Flüchtlinge in den Ausgrenzungsdiskurs. Dieser Höhepunkt findet historisch gesehen zu einem Zeitpunkt statt, als die Auflösung des Ostblocks und die Beendigung des Kalten Krieges die Gültigkeit der bisherigen Sonderbehandlung in Frage stellt.

Anstelle des bis dahin in diesem Kontext entscheidenden Diskursmusters des Antikommunismus wird eine Form der Historisierung bestimmend, die die politische Verfolgung durch ein kommunistisches bzw. sozialistisches System ins Reich der Vergangenheit verweist und so erlaubt, auch diese Flüchtlinge als fremd zu charakterisieren und deren Ausschluß zu legitimieren. Dies liefert möglicherweise einen Anhaltspunkt dafür, wie es zu der Eskalation von Fremdenfeindlichkeit in dieser Zeit gekommen ist. In jedem Fall erklärt es, wieso in der Berichterstattung über die Ausschreitungen in Rostock, alle Asylbewerber und Flüchtlinge als Fremde gekennzeichnet werden und in extremer Form eine diskursive Ausgrenzung erfahren.

Dabei bildet vor allem die Kriminalisierung ein zentrales Muster, das die Zuschreibung von Fremdheit zunächst erweitert, schließlich begründet und legitimiert. Hier findet im Diskurs der sozialen Ausgrenzung eine Verknüpfung mit Rassismus statt. Rassismus ist in dieser Arbeit als Eigenschaft von Diskursen bestimmt worden, die in den analysierten Debatten in Form von kulturellem Rassismus immer in Verbindung mit der Herstellung von Kriminalität auftaucht. Dieses Merkmal charakterisiert vor allem die Medienberichterstattung. Daneben finden sich in der Medien-, in erster Linie aber in der Asylrechtsdebatte in unterschiedlicher Ausprägung auch ethnozentristische Deutungsmuster.[210] Hier werden unterschiedliche Verhaltens- und Lebensweisen als - wenngleich veränderliche - Folgen der ethnischen Zugehörigkeit hergestellt. Diese Deutungsmuster unterscheiden sich jedoch hinsichtlich der damit verbundenen sozialen Ausgrenzung nicht von denen rassistischer Art, da den Flüchtlingen in beiden Fällen eine Minderwertigkeit zugeschrieben wird und deren Kriminalisierung im Zentrum des Diskurses steht.

Dies liefert einen weiteren Hinweis für die Entstehung und Eskalation von Fremdenfeindlichkeit. Rassistische wie ethnozentristische Deutungsmuster erhalten aber eine besondere Kraft durch die Verbindung mit denen der Kriminalisierung. Durch die Verbindung rassistischer Muster mit dem Kriminalitätskonzept wirken zwei Ausschließungsprinzipien zusammen, wobei letzteres auf dem ersten aufbaut und diesem seine endgültige Legitimität verleiht. Dies läßt

---

[210] In der Asylrechtsdebatte finden sich aber auch Formen von verdecktem Rassismus; hier werden vielfältige Formen der Verrechtlichung hergestellt, die es erlauben, die impliziten politischen Inhalte und Interessen unsichtbar zu machen.

vermuten, daß in der politischen Kultur der Bundesrepublik Rassismus als Diskursmuster allein nicht genügt, um den sozialen Ausschluß herzustellen.[211]

Die Analyse hat gezeigt, daß die den Asylbewerbern zugeschriebene Fremdheit und deren Kriminalisierung ein historisch weit zurückreichendes und sich kontinuierlich veränderndes Deutungsmuster ist, das in Form unterschiedlicher Argumentationsmuster in Erscheinung tritt. Es ist nicht erst zum Zeitpunkt der faktischen Ausgrenzung dieser Gruppe entstanden, für die m.E. die Änderung des Asylrechts symptomatisch ist. In der Medienberichterstattung und in der Asylrechtsdebatte der 90er Jahre tauchen sie lediglich in komprimierter Form auf. Dies erklärt sich damit, daß etablierte Deutungsmuster immer dann eingesetzt werden, wenn Konsens über bestimmte Praxen hergestellt werden muß.

Wir haben darauf hingewiesen, daß es für die Untersuchung von Fremdenfeindlichkeit notwendig ist, den historischen Bezug und den politisch-kulturellen Kontext zu berücksichtigen. Die vorliegende Analyse hat dies über die Kombination der Untersuchung der Mediendebatte über Rostock-Lichtenhagen mit einer Analyse der historisch übergeordneten Asylrechtsdebatte realisiert.

Dabei wurde in den theoretischen Überlegungen festgestellt, daß Diskurse Instanzen der Selektion, Sinngebung und Bedeutungsherstellung sind, deren Effekte vor allem in einer Langzeit*wirkung* liegen, welche wiederum maßgeblich vom Kontext ihrer Entstehung, der kulturellen Ordnung einer Gesellschaft, abhängig sind. Vor allem das kulturell hergestellte und kollektiv vorhandene Wissen ist entscheidend für die Konstruktion und Verarbeitung von Deutungsangeboten. So stehen kollektiv vorhandene Rahmungen von Kriminalität immer im Kontext der politischen und kulturellen Verhältnisse der Gesellschaft und geben Auskunft über deren normative Konturen. Werden diese historisch geprägten und politisch-kulturell verankerten Deutungsmuster nicht mitberücksichtigt, sind soziale Phänomene nur ausschnitthaft erklärbar.

Die Eskalation von Fremdenfeindlichkeit kann von daher nicht damit erklärt werden, daß die politische Debatte über die Abschaffung des Asylrechts oder eine rassistische Medienberichterstattung in dieser Zeit zu fremdenfeindlichen Gewalttaten angeregt bzw. aufgefordert habe. Diese Erklärungen unterstellen der Politik und/oder den Medien eine lineare Wirkung und greifen auch zeitlich gesehen zu kurz. Außerdem wird dabei vernachlässigt, daß die im Diskurs hergestellten Deutungen als Bestandteil eines nicht-bewußt bewußten Wissens schon kollektiv vorhanden sind.

Die Analyse hat gezeigt, daß die politische Kultur der Bundesrepublik in

---

[211]   Dies bedeutet umgekehrt für die Perspektive einer kritischen Kriminologie, daß sie ein Konzept und Verständnis von Rassismus braucht.

ihrer historischen Entwicklung kollektive Bedeutungen installiert, die die Asylbewerber als Fremde und Feinde erscheinen lassen. Parallel dazu ist die Bedeutung des Nationalsozialismus für den Umgang mit dieser Gruppe als Anachronismus markiert worden. Die politische Kultur wird zu einer fremdenfeindlichen, die damit verbundenen institutionalisierten Bedeutungen gelangen regelmäßig zur Anwendung und stellen so einen Rahmen bereit, in dem fremdenfeindliche Gewalt möglich wird.

Wir haben Deutungsmuster als sozial verfügbare Formen der Verdichtung
und Abstrahierung bestimmt, die sich aus Argumenten zusammensetzen. Sie
sind nicht mit kognitiven Mustern und Wertorientierungen gleichzusetzen und
können das Verhalten einzelner Akteure nicht allein erklären. Eine Analyse des
kulturellen Kontextes von Ereignissen, die diese Deutungsmuster herausarbei-
tet, zeigt jedoch den Rahmen auf, in dem die Akteure verortet sind und der bestimmte Handlungen erst möglich macht.

Von daher sind für den Verlauf politischer Ereignisse nicht die Handlungen einzelner bestimmend, sondern der generelle Deutungsrahmen als Struktur.
Strukturen sind durch eine relative Stabilität gekennzeichnet und stehen in einer
engen Beziehung zu ihrer Dauer, der *longue dureé*. Dies erklärt die Notwendigkeit einer Langzeitanalyse.[212]

Haben sich die einzelnen Argumente erst einmal historisch im Diskurs verankert und sind als anerkannte Deutungen etabliert, kann immer wieder auf sie
zurückgegriffen werden. Eine besondere Macht erhalten sie dann, wenn sie zusammenwirken und in einen übergeordneten Deutungsrahmen eingebettet sind.
Die Herstellung der Asylbewerber als Fremde in Verbindung mit ihrer Kriminalisierung innerhalb einer spezifischen historischen Perspektive erlaubt, es den
Ausschluß der Asylbewerber zu fordern und zu legitimieren, und stellt damit
einen generellen Deutungsrahmen bereit, der Fremdenfeindlichkeit als Merkmal
der politischen Kultur der Bundesrepublik bestimmt.

---

[212] Vgl. Honnegger 1977: 22. Auf die Bedeutung der Berücksichtigung der *longue dureé* ist
vor allem in der historischen Forschung von der Gruppe der Annales hingewiesen worden, die politische und gesellschaftliche Ereignisse mit der Tiefenstruktur der Geschichte und deren langjährigen Konjunkturschwankungen erklären (vgl. Iggers 1978; Honegger 1977).

Literaturverzeichnis

Althoff, Martina 1997, Die Herstellung von rassistischen Bildern in den Medien. Der „ideale" Asylbewerber, in: Konstruktion der Wirklichkeit durch Kriminalität und Strafe, hrsg. von Detlev Frehsee, Gabi Löschper u. Gerlinda Smaus, Baden-Baden: Nomos, 392-403.

Althoff, Martina 1996, Kiesinger, die APO und der Nationalsozialismus: Zur Dynamik eines NS-Konfliktes, in: Jahrbuch für Antisemitismusforschung 5, hrsg. von Wolfgang Benz für das Zentrum für Antisemitismusforschung der Technischen Universität Berlin, Frankfurt a.M./ New York: Campus, 211-232.

Althoff, Martina 1995, Die symbolische Ökonomie politischer Konflikte. Eine Diskursanalyse des Streits um Helmut Kohls Israelreise 1984, in: Umkämpftes Terrain. Diskurse über den Nationalsozialismus nach 1945, hrsg. von Thomas Herz, Siegen: unveröffentl. Manuskript, 142-164.

Althoff, Martina 1994, „Das sind keine Nazis, das sind unsere Kinder" - Der Diskurs über die Ausschreitungen in Rostock, in: Allgemeine Verunsicherung und Politik der Inneren Sicherheit. Referate des Workshops an der Friedrich-Schiller-Universität Jena 14.-16. Oktober 1994, Dokumentation Nr. 6, hrsg. von Stefan Hornbostel, Jena: Universitätsdruck, 77-90.

Althoff, Martina/ Leppelt, Monika 1995, „Kriminalität" - eine diskursive Praxis. Foucaults Anstösse für eine Kritische Kriminologie. Mit einem Vorwort von Fritz Sack, Spuren der Wirklichkeit Bd. 8, Münster/ Hamburg: LIT.

Arendt-Rojahn, Veronika 1984, Politisch Verfolgte genießen Asylrecht, in: Vorgänge 23, Heft 3, 92-98.

Balibar, Etienne 1990, Gibt es einen „Neo-Rassismus", in: Balibar, Etienne/ Wallerstein, Imanuel, Rasse - Klasse - Nation. Ambivalente Identitäten (zuerst 1988), Hamburg: Argument, 23-38.

Balibar, Etienne 1989, Gibt es einen „neuen Rassismus", in: Das Argument 175, 31, Heft 4, 369-381.

Baumann, Ulrich 1993, Die Darstellung von Verbrechensopfern in der Presse. Ergebnisse einer Untersuchung, in: Kriminologische Forschung in den 90er Jahren, hrsg. von Günther Kaiser u. Helmut Kury, Freiburg: Max-Planck-Institut, 35-43.

Berbüsse, Volker 1992, Das Bild „der Zigeuner" in deutschsprachigen kriminologischen Lehrbüchern seit 1949. Eine erste Bestandsaufnahme, in: Jahrbuch für Antisemitismusforschung 1, hrsg. von Wolfgang Benz für das Zentrum für Antisemitismusforschung der Technischen Universität Berlin, Frankfurt a.M./ New York: Campus, 116-151.

Berger, Peter L./ Luckmann, Thomas 1982, Die gesellschaftliche Konstruktion der Wirklichkeit. Eine Theorie der Wissenssoziologie (zuerst 1966), Frankfurt a.M.: Fischer.

Blanke, Bernhard 1993a, „Schnell entschieden, rasch abschieben". Zur Kommunikationsstruktur der Asyldebatte, in: Zuwanderung und Asyl in der Konkurrenzgesellschaft, hrsg. von Bernhard Blanke, Opladen: Leske + Budrich, 9-23.

Blanke, Bernhard 1993b, Zuwanderung und Asyl. Zur Kommunikationsstruktur der Asyldebatte, in: Leviathan 21, Heft 1, 13-23.

Boers, Klaus 1994, Kriminalität und Kriminalitätsfurcht im sozialen Umbruch, in: Neue Kriminalpolitik 6, Heft 2, 27-31.

Boers, Klaus 1993, Kriminalitätsfurcht. Ein Beitrag zum Verständnis eines sozialen Problems, in: Monatsschrift für Kriminologie und Strafrechtsreform 76, Heft 1, 65-82.

Bohn, Irina/ Feuerhelm, Wolfgang/ Hamburger, Franz 1992, Sinti und Roma in der Lokalpresse. Stigmatisierung einer ethnischen Minderheit am Beispiel der Presseberichterstattung in Dortmund 1982 bis 1984, in: neue praxis 22, Heft 3, 257-272.

Bohn, Irina/ Hamburger, Franz/ Rock, Kerstin 1995, Polizei und Presse. Eine Untersuchung zum „staatlich genährten Rassismus" am Beispiel der Berichterstattung über Roma und Sinti, in: Jahrbuch für Antisemitismusforschung 4, hrsg. von Wolfgang Benz für das Zentrum für Antisemitismusforschung der Technischen Universität Berlin, Frankfurt a.M./ New York: Campus, 166-183.

Bohn, Irina/ Hamburger, Franz/ Rock, Kerstin 1993a, Der Diskurs über Roma und Sinti in der Lokalpresse, in: Rassismus - Fremdenfeindlichkeit - Rechtsextremismus. Beiträge zu einem gesellschaftlichen Diskurs, hrsg. vom Institut für sozialpädagogische Forschung Mainz (ISM) e.V., Bielefeld: Böllert KT, 179-187.

Bohn, Irina/ Hamburger, Franz/ Rock, Kerstin 1993b, Die Berichterstattung über Roma und Sinti in der Lokalpresse. Ein Beispiel für den neo-rassistischen Diskurs, in: Entstehung von Fremdenfeindlichkeit. Die Verantwortung von Politik und Medien, hrsg. vom Forschungsinstitut der Friedrich-Ebert-Stiftung, Bonn: Eigenverlag, 101-106.

Boumann, Heiko/ Herz, Thomas 1995, Der „Fall Globke": Entstehung und Wandlung eines NS-Konfliktes, in: Umkämpftes Terrain. Diskurse über den Nationalsozialismus nach 1945, hrsg. von Thomas Herz, Siegen: unveröffentl. Manuskript, 30-72.

Bourdieu, Pierre 1985, Sozialer Raum und „Klassen". Leçon sur la leçon. Zwei Vorlesungen (zuerst 1984/1982), Frankfurt a.M.: Suhrkamp.

Brosius, Hans-Bernd/ Esser, Frank 1995a, Eskalation durch Berichterstattung? Massenmedien und fremdenfeindliche Gewalt, Opladen: Westdeutscher Verlag.

Brosius, Hans-Bernd/ Esser, Frank 1995b, Fernsehen als Brandstifter? Unerwünschte Nebenwirkungen der Berichterstattung über fremdenfeindliche Gewalt, in: Gewaltdarstellungen in den Medien. Theorien, Fakten und Analysen, hrsg. von Mike Friedrichsen u. Gerhard Vowe, Opladen: Westdeutscher Verlag, 235-257.

Bundesministerium des Innern 1993, Aufzeichnung zur Ausländerpolitik und zum Ausländerrecht in der Bundesrepublik Deutschland, Stand Juli 1993, A 1-937 020/15.

Butterwegge, Christoph 1993, Die Rolle der Massenmedien in der Auseinandersetzung mit dem Rechtsextremismus/Rassismus: Ansatzpunkte einer Gegenstrategie, in: Die vierte Gewalt. Rassismus und die Medien, hrsg. von Siegfried Jäger u. Jürgen Link, Duisburg: DISS, 305-328.

Cohen, Stanley 1980, Folk Devils and Moral Panics: the Creation of the Mods and Rockers (zuerst 1972), New York: Basil Blackwell.

Cremer-Schäfer, Helga 1995, „Kriminalität" als ein ideologischer Diskurs und der Moral-Status der Geschlechter, in: Geschlechterverhältnis und Kriminologie, hrsg. von Martina Althoff u. Sibylle Kappel, 5. Beiheft des Kriminologischen Journals, Weinheim/ München: Juventa, 120-142.

Cremer-Schäfer, Helga 1992, Skandalisierungsfallen. Einige Anmerkungen dazu, welche Folgen es hat, wenn wir das Vokabular "der Gewalt" benutzen, um auf gesellschaftliche Probleme und Konflikte aufmerksam zu machen, in: Kriminologisches Journal 24, Heft 1, 23-36.

Cremer-Schäfer, Helga/ Stehr, Johannes 1990a, Das Moralisieren und Skandalisieren von Problemen, in: Kriminalsoziologische Bibliographie 17, Heft 68, 21-42.

Cremer-Schäfer, Helga/ Stehr, Johannes 1990b, Der Normen- & Werte-Verbund. Strafrecht, Medien und herrschende Moral, in: Kriminologisches Journal 22, Heft 2, 82-104.

Creydt, Meinhard 1994, „Individualisierung" als Ursache rassistischer Gewalt? Zu Heitmeyers Diagnose des Verfalls von Werten und Sozialintegration, in: Das Argument 205, 36, Heft 3, 409-418.

Dahmer, Helmut 1993, Antisemitismus und Xenophobie, in: Rechtsradikale Gewalt im vereinigten Deutschland. Jugend im gesellschaftlichen Umbruch, hrsg. von Hans-Uwe Otto u. Roland Merten, Opladen: Leske + Budrich, 80-87.

Deleuze, Gilles 1992, Foucault (zuerst 1986), Frankfurt a.M.: Suhrkamp.

Dijk, Teun A. van 1992, Rassismus-Leugnung im Diskurs, in: Der Diskurs des Rassismus, OBST, Osnabrücker Beiträge zur Sprachtheorie 46, Ergebnisse des DISS-Kolloquiums November 1991, hrsg. von Siegfried Jäger u. Franz Januschek, Hannover: SOAK, 103-129.

Dijk, Teun A. van 1991, Rassismus heute: Der Diskurs der Elite und seine Funktion für die Reproduktion des Rassismus, DISS-Texte Nr. 14, Duisberg: DISS.

DISS 1993, Schlagzeilen. Rostock: Rassismus in den Medien (zuerst 1992), DISS-Skript Nr. 5, Duisburg: DISS.

Dittrich, Eckhard/ Lentz, Astrid 1994, Die Fabrikation von Ethnizität, in: Nationalstaat und Ethnizität, hrsg. von Reinhart Kößler u. Tilmann Schiel, Frankfurt: IKO, 23-40.

Dreyfus, Hubert L./ Rabinow, Paul 1987, Michel Foucault: Jenseits von Strukturalismus und Hermeneutik (zuerst 1982), Frankfurt a.M.: athenäum.

Enzensberger, Hans Magnus 1992, Die Große Wanderung. Dreiunddreißig Markierungen. Mit einer Fußnote „Über einige Besonderheiten der Menschenjagd" (5. Aufl.), Frankfurt a.M.: Suhrkamp.

Erikson, Kai T. 1978, Die widerspenstigen Puritaner. Zur Soziologie abweichenden Verhaltens (zuerst 1966), Stuttgart: Klett-Cotta.

Falk, Gunther/ Steinert, Heinz 1973, Über den Soziologen als Konstrukteur von Wirklichkeit, das Wesen der sozialen Realität, die Definition sozialer Situationen und die Strategien ihrer Bewältigung, in: Symbolische Interaktion. Arbeiten zu einer reflexiven Soziologie, hrsg. von Heinz Steinert, Stuttgart: Klett-Cotta, 13-45.

Fishman, Mark 1980, Manufacturing the News, Austin: University of Texas.

Fishman, Mark 1978, Crime Waves as Ideology, in: Social Problems 25, Heft 5, 531-543.

Flick, Uwe 1995, Qualitative Sozialforschung. Theorie, Methoden, Anwendung in Psychologie und Sozialwissenschaften, Reinbek bei Hamburg: Rowohlt.

Förster, Michael/ Schenk, Josef 1984, Der Einfluß massenmedialer Verbrechensdarstellungen auf Verbrechensfurcht und Einstellungen zu Straftätern, in: Monatsschrift für Kriminologie und Strafrechtsreform 67, Heft 2, 90-104.

Foucault, Michel 1991a, Die Geburt der Klinik. Eine Ärchäologie des ärztlichen Blicks (zuerst 1963), Frankfurt a.M.: Fischer.

Foucault, Michel 1991b, Die Ordnung des Diskurses. Mit einem Essay von Ralf Konersmann (zuerst 1972), Frankfurt a.M.: Fischer.

Foucault, Michel 1988, Archäologie des Wissens (zuerst 1969), Frankfurt a.M.: Suhrkamp.

Foucault, Michel 1987, Nietzsche, die Genealogie, die Historie (zuerst 1971), in: Michel Foucault, Von der Subversion des Wissens, Frankfurt a.M.: Fischer, 69-90.

Foucault, Michel 1981, Überwachen und Strafen. Die Geburt des Gefängnisses (zuerst 1975), Frankfurt a.M.: Suhrkamp.

Foucault, Michel 1973, Die Geburt der Klinik. Eine Archäologie des ärztlichen Blicks (zuerst 1963), München: Hanser.

Foucault, Michel 1969, Wahnsinn und Gesellschaft. Eine Geschichte des Wahns im Zeitalter der Vernunft (zuerst 1961), Frankfurt a.M.: Suhrkamp.

Frank, Manfred 1988, Zum Diskursbegriff bei Foucault, in: Diskurstheorien und Literaturwissenschaft, hrsg. von Jürgen Föhrmann u. Harro Müller, Frankfurt a.M.: Suhrkamp, 25-44.

Frehsee, Detlev 1997, Fehlfunktionen des Strafrechts und der Verfall rechtsstaatlichen Freiheitsschutzes, in: Konstruktion der Wirklichkeit durch Kriminalität und Strafe, hrsg. von Detlev Frehsee, Gabi Löschper u. Gerlinda Smaus, Baden-Baden: Nomos, 14-46.

Friedrichsen, Mike/ Jenzowsky, Stefan 1995, Methoden und Methodologie: Ein Vergleich ausgewählter Studien der 90er Jahre zur Gewalt in den Medien, in: Gewaltdarstellungen in den Medien. Theorien, Fakten und Analysen, hrsg. von Mike Friedrichsen u. Gerhard Vowe, Opladen: Westdeutscher Verlag, 292-330.

Fuchs, Dieter/ Gerhards, Jürgen/ Neidhardt, Friedhelm 1992, Öffentliche Kommunikationsbereitschaft. Ein Test zentraler Bestandteile der Theorie der Schweigespirale, in: Zeitschrift für Soziologie 21, Heft 4, 284-295.

Funk, Albrecht/ Stehr, Johannes 1992, Das Reden über Gewalt und sein Beitrag zur Stabilisierung von Herrschaftsverhältnissen, in: Kriminologisches Journal 24, Heft 1, 3-7.

Funke, Hajo 1993, Brandstifter. Deutschland zwischen Demokratie und völkischem Nationalismus, Göttingen: Lamuv.

Galtung, Johan/ Ruge, Mari Holmbue 1965, The Structure of Foreign News. The Presentation of the Congo, Cuba and Cyprus, in: Journal of Peace Research 2, 64-91.

Garfinkel, Harold 1977, Bedingungen für den Erfolg von Degradierungszeremonien (zuerst 1956), in: Seminar Abweichendes Verhalten III. Die gesellschaftliche Reaktion auf Kriminalität 2, hrsg. von Klaus Lüderssen u. Fritz Sack, Frankfurt a.M.: Suhrkamp, 31-40.

Garland, David 1985, The Criminal and his Science, in: British Journal of Criminology 25, 109-137.

Gebauer, Guido/ Taureck, Bernhard H. F./ Ziegler, Thomas 1993, Ausländerfeindschaft ist Zukunftsfeindschaft. Plädoyer für eine kulturintegrative Gesellschaft, Frankfurt a.M.: Fischer.

Gerhard, Ute 1992, Wenn Flüchtlinge und Einwanderer zu „Asylantenfluten" werden - Zum Anteil des Mediendiskurses an rassistischen Progromen, in: Der Diskurs des Rassismus, OBST, Osnabrücker Beiträge zur Sprachtheorie 46, Ergebnisse des DISS-Kolloquiums November 1991, hrsg. von Siegfried Jäger u. Franz Januschek, Hannover: SOAK, 163-178.

Giddens, Anthony 1995, Sociology (zuerst 1989), Oxford: Polity Press.

Goethe, Johann Wolfgang von 1976, Die Leiden des jungen Werthers (zuerst 1774), Stuttgart: Reclam.

Goffman, Erving 1993, Rahmen-Analyse. Ein Versuch über die Organisation von Alltagserfahrungen (zuerst 1974), Frankfurt a.M.: Suhrkamp.

Gugtschkow, Sabine 1993, Das Bild des „Ausländers" in den Printmedien des Leipziger Raumes, in: Entstehung von Fremdenfeindlichkeit. Die Verantwortung von Politik und Medien, hrsg. vom Forschungsinstitut der Friedrich-Ebert-Stiftung, Bonn: Eigenverlag, 107-119.

Gusfield, Joseph R. 1981, The Culture of Public Problems, Chicago.

Habermas, Jürgen 1987, Eine Art Schadensabwicklung, in: „Historikerstreit". Die Dokumentation der Kontroverse um die Einzigartigkeit der nationalsozialistischen Judenvernichtung, München: Piper, 62-76.

Hall, Stuart 1989, Rassismus als ideologischer Diskurs, in: Das Argument 178, 31, 913-921.

Hall, Stuart 1982, Die Konstruktion von Rasse in den Medien (zuerst 1981), in: Das Argument 134, 24, 524-533.

Hall, Stuart/ Critcher, Chas/ Jefferson, Tony/ Clarke, John/ Roberts, Brian 1978, Policing the Crisis. Mugging, the State, and Law and Order, London: Macmillan Education.

Hartmann, Heinz 1989, Mängel im soziologischen Lehrangebot, in: Soziale Welt 40, Heft 1/2, 220-232.

Hassemer, Winfried 1993, Warum man den „Großen Lauschangriff" nicht führen sollte, in: Innere Unsicherheit. Eine kritische Bestandsaufnahme, hrsg. von Eva Kampmeyer u. Jürgen Neumeyer, München: AG-SPAK, 105-109.

Haug, Wolfgang Fritz 1992, Zur Dialektik des Anti-Rassismus, in: Das Argument 191, 34, Heft 1, 27-52.

Heinsohn, Gunnar 1993, Rostocks Gewalt und ihre Erhellung durch die *Bystander*-Forschung, in Leviathan 21, Heft 1, 5-12.

Heitmeyer, Wilhelm 1991, Wenn der Alltag fremd wird. Modernisierungsschock und Fremdenfeindlichkeit, in: Blätter für deutsche und internationale Politik 36, Heft 7, 851-858.

Heitmeyer, Wilhelm 1987, Rechtsextremistische Orientierungen bei Jugendlichen. Empirische Ergebnisse und Erklärungsmuster einer Untersuchung zur politischen Sozialisation, Weinheim/ München: Juventa.

Heitmeyer, Wilhelm/ Buhse, Heike/ Liebe-Freund, Joachim/ Möller, Kurt/ Müller, Joachim/ Ritz, Helmut/ Siller, Gertrud/ Vossen, Johannes 1992, Die Bielefelder Rechtsextremismus-Studie. Erste Langzeituntersuchung zur politischen Sozialisation männlicher Jugendlicher, Weinheim/ München: Juventa.

Heitmeyer, Wilhelm/ Collmann, Birgit/ Conrads, Jutta/ Matuschek, Ingo/ Kraul, Dietmar/ Kühnel, Wolfgang/ Möller, Renate/ Ulbrich-Hermann, Matthias 1996, Gewalt. Schattenseiten der Individualisierung bei Jugendlichen aus unterschiedlichen Milieus (zuerst 1995), Weinheim/ München: Juventa.

Herz, Thomas 1996a, Die „Basiserzählung" und die NS-Vergangenheit. Zur Veränderung der politischen Kultur in Deutschland, in: Gesellschaften im Umbruch. Verhandlungen des 27. Kongresses der Deutschen Gesellschaft für Soziologie in Halle an der Saale 1995, hrsg. in deren Auftrag von Lars Clausen, Frankfurt a.M./ New York: Campus, 91-109.

Herz, Thomas 1996b, Rechtsradikalismus und die „Basiserzählung". Wandlungen in der politischen Kultur Deutschlands, in: Rechtsextremismus. Ergebnisse und Perspektiven der Forschung, hrsg. von Jürgen W. Falter, Hans-Gerd Jaschke u. Jürgen R. Winkler, Sonderheft 27 der Politischen Vierteljahresschrift, Opladen: Westdeutscher Verlag, 484-501.

Herz, Thomas 1993, Politische Kultur im neuen Staat. Eine Kritik der aktuellen Forschung, in: Prokla 91, Zeitschrift für kritische Sozialwissenschaft 23, 231-250.

Hess, Henner 1988, Terrorismus und Terrorismus-Diskurs, in: Angriff auf das Herz des Staates. Soziale Entwicklung und Terrorismus. Erster Band, Analysen von Henner Hess, Martin Moerings, Dieter Paas, Sebastian Scheerer u. Heinz Steinert, Frankfurt a.M.: Suhrkamp, 55-74.

Hess, Henner/ Steinert, Heinz 1986, Zur Einleitung: Kritische Kriminologie - zwölf Jahre danach, in: Kritische Kriminologie heute, 1. Beiheft des Kriminologischen Journals, Weinheim/ München: Juventa, 2-8.

Hofer, Hanns von 1990, Rechts überholen überlaubt! Anmerkungen zum Kriminaljournalismus in Schweden, in: Kriminalsoziologische Bibliographie 17, Heft 69, 37-46.

Hoffmann-Riem, Christa 1980, Die Sozialforschung einer interpretativen Soziologie, in: Kölner Zeitschrift für Soziologie und Sozialforschung 32, 339-371.

Höfling-Semnar, Bettina 1995, Flucht und deutsche Asylpolitik. Von der Krise des Asylrechts zur Perfektionierung der Zugangsverhinderung, Münster: Westfälisches Dampfboot.

Hofmann, Gunter 1993, Kulturkampf gegen die Kulturrevolutionäre, in: Die Zeit, Nr. 1, vom 1.1.93.

Hohmann, Joachim S. 1980, Zigeunermythos und -vorurteil. Marginalien zu einer verleugneten Minderheit, in: Zigeunerleben. Beiträge zur Sozialgeschichte einer Verfolgung, hrsg. von Joachim S. Hohmann u. Roland Schopf, Darmstadt: ms edition, 85-123.

Hohmann, Joachim S./ Schopf, Roland (Hrsg.) 1980, Zigeunerleben. Beiträge zur Sozialgeschichte einer Verfolgung, Darmstadt: ms edition.

Honegger, Claudia 1977, Geschichte im Entstehen. Notizen zum Werdegang der *Annales*, in: M. Bloch, F. Braudel, L. Febvre u.a. Schrift und Materie der Geschichte. Vorschläge zur systematischen Aneignung historischer Prozesse, hrsg. von Claudia Honegger, Frankfurt a.M.: Suhrkamp.

Hopf, Christel 1993a, Einführung: Zu den Fragestellungen der Veranstaltung und zu den Begriffen „Ethnozentrismus" und „Rassismus", in: Lebensverhältnisse und soziale Konflikte im neuen Europa. Verhandlungen des 26. Deutschen Soziologentages in Düsseldorf 1992, hrsg. im Auftrag der Deutschen Gesellschaft für Soziologie von Berhard Schäfers, Frankfurt a.M./ New York: Campus, 379-381.

Hopf, Christel 1993b, Soziologie und qualitative Sozialforschung (zuerst 1979), in: Qualitative Sozialforschung, hrsg. von Christel Hopf u. Elmar Weingarten, Stuttgart: Klett-Cotta, 11-37.

Hopf, Christel 1993c, Autoritäres Verhalten. Ansätze zur Interpretation rechtsextremer Tendenzen, in: Rechtsradikale Gewalt im vereinigten Deutschland. Jugend im gesellschaftlichen Umbruch, hrsg. von Hans-Uwe Otto u. Roland Merten, Opladen: Leske + Budrich, 157-165.

Hopf, Christel/ Rieker, Peter/ Sanden-Marcus, Martina/ Schmidt, Christiane 1995, Familie und Rechtsextremismus. Familiale Sozialisation und rechtsextreme Orientierungen junger Männer, Weinheim/ München: Juventa.

Huhnke, Brigitta 1993, Intermediale Abhängigkeiten bei der Inszenierung rassistischer Feindbilder seit Mitte der achtziger Jahre am Beispiel der Wochenzeitungen „Bild am Sonntag" und „Der Spiegel", in: Die vierte Gewalt. Rassismus und die Medien, hrsg. von Siegfried Jäger u. Jürgen Link, Duisburg: DISS, 213-266.

Huisken, Freerk 1993, Nichts als Nationalismus. Deutsche Lehren aus Rostock und Mölln. Ein antirassistisches Tagebuch, Hamburg: VSA.

Iggers, Georg 1978, Neue Geschichtswissenschaft, München: dtv.

Jäger, Margret/ Jäger, Siegfried 1993, Verstrickungen - Der rassistische Diskurs und seine Bedeutung für den politischen Gesamt-Diskurs in der Bundesrepublik Deutschland, in: Die vierte Gewalt. Rassismus und die Medien, hrsg. von Siegfried Jäger u. Jürgen Link, Duisburg: DISS, 49-79.

Jäger, Siegfried 1994, Zur Eskalation des Rassismus in Deutschland. Ein diskursanalytisch begründeter Erklärungsversuch, in: Informationsdienst zur Ausländerarbeit, Heft 1, 14-18.

Jäger, Siegfried 1993, Brandsätze. Rassismus im Alltag (3. Aufl.), Duisburg: DISS.

Jäger, Siegfried 1991, Rassismus. Thesen zur Klärung eines umstrittenen Begriffs, in: Rechtsextremismus im vereinten Deutschland. Randerscheinung oder Gefahr für die Demokratie. Mit einem Vorwort von Eckhart Spoo, hrsg. von Christoph Butterwegge u. Horst Isola, (2. Aufl.), Bremen/ Berlin: Steintor/ LinksDruck, 51-56.

Jäger, Siegfried/ Link, Jürgen 1993, Die vierte Gewalt. Rassismus und die Medien, in: Die vierte Gewalt. Rassismus und die Medien, hrsg. von Siegfried Jäger u. Jürgen Link, Duisburg: DISS, 7-20.

Jahnke, Karl Heinz 1993, Rostock: August 1992. Eskalation der Gewalt. Tatsachen und Hintergründe, in: Rostock: August 1992. Eskalation der Gewalt - Ursachen - Konsequenzen, hrsg. von Studienkreis für Jugendgeschichte u. -forschung. Darstellung und Vermittlung e.V., Rostock: Jugend und Geschichte, 9-14.

Jaschke, Hans-Gerd 1992, Fremdenfeindlichkeit, Rechtsextremismus und das Fernsehen. Eine medienkritische Betrachtung, in: Aspekte der Fremdenfeindlichkeit. Beiträge zur aktuellen Diskussion, hrsg. vom Institut für Sozialforschung, Frankfurt a.M./ New York: Campus, 55-69.

Jelpke, Ulla und das Pressebüro der PDS/LL (Hrsg.) 1993, Über den schonenden Umgang der Bundesregierung mit dem Rechtsextremismus. Rechtsextremistische Gewalttaten in Deutschland August 1991 - 4. Dezember 1993, Teil 4, Materialien zur Pressekonferenz 1.7.93, Bonn: Eigendruck.

Jubelius, Werner/ Stein-Hilbers, Marlene 1977, Vermittlung von Informationen über Kriminalität in Massenmedien. Überlegungen zur Erklärung unterschiedlicher Bewußtseinsinhalte, in: Monatsschrift für Kriminologie und Strafrechtsreform 60, Heft 3, 177-185.

Jung, Heike 1993, Massenmedien und Kriminalität, in: Kleines kriminologisches Wörterbuch, hrsg. von Günther Kaiser, Hans-Jürgen Kerner, Fritz Sack u. Hartmut Schellhoss (3. überarb. Aufl.), Heidelberg: C.F. Müller, 345-350.

Jünschke, Klaus/ Meertens, Christoph 1994, Risikofaktor Innere Sicherheit. Argumente gegen den Law-and-Order-Staat, München: Knaur.

Kaiser, Günther 1993, Einfluß massenmedialer Gewaltdarstellung, in: ders., Kriminologie. Eine Einführung in die Grundlagen, Heidelberg: C. F. Müller, 409-414.

Kalpaka, Annita/ Räthzel, Nora (Hrsg.) 1990, Die Schwierigkeit, nicht rassistisch zu sein (2. überarb. Aufl.), Leer: Mundo.

Kerner, Hans-Jürgen 1993, Kriminalstatistik, in: Kleines kriminologisches Wörterbuch (3. Aufl.), hrsg. von Günther Kaiser, Hans-Jürgen Kerner, Fritz Sack u. Hartmut Schellhoss, Heidelberg: C.F. Müller, 294-301.

Killias, Martin 1983, Massenmedien und Kriminalitätsfurcht: Abschied von einer plausiblen Hypothese. Ein selektiver Literaturbericht, in: Schweizerische Zeitung für Soziologie 2, 419-436.

Klapper, Joseph T. 1979, Die Wirkungen der Darstellung von Verbrechen und Gewalt in den Massenmedien (zuerst 1960), in: Kriminalsoziologie, hrsg. von Fritz Sack u. René König, Wiesbaden: Akademische Verlagsgesellschaft, 154-186.

Klausmeier, Simone 1984, Vom Asylbewerber zum „Scheinasylanten". Asylrecht und Asylpolitik in der Bundesrepublik seit 1973, Berlin: EXpress Edition.

Kleining, Gerhard 1994, Qualitativ-heuristische Sozialforschung. Schriften zur Theorie und Praxis, Hamburg-Harvestehude: Fechner.

Kleining, Gerhard 1991, Das qualitativ-heuristische Verfahren der Textanalyse am Beispiel der Neujahrsansprachen des Bundeskanzlers Kohl, in: Sprache statt Politik. Politikwissenschaftliche Semantikforschung, hrsg. von Manfred Opp de Hipt u. Erich Latniak, Opladen: Westdeutscher Verlag, 246-277.

Klönne, Arno 1989, Aufstand der Modernisierungsopfer, in: Blätter für deutsche und internationale Politik 34, Heft 5, 545-548.

Knopp, Anke 1994, Die deutsche Asylpolitik, Münster: Agenda.

Knorr-Cetina, Karin 1989, Spielarten des Konstruktivismus. Einige Notizen und Anmerkungen, in: Soziale Welt 40, Heft 1, 89-96.

Küchler, Manfred 1996, Xenophobie im internationalen Vergleich, in: Rechtsextremismus. Ergebnisse und Perspektiven der Forschung, hrsg. von Jürgen W. Falter, Hans-Gerd Jaschke u. Jürgen R. Winkler, Sonderheft 27 der Politischen Vierteljahreszeitschrift, Opladen: Westdeutscher Verlag, 248-262.

Kunczik, Michael 1995, Wirkungen von Gewaltdarstellungen. Zum aktuellen Stand der Diskussion, in: Gewaltdarstellungen in den Medien. Theorien, Fakten und Analysen, hrsg. von Mike Friedrichsen u. Gerhard Vowe, Opladen: Westdeutscher Verlag, 125-144.

Kunczik, Michael 1987a, Gewaltforschung, in: Medienwirkungsforschung, hrsg. von Michael Schenk Tübingen: J.C.B. Mohr, 167-193.

Kunczik, Michael 1987b, Gewalt und Medien, Köln: Böhlau.

Kury, Helmut 1995, Zur Bedeutung von Kriminalitätsentwicklung und Viktimisierung für die Verbrechensfurcht, in: Kriminologische Opferforschung. Neue Perspektiven und Erkenntnisse. Verbrechensfurcht und Opferwerdung. Individualopfer und Verarbeitung von Opfererfahrungen, Teilband II, hrsg. von Günther Kaiser u. Jörg-Martin Jehle, Neue kriminologische Schriftenreihe der Neuen kriminologischen Gesellschaft e.V., Band 102/II, Heidelberg: Kriminalistik, 127-158.

Lamnek, Siegfried 1990, Kriminalitätsberichterstattung in den Massenmedien als Problem, in: Monatsschrift für Kriminologie und Strafrechtsreform 73, Heft 3, 163-176.

Lamnek, Siegfried 1988, Qualitative Sozialforschung. Methodologie, Band 1, Weinheim/ München: Psychologie Verlags Union.

Lautmann, Rüdiger 1995, Erotisierung von Gewalt - Problematisierung der Sexualität, in: Geschlechterverhältnis und Kriminologie, hrsg. von Martina Althoff u. Sibylle Kappel, 5. Beiheft des Kriminologischen Journals, Weinheim/ München: Juventa, 176-191.

Leggewie, Claus 1993, Plädoyer eines Antiautoritären für Autorität, in: Die Zeit, Nr. 19, vom 5.3.93.

Leggewie, Claus 1989, Die Republikaner. Phantombild der Neuen Rechten (3. Aufl.), Berlin: Rotbuch.

Lehne, Werner 1994, Der Konflikt um die Hafenstraße. Kriminalitätsdiskurse im Kontext symbolischer Politik, Pfaffenweiler: Centaurus.

Lehne, Werner 1993, Politik Innerer Sicherheit. Die entpolitisierende Konstruktion gesellschaftlicher Risiken als Kriminalitätsproblem, in: Innere Unsicherheit. Eine kritische Bestandsaufnahme, hrsg. von Eva Kampmeyer u. Jürgen Neumeyer, München: AG-SPAK, 51-72.

Lehne, Werner/ Löschper, Gabi 1990, Öffentliches Reden über Kriminalität. Medienberichterstattung und die Produktion von Feindbildern am Beispiel der Hafenstraße, Hamburg: unveröffentl. Manuskript.

Leiprecht, Rudolf 1994, Rassismus und Ethnozentrismus bei Jugendlichen. Zu den unterschiedlichen Formen dieser ausgrenzenden und diskriminierenden Orientierungen und Praxen und zur Notwendigkeit einer mehrdimensionalen antirassistischen Praxis (zuerst 1991), Diss-Texte Nr. 19, Duisburg: DISS.

Lenz, Ilse 1994, Wir wollen sein ein einzig Volk von Brüdern ... Zur Sozialen Konstruktion von Geschlecht und Ethnizität, in: Frauen - Rechtsextremismus, Rassismus, Gewalt, hrsg. von Christiane Tillner, Münster: Agenda, 49-64.

Link, Jürgen 1992, Die Analysen der symbolischen Komponenten realer Ereignisse. Ein Beitrag der Diskurstheorie zur Analyse neorassistischer Äußerungen, in: Der Diskurs des Rassismus, OBST, Osnabrücker Beiträge zur Sprachtheorie 46, Ergebnisse des DISS-Kolloquiums November 1991, hrsg. von Siegfried Jäger u. Franz Januschek, Hannover: SOAK, 37-52.

Link, Jürgen 1988, Medien und „Asylanten": Zur Geschichte eines Unworts, in: Flucht und Asyl. Informationen, Analysen, Erfahrungen aus der Schweiz und der Bundesrepublik Deutschland, hrsg. von Dietrich Thränhardt u. Simone Wolken, Freiburg i.B.: Lambertus, 50-61.

Link, Jürgen 1983, Asylanten. Ein Killwort, in: kultuRRevolution, Heft 2, 36-38.

Löschper, Gabi 1994, „Rasse" als Vorurteil vs. Diskursanalyse des Rassismus, in: Kriminologisches Journal 26, Heft 3, 170-190.

Löschper, Gabi 1992, Definitionsschwierigkeiten. Oder: Eine Orientierungshilfe der Psychologie in den (semantischen) Nebelschleiern des Aggressionsbegriffes, in: Kriminologisches Journal 24, Heft 1, 8-22.

Löschper, Gabi/ Lehne, Werner 1989, Staatliche Reaktion auf politischen Protest, in: Kriminologisches Journal 21, Heft 4, 260-266.

Löschper, Gabi/ Trotha, Trutz von 1996, Statt einer Einleitung: Ein Interview mit Fritz Sack, in: Politischer Wandel, Gesellschaft und Kriminalitätsdiskurse. Beiträge zur interdisziplinären wissenschaftlichen Kriminologie. Festschrift für Fritz Sack zum 65. Geburtstag, hrsg. von Trutz von Trotha, Baden-Baden: Nomos, 1-29.

Lüders, Christian 1991, Deutungsmusteranalyse. Annäherung an ein risikoreiches Konzept, in: Qualitativ-empirische Sozialforschung, hrsg. von Detlef Garz u. Klaus Kraimer, Opladen: Westdeutscher Verlag, 377-408.

Mathiesen, Thomas 1985, Die lautlose Disziplinierung, Bielefeld: AJZ.

Matouschek, Bernd 1992, Vorurteil - Diskurs - Rassismus. Einige theoretische Überlegungen zum „Rassismus-Begriff" in der sprachwissenschaftlichen Diskursforschung, in: Der Diskurs des Rassismus, OBST, Osnabrücker Beiträge zur Sprachtheorie 46, Ergebnisse des DISS-Kolloquiums November 1991, hrsg. von Siegfried Jäger u. Franz Januschek, Hannover: SOAK, 53-74.

Mattern, Ulrich 1983, Massenmedien und Kriminalität, in: Kriminal- und Rechtspsychologie. Ein Handbuch in Schlüsselbegriffen, hrsg. von Willi Seitz, München/ Wien/ Baltimore: Urban u. Schwarzenberg, 120-128.

Matthiesen, Ulf 1989, „Bourdieu" und „Konopka". Imaginäres Rendevouz zwischen Habitus-Konstruktion und Deutungsmusterrekonstruktion, in: Klassenlage, Lebensstil und kulturelle Praxis. Theoretische und empirische Beiträge zur Auseinandersetzung mit Pierre Bourdieus Klassentheorie, hrsg. von Klaus Eder, Frankfurt a.M.: Suhrkamp, 221-299.

Merten, Klaus 1994, Wirkungen von Kommunikation, in: Die Wirklichkeit der Medien. Eine Einführung in die Kommunikationswissenschaft, hrsg. von Klaus Merten, Siegfried J. Schmidt u. Siegfried Weischenberg, Opladen: Westdeutscher Verlag, 291-328.

Merten, Klaus 1991, Artefakte der Medienwirkungsforschung: Kritik klassischer Annahmen, in: Publizistik 36, 36-55.

Merten, Klaus 1990, Wirken sie wirklich, die Wirkungen der Massenkommunikation? in: Medien und Kommunikation. Konstruktion von Wirklichkeit, hrsg. vom Deutschen Institut für Fernstudien an der Universität Tübingen, Weinheim/ Basel: Beltz, 49-55.

Merten, Klaus 1987, Das Bild der Ausländer in der deutschen Presse, in: Ausländer und Massenmedien. Bestandsaufnahme und Perspektiven. Vortäge und Materialien einer internationalen Fachtagung vom 2. bis 4. Dezember 1986, hrsg. von der Bundeszentrale für politische Bildung, Bonn: Bundeszentrale für politische Bildung, 69-78.

Meuser, Michael/ Sackmann, Reinhold 1992, Zur Einführung: Deutungsmusteransatz und empirische Wissenssoziologie, in: Analyse sozialer Deutungsmuster. Beiträge zur empirischen Wissenssoziologie, hrsg. von Michael Meuser u. Reinhold Sackmann, Pfaffenweiler: Centaurus, 9-37.

Mika, Baschka 1994, Rostock - Lichtenhagen, rechtsstaatsfreie Zone. Eine Chronik, in: Neue Skandale der Republik, hrsg. von Georg M. Hafner u. Edmund Jacoby, Hamburg: Rowohlt, 95-111.

Miles, Robert 1992, Rassismus. Einführung in Geschichte und Theorie eines Begriffs (zuerst 1989), Hamburg: Argument.

Miles, Robert 1991, Die Idee der „Rasse" und Theorien über Rassismus: Überlegungen zur britischen Diskussion, in: Das Eigene und das Fremde. Neuer Rassismus in der Alten Welt?, hrsg. von Uli Bielefeld, Hamburger Institut für Sozialforschung, Hamburg: Junius, 189-218.

Müller-Doohm, Stefan 1996, „Was Ihr wollt?" Globalisierungs- und Differenzierungsprozesse der Medienkultur, in: Kontinuitäten und Diskontinuitäten der Politischen Soziologie, Arbeitstagung der Sektion „Politische Soziologie" in der DGS am 12. und 13. Oktober 1995 an der Albert-Ludwigs-Universität Freiburg, hrsg. von Hermann Schwengel, Freiburg i.B.: Universitätsdruck, 365-382.

Müller-Doohm, Stefan/ Neumann, Klaus (Hrsg.) 1989, Medienforschung und Kulturanalyse. Ein Werkstattbericht, Oldenburg: Bibliotheks- und Informationssystem.

Münch, Ursula 1992, Asylpolitik in der Bundesrepublik Deutschland. Entwicklung und Alternativen, Opladen: Leske + Budrich.

Münstersche Zeitung 1997, Italien ruft den Notstand aus. Bayern verschärft Kontrollen wegen Lage in Albanien, Nr. 67, vom 20.3.97.

Narr, Wolf-Dieter 1993, Orte der Gewalt - Orte der Politik. Die Abschaffung des Grundrechts auf Asyl, in: Lust auf Randale. Jugendliche Gewalt gegen Fremde, hrsg. von Wilfried Breyvogel, Bonn: J.H.W. Dietz Nachf., 107-125.

Noelle-Neumann, Elisabeth 1989, Die Theorie der Schweigespirale als Instrument der Medienwirkungsforschung, in: Massenkommunikation. Theorie, Methoden, Befunde, hrsg. von Max Kaase u. Winfried Schulz, Sonderheft der Zeitschrift für Soziologie und Sozialpsychologie, Sonderband 30, Opladen: Westdeutscher Verlag, 418-440.

Noelle-Neumann, Elisabeth 1980, Die Schweigespirale. Öffentliche Meinung - unsere soziale Haut, München: Piper.

Nolte, Ernst 1987, Zwischen Geschichtslegende und Revisionismus? in: „Historikerstreit". Die Dokumentation der Kontroverse um die Einzigartigkeit der nationalsozialistischen Judenvernichtung, München: Piper, 13-35.

Oesterreich, Detlef 1993a, Autoritäre Persönlichkeit und Gesellschaftsordnung. Der Stellenwert psychischer Faktoren für politische Einstellungen - eine empirische Untersuchung von Jugendlichen in Ost und West, Weinheim/ München: Juventa.

Oesterreich, Detlef 1993b, Leben die häßlichen Deutschen im Osten? Vergleich von Ost- und Westberliner Jugendlichen, in: Rechtsradikale Gewalt im vereinigten Deutschland. Jugend im gesellschaftlichen Umbruch, hrsg. von Hans-Uwe Otto u. Roland Merten, Opladen: Leske + Budrich, 182-188.

Ohlemacher, Thomas 1994, Medien und Gewalt: BILD in der Zeit ausländerfeindlicher Gewalttaten, Hannover: unveröffentl. Manuskript.

Otto, Hans-Uwe/ Merten, Roland (Hrsg.) 1993, Rechtsradikale Gewalt im vereinigten Deutschland. Jugend im gesellschaftlichen Umbruch, Opladen: Leske + Budrich

Pfaff, Victor 1992, Flucht und Einwanderung. Die Nation im Umgang mit Fremden, in: Kritische Justiz 25, Heft 2, 126-146.

Pfeiffer, Dietmar K./ Scheerer, Sebastian 1979, Kriminalsoziologie. Eine Einführung in Theorien und Themen, Stuttgart/ Berlin/ Köln/ Mainz: Kohlhammer.

Pollern, Hans-Ingo von 1995, Die Entwicklung der Asylbewerberzahlen im Jahre 1994, in: Zeitschrift für Ausländerrecht und Ausländerpolitik , Heft 2, 64-69.

Pollern, Hans-Ingo von 1985, Die Entwicklung der Asylbewerberzahlen im Jahre 1984, in: Zeitschrift für Ausländerrecht und Ausländerpolitik , Heft 2, 79-82.

Pollern, Hans-Ingo von 1984, Die Entwicklung der Asylbewerberzahlen im Jahre 1983, in: Zeitschrift für Ausländerrecht und Ausländerpolitik , Heft 2, 110-112.

Prantl, Heribert 1993, Hysterie und Hilflosigkeit. Chronik der Asyldebatte seit der deutschen Einheit, in: Zuwanderung und Asyl in der Konkurrenzgesellschaft, hrsg. von Bernhard Blanke, Opladen: Leske + Budrich, 301-337.

Quensel, Stephan 1995, Gewaltspiele oder: Wie weit reicht unser Konstruktivismus? in: Gewaltwelten, hrsg. von Henning Schmidt-Semisch u. Michael Lindenberg, München: Pakkeispresse, 84-112.

Quensel, Stephan 1993a, Gewalt-Spiele oder wie man ein Monopol legitimiert. Anmerkungen zum Gutachten der Gewaltkommission, in: Festschrift für Horst Schüler-Springorum zum 65. Geburtstag, hrsg. von Peter-Alexis Albrecht, Alexander P.F. Ehlers, Franziska Lamott, Christian Pfeiffer, Hans-Dieter Schwind u. Michael Walter, Köln/ Berlin/ Bonn/ München: Heymann, 33-52.

Quensel, Stephan 1993b, Kontrollierte Identität oder wie Abweichungsroutinen im Machtspiel funktionieren, in: Strafrecht, soziale Kontrolle, soziale Disziplinierung, hrsg. von Detlev Frehsee, Gabi Löschper u. Karl F. Schumann, Jahrbuch für Rechtssoziologie und Rechtsstheorie, Band XV, Opladen: Westdeutscher Verlag, 298-306.

Quinkert, Andres/ Jäger, Siegfried 1992, Warum dieser Haß in Hoyerswerda? Die rassistische Hetze von BILD gegen Flüchtlinge im Herbst 1991, DISS-Skript Nr. 4, Duisburg: DISS.

Raith, Werner 1995, Organisierte Kriminalität, Reinbek bei Hamburg: Rowohlt.

Rakelmann, Georgia A. 1980, Die Zigeuner und wir, in: Zigeunerleben. Beiträge zur Sozialgeschichte einer Verfolgung, hrsg. von Joachim S. Hohmann u. Roland Schopf, Darmstadt: ms edition, 149-171.

Räthzel, Nora 1992a, Deutsche Nation und Bilder von „Ausländern" in der westdeutschen Presse, in: Der Diskurs des Rassismus, OBST, Osnabrücker Beiträge zur Sprachtheorie 46, Ergebnisse des DISS-Kolloquiums November 1991, hrsg. von Siegfried Jäger u. Franz Januschek, Hannover: SOAK, 194-209.

Räthzel, Nora 1992b, Formen von Rassismus in der Bundesrepublik, in: Aus der Mitte der Gesellschaft I. Zu den Ursachen von Rechtsextremismus und Rassismus in Europa, hrsg. von Margret u. Siegfried Jäger, DISS-Texte Nr. 20, Duisburg: DISS, 31-48.

Reinfeldt, Sebastian/ Schwarz, Richard 1992, Biopolitische Konzepte der Neuen Rechten, in: Sebastian Reinfeldt, Richard Schwarz u. Michel Foucault, Bio-Macht, DISS-Texte Nr. 25, Duisburg: DISS, 6-26.

Reuband, Karl-Heinz 1992, Kriminalitätsfurcht. Zur Bedeutung psychosozialer Einflußfaktoren, in: Soziale Probleme 43, Heft 3, 211-220.

Reuband, Karl-Heinz 1978, Die Polizeipressestelle als Vermittlungsinstanz zwischen Kriminalitätsgeschehen und Kriminalberichterstattung, in: Kriminologisches Journal 10, Heft 3, 174-186.

Röhl, Klaus Rainer 1993, Subjektive Betrachtungen am Ende eines Gedenkjahrs: Weshalb 1968 nichts als Schaden gestiftet hat, in: Frankfurter Allgemeine Ztg., vom 11.12.93.

Rommelspacher, Birgit 1991, Rechtsextreme als Opfer der Risikogesellschaft. Zur Täterentlastung in den Sozialwissenschaften, in: 1991 - Zeitschrift für Sozialgeschichte des 20./21. Jahrhunderts, Heft 2, 75-87.

Roos, Alfred 1991, Flüchtlingspolitik und innenpolitische Debatte. Oder: 17 Jahre „Asylmißbrauch" - (noch) kein Jubiläum, in: Vorgänge 30, Heft 1, 46-60.

Roth, Andreas 1989, Das Boot ist voll? - Zur Verhinderung des Zugangs politisch Verfolgter zum Bundesgebiet, in: Zeitschrift für Ausländerrecht und Ausländerpolitik, Heft 2, 73-75.

Ruhrmann, Georg 1994, Ereignis, Nachricht und Rezipient, in: Die Wirklichkeit der Medien. Eine Einführung in die Kommunikationswissenschaft, hrsg. von Klaus Merten, Siegfried J. Schmidt u. Siegfried Weischenberg, Opladen: Westdeutscher Verlag, 237-256.

Ruhrmann, Georg/ Kollmer, Jochen 1987, Ausländerberichterstattung in der Kommune. Inhaltsanalyse Bielefelder Tageszeitungen unter Berücksichtigung „ausländerfeindlicher" Alltagstheorien, Opladen: Westdeutscher Verlag.

Ruth, Ina/ Jäger, Siegfried/ Dijk, Teun A. van 1993, Die Morde von Solingen. Zeitungsberichte vor und nach Solingen, DISS-Skript Nr. 6, Duisburg: DISS.

Rutschky, Katharina 1992, Erregte Aufklärung. Kindesmißbrauch: Fakten & Fiktion, Hamburg: Klein.

Sack, Fritz 1993, Dunkelfeld, in: Kleines kriminologisches Wörterbuch (3. Aufl.), hrsg. von Günther Kaiser, Hans-Jürgen Kerner, Fritz Sack u. Hartmut Schellhoss, Heidelberg: C.F. Müller, 99-107.

Sack, Fritz 1987, Recht und soziale Bewegungen. Die Transformation politischer in rechtliche Konflikte, in: Fremde Nähe. Zur Reorientierung des psychosozialen Projekts. Festschrift für Erich Wulff, hrsg. von Wolfgang Fritz Haug u. Hans Pfefferer-Wolf, Argument Sonderband AS 152, Hamburg: Argument, 146-170.

Sack, Fritz 1986, Kriminologische Forschungsperspektiven aus soziologischer Sicht, in: Entwicklungstendenzen kriminologischer Forschung: Interdisziplinäre Wissenschaft zwischen Politik und Praxis, hrsg. von Helmut Kury, Köln/ Berlin/ München: Heymann, 39-55.

Sack, Fritz 1984a, Gegenstand und Methoden der Analyse, in: Protest und Reaktion. Analysen zum Terrorismus 4/2, hrsg. von Fritz Sack und Heinz Steinert, Opladen: Westdeutscher Verlag, 24-103.

Sack, Fritz 1984b, Die Reaktion auf Gesellschaft, Politik und Staat auf die Studentenbewegung, in: Protest und Reaktion. Analysen zum Terrorismus, Band 4/2, hrsg. von Fritz Sack u. Heinz Steinert, Opladen: Westdeutscher Verlag, 107-226.

Sarbin, Theodore R./ Kitsuse, John I. 1994, A Prologue to Constructing the Social, in: Theodore R. Sarbin u. John I. Kitsuse, Constructing the Social, London: Sage, 1-18.

Scheerer, Sebastian 1978, Der politisch-publizistische Verstärkerkreislauf. Zur Beeinflussung der Massenmedien im Prozeß staatlicher Normgenese, in: Kriminologisches Journal 10, Heft 3, 223-227.

Schenk, Michael 1989, Massenkommunikation und interpersonale Kommunikation, in: Massenkommunikation. Theorien, Methoden, Befunde, hrsg. von Max Kaase u. Winfried Schulz, Sonderband 30 der Kölner Zeitschrift für Soziologie und Sozialpsychologie, Opladen: Westdeutscher Verlag, 406-417.

Schenk, Michael 1987, Medienwirkungsforschung, Tübingen: J.C.B. Mohr.

Scherr, Albert 1996, Zum Stand der Debatte über Jugend und Rechtsextremismus, in: Rechtsextremismus und Perspektiven der Forschung, hrsg. von Jürgen W. Falter, Hans-Gerd Jaschke u. Jürgen R. Winkler, Sonderheft 27 der Politischen Vierteljahresschrift, Opladen: Westdeutscher Verlag, 97-120.

Scherr, Albert 1992, Vom „Antifaschismus zur Heitmeyerei"? Antikritisches zur Auseinandersetzung um eine Pädagogik mit rechtsorientierten Jugendlichen, in: Jugendarbeit mit rechten Jugendlichen, hrsg. von Albert Scherr, Bielefeld: Böllert, 17-36.

Schetsche, Michael 1992, Sexuelle Selbstgefährdung des Kindes durch Onanie. Ein Modell zur Binnenstruktur von Deutungsmustern, in: Analyse sozialer Deutungsmuster. Beiträge zur empirischen Wissenssoziologie, hrsg. von Michael Meuser u. Reinhold Sackmann, Centaurus: Pfaffenweiler, 49-69.

Schmidt, Siegfried J. 1994a, Die Wirklichkeit des Beobachters, in: Die Wirklichkeit der Medien. Eine Einführung in die Kommunikationswissenschaft, hrsg. von Klaus Merten, Siegfried J. Schmidt u. Siegfried Weischenberg, Opladen: Westdeutscher Verlag, 3-19.

Schmidt, Siegfried J. 1994b, Konstruktivismus in der Medienforschung: Konzepte, Kritiken, Konsequenzen, in: Die Wirklichkeit der Medien. Eine Einführung in die Kommunikationswissenschaft, hrsg. von Klaus Merten, Siegfried J. Schmidt u. Siegfried Weischenberg, Opladen: Westdeutscher Verlag, 592-623.

Schmidt, Siegfried J. 1994c, Kognitive Autonomie und soziale Orientierung. Konstruktivistische Bemerkungen zum Zusammenhang von Kognition, Kommunikation, Medien und Kultur, Frankfurt a.M.: Suhrkamp.

Schmidt, Siegfried J. 1990, Medien, Kommunikation und das 18. Kamel, in: Medien und Kommunikation. Konstruktion von Wirklichkeit, hrsg. vom Deutschen Institut für Fernstudien an der Universität Tübingen, Weinheim/ Basel: Beltz, 33-38.

Schmidt, Siegfried J. 1987, Der Diskurs des radikalen Konstruktivismus, Frankfurt a.M.: Suhrkamp.

Schneider, Hans Joachim 1987, Kriminalität in den Massenmedien, in: Monatsschrift für Kriminologie und Strafrechtsreform 70, Heft 6, 319-336.

Schneider, Hans Joachim 1977, Kriminalitätsdarstellung im Fernsehen und kriminelle Wirklichkeit, Opladen: Westdeutscher Verlag.

Schneider, Hans-Peter 1992, Das Asylrecht zwischen Generosität und Xenophobie. Zur Entstehung des Artikels 16 Absatz 2 Satz 2 Grundgesetz im Parlamentarischen Rat, in: Jahrbuch für Antisemitismusforschung 1, hrsg. von Wolfgang Benz für das Zentrum für Antisemitismusforschung der Technischen Universität Berlin, Frankfurt a.M./ New York: Campus, 217-236.

Schreiber, Manfred 1993, Asyl, in: Festschrift für Horst Schüler-Springorum zum 65. Geburtstag, hrsg. von Peter-Alexis Albrecht, Alexander P.F. Ehlers, Franziska Lamott, Christian Pfeiffer, Hans-Dieter Schwind u. Michael Walter, Köln/ Berlin/ Bonn/ München: Heymann, 137-147.

Schulz, Winfried 1989, Massenmedien und Realität. Die „ptolemäische" und die „kopernikanische" Auffassung, in: Massenkommunikation. Theorien, Methoden, Befunde, hrsg. von Max Kaase u. Winfried Schulz, Sonderband 30 der Kölner Zeitschrift für Soziologie und Sozialpsychologie, Opladen: Westdeutscher Verlag, 135-149.

Schulz, Winfried 1976, Die Konstruktion von Realität in den Nachrichtenmedien: Analyse der aktuellen Berichterstattung, Freiburg i.B./ München: Alber.

Schütz, Alfred 1971, Gesammelte Aufsätze, Das Problem der sozialen Wirklichkeit, Band 1, Den Haag: Martinus Nijhoff.

Schwacke, Bettina 1983, Kriminalitätsdarstellung in der Presse, Frankfurt a.M./ Bern/ New York: Peter Lang.

Scott, Marvin B./ Lyman, Stanford M. 1976, Praktische Erklärungen, in: Seminar: Kommunikation, Interaktion, Identität, hrsg. von Manfred Auwärter, Edit Kirsch u. Klaus Schröter, Frankfurt a.M.: Suhrkamp, 73-114.

Seifert, Jürgen 1993, Am Beispiel „Lauschangriff". Technik und Funktion rechter Kampagnen in Sachen „Innere Sicherheit", in: Innere Unsicherheit. Eine kritische Bestandsaufnahme, hrsg. von Eva Kampmeyer u. Jürgen Neumeyer, München: AG-SPAK, 161-174.

Simmel, Georg 1992, Soziologie. Untersuchungen über die Formen der Vergesellschaftung (zuerst 1908). Gesamtausgabe Band II, Frankfurt a.M.: Suhrkamp.

Smaus, Gerlinda 1991, Politische Kriminalität als Aufbegehren gegen Eigentumsverhältnisse, in: Politisches Strafrecht und politische Kriminalität, hrsg. vom Arbeitskreis Junger Kriminologen, 3. Beiheft des Kriminologischen Journals, Weinheim/ München: Juventa, 6-23.

Smaus, Gerlinda 1985, Das Strafrecht und die Kriminalität in der Alltagssprache der deutschen Bevölkerung, Opladen: Westdeutscher Verlag.

Smaus, Gerlinda 1978, Funktion der Berichterstattung über die Kriminalität in den Massenmedien, in: Kriminologisches Journal 10, Heft 3, 187-201.

Soeffner, Hans-Georg 1992, Rekonstruktion statt Konstruktivismus. 25 Jahre „Social Construction of Reality", in: Soziale Welt 43, Heft 4, 476-481.

Söllner, Alfons 1997, Der geistespolitische Ort des heutigen Asylrechts, in: Mittelweg 36, Heft 3, 65-78.

Söllner, Alfons 1993, Asylpolitik und Fremdenfeindlichkeit in Deutschland. Vier analytische Perspektiven auf ein aktuelles Problem, in: Mittelweg 36, Heft 1 , 41-52.

Stehr, Johannes 1994, Soziale Ausschließung als Abwehr von Herrschaft, in: Kriminologisches Journal 26, Heft 4, 273-295.

Stehr, Johannes 1993, Kriminalität und Gewalt als Skandalisierungskonzepte, in: Gewalt im Alltag. Dokumentation zur Tagung der „Chance e.V." in Zusammenarbeit mit dem Jugendamt u.a. am 4. November 1992, hrsg. von DIE CHANCE e.V., Gelsenkirchen: Eigenverlag, 19-36.

Stehr, Johannes 1989, Strafe, Moral und Medien. Über die Logik der massenmedialen Inszenierung von „Kriminalität", in: Neue Kriminalpolitik 1, Heft 3, 30-33.

Stein-Hilbers, Maria Helene 1976, Kommunikation über Verbrechen. Empirische Untersuchung der Darstellung von Kriminalität im Fernsehen, München: Dissertationsdruck.

Steinert, Heinz 1994, Über Gewalt reden, in: Neonazismus und rechte Subkultur, hrsg. von Werner Bergmann u. Rainer Erb, Berlin: Metropol, 99-124.

Steinert, Heinz 1978, Phantasiekriminalität und Alltagskriminalität, in: Kriminologisches Journal 10, Heft 3, 215-223.

Stöss, Richard 1994, Forschungs- und Erklärungsansätze - ein Überblick, in: Rechtsextremismus. Einführung und Forschungsbilanz, hrsg. von Wolfgang Kowalsky u. Wolfgang Schroeder, Opladen: Westdeutscher Verlag, 23-66.

Strate, Gerhard 1982, „Asylant" oder „Asylsuchender"? in: Praxisprobleme im Asylverfahren. Das Recht auf politisches Asyl in der BRD zwischen Verfassungsauftrag und Verwaltungsaufgabe, hrsg. von Ulrich O. Sievering, Arnoldshainer Texte, Band 6, Frankfurt a.M.: Haag + Herchen, 135.

Sumner, Colin 1991, Das Konzept der Devianz neu überdacht: Zu einer Soziologie der „censures", in: Kriminologisches Journal 23, Heft 4, 242-271.

Sykes, Gresham M./ Matza, David 1979, Techniken der Neutralisierung: Eine Theorie der Delinquenz, in: Kriminalsoziologie, hrsg. von Fritz Sack u. René König, Wiesbaden: Akademische Verlagsgesellschaft, 360-371.

Thompson, John B. *1988*, Sprache und Ideologie, in: kultuRRevolution, Heft 17/18, 25-32.

Tillner, Christiane (Hrsg.) 1994, Frauen - Rechtsextremismus, Rassismus, Gewalt, Münster: Agenda.

Treiber, Hubert 1984, Die gesellschaftliche Auseinandersetzung mit dem Terrorismus: Die Inszenierung „symbolischer Kreuzzüge" zur Darstellung von Bedrohungen der normativen Ordnung von Gesellschaft und Staat, in: Protest und Reaktion. Analysen zum Terrorismus, Band 4/2, hrsg. von Fritz Sack u. Heinz Steinert, Opladen: Westdeutscher Verlag, 320-363.

Trittin, Jürgen 1993, Gefahr aus der Mitte. Die Republik ruscht nach rechts, Göttingen: Die Werkstatt.

Tsapanos, Georgios 1993, „Immer in Anführungszeichen" - Ausländer und Fremdenfeindlichkeit als Thema der Medien, in: Entstehung von Fremdenfeindlichkeit. Die Verantwortung von Politik und Medien, hrsg. vom Forschungsinstitut der Friedrich-Ebert-Stiftung, Bonn: Eigenverlag, 93-99.

Veyne, Paul 1981, Der Eisberg der Geschichte. Foucault revolutioniert die Historie (zuerst 1979), Berlin: Merve.

Volmert, Johannes 1993, „Asylantendebatte" in Ost und West. Ein Lehrstück über die Instrumentalisierung politischer Vorurteile, in: Wer spricht das wahre Deutsch? Erkundungen zur Sprache im vereinigten Deutschland, hrsg. von Ruth Reiher u. Rüdiger Läzer, Berlin: ATV, 239-271.

Vowe, Gerhard/ Friedrichsen, Mike 1995, Wie gewaltig sind die Medien? Ein Plädoyer für differenzierte Antworten, in: Gewaltdarstellungen in den Medien. Theorien, Fakten und Analysen, hrsg. von Mike Friedrichsen u. Gerhard Vowe, Opladen: Westdeutscher Verlag, 7-13.

Wahl, Klaus 1995, Fremdenfeindlichkeit und Rechtsextremismus. Forschungsergebnisse und Erklärungsversuche, in: Kriminologisches Journal 27, Heft 1, 52-67.

Waldenfels, Bernhard 1988, Michel Foucault: Ordnung in Diskursen, in: Spuren, Sonderheft Michel Foucault. Materialien zum Hamburger Kolloquium, 2. - 4. Dezember 1988, 45-49.

Walter, Michael 1993, Gedanken zur Bedeutung von Kriminalität in den Medien, in: Festschrift für Horst Schüler-Springorum zum 65. Geburtstag, hrsg. von Peter-Alexis Albrecht, Alexander P.F. Ehlers, Franziska Lamott, Christian Pfeiffer, Hans-Dieter Schwind u. Michael Walter, Köln/ Berlin/ Bonn/ München: Heymann, 189-201.

Wasmuht, Ulrike C. 1997, Rechtsextremismus: Bilanz und Kritik sozialwissenschaftlicher Erklärungen, in: Leviathan 25, Heft 1, 107-131.

Watzlawick, Paul (Hrsg.) 1991, Die erfundene Wirklichkeit. Wie wissen wir, was wir zu wissen glauben? Beiträge zum Konstruktivismus (zuerst 1981), München: Piper.

Watzlawick, Paul/ Beavin, Janet H./ Jackson, Don D. 1993, Menschliche Kommunikation. Formen, Störungen, Paradoxien (zuerst 1969), Bern/ Stuttgart/ Toronto: Hans Huber.

Willems, Helmut 1993a, (zusammen mit Roland Eckert, Stefanie Würtz, Linda Steinmetz mit einem Beitrag von Paul B. Hill), Fremdenfeindliche Gewalt. Einstellungen, Täter, Konflikteskalation, Opladen: Leske + Budrich.

Willems, Helmut 1993b, Gewalt und Fremdenfeindlichkeit. Anmerkungen zum gegenwärtigen Gewaltdiskurs, in: Rechtsradikale Gewalt im vereinigten Deutschland. Jugend im gesellschaftlichen Umbruch, hrsg. von Hans-Uwe Otto u. Roland Merten, Opladen: Leske + Budrich, 88-108.

Wilson, Thomas P. 1973, Theorien der Interaktion und Modelle soziologischer Erklärung (zuerst 1970), in: Alltagswissen, Interaktion und gesellschaftliche Wirklichkeit. Symbolischer Interaktionismus und Ethnomethodologie, Band 1, hrsg. von Arbeitsgruppe Bielefelder Soziologen, Reinbek bei Hamburg: Rowohlt, 54-79.

Wodak, Ruth/ Matouschek, Bernd 1993, Wir und die anderen: Diskurse über Fremde, in: Journal für Sozialforschung 33, Heft 3, 293-302.

Wolken, Simone 1988, Das Grundrecht auf Asyl als Gegenstand der Innen- und Rechtspolitik in der Bundesrepublik Deutschland, Frankfurt a.M./ Bern/ New York/ Paris: Peter Lang.

Wollenschläger, Michael 1993, Aktuelle Fragen des Asylrechts und der Asylpolitik, in: Zusammenleben in einem multikulturellen Staat - Voraussetzungen und Perspektiven. Aufsatzsammlungen zum Carl Bertelsmann-Preis 1992, hrsg. von der Bertelsmann Stiftung, Gütersloh: Eigenverlag, 21-31.

Wollenschläger, Michael/ Becker, Ulrich 1990, 40 Jahre Asylgrundrecht - Rückblick und Ausblick, in: Archiv des öffentlichen Rechts, 369-399.

Wong, Diana 1992, Fremdheitsfiguren im gesellschaftlichen Diskurs. Am Beispiel der Asylzuwanderung nach Deutschland, in: Zwischen den Kulturen. Die Sozialwissenschaften vor dem Problem des Kulturvergleichs, hrsg. von Joachim Matthes, Soziale Welt, Sonderband 8, Göttingen: Otto Schwartz & Co, 405-419.

Young, Jock 1974, Mass media, Drugs, and Deviance, in: Deviance and Social Control, hrsg. von Paul Rock u. Mary McIntosh, London: Tavistock, 229-259.

Anhang

1. **Verzeichnis des verwendeten Untersuchungsmaterials zur Analyse der Medienberichterstattung über Rostock**

Abendzeitung
Allgemeine Wochenzeitung der Juden
Allgemeine Zeitung
Augsburger Allgemeine
Badische Neueste Nachrichten
Bayern-Kurier
Berliner Ztg.
Bild
Bild am Sonntag
Bonner Rundschau
Bulletin (Bonn)
Bunte
Das Parlament
Der Spiegel
Der Tagesspiegel
Deutsche National-Zeitung
Deutsche Tagespost (Würzburg)
Deutsches Allgemeines Sonntagsblatt
Die Rheinpfalz
Die Welt
Die Zeit
Express
Frankfurter Allgemeine Ztg.
Frankfurter Neue Presse
Frankfurter Rundschau
Freie Presse
General-Anzeiger

Hamburger Abendblatt
Handelsblatt
Hannoversche Allgemeine
Kölner Stadt-Anzeiger
Leipziger Volkszeitung
Mannheimer Morgen
Mitteldeutsche Zeitung
Münchner Merkur
Neue Ruhr Ztg.
Neue Zeit
Neues Deutschland
Nürnberger Nachrichten
Ostsee Ztg.
Rhein-Sieg-Anzeiger
Rheinische Post
Rheinischer Merkur
Saarbrücker Ztg.
Sächsische Ztg.
Stern
Stuttgarter Nachrichten
Stuttgarter Ztg.
Süddeutsche Ztg.
tageszeitung
Thüringer Allgemeine
Welt am Sonntag
Weltbild
Westdeutsche Allgemeine Ztg.

2. Verzeichnis der verwendeten Quellen bei der Analyse der Asylrechtsdebatte

Bundestagsplenarprotokolle:

BTPlPr 12/79 (vom 20.2.1992)

BTPlPr 12/160 (vom 26.5.1993)

BTPlPr 12/134 (vom 21.1.1993)

Bundestagsdrucksachen:

BTDrs 12/2062

BTDrs 12/4152

3. Der Fall Rostock-Lichtenhagen: Chronologie der Ereignisse

Freitag/Samstag (21./22.8.92)

Freitag nacht versammeln sich mehrere hundert Menschen vor der ZAST, um das Haus zu stürmen, Steine und Molotowcocktails werden auf die ZAST geworfen. Die Polizei setzt Tränengas und Wasserwerfer dagegen. Die Ausschreitungen halten bis zum frühen Morgen an.

Sonntag (23.8.92)

Sonntag vormittag findet eine erneute Versammlung vor der ZAST statt. Bis zum Nachmittag sind ca. 3.000 Menschen in Lichtenhagen zusammengekommen. Die ZAST wird erneut bis in die Nacht hinein angegriffen. Ein Eingreifen der Polizei wird u.a. von Zuschauern verhindert.

Montag (24.8.92)

Am Vormittag werden die Asylbewerber verlegt. Innensenator Magdanz (SPD), Innenminister Kupfer (CDU) und Bundesinnenminister Seiters (CDU) reisen nach Rostock-Lichtenhagen und äußern sich zu den Vorfällen.

Montag abend versammeln sich 1.000 Randalierer und 3.000 Schaulustige vor der ZAST. Rechtsradikale Gruppen beteiligen sich an den Ausschreitungen. Brandsätze werden geworfen, das Haus brennt bis zum vierten Stock. Die Polizei hält sich zurück, und die Feuerwehr kann nicht löschen, da sie keine Deckung durch die Polizei erhält. Die noch im Haus lebenden Vietnamesen flüchten über die obersten Stockwerke ins Nachbarhaus. Der Bundesgrenzschutz greift ein.

In derselben Nacht findet in der Bonner Altstadt eine spontane Demonstration gegen Rechtsradikalismus statt.

Dienstag (25.8.92)

Der Rostocker Polizeieinsatzleiter und Leiter des Landeskriminalamtes von Mecklenburg-Vorpommern Kordus wird abgelöst. 1.300 Sicherheitskräfte werden zusätzlich nach Lichtenhagen geschickt. Am Abend setzen sich die Ausschreitungen vom Vortag bis in die späte Nacht hinein fort. Jetzt kämpfen 1.000 Randalierer gegen 900 Polizisten.

Dienstag abend findet in Rostocks Innenstadt eine Kundgebung Rostocker Bürger gegen Ausländerfeindlichkeit statt.

Mittwoch (26.8.92)

In Berlin, München und Frankfurt a.M. werden Demonstrationen gegen Rassismus und Ausländerfeindlichkeit durchgeführt.

Mittwoch nacht finden in Lichtenhagen weitere Ausschreitungen und Angriffe auf die Polizei statt. Zwischen 300 und 500 Jugendliche stehen 1.500 Beamten gegenüber. Die Polizei wird mit Steinen beworfen, ein Trabi brennt.

Donnerstag (27.8.92)

Bundeskanzler Kohl (CDU) gibt vor dem Kabinett eine Erklärung zu den Ausschreitungen in Lichtenhagen ab. Eine von der SPD beantragte Sondersitzung des Landtages findet statt. Der Rücktritt Kupfers (CDU) wird gefordert, mehrheitlich jedoch abgewiesen.

Donnerstag nacht kommt es zu keinen Ausschreitungen mehr. Lediglich 60 Personen sind dort versammelt und werfen vereinzelt Steine; sie stehen 800 Polizeibeamten gegenüber.

Freitag (28.8.92)

Es werden keine Vorkommnisse gemeldet.

Samstag (29.8.92)

In Rostock-Lichtenhagen findet eine Demonstration „Gegen Rassismus und Ausländerfeindlichkeit" statt, zu der bundesweit aufgerufen wurde. Die Polizei führt umfangreiche Kontrollen der aus allen Bundesländern ankommenden Busse durch. Die Kundgebung beginnt durch die Verzögerung der Ankunft vieler Demonstranten erst Stunden später.

Samstag/Sonntag (29./30.8.92)
Am gesamten Wochenende finden bundesweite Ausschreitungen gegen Ausländer und Asylbewerber statt. Anschläge auf Asylbewerberheime werden in den Bundesländern Brandenburg, Sachsen-Anhalt und Mecklenburg-Vorpommern verübt.

Montag (31.8.92)
Innenminister Kupfer (CDU) berichtet vor dem Innenausschuß des Bundestages und gibt Mängel und Fehler bei der Durchführung der Polizeieinsätze zu.

Dienstag (1.9.92)
In Berlin wird ein Bombenanschlag auf ein Mahnmal für den Holocaust verübt. In den neuen Bundesländern erfolgen weitere Anschläge auf Asylbewerberheime.

Donnerstag (3.9.92)
In den alten und den neuen Bundesländern werden Asylbewerberheime angegriffen. Die Ausländerbeauftragten aller Länder treffen sich für zwei Tage in Hamburg.

Freitag (4.9.92)
In Brandenburg werden mehrere Anschläge verübt.

Samstag/Sonntag (5./6.9.92)
Die bundesweiten Anschläge erreichen einen Höhepunkt. In Brandenburg wird z.B. drei Nächte lang ein Asylbewerberheim attackiert. In der folgenden Woche werden bundesweit über 40 Fälle von Angriffen auf Aylbewerberheime bekannt.

Donnerstag (10.9.92)
Im Schweriner Landtag konstituiert sich ein parlamentarischer Untersuchungsausschuß zur Klärung der Verantwortung für die Rostocker Ausschreitungen.

Freitag (11.9.92)
DIE GRÜNEN rufen zu einer bundesweiten Demonstration am 3. Oktober für den Erhalt des Grundrechts auf Asyl auf.

4. Übersichtstabelle: Entwicklung der Asylbewerberzahlen[1]

Jahr	Asylbewerber	Jahr	Asylbewerber
1953	2.000	1979	51.493
1963	2.000	1980	107.818
1964	3.000	1981	49.391
1966	4.370	1982	37.423
1967	2.424	1983	19.737
1969	11.664	1984	35.278
1970	8.645	1985	73.832
1971	5.388	1986	99.650
1972	5.289	1987	57.379
1973	5.595	1988	103.076
1974	9.424	1989	121.318
1975	9.624	1990	193.063
1976	11.123	1991	256.112
1977	16.410	1992	438.191
1978	33.136	1993	322.599
		1994	127.210

---

[1] Gemeint sind hier die Zahlen der Asylbewerber; manche Autoren geben auch die Zahl der Asylanträge an, so daß oft unterschiedliche Angaben in der Literatur zu finden sind. Bei den Zahlen für 1953, 1964, 1966 handelt es sich um Schätzungen, die sich - ebenso wie der Wert für 1967 - auf die Asylanträge beziehen, deren Anzahl in der Regel etwas niedriger ist als die der Asylbewerber.
Die hier vorliegenden Zahlen wurden folgenden Quellen entnommen: Höfling-Semnar 1995: 115f; Pollern 1995; Wollenschläger/Becker 1990: 378, 381; Link 1988: 56; Wolken 1988: 40, 58; Pollern 1985; Klausmeier 1984: 39; Pollern 1984.

MIX
Papier aus verantwortungsvollen Quellen
Paper from responsible sources
FSC® C105338

If you have any concerns about our products,
you can contact us on
ProductSafety@springernature.com

In case Publisher is established outside the EU,
the EU authorized representative is:
Springer Nature Customer Service Center GmbH
Europaplatz 3, 69115 Heidelberg, Germany

Printed by Libri Plureos GmbH
in Hamburg, Germany